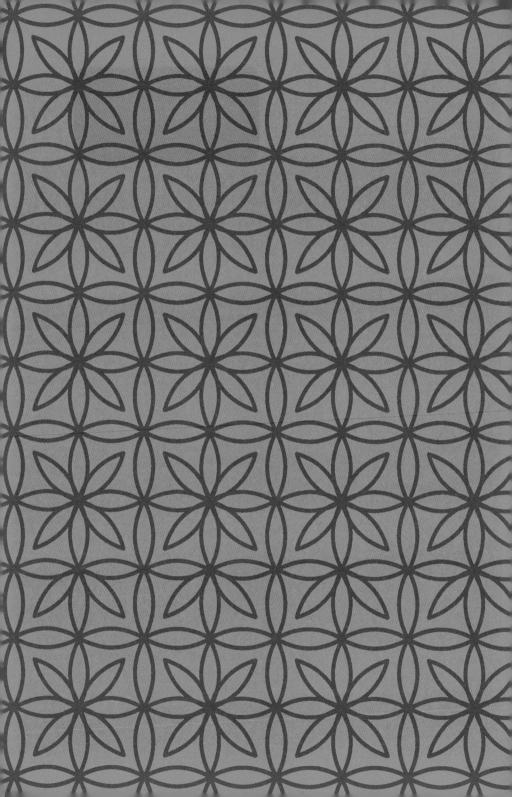

요괴 나라 대만

300년 섬나라의 기이한 판타지

妖怪臺灣: 三百年島嶼奇幻誌(妖鬼神遊卷)

© Ho Ching-Yao, 2017

Korean edition © Geulhangari Publishers, 2025
Originally published in Complex Chinese by Linking Publishing Co., Ltd. in Taiwan
Published by arrangement with Linking Publishing Co., Ltd., through Andrew Nurnberg
Associates International Limited Taiwan Representative Office and SilkRoad Agency
All rights reserved

이 책의 한국어판 저작권은 실크로드 에이전시와
Andrew Nurnberg Associates International Limited Taiwan Representative Office를 통해
Linking Publishing Co., Ltd.와 독점 계약한 글항아리에 있습니다.
저작권법에 의해 한국 내에서 보호를 받는 저작물이므로 무단 전재와 복제를 금합니다.

妖　鬼　神　遊　卷

요괴 나라 대만

300년 섬나라의 기이한 판타지

허징야오 何敬堯 지음 | 장지야 張季雅 그림 | 김영문 옮김

1

요귀신유권

글항아리

일러두기

1. 이 책은 대만 작가 허징야오何敬堯의 『요괴 나라 대만: 300년 섬나라의 기이한 판타지妖怪臺灣: 三百年島嶼奇幻誌』(요기신유권妖鬼神遊卷)를 완역한 한국어판이다.
2. 이 책에서 臺灣은 본문 용어와의 어울림을 고려하여 타이완이 아닌 대만으로 표기했다.
3. 이 책에 나오는 대만 고유명사 중에서 지명은 한국 한자음으로, 현대 인명은 현대 대만 국어國語 표준음 한국어 표기방식으로 표기했다. 이는 '민남어閩南語' 중심의 대만臺灣 지명 발음이 한국 한자 발음과 유사하다는 특징을 감안했기 때문이다. 가령 '臺北대북'을 베이징어로 발음하면 '타이베이'이지만, 대만어로 발음하면 '다이박'이고, '玉山옥산'을 베이징어로 발음하면 '위산'이지만 대만어로는 '옥산'이다.
4. 또 이 책에는 대만 원주민 언어에서 유래된 다양한 고유명사가 포함되어 있다. 그중 어떤 것은 한자로 음역音譯하지 않고 영어 알파벳으로만 표기되어 있다. 옮긴이의 입장에서는 저자의 이런 표기 방식을 존중하여, 알파벳 표기를 그대로 남겨두었다. 대체로 알파벳 음가대로 읽을 수도 있겠지만 그 또한 대만 원주민의 고유 발음과는 차이가 있을 수밖에 없으므로 저자의 입장을 존중하는 편이 더 온당한 것으로 판단했다.

백요출진도百妖出陣圖

일식으로 음과 양이 바뀌니	食日轉陰陽
마귀를 만나고 유령을 본다	逢魔見魂幽
화려도에 파도가 용솟음치고	浪湧華麗島
귀신 시장 문에서 주문을 외운다	鬼市門解咒
시끄럽게 귀신이 음악을 연주하니	嘈嘈神奏樂
온갖 요괴가 출진하여 달린다	百妖出陣走
낭묘는 도약하고 환견은 구르며	瑯貓躍幻犬滾
산 요괴와 물귀신이 스산하게 소리 지른다	山怪水魅聲啾啾
산 사람은 피하여 금지를 불사르고	生人避金紙揚
혼령의 깃발이 길을 열며 팔방으로 날아간다	靈旗開道八方遊

곤도鯤島(臺灣)에서 병신년(2016) 겨울

나의 은사이신 천젠중陳建忠 선생님께 바친다.

천 선생님의 가르침으로 나는 역사를 읽는 능력을 갖게 되었다.

　나는 한국의 옛 전설 중에서 사람과 귀신의 결합으로 탄생한 '비형랑鼻荊郞' 이야기를 들은 적이 있지만 애석하게도 언어의 장벽 때문에 이 귀신 인간의 형상에 대해 분명하게 알지 못하고 있었다.

　최근 한국 소설『전지적 독자 시점』이 대만에 번역되어 큰 인기를 끌고 있다. 이 소설에서 귀신 인간 비형이 등장하는 대목은 아주 흥미로워서 나는 이 대목을 읽으며 눈이 번쩍 뜨이는 느낌을 받았다. 이 소설의 비형 형상은 원본 이야기와 좀 다르지만 나는 비형을 실마리로 삼아 한국 전설을 많이 알게 되었고 또 한국 문화에 매력을 느끼게 되었다.

　대만에서도 사람과 '기이한 사물'이 결합하여 아이가 탄생한다는 전설이 널리 퍼져 있다. 예를 들어 대만 역사에서 명성이 자자한 '국성야國姓爺 (정성공)' 전설에 따르면 400년 전에 바다 속 거대한 고래의 혼백이 국성야 모친의 뱃속으로 들어가서 대담하고 신비한 힘을 지닌 육신으로 변했으며, 이 사람이 대만에서 동녕東寧 왕국을 세웠다고 한다.

고래 혼백 전설에 의지하여 우리는 대자연과 동식물이 긴밀하게 결합하는 대만 요괴 이야기의 한 가지 특징을 엿볼 수 있다. 대만 전설에서는 고양이와 개가 죽은 뒤에 요괴로 변할 수 있고, 대숲이 귀신들의 소굴이 되기도 한다. 또 공포스러운 지진은 지하에 잠복해 있는 거대한 소가 몸을 뒤집을 때 생겨나는 현상이라고 한다.

아울러 대만 요괴 이야기는 다양한 종족의 신앙과 긴밀하게 연관되어 있다. 대만은 다민족이 모여 사는 곳이기에 이 섬의 요괴와 신령을 탐구하려면 서로 다른 관점으로 접근하여 이해할 필요가 있다. 나는『요괴 나라 대만』에서 주로 한족 문화와 대만 원주민 문화에 전해오는 각종 괴담을 정리했다. 여기에는 정령, 유령, 괴이한 짐승, 기이한 사람 등과 관련된 불가사의한 존재가 포함되어 있다.

번역가 김영문 선생께 깊이 감사한다. 그는 1년 동안 나의 책 번역에 진력하여 이 책 속에 포함된 복잡한 이야기를 잘 정리해주었다. 진실로 감격을 금치 못하겠다!

내가 요괴 서적 저작에 진력하는 뜻은 두 가지다. 첫째, 대만 요괴 이야기에 관한 데이디베이스를 구축하려는 것이다. 둘째, 통속적인 방식으로 대만 요괴의 흥미진진한 매력을 독자들과 공유하려는 것이다.

나의 저작을 한국어로 출간하여 한국 독자들에게 기이하고 불가사의한 대만 괴담을 소개해주신 김영문 선생과 글항아리 출판사에게 다시 한 번 감사드린다. 이 책을 길잡이로 삼아 한국 독자들께서 대만 문화에 흥미로운 호기심을 갖게 되기를 바라며 또 이를 계기로 피차간에 상호 교류가 이어지기를 기대한다.

산과 바다는 무궁하며 요괴도 무궁하다. 요괴는 생사, 고락, 운명에 관한 인간의 문답 과정을 상징한다. 인간이 생명의 존재 의의를 끊임없이 추구하는 한, 요괴 이야기는 끊임없이 이어질 것이다.

2024년 12월 25일
허징야오

차례

권1 대항해 시대 및 그 이전(1662년 이전)

한인과 서양인이 남긴 기이한 기록

해역海境之章

산야山野之章

신계神界之章

시라야족西拉雅族

권2 명청 시대明淸時代(1662~1895)

한인과 서양인이 남긴 기이한 기록

해역海境之章

산야山野之章

신계神界之章

원주민 세계

카바란족噶瑪蘭族

아미스족阿美族(Amis)

권3 일본 통치 시대(1895~1945)

한인, 일본인, 서양인이 남긴 기이한 기록

해역海境之章

산야 山野之章

신계神界之章

우리의 잊어버린 마환 시대

허징야오何敬堯

나는 요괴를 열애한다.

나에게는 세계 각국에서 옛날부터 전해오는 각양각색의 전설, 신화, 괴담이 모두 흥미로운 독서 자료다.

그러나 지금까지 대만臺灣에는 대만 역사 문헌에 나타난 각종 요괴, 신화, 괴담 기록을 총체적이고 체계적으로 수집한 사람이 아무도 없었다. 이 때문에 기이하고 환상적인 요소를 소설에 삽입하려면 반드시 역사적인 고찰을 진행해야 한다.

처음에 나는 나 자신의 노트에 고문서의 기록을 수집하여 메모 형태로 써놓았다가 내 소설의 영감과 소재의 원천으로 삼으려 했다.

하지만 뜻밖에도 본래 메모 노트로만 삼으려던 기록이 갈수록 많아졌고, 수집한 자료도 상상하기 어려울 정도로 풍부해졌다. 그때야 나는 남들이 거의 답사한 적이 없는 신비의 세계로 들어섰다는 사실을 발견했다. 내 눈앞에는 거대하고 신비로운 광맥이 나타났고, 그것은 역사의 어둠 속에서 찬란한 빛을 발하기 시작했다. 나는 심사숙고의 과정을 거쳐 마침내 원정에 나서서 아직 알지 못하는 미지의 타향을 탐색하기로 결정했다.

이 책『요괴 나라 대만: 300년 섬나라의 기이한 판타지妖怪臺灣: 三百年島嶼奇幻誌』는 바로 이 여행 과정에서 내가 보고 들은 모든 견문록이고, 아득한 역사 페이지에서 채집하여 돌아온 스토리다.

나는 사람들이 나처럼 이 불가사의하고 기묘한 스토리에 호기심을 갖고 끝까지 탐색하기를 절실하게 희망한다.

도대체 이것은 어떤 책인가?

『요괴 나라 대만』에는 400년 전(1624)에서 제2차 세계대전 종료(1945)에 이르는 총 322년, 즉 대항해 시대, 명나라 정성공鄭成功 시대, 청나라 시대, 일본 통치 시대*까지 한인漢人, 서양인, 일본인, 원주민의 이야기가 수집되어 있다. 이를 위해 500권 이상의 고서를 조사하여 대만의 '요괴'와 '괴담'에 관한 문자 기록을 채록했다.

『요괴 나라 대만』은 대만의 요괴와 괴담에 관한 백과전서다. 여기에는 300년 동안 전해온 각종 기묘한 대만 전설이 망라되어 있다.

이러한 목표를 달성하기 위해 나는 '백귀작업실百鬼工作室'을 창립하고 이 작업에 함께 참여하여 대만의 고서를 열람해줄 동료 몇 분을 초청했다. 나와 백귀百鬼 동료들은 수많은 대만 고서를 함께 읽고 조사했다. 우리는 마침내 수백 권에 달하는 고서에서 30만 자 이상의 원시 자료를 채집

---

* 〔역주〕 일본 통치 시대: 일본 제국주의가 대만을 점령한 1895년에서 1945년까지를 가리키는 말이다. 한국에서는 '일제강점기'로 부르지만 대만에서는 보통 '일본 시대' 또는 '일치日治 시대'로 호칭한다. 이 번역본에서는 이를 절충하여 일본 통치 시대로 번역한다.

했다. 마지막에는 나 자신의 관점으로 이들 자료를 다시 정리하고, 편집하고, 교감하여 그중에서 중복되고 단편적이고 번잡한 자료를 제거한 뒤, 400여 항목으로 분류하여 비로소 대만의 요괴와 괴담에 관한 백과전서를 완성했다.

기실 고대의 기묘한 전설에 관한 정리 작업은 많은 국가에서 이미 여러 사람이 진행한 바 있고 그 결과물을 편찬하여 출간한 바 있다.

예를 들어 18세기에 구스타프 슈바브^{Gustav Schwab}(1792~1850)라는 독일인은 유럽의 고대 전설에 관한 책을 편찬했다. 그가 바로 현재 가장 널리 보급된 고대 그리스 신화 통속 독서물인『고전 시대의 가장 아름다운 이야기 Die Schönsten Sagen des Klassischen Altertums』의 수집자다. 야나기타 구니오^{柳田國男}(1875~1962)의『도노 모노가타리^{遠野物語}』와 고이즈미 야쿠모^{小泉八雲}(1850~1904)의『괴담^{怪談}』은 현재 일본에서 유행하는 수많은 요괴 이야기의 원형이다. 중국의『산해경^{山海經}』과 필기소설『요재지이^{聊齋志異}』는 현재 중국문화 가운데서 통속 괴담의 자양분이 되고 있다.

현재 각국의 판타지 문화와 요괴 문화는 대부분 이렇게 편찬된 책에서 확산되어 각국의 중요한 문화 자산으로 작용할 뿐 아니라 각종 유행 문화로도 작동하고 있다.

예를 들어 일본의 문학, 영화, 만화, 애니메이션에 늘 출현하는 백귀야행^{百鬼夜行}의 세계관은 바로 그 원천이『도노 모노가타리』『그림 햐쿠모노가타리^{繪本百物語}』『괴담』, 도리야마 세키엔^{鳥山石燕}(1712~1788)의『화도 백귀야행 전화집^{畫圖百鬼夜行全畫集}』, 미즈키 시게루^{水木茂}(1922~2015)의『요괴 비주얼 대도감^{妖怪ビジュアル大圖鑑}』이다.

우리가 고개를 돌려 자신을 바라본다면 다음 질문을 금치 못할 것이다.

"그럼, 대만은?"

사실 대만에도 요괴와 괴담 문화에 깊이 흥미를 느끼는 분들도 있고, 저작도 여러 권 나왔다. 하지만 자세히 살펴보면 다양한 문제가 내포되어 있음을 발견할 수 있다. 그들이 수집한 자료는 대부분 산만하여 체계적인 정리에는 미치지 못한다. 더러는 단지 2차 가공물에 불과하고, 원전에서 직접 추출하여 참고한 것이 아니다.

가장 논란이 될 만한 한 가지는 바로 이들의 거의 모든 저작에 중국과 일본의 요괴·괴담 자료가 마구 섞여 있어서 결과적으로 대만의 토착 이야기는 한갓 장식물로 전락하고 있다는 점이다.

현재 대만의 요괴와 마귀에 대해서 가장 깊이 있게 고찰한 서적으로는 겨우 린메이룽林美容과 리자카이李家愷가 편찬한 『마신자의 인류학 상상魔神仔的人類學想像』 및 대북 지방 이문 작업실臺北地方異聞工作室의 『유요론唯妖論』이 있을 뿐이다.

나는 이들의 저작을 읽고 여러 가지 계발을 받아 총체적이고 종합적인 시각으로 유사 이래 대만 요괴들의 종적을 관찰할 수 있게 되었다.

『요괴 나라 대만』의 『요귀신유권妖鬼神遊卷』과 『괴담기몽권怪談奇夢卷』은 바로 이러한 관찰의 최종 성과물이다. 대만의 요괴와 괴담 문화를 총정리하는 것이 나의 꿈이었다. 다행히 이 계획은 많은 사람의 지지와 도움을 받았다. 처음은 뜬구름 잡는 격이었지만 마침내 착실하게 땅을 밟고 실현할 수 있게 되었다.

이 두 권의 책에는 300년 동안 대만 고서에서 우담바라처럼 한 번 나타났다가 사라진 각종 괴담, 이설異說, 온갖 요괴 자료가 수집되어 있다. 1624년에서 1945년까지 서양인, 한인漢人, 일본인, 원주민 등 다양한 종족들이 대만 열도에서 보고 들은 기괴한 이야기와 특이한 사건을 망라했다.

이들 자료는 통속물과 오락물일 뿐만 아니라 동시에 백과전서의 목록으로도 기능할 수 있다. 또한 이들 자료는 독자들이 대만의 괴담과 요괴를 연구할 때 신속하게 찾아볼 수 있는 참고서로 제공될 수도 있다. 아울러 대만의 괴담과 요괴에 강렬한 흥미를 갖고 알아보려는 사람들에게는 아주 재미있는 '통속물' '참고서' '사전'이 될 수도 있다.

이 책의 목표와 내용은 다음과 같다.

1) 소망

나는 대만의 '요괴학'을 세우려 시도했고, 이 책은 장차 초보적이고 통합적인 백과전서가 될 것이다. 이 책의 절반은 진짜이고 절반은 가짜이며, 절반은 진실이고 절반은 허구다. 나는 스토리 창작자의 태도로 이 책을 편찬했다. 역사의 진실을 추구하지 않고 '상상의 진실'을 추구했다.

편집 방향은 자료를 광범위하게 수집하여 조목을 나눈 뒤 '간략하게 소개하는 것'을 목표로 삼았다. 때문에 이 책의 가장 큰 역할은 바로 '색인'에 있다.

만약 독자들께서 어떤 전설에 흥미를 느끼신다면 자신의 능력으로 고서를 열람하고 깊이 조사하여 또 자신의 관점으로 대만섬 역사를 해석해보시기 바란다. 내가 이 책을 편찬하는 최종 소망은 바로 독자들께서 다시 대만의 고서를 열람하면서 자신의 관점으로 대만의 역사를 해석하도록 고무·격려하는 것이다.

아울러 이 책은 요괴 이야기를 '재상상'하고 '재창조'하게 하는 것이지 단순한 문헌 고찰에 그치게 하려는 것이 결코 아니다. 왜냐하면 나는 대만 요괴가 틀림없이 새 시대에 상상력을 보태주고, 참신한 생명을 보유할 수 있게 할 것이라고 여기기 때문이다. 그렇지 않다면 이 자료들은 오래도록 문헌 속에서 굳어버린 죽은 문자에 불과할 것이다.

2) 시기

1624년에서 1945년까지 300년간 대만 문헌에 출현한 '요귀신妖鬼神'과 '괴담'의 자취를 초보적으로 탐색했다.

3) '요귀신'과 '괴담' 정의

'요귀신'이란 말은 요妖, 괴怪, 신神, 마魔, 귀鬼…… 등등의 종류를 범칭하는 어휘다. 책에서는 이를 간략하게 '요괴' '귀매鬼魅' '신령' 세 종류로 나눴다.

> ① 요괴妖怪 : 사물에는 영靈이 있고, 마성魔性이 있는 사물은 변화한다. 이를 '요성妖精'이라고도 하며 구체적인 형상이 있다.
> ② 귀매鬼魅 : 이魑, 매魅, 망魍, 양魎처럼 그 원천을 알 수 없고, 형상도 모호하다. 사람이 죽어서 귀鬼가 되기도 하고, 혹은 귀鬼 자체를 명명하는 말인 경우도 있다.
> ③ 신령神靈 : 정령精靈이나 신선 부류처럼 사람들이 숭배하고 신앙한다.

'괴담'의 채집은 "기괴하고 불가사의한 이야기"를 모으는 데 중점을 두었다. 다음 네 가지 유형을 포함한다.

① 기이한 사람[奇人]

② 기이한 사건[奇事]

③ 기이한 사물[奇物]

④ 기이한 장소[奇地]

아울러 다시 이야기의 발생 지역에 따라 대략 다음 몇 가지 장소로 구
분했다.

◎ 해경海境 : 사방의 해역

◎ 산야山野 : 산속의 임야

◎ 향리鄕里 : 마을 거리와 가옥

◎ 신계神界 : 신령의 세계

◎ 북부 : 대만 북부(기륭시基隆市, 대북시臺北市, 신북시新北市, 도원시桃園
市, 신죽현新竹縣, 신죽시新竹市, 묘율현苗栗縣)

◎ 중부 : 대만 중부(대중시臺中市, 창화현彰化縣, 남두현南投縣, 운림현雲林
縣, 가의현嘉義縣, 가의시嘉義市)

◎ 남부 : 대만 남부(대남시臺南市, 고웅시高雄市, 병동현屏東縣)

◎ 동부 : 대만 동부(의란현宜蘭縣, 화련현花蓮縣, 대동현臺東縣)

◎ 부속 도서 : 팽호현彭湖縣, 금문현金門縣, 연강현連江縣, 마조馬祖, 녹도綠
島와 난서蘭嶼 등 부속 도서

『요괴 나라 대만』간략 계보도

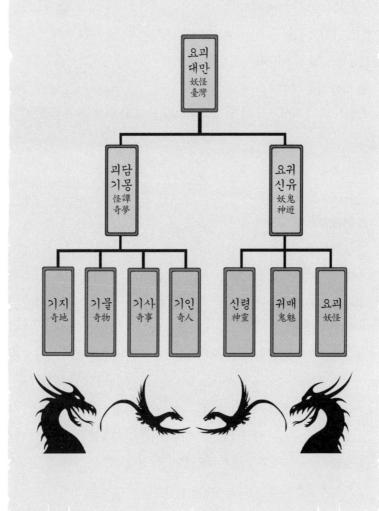

4) 분책

이 시리즈는 두 권으로 나뉜다.

『요귀신유권』은 대만 요괴, 귀매, 신령의 색인이다.

『괴담기몽권』은 200여 편에 달하는 대만의 각종 기이한 전설을 수록한 책이다.

5) 채집 자료

『질란디아 일지熱蘭遮城日誌』『대만 문헌 총간臺灣文獻叢刊』의 각종 현지縣志, 청지廳志, 부지府志 혹은 서양인의 대만 여행기 등 수백 권 이상의 대만 관련 고서를 모두 조사했다.

6) 선택과 소개

문헌에서 선택한 원문을 주체로 삼고, 저자에 대한 간략한 소개와 주석을 보조로 삼았다.

선택한 글은 대부분 문언문에 속하거나 어려운 문헌이거나 간단한 잔편殘篇이기 때문에 나는 개인적인 관점으로 각 문헌을 새롭게 풀이하면서 주석을 달고 당시 대만의 역사 환경도 소개했다. 만약 문헌이 본래 간단하고 쉬운 백화문이거나 서술 내용이 이미 완전하다면 더이상 군더더기 해석을 붙이지 않았다.

7) 그림

중국의 『산해경』에는 본래 그림이 있었지만 당나라 때 없어졌다. 명·청 시대에 이르러서야 비로소 화공이 문자 기록에 의지하여 다시 상상으로 그림을 그려 넣었다. 그리고 일본의 온갖 요괴 그림은 에도江戸 시대에 도리야마 세키엔과 가쓰시카 호쿠사이葛飾北斎(1760~1849) 등 대가가 창작했고, 이에 비로소 일본 요괴 열풍을 불러일으켰다.

이 책은 대만 요괴에 대한 문헌 아카이브를 건립하려는 의도 외에도 이를 바탕으로 대만 열도의 요괴 형상을 그려내려는 의도도 갖고 있다.

이 책 속의 그림은 모두 대만의 저명한 만화가 장지야張季雅의 창작이다. 그녀의 만화『기이한 사람의 차茶 순례異人茶跡』는 대만 엽차를 주제로 삼아, 섬세하고 정밀한 필치로 정감 어린 내용을 선보이며 짙은 차 향기를 지면 가득 스며들게 했다. 재기발랄한 이 만화가를 초청하여 대만 요괴의 환상적이고 아름다운 형상을 그려내게 할 수 있었음은 나에게 크나큰 영광이었다.

8) 한계

이 책은 나의 관점에 의해 선별한 원전으로 구성되었기 때문에 어쩔 수 없이 주관적인 맹점이 포함되어 있을 것이다. 나는 원전을 선별하여 편집할 때 내용이 너무 잡다하기니 중복될 경우 상황에 따라 글을 잘라내거나 골라냈다. 그리고 특히 '요괴'와 '귀매'의 문헌 비율을 높이고, '신령'에 대한 문헌 비율은 낮췄다. 왜냐하면 현재 대만의 신령 체계는 이미 완비되어 있어서 서점에서도 이에 관한 소개 서적을 많이 찾아볼 수 있고, 이에 나의 첨언을 필요로 하지 않기 때문이다.

이 밖에도 고서의 자료 선택 범위도 1945년으로 한정하고 그 이후의 문헌 기록은 포함하지 않았다. 이 때문에 1945년 이후에 진행된 필드 워크나 구술 기록은 이 책의 목록에 넣지 않았다. 하지만 나는 개별 상황에 의지하여 각 항목을 소개하는 글에서 근대의 조사와 연구를 간략하게 언급했다.

이 책을 편찬하기 위해 많은 노력을 기울였으나 진선미를 모두 갖췄다고 말할 수는 없다. 잡다하고 무질서한 옛 문헌을 처리하기 위해 상당히 많은 시간을 들여 체계를 세우고 고문을 해독하려 했지만, 여전히 곳곳에 오류와 누락이 있으리라 생각한다. 나는 역사나 한문 전공자가 전혀 아니기에 이런 자료를 접촉할 때마다 머리가 지끈거렸고 손발이 오그라들기도 했다. 독자들께서 책을 읽다가 어떤 소홀한 점이나 누락된 점을 발견하신다면, 이는 나 자신의 학문 부족으로 야기된 결과이므로 미리 깊은 사죄의 말씀을 드린다. 때문에 나는 더욱 독자들께서 이 책을 읽고 어떤 계발을 받아 요괴에 관한 원서를 계속 찾아보고 열람하시기를 권한다. 그런 고서야말로 진정한 보배이며, 진정으로 우리가 가까이해야 할 대만 문화이기 때문이다. 내 입장에서 이 책의 역할은 하나의 색인 서적에 그칠 따름이다.

이 책에는 원주민들의 다양한 전설이 실려 있지만 원주민과 연관된 요괴 괴담은 근래 20년 동안 체계적이고 총체적인 정리가 이루어졌다. 이 때문에 원주민 세계에 대해서도 더 깊이 있고 총체적인 탐구를 진행할 방법이 없었다. 예를 들어 대만의 각 원주민들에게 전해오는 '소흑인小黑人' '소인小人' '지저인地底人' 이야기는 매우 특수하지만 애석하게도 나 자신은 학식이 천박하여 아직도 심도 있는 연구를 진행할 능력이 없고, 또 그 이야기를 '요괴' 부류에 넣을 수 있는지에 대해서도 짙은 의구심을 품고 있다.

만약 1945년 이전의 원주민 신화와 전설을 연구하려면 1923년(다이쇼

大正 12) 사야마 유키치佐山融吉(?~?)와 오니시 요시히사大西吉壽(1893~?)가 편찬한『생번 전설집生蕃傳說集』및 오가와 나오요시小川尙義(1869~1947)와 아사이 에린淺井惠倫(1894~1969)이 1935년(쇼와昭和 10)에 편찬한『원어에 의한 대만 고사족高砂族 전설집原語による台湾高砂族傳說集』을 꼼꼼히 읽어야 한다. 이들 책에는 모두 광범위한 전설이 수집되어 있다.

원주민은 대만섬에서 가장 원시적인 주민이고, 각 부족에게 전해오는 신화와 전설 그리고 요괴 괴담은 대만 문화의 가장 진귀한 보물이다. 미루어 알 수 있는 바와 같이 원주민 부락에 전해오는 이야기 속의 요괴 종족도 대만섬의 '요괴 선착민'이지만, 애석하게도 역사의 진전 과정에서 각종 강력한 문화 세력에 의해 배제되거나 종적도 없이 소멸당했으며, 심지어 역사서에서조차 그들의 그림자를 찾기 어렵게 되었다. 원주민에 대한 호칭으로 쓰이면서, 문헌 가운데 '번番'이나 '번蕃'이라는 글자로 보존된 사료를 당시의 역사 상황으로 돌아가 서술할 때 나는 그들을 '원주민'으로 부를 것이다.

학식이 천박하여 이 책에서 각 원주민 부족의 요괴를 상세하게 소개할 여력은 없으며, 또 대만섬의 '요괴 선착민'에게 어떤 훌륭한 이야기가 있었는지 깊이 있게 이해할 방법도 없다. 이것이 이 책의 가장 큰 유감이자 맹점이다.

나보다 학식이 넓은 학자들께서 원주민 부족의 요괴 이야기 연구에 투신해주시기를 충심으로 소망한다.

이『요괴 나라 대만』에는 대만섬의 아주 오랜 환상과 마경魔境이 들어있지만, 기실 이 책에서 보여준 환상 세계는 빙산의 일각에 불과하다. 나는 대만 열도에 아직 더 많은 미지의 영역과 신비한 경지가 우리를 기다리고 있으며, 우리가 그곳을 탐사하며 자유자재로 모험할 수 있게 용기를 북돋우고 있다고 믿는다.

　오랫동안 먼지 더미에 묻혀 있는 고문서를 뒤적이며 그 속에서 전개되는 광활하고 신비하며 불가사의한 세계에 경악하고 싶어하는 사람이 있기를 나는 간절히 바란다. 지금이 바로 대만 역사의 판타지 대장정을 시작할 시각이다. 그것은 장차 우리의 마환魔幻 시대에 속할 것이다.

삽화가의 후기

【 결정 】

어느 날

나는 아주 훌륭한 책 두 권을 받았다!

어서 받으세요!

"사라진 것과 상상의 것……"

사라진……
상상의……

책의 주제는 사라진 동물과 상상의 동물이었다.

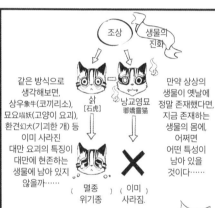

조상
생물의 진화

삵[石虎]
낭교영묘 嬲嬌靈猫

같은 방식으로 생각해보면, 상우象牛(코끼리소), 묘요喵妖(고양이 요괴), 환견幻犬(기괴한 개) 등 이미 사라진 대만 요괴의 특징이 대만에 현존하는 생물에 남아 있지 않을까……

만약 상상의 생물이 옛날에 정말 존재했다면, 지금 존재하는 생물의 몸에, 어쩌면 어떤 특성이 남아 있을 것이다……

멸종 위기종

(이미) 사라짐.

마침내 대만 야생 동물을 이용하여 요괴의 특징을 그리기로 결정했다.

바로 이거야!

!!

결정

뚜둥

오색조

대만견 臺灣犬

삵

【 에피소드 】

?

방향을 결정하자 제작 진도가 마침내 서서히 빨라지기 시작했다.

……악어는 왜 이렇게 그리기 어려워……

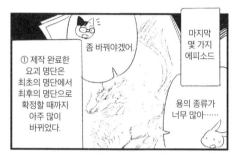

좀 바꿔야겠어.

① 제작 완료한 요괴 명단은 최초의 명단에서 최후의 명단으로 확정할 때까지 아주 많이 바뀌었다.

마지막 몇 가지 에피소드

용의 종류가 너무 많아……

와! so cool!

금문현의 현조縣鳥인 후투티를 대만 말로 '묘갱조墓坑鳥'라고 해요.

② 금문귀조金門鬼鳥 이야기를 읽고 금문의 외할머니가 들려주신 새가 생각났다.

③ 이번에 그린 삽화 중에서 나는 사록아簏鹿兒라는 요괴가 가장 마음에 든다.

다음에 또 만나요!

마지막으로 이 책을 사주신 친구들께 감사드립니다!

요귀신^{妖鬼神}의 세계

○ 대만에 요괴가 있나?

대만에 요괴나 괴물이 있나?

우리의 기억 속에 있는 호고파^{虎姑婆}, 마신자^{魔神仔}, 임투저^{林投姐}, 인면어^{人面魚} 등과 같은 요괴를 제외하고 대만에 무슨 요괴가 있나?

머리를 쥐어짠다 해도 다른 요괴를 생각해낼 수 없을 것이다. 하지만 대만으로만 한정하지 않는다면 아마도 다른 요괴를 다양하게 생각해낼 수 있다. 예를 들면 여우 요괴^{狐狸精}, 『산해경^{山海經}』속의 교인족^{鮫人族}(일종의 인어), 혹은 일본의 유키온나^{雪女}, 갓파^{河童}, 덴구^{天狗}라든가, 유럽의 흡혈귀, 분화룡^{噴火龍}(Charizard) 등등이 있다. 이 요괴들은 모종의 특수한 능력을 갖추고 있을 뿐만 아니라 외모도 아주 특별하다. 우리는 대만 요괴를 이야기하는 것보다 이들 해외 요괴를 이야기하는 것이 더 익숙하고 재미있다.

기실 옛날부터 중국, 일본, 서구에서 들어온 요괴들이 우리 두뇌 속 요괴 환상 세계를 식민화해왔다.

대만 사람들이 모두 알고 있는 「호랑이 할머니虎姑婆」 설화라 하더라도, 지금 그 이야기를 완전하게 구술할 수 있는 사람이 몇 명이나 될까? 심지어 대략 이야기할 수 있다 하더라도 내용이 잘 생각나지 않는다면 디테일을 보충하기 위해 처음 이야기를 시작할 때 이렇게 말할 것이다. "이 이야기는 「빨간 모자Rotkäppchen」처럼 무서운 늑대가 아이를 잡아먹는 것과 같은 내용이야."

대만의 저명한 학자 후완촨胡萬川(1947~) 선생은 어떤 학술토론회에서 다음과 같이 탄식한 적이 있다. "지금의 대학생, 중고등학생, 초등학생 중에는 대만의 민간 설화인 「호랑이 할머니」와 같은 이야기를 들은 사람이 이미 비교적 드물거나 거의 없는 경우도 있는데, 이것은 부인할 수 없는 사실이다. 이 때문에 실제로 「호랑이 할머니」 설화를 완전하게 이야기할 수 있는 학생도 이미 많지 않으며, 더욱이나 「뱀 신랑蛇郎君」 이야기를 들은 적이 있는 학생은 더욱 드물고, 「뱀 신랑」 이야기를 할 수 있는 학생은 더욱 희귀하다."[*]

어느 날 우리는 모두 「빨간 모자」만 기억하고 「호랑이 할머니」는 깡그리 망각하지 않을까? 그럼 누가 「임투저林投姐」나 「뱀 신랑」 설화를 청산유수처럼 이야기할 수 있을까?

또 미래의 어느 날 대만섬의 요괴나 괴물이 외국에서 들어온 '우세종'

[*] 〔원주原註〕 후완촨胡萬川, 「대만이 세계와 통하다: 민간 설화의 본토화와 세계성臺灣通世界: 民間故事之本土化與世界性」, 속문학과 교양교육 토론회俗文學與通識教育研討會, 다퉁대학大同大學, 2007년 11월.

에 의해 밀려나거나 생존 공간을 병탄 당한 뒤 결국 갈 곳이 없어지면, 100년 후에는 더이상 우리 섬에 소속된 요괴 전설이 모두 사라지지 않을까?

기실 이처럼 외국에서 수입된 요괴 설화와 동화 전설이 우세를 차지해온 현상은 결코 일회성의 불미스러운 사건에 그치지 않는다. 그럼 우리 귀에 익숙한 일본 요괴는 정말 100퍼센트 일본에서 나온 것일까?

사실 일본 요괴의 70퍼센트는 중국 원산이고, 20퍼센트는 인도 원산이고, 겨우 마지막 10퍼센트만 일본 토산이다. 이처럼 수입된 요괴가 일본에서 토속화를 거친 뒤 비로소 천천히 일본 특색을 지닌 고스트로 변신했다. 예를 들어 '덴구天狗'는 본래 『산해경』 속에서 여우狐狸나 삵山貓과 같은 동물에 불과했지만, 일본인의 가공을 거치고, 불교 요소가 혼합되어 비로소 코가 길고, 날개가 있고, 일본 옷을 입고, 게다를 신고, 아이를 잡는 기이한 괴물로 변했다.

혹은 일본의 오가반도男鹿半島의 축제로 원근에 널리 알려진 '나마하게 세도 축제生剝鬼柴燈祭'에서는 청년들이 머리에 붉은색 귀신 가면을 쓴 채 몸에는 갈색 도롱이를 입고 집집마다 돌아다니면서 재앙 소멸을 기원한다. 그들의 전설에 따르면 붉은 얼굴에 어금니가 날카로운 '나마하게生剝鬼'는 바로 중국 한 무제漢武帝와 서왕모西王母가 하늘을 나는 마차를 타고 그곳에 왔을 때, 함께 데려온 박쥐 다섯 마리가 변신한 귀신이라고 한다.

어쩌면 대만의 요괴가 그렇게 희귀하므로 우리도 중국 민남閩南(복건성福建省 남부)에서 들여온 '호랑이 할머니'나 '뱀 신랑'처럼 외국 요괴를 가공한 뒤 대만 요괴로 만들자고 제의하는 사람도 있을지 모르겠다.

하지만 그것으로 그친다면 기가 꺾이고 주눅이 들 수밖에 없다. 결국 대만섬에는 우리가 자부할 만한 요괴 전설이 전혀 없단 말인가? 이 '전제'를 정확한 개념으로 확정하기 위해서 너무 성급하게 결론을 내릴 필요는 없으며 잠시 유예하는 시간을 갖는 편이 좋을 듯하다.

대만의 요괴가 정말 희귀한지 누가 단정할 수 있겠는가?

들은 적이 없다는 이유만으로 존재하지 않는다고 단정한다든가, 본 적이 없다는 이유만으로 지금 '없다'고 결론짓는 것은 너무 독단적인 태도가 아닐까?

그러나 우리는 대만의 1000여 년 역사 이래로 존재했던 요괴의 종적을 증명하기 위해 '도라에몽ドラえもん'을 초청하여 '타임머신'을 타고 과거의 역사 속으로 들어가 몬스터 헌터처럼 요괴가 남긴 발자취를 추적할 방법이 없다. 그래도 과거로 돌아가 일찍이 사라져버린 'X파일'을 찾는 방법을 몇 가지 생각해볼 수 있다.

대만섬의 'X파일'은 바로 몇백 년 전부터 전해져온 고서나 문헌의 페이지 사이에 끼어 있다.

예컨대 『질란디아 일지熱蘭遮城日誌』와 『바타비아 일기巴達維亞城日記』나 대만의 '사고전서四庫全書'로 일컬어지는 『대만 문헌 총간臺灣文獻叢刊』, 일본 통치시대의 민속학과 인류학 서적, 『원주민 부족 조사 보고서蕃族調査報告書』 『대만 일일신보臺灣日日新報』 『369소보三六九小報』 등과 같은 각종 역사 문헌에 모두 대만 소속 요괴의 희미한 흔적이 남아 있다.

또 예를 들면 대만섬의 괴담에 관한 것은 300여 년 전 청나라 시대 지방지 기록을 되돌아볼 수 있다.

강희康熙(청 성조聖祖의 연호, 1662~1722) 22년(1683) 청나라 조정에서는 대만을 통치하기 위해 지방관을 두루 임명하여 여러 섬의 민심과 풍속을 조사했다. 이에 많은 관리와 문인이 끊임없이 지방지, 일기, 여행기의 형식으로 대만섬의 강역, 기후, 역사를 상세하게 묘사했다. 지방지 속의 「재상편災祥篇」에 예컨대 '마귀 악어 상륙魔鱺上岸' '흑해의 요괴 구렁이黑海妖蛇' '별의 괴이한 변화天星詭變' '삼양이 함께 나타남三陽同出', 그리고 섬과 깊은 산에 숨은 각종 공포 귀신이 매우 풍부하게 기록되어 있고, 각 편마다 모두 불가사의하고 오싹 소름이 끼치는 기이한 일이 언급되어 있다.

당시에 청나라 관리들은 민요와 풍속을 채집한 『시경詩經』의 정신을 견지하고 이 괴담들을 지방지 속에 수록했으며, 아울러 이러한 괴담을 청나라 정부의 '훌륭한 교화'나 '천재지변'의 증거로 간주했다. 예컨대 마귀악어[魔鱺]의 비명횡사는 정성공鄭成功(1624~1662) 왕조가 멸망하는 상징으로 간주했으며, 파사조婆娑鳥가 나타나자 그것이 임상문林爽文(1756~1788) 사건을 예견한다고 보았다.

이러한 기이한 이야기와 사건은 청나라 정부가 의식적으로 채집했지만, 모든 이야기마다 새롭게 해석하고 감상할 만한 여지가 있으므로 황당무계한 이야기로만 간주해서는 안 된다.

하지만 나는 역사학과 출신이 아니므로 파악하고 이해할 수 있는 자료가 구우일모九牛一毛에 불과하다. 만약 1945년에서 지금까지의 요괴 괴담이나 도시 전설을 보탠다면 그 분량이 더욱 방대해질 것이다. 아직도 더욱 드넓은 판타지 세계가 탐색과 조사를 기다리고 있다.

위에서 방금 제기한 질문으로 되돌아가자. "대만의 요괴는 정말 희귀한가?" 들은 적이 없고 본 적이 없다는 이유로 일찍이 대만섬에 전해 내려왔던 괴물 이야기를 단칼에 잘라버려서는 안 된다.

대만에 요괴가 있나? 대만의 요괴 문화가 대중문화로 성립되어 유행할 수 있을까?

만약 우리가 요괴를 다루면 다음 질문을 받게 될 것이다.

"당신은 요괴와 마귀의 존재를 믿습니까?"

그러나 나의 입장에서는 다시 다음과 같이 반문하고 싶다.

"당신은 대만 땅에도 우리 자신의 요괴와 마귀가 있다고 믿습니까?"

요괴, 귀매, 신령

기왕의 학자들은 대만의 요괴 문화를 연구하면서 늘 요괴를 '민간 전설'이나 '민속학' 체계의 부속물로 삼았을 뿐, 일본의 야나기타 구니오柳田國男(1875~1962)와 이노우에 엔료井上円了(1858~1919)처럼 '요괴학'이라는 관점을 견지하고 요괴를 연구의 주체로 삼은 사람은 아직 없다.

대만의 '요괴학'을 발전시키려면 절대 단숨에 성과를 낼 수 없고 틀림없이 수많은 어려움에 봉착할 것이다. 그러나 어떤 경우라도 '문헌'과 '필드 워크'를 영원히 연구의 출발점으로 삼아 한 걸음씩 전진해 나가야 알찬 결과를 얻을 수 있다. 이 책은 바로 기초 문헌의 초보적인 조사라는 위치에 자리한다.

『요괴 나라 대만妖怪臺灣』은 모두 두 권으로 이루어져 있다. 내가 명명한 '요괴'라는 두 글자에서 '요妖'는 '요귀신유妖鬼神遊'를 가리키고, '괴怪'는 '괴담기몽怪譚奇夢'을 가리킨다.

『요귀신유권妖鬼神遊卷』은 대만의 요괴, 귀매, 신령에 대한 색인서索引書다.

'요귀신妖鬼神'이라는 어휘는 요妖, 괴怪, 신神, 마魔, 귀鬼 등등의 종류를 범칭한다. 이 책에서 나는 이와 연관된 이야기를 세 가지 유형 즉 '요괴'

'귀매' '신령'으로 나눴다. 『괴담기몽권怪譚奇夢卷』에는 대만의 각종 기이한 전설 200여 편을 수록했다.

대만의 '요괴학'은 이전에 우리가 따를 만한 연구를 남긴 사람이 없었 기에, 위와 같은 분류는 나 자신이 대만의 다양한 귀신 이야기를 수집하 고 정리한 뒤 초보적으로 정의하고 나눠본 결과다. 만약 미래에 더 많은 자료가 발견되어 이와 같은 정의가 시효가 지난 것으로 판명되면 더욱 근 엄하고 체계적인 구분이 이루어져야 한다.

내가 초보적으로 관찰해본 결과 '요귀신 문화'의 형성은 진화의 궤적과 유사하다. '요괴' '귀매' '신령'이라는 세 가지 기이한 문화의 존재를 가지 고 아래의 진화 도표를 그려볼 수 있다.

요귀신 문화의 진화도

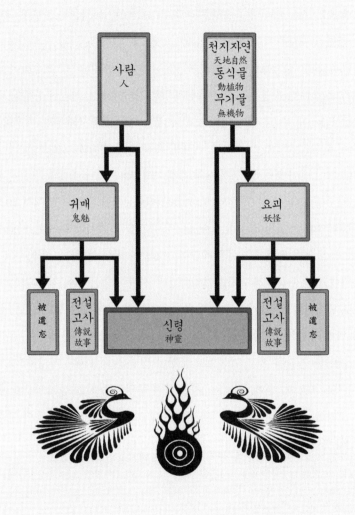

요괴는 천지자연, 동식물, 무기물을 거쳐 생성된 존재다. 예를 들면 거대하고 공포스러운 '구사鉤蛇'는 천지의 영기靈氣에 의해 생성된 기이한 괴물이다. 대만의 요괴로는 또 '환수幻獸' '마인魔人'과 같은 괴물 전설이 가장 성행했고, 깊은 바다나 흑수양黑水洋 혹은 심산준령을 막론하고 모두 경악할 만한 금수형禽獸形 괴물이 숨어 있는 것으로 인식했다. 이런 괴담이 성행한 원인을 짐작해보면 아마도 한인漢人(한족)들이 바다를 표류하여 대만에 와서 대만 자연계의 만물에 공포심을 가득 품었기 때문에 수많은 금수형 요괴 이야기가 널리 퍼진 듯하다. 원주민의 전설 가운데는 평포족平埔族이나 산속 부족을 막론하고 '기괴한 새[怪鳥]'나 '기이한 짐승[奇獸]'의 흔적이 많이 남아 있는데, 그것은 각 부족 마을*의 문화나 축제와 관련이 있을 것이다. 그러나 환수幻獸와 요괴에 관련된 전설은 19세기 말에서 20세기 초에 이르기까지 갈수록 줄어들어서 그것을 이야기할 수 있는 사람이 비교적 드물지만 귀매 전설은 시간이 지날수록 더욱 성행하고 있다.

귀매의 존재에 대해 말하자면 대부분은 사람이 죽은 뒤에 검은 귀신幽鬼으로 변화한다고 한다. 한족 문화에서 갑골문의 '귀鬼'라는 부호는 윗부분 '유甶[전田]'(가면)와 아랫부분 '대大'(사람)로 구성되어 있다. 이것은 무당이 기이한 가면을 쓰고 귀신으로 분장한 장면을 대표한다. 금문金文에서는 '귀신 귀鬼' 자 옆에 '칠 복攴' 자를 붙여 무당이 무기를 잡고 귀신을 쫓는 모양을 표현했다. 상商나라와 주周나라 시대에는 사람이 사후에 귀신

---

* 〔역주〕마을: 원문은 '사社'다. 중국 청나라에서는 대만의 원주민 부족을 흔히 '번番'으로 불렀다. 이 중에서 중국 문화를 받아들인 부족을 '숙번熟番', 원주민의 고유문화를 고수한 부족을 '생번生番'이라고 불렀다. 일제 통치 시기에는 '번番'을 흔히 '번蕃'으로 표기했다. 이 '번番' 아래 각 지역에서 소규모 집단을 이룬 원주민 공동체 마을을 '사社'라고 불렀다. 이 번역본에서는 '사社'를 문맥의 흐름에 따라 '사社' 부락, 마을 등으로 표기했다.

이 되며, 영혼도 귀신의 형식으로 세상에 존재한다고 믿었으므로 귀신에게 제사를 올렸다. 도교 수행에서 귀신을 인식하고 마귀를 쫓는[驅魔] 과정은 초보자의 입문 수준에 불과한데 도력이 높아지면 부적과 주문으로 귀매를 부릴 수 있고, 심지어 귀신을 죽이거나 삿된 기운을 물리칠 수 있다. 불교의 승려도 설법할 때 아귀餓鬼, 복덕귀福德鬼, 중음신中陰身 등으로 귀신을 구별하며, 육도六道에도 귀도鬼道를 윤회하는 나쁜 경로가 있다. 다른 한편으로 귀신의 입장에서도 산속을 떠도는 귀신이나 영혼이 마찬가지로 수련을 통해 자신의 수준을 높여 변신이나 저주 등의 기술을 얻을 수 있다. 등급이 더욱 높은 귀신은 자신이 충분하게 축적한 공덕치功德値에 의지하여 하늘과 사람의 도움을 받아 절이나 사당의 신령으로 존경받을 수 있다. 신령이 되는 또 다른 방식은 바로 사람들의 경외敬畏 대상이 되어 사당에 안치된 뒤 제사를 받는 것이다. 귀매에 관한 대만 원주민들의 생각은 조상의 영혼을 모시는 문화와 결합되어 있는 듯하다.

조사해본 결과 대만섬에 출현한 적이 있는 '요괴'와 '귀매'의 종류는 몇 가지 항목으로 나눠볼 수 있다. '요괴'의 종류는 대략 '환수幻獸' '영금靈禽' '기충奇蟲' '마인魔人' '용족龍族' '물요物妖' 등의 항목으로 나눌 수 있고, '귀매'의 종류는 '인귀人鬼'와 '재귀災鬼'로 나눌 수 있다.

간단한 도표로 그려보면 다음과 같다.

분류	소개	종류
① 환수幻獸	천지의 정기가 변하여 생긴 신령한 짐승이나 괴물. 외형이 기이하다는 특징 외에도 불가사의한 힘을 갖춤. 예컨대 미래를 예측할 수 있다든가 대자연을 조종할 수 있음.	사록아鯊鹿兒, 거상우巨象牛, 일각수一角獸, 마미사魔尾蛇, 금린화염악金鱗火焰鰐, 해화상海和尙, 인면괴어人面怪魚, 비행거우飛行巨牛, 장요薑妖, 선구仙狗, 기린구麒麟駒, 뇌구대우瀨口大牛, 해옹海翁, 후요鱟妖, 제풍귀制風龜, 흑수양거해黑水洋巨軼, 구사鉤蛇, 추어정鰍魚精, 홍사정紅蛇精, 서미운鼠尾雲, 거로만정괴巨鱸饅精怪, 백마환영白馬幻影, 노후매老猴魅, 인면우人面牛, 음양계요陰陽溪妖, 문귀요文龜妖, 거수우巨水牛, 낭교영묘嘲娘靈貓, 해극수海棘獸, 백원요白猿妖, 녹왕鹿王.
② 영금靈禽	천지의 정기가 변하여 생긴 기이하고 신령한 조류.	묘갱조墓坑鳥, 파사조婆娑鳥, 산화조山火鳥, 오색봉五色鳳, 뇌공조雷公鳥, 석연石燕, 식인 괴조 '마사알랍고瑪莎喔拉咕'.
③ 기충奇蟲	천지의 정기가 변하여 생긴 충류蟲類 괴물.	해상귀접海上鬼蝶, 오접요괴烏蝶妖怪, 칠족벽해七足璧蟹.
④ 마인魔人	모습이 인간과 유사한 기형 종족. 인간에서 변화하기도 하고, 인간과 완전히 다른 존재일 수도 있으나 통상적으로 모두 불가사의하고 신기한 능력을 지님.	비사야귀인毗舍耶鬼人, 대남 인어臺南人魚, 팽호교인澎湖鮫人, 사수족蛇首族, 주통요酒桶妖, 요인족獠人族, 장염왜인長髥矮人, 강시殭屍, 천화귀天花鬼, 오사서생인巫使嶼生人, 사랑군蛇郎君, 호고파虎姑婆, 마신자魔神仔, 각력마角力魔, 금매金魅, 전신청면파纏身靑面婆, 거인족 '아리카카이阿里嘎崖', 고루인骷髏人, 거인 '고노孤奴', 파이완족排灣族 악령 '개로鎧羅', 난장이 요괴 '고탑咕塔'.
⑤ 용족龍族	대만섬에 존재한 상고시대 용의 종류. 매우 희소함.	벽룡璧龍, 한룡旱龍, 목룡木龍, 적규赤虬, 선풍교旋風蛟, 운룡雲龍, 치미鴟尾.
⑥ 물요物妖	무기물에서 생성된 요괴.	용공龍碩, 금은귀金銀鬼, 저가석豬哥石.

분류	소개	종류
① 인귀人鬼	사람이 죽은 뒤 귀신이 되어 흔히 저주 능력을 보유함.	가읍여귀嘉邑女鬼, 원혼진수낭寃魂陳守娘, 수귀水鬼, 향혼여귀香魂女鬼, 뇌공비雷公婶의 여귀女鬼, 검담시혼劍潭詩魂, 차야叉夜, 풍류귀風流鬼, 고골괴枯骨怪, 비로요飛顱妖, 시귀屍鬼, 무두귀無頭鬼, 액귀縊鬼, 임투저林投姐.
② 재귀災鬼	재앙이나 역병을 초래하는 귀신과 괴물.	학귀瘧鬼, 역귀疫鬼, 죄귀罪鬼, 오색귀五色鬼.

이른바 '신령'은 대략 두 가지 진화 방식을 거쳤다고 할 수 있다. 첫째, 요괴와 귀매로부터 진화한 종류. 둘째, '죽은 사람'과 '자연계의 이상한 사물'에서 직접 신령이 된 종류.

예컨대 고웅高雄 반병산半屏山의 장요瘴妖는 전설에 의하면 화재를 불러온다고 하는데, 고대인이 두려워한 기이한 짐승이 '요괴' 종류로 귀납된 경우다. 그러나 20세기 제2차 세계대전 이후에는 현지인들이 점차 이 짐승을 '화신火神'으로 존경하기 시작했으므로 장요는 사람들이 경외하는 존재가 되었다. 이것이 바로 '요괴'가 '신령'으로 진화한 사례다.

그리고 대남臺南의 '진수낭陳守娘'은 사후에 원귀가 되었지만 그 지방 사람들은 원혼의 분노를 달래준 후 바로 공묘孔廟의 절효사節孝祠에 진수낭의 위패를 봉안했다. 이것은 본래 사람에게 공포의 대상이던 '귀매'도 사람들이 존경하는 '신령'이 될 수 있음을 보여준다.

대중臺中의 만화궁萬和宮에 봉안된 '요이마廖二媽'라는 마조媽祖 신상에는 서둔西屯에 거주하던 젊은 여인의 혼령이 깃들어 있다고 한다. 이것은 바로 '죽은 사람'이 '신령'이 될 수 있음을 보여준다.

'자연계의 이상한 사물'이 대만에서 신령이 된 가장 보편적인 사례로는 '석두공묘石頭公廟'를 들 수 있다. 시골 사람들은 기이한 바위의 영험함(예컨대 반짝반짝 빛이 나는 경우)을 발견하기만 하면 그것을 '석두공石頭公의 신령'으로 간주하는 동시에 그 바위 곁에 사당廟을 세워 향불을 피우고 제사를 올린다.

하지만 이 경우에도 소위 '진화'가 성립할 수 있을까? 대만의 '요괴와 귀신 문화' 연구는 지금 첫걸음을 떼고 있으므로 더 많은 자료를 쌓아 증거로 삼아야 한다. 예컨대 일본의 저명한 학자 야나기타 구니오는 오랜 필드워크를 통해 다음과 같은 결론을 내렸다. "일본의 요괴는 대부분 속세로 귀양 온 신명神明이다. 다시 말해 요괴는 신神에 대한 관념이 쇠퇴한 뒤에 생산된 문화 현상이다." 대만의 경우는 어떨까?

어떻든 나는 먼저 이러한 가설을 제기하여 미래 연구의 기점으로 삼고자 한다.

◎ 흑수양黑水洋의 수중 요괴들

대만섬의 사방 해역에는 각종 요상한 짐승과 마귀가 서식하며 어두컴컴한 대해의 파도 속에 숨어 옛날부터 바다 위를 오가는 뱃사공들의 꿈속에까지 나타나 공포를 조장했다. 예컨대 고대의 대만 사람들은 대만 해협 흑수양 해저에 신비한 '마미사魔尾蛇'의 소굴이 있다고 믿었다. 그 요괴 뱀의 신장은 몇 장丈에 이르고 온몸은 꽃무늬로 덮여 있으며, 그중에는 붉은색과 검은색 줄무늬의 '홍흑간도사紅黑間道蛇'와 머리가 둘 달린 '양두사兩頭蛇'가 가장 특이하다고 한다.

또 다른 대만 요괴 중에서 기이한 바다 요괴[海妖]는 '해옹海翁'*이라고도 하고 '해추海鰍'라고도 하는 상고시대 대만 해역의 신비한 석어碩魚다. 전설에 따르면 '해옹'은 신장이 100리인데 입으로 화염을 내뿜는다고 하며 심지어 거대한 선박도 한 입에 삼킬 수 있다. '해옹'이 잠을 잘 때는 거대한 몸뚱아리를 해면에 띄워 100년간이나 꼼짝도 않는다고 하며, 이 때문

---

* 〔원주〕해옹海翁: 오늘날 대만 사람들은 '해옹'을 '고래鯨魚'라고 부른다. 하지만 '해옹'은 불을 뿜을 수 있고 등은 푸른 언덕과 같으므로 기이한 바다 요괴라고 해야 한다.

에 드넓은 등 위에 심지어 푸른 초목이 자라서 마치 길게 이어진 산비탈처럼 보인다고 한다.

'마미사'와 '해옹' 전설 이외에도 팽호도에 화악火鱷에 관한 괴담이 전해져온다. 또 바다를 운행하는 배들은 자칫 용신龍神이나 귀접鬼蝶의 습격을 받을 수도 있다고 한다.

바닷속 괴물을 이야기하자면 '인어人魚'에 관한 전설이 아마도 가장 유명할 것이다. 근 1000년 이래로 세계 각국의 해안에는 모두 인어에 관한 기이한 이야기가 전해오고 있다. 전설에 따르면 인어는 상반신이 사람이고 하반신은 물고기 꼬리로 이루어진 괴이한 생물이다.

중국의 신화집『산해경』에도 상고시대 조제국彫題國 주민이 머리는 사람, 몸은 물고기인데, 네 발이 달려 있고 머리는 사람이며 전체 모습은 대어大魚와 같다고 기록되어 있다. 사마천司馬遷이 쓴『사기史記』에도 진시황秦始皇의 능묘 속에 인어 기름으로 만든 등불이 있고 그것은 1만 년 동안 꺼지지 않는다고 기록되어 있다.

유럽의 그리스 신화에도 사이렌Siren이라는 바다 요괴에 관한 전설이 전해지고 있다. 사이렌은 절반은 사람이고 절반은 물고기인 공포의 생물이다. 사이렌은 항상 광풍폭우가 몰아치는 바다 위에 나타나 노랫소리로 뱃사공을 유혹하며, 아름다운 노래에 빠져든 뱃사공은 갈 길을 잃고 배를 통제하지 못하다가 결국 바닷속으로 침몰하고 만다는 이야기다.*

일본에서도 에도 시대 오사카大阪 성 밖의 강에서 길이 1미터에 이르는

---

* 〔원주〕그리스 영웅 오디세우스Odysseus는 배를 타고 사이렌이 사는 섬을 지날 때, 뱃사공들에게 두 귀를 막으라고 분부하여, 사이렌의 유혹에서 벗어나게 했다.

인어를 잡았는데, 울음소리가 갓난아이와 같았다고 한다. 일본 시코쿠^{四國}와 규슈^{九州} 부근 해변에도 인어가 출현한 흔적이 있다는 이야기가 전한다. 더욱 오래된 일본의 인어 이야기는 대대로 일본 후쿠이현^{福井縣}의 800세 비구니 전설*로 전해온다.

근대의 과학자들은 소위 '인어'는 고대의 뱃사공들이 바닷속의 듀공^{Dugong dugon}, 바다소^{海牛(manatee)}, 바다코끼리^{海象(Odobenus rosmarus)}를 오인한 것이고 그것이 와전되어 각종 기이한 전설이 생겨났다고 추측한다. 하지만 인어의 존재가 정말 판타지에 불과할까?

세계 각국에 인어 전설이 전해지는 것처럼 대만에도 자고이래로 자체적인 인어 전설이 전해 내려오고 있다.

가장 이른 시기의 전설에 따르면 팽호도의 서른여섯 개 섬 가운데 남서^{南嶼}에 원시시대 이전에 '교인족^{鮫人族}'이 살았다고 한다. 청나라 문인 범학수^{范學洙(1689~1777)}는 「팽호 36도의 노래^{澎湖三十六島歌}」에서 이렇게 읊었다. "남서^{南嶼}에는 본래 교인들이 살다가, 뒤에 폭풍우가 일자 다른 곳으로 옮겨갔네^{南嶼原有鮫人住, 後以風濤居始遷}." 즉 지금의 팽호열도에 속하는 남서도^{南嶼島}에 교인들이 거주했다는 것이다. 교인은 꼬리는 물고기이고 몸은 사람인

---

* 〔원주〕800세 비구니 전설: 다음과 같은 전설이다. 일본 후쿠이현 해변의 작은 마을에 다카하시^{高橋}라는 어부가 살았다. 어느 날 다카하시는 먼바다의 섬으로 갔다가 이름을 알 수 없는 곳에서 '인어 고기'를 가지고 돌아왔다. 다카하시의 딸이 아무것도 모른 채 몰래 인어 고기를 훔쳐먹었다. 그런데 뜻밖에도 인어 고기에는 아무도 모르는 마력이 숨어 있어서 다카하시의 딸은 영생불사의 생명을 얻게 되었다. 그녀는 100여 세가 되었을 때 출가하여 '비구니'가 되었고 일본의 여러 나라를 유람했다. 그녀는 800세까지 살아서 고향 해변으로 돌아와 세상을 떠났다. 이 때문에 세상 사람들은 그녀를 존경하며 '800세 비구니'로 불렀다.

기이한 종족이다. 그러나 뒤에 폭풍우가 너무 세차서 교인들은 다른 곳으로 옮겨 갔다가 다시 더 먼 바다의 섬으로 종적을 감췄다는 이야기다.

'국성야國姓爺'로 불리는 정성공鄭成功(1624~1662)이 대만으로 오기 1년 전에 네덜란드 동인도회사 대만 주재 총독인 코예트Frederick Coyett(?~1687)는 늘 대남의 질란디아에 전해오는 기이한 이야기를 듣곤 했다. 그의 기록 가운데에서 가장 기이한 것은 질란디아 바깥 바다에 신비한 인어가 나타났다가 순식간에 종적도 없이 사라지는데 흡사 미래의 병란을 암시하는 듯하다는 내용이다. 과연 1년여 뒤에 국성야가 군대를 이끌고 대만으로 왔다.

바다 요괴에 관한 또 하나의 전설은 '인면어人面魚'에 관한 이야기다. 인면어는 '연어淵魚' 또는 '해동海童'이라고도 한다. 몸은 큰 물고기이지만 사람 얼굴에 두 눈, 입, 코를 갖고 있어서 모습이 매우 괴이하다. 만약 인면어가 수면에 떠서 사람을 만나면 입을 크게 벌리고 껄껄 웃는데, 심지어 지느러미로 합장하는 모습도 보인다고 한다.

금문金門 사람 임혼황林焜熿(1793~1855)이 편집한『금문지金門志』에는 인면어가 나타나는 광경이 기록되어 있다. 강희 원년(1662) 대등해大嶝海의 수면에 인면어가 나타나서 사람을 보고 웃다가 자취를 감췄다고 한다.

그리고 객가客家 사람 오자광吳子光(1817~1883)은 도광道光(청 선종宣宗의 연호, 1821~1850) 17년(1837) 대만에 와서 담수청淡水廳의 묘율보苗栗堡(지금의 묘율현苗栗縣 동라향銅鑼鄉)에 거주했다. 그는 사방을 유람하기 좋아하여 한 번은 대만 중부의 항구에 갔다. 그곳에서 그는 어떤 어부 노인이 인어를 잡은 경험에 대해 이야기하는 것을 들었다.

어부 노인이 말하기를 어느 날 고기를 잡으러 바다로 나갔다가 뜻밖에도 그물에 괴상한 인면어가 걸려 있는 것을 보았다. 괴물을 잡고 보니, 얼굴의 이목구비가 사람 같았고 사람을 보고는 합장하며 웃었는데 마치 황금색 미륵불과 같았다는 것이다. 어부 노인은 공포심이 일어 바로 지전紙錢을 태우며 액운을 제거해주기를 기원했다고 한다.

또 하나의 대만 인어 전설은 소유구小琉球 섬에 전해온다. 자고이래로 토금도吐金島(Tugin), 납미도拉美島(Lamey), 금사자도金獅子島(Gouden Leeuw), 부복산서剖腹山嶼라는 이름은 모두 지금의 대만 동부 바깥 바다에 위치한 소유구 섬을 가리키는 명칭이었다.

전설에 따르면 소유구 섬에 거주한 야만족은 오귀족烏鬼族이었다. 『봉산현 채방책鳳山縣採訪册』에는 소유구 섬 이야기가 실려 있다. 전해오는 이야기로는 옛날에 오귀烏鬼들이 그곳에 모여 살았는데, 턱 아래에 마치 물고기와 같은 아가미가 있어서 바닷속에서도 며칠 동안 엎드려 있을 수 있다.

이런 전설을 종합해보면 소유구 섬의 오귀는 턱 아래에 물고기 아가미가 있어서 육지로 올라올 필요 없이 바닷속에서 오래 잠수할 수 있으므로, 기이한 인어 송족에 속한다고 할 수 있다. 환상 속 동물과 같은 인어는 정말 존재했던 것일까?

신비한 인어의 모습은 여전히 역사의 안개 속을 떠돌고 있으나 그 종적은 알 수 없다.

🔍 불가사의한 소 요괴

자고이래로 대만은 농업을 경제의 근본으로 삼았으므로 '소'는 대만 전통 농업 사회에서 매우 중요한 존재로 인식되었다. 처음에는 대만에 들소 무리가 드문드문 평야와 구릉 사이에 서식했다. 가장 이른 시기의 소뼈 화석은 대남臺南의 좌진향左鎮鄉에서 출토되었는데, 이는 3000년 전 대만에 '더스 물소德氏水牛(Bubalus teilhardi)'와 '양스 물소楊氏水牛(Bubalus youngi)' 같은 원시 물소 종류가 섬의 소택지 초원에서 유유히 놀고 있었음을 설명해주는 증거다.

아울러 대남 좌진의 지층에서는 또 서우犀牛 화석도 출토되어 사람들을 경악하게 했다. 몸집이 거대한 서우도 당초에 대만의 고대 평야에서 거닐고 있었던 것이다. 비록 기제류奇蹄類에 속하는 서우는 우제류偶蹄類에 속하는 소과牛科 짐승이 전혀 아니지만 오래전 고대 대만섬에는 다양한 대형 포유동물이 분명히 존재했으며, 이는 우리로 하여금 끝없는 상상의 나래를 펼칠 수 있게 한다.

그러나 현재 대만에 남아 있는 소 종류는 대부분 1624년 이후에 네덜란드 사람들이 팽호도를 거쳐 수입해온 누렁소黃牛 종류다. 건륭乾隆(청 고종高宗의 연호, 1736~1795) 29년(1764)에 출간된 『대만부지臺灣府志』라는 책에는 네덜란드 지배 시절 남북 두 곳에 우두사牛頭司를 설치하고 소를 방목하며 번식을 촉진했기에 그 수가 엄청나게 늘어났다고 기록되어 있다.

다시 말해 당시 네덜란드 사람들은 대만 서부 평야를 개간하기 위해 대만에 '우두사'라는 관리 기관을 설치했고, 이 기관이 소 목축을 책임지고 땅을 개간하는 일을 했다는 것이다. 이후로 대만섬의 논과 사탕수수 농장은 길들여진 소로 땅을 갈았으므로 소는 농민들에게 없어서는 안 될 노동력 제공원이 되었다.

소는 대만의 농업사회에서 지극히 중요한 가축이었기에 소에 관한 전설도 매우 성행했으며, 심지어 '소 요괴牛妖怪'에 관한 시골 괴담까지 다양하게 전해지고 있다. 예를 들어 가타오카 이와오片岡巖의 『대만 풍속지臺灣風俗誌』라는 책에는 가의嘉義에서 큰 지진이 발생했을 때 어떤 사람이 산 계곡의 균열된 곳에서 '지우地牛'의 꼬리를 목격한 일이 기록되어 있는데, '지우'가 바로 큰 지진을 일으키는 재앙의 원흉이다.

민남閩南 사람들의 전설에 따르면 염라대왕의 직속 부하로 소머리에 말 얼굴을 한牛頭馬面 저승사자가 있다고 한다. 그 우두牛頭 요괴가 바로 사람의 혼백을 잡아가는 책임자로 악인의 영혼을 염라전閻羅殿까지 끌고 가서 심판을 받게 한다는 것이다. 이 때문에 사람들은 지금도 소머리에 말 얼굴을 한 형상을 몹시 무서워한다. 염라전에는 공포스러운 각종 지옥이 있는데, 여섯 번째 전각을 관장하는 염왕閻王이 바로 '우갱지옥牛坑地獄'을 만들어 생전에 무고한 인명을 살해하고 동물을 함부로 죽인 사람을 구덩이 속으로 던져넣어 만 마리의 소로 하여금 그 죄인을 밟아 죽이게 한다고 한다.

대만 가의현嘉義縣 태보시太保市 수우조水虞厝에는 독특한 유래의 우장군묘牛將軍廟*가 있다. 이 사당은 최초로 혜명사惠明社 성선당醒善堂에 의해 1973

---

* 〔원주〕 우장군묘牛將軍廟: 지금은 가의현 태보시의 수우공원水牛公園 안에 있다. 사당 안의 벽에 우장군묘의 역사 연원을 써서 우신묘牛神廟의 유래를 소개하고 있다. 그 내용은 다음과 같다. "명나라 말기와 청나라 초기 약 300여 년 전에 연평군왕延平郡王 정성공이 대만을 개간하기 위해 섭근미葉覲美 대부를 파견하여 물소 여덟 마리를 갖고 가서 경작에 도움을 받으라고 했고, 여기에 모신 소는 그중 한 마리다. 이 소는 당시에 35갑甲의 경지를 경작하는 중임을 맡았는데 결국 과로로 병이 들어 죽었다. 이 소의 주인은 소의 공로를 기념하기 위해 소를 매장하고 제사를 올렸다. 순수한 주인은 소를 그리워하는 마음을 표현했으나 장례를 치른 뒤 이 소가 뜻밖에도 밤중에 나타나 경작지의 농작물을 훔쳐 먹었으며 한낮에도 예전처럼 돌아다녔고 소떼가 연못에서 목욕할 때도 이 소 한 마리가 소떼 속에 가담하곤 했다. 이 때문에 마을

년에 건축되었고, 전적으로 물소에게 제사를 올리며 밭 갈던 소의 노고를
기념한다.

한족 이외에 대만 남부의 평포족 전설에도 소의 흔적이 남아 있다. 그
들의 전설에는 옛날 대만섬에 몸집이 거대한 물소가 있었는데 황혼 무렵
에 사방을 돌아다니기를 좋아했다고 한다. 설화에 따르면 이 거대한 물소
를 사람이 한번 보기만 해도 자신의 머리가 점점 부풀어오르는 것을 느끼
고 그 뒤로도 끊임없이 팽창하여 머리가 커질 뿐만 아니라 복부도 커진다
고 한다. 이런 고통을 맛본 경험자는 온갖 방법을 짜내어 그 거대한 물소
의 저주에서 벗어나려 한다는 것이다.

섬에 출몰하는 소 요괴에 관한 기록 중에서 가장 기이한 한 가지는 몸
집이 코끼리처럼 거대한 '거상우巨象牛'에 관한 이야기다.

17세기 명나라 말기 천계天啓(명 희종熹宗의 연호, 1621~1627) 연간 보
타산普陀山의 승려 화우華佑는 친한 친구 소극蕭克과 함께 대만에 왔다. 아
울러 시내에서 몸집이 거대한 코끼리와 같은 괴물을 잡았고, 두 사람은
'하루에 300리를 갈 수 있는' 이 소 요괴를 타고 순조롭게 대만 중앙의 높
은 산맥을 넘어 대만 서부 해안의 제라諸羅(지금의 창화彰化와 가의嘉義 일
대)에 도착했다.

사람들은 이 소를 신우神牛라 칭송했다. 이 신우의 행적이 각지로 전해지자, 당산唐山의 풍수
사가 흥미를 갖고 이 공원으로 와서 풍수지리를 관찰했다. 그는 이 공원이 금우영혈金牛靈穴의
명당이기에 수우조水牛厝 곳곳에 신우의 발자취가 드러나 있고, 야간에도 신우가 금빛을 번쩍
일 뿐만 아니라 마을을 돌아다니며 마을 사람들이 등불을 켤 때 집집마다 사람들을 일깨워 온
주민의 생명을 구하고 있음을 발견했다. 이 때문에 그 지방 사람들은 소를 매장한 곳에 사당
을 세우고 주민들의 경배를 바쳤다. 그리고 이 소를 연평군왕이 데려왔기에 우장군牛將軍이라
고 불렀다.

대만에는 신비한 '거상우' 전설을 제외하고도 비행할 수 있는 거대한 소 전설도 있다. 『중수 복건 대만부지重修福建臺灣府志』 권19 「총담叢談」 편에는 사람들이 이 기괴한 소를 목격한 광경이 상세하게 기록되어 있다.

전설에 따르면 이 기이한 짐승은 몸집의 크기가 거대한 소와 같아서 키가 5~6척尺 이상이고, 안면은 흡사 멧돼지처럼 생겼으며, 넓고 큰 한 쌍의 귀를 가졌다고 한다. 짐승의 입에는 가늘고 날카로운 이빨이 돋아나 있고, 두꺼운 피부는 마치 누렁소와 같고, 네 다리의 털은 수달과 같고, 네 발은 대형 거북의 발톱과 같고 꼬리는 매우 길다고 했다. 가장 큰 특징은 이 짐승이 물 위를 자유롭게 비행할 수 있다는 것이다.

포르모사Fomosa(대만섬)의 오색 용족龍族

중국에서는 오래 전부터 용을 존중했지만 기실 '용'은 절대로 중국의 전유물이 아니다.

일본의 신화집 『고사기古事記』에 기록된 구라오카미노카미闇淤加美神도 바로 용신龍神, 靇神이고, 일본 민간 설화에 나오는 '야마타노오로치八岐大蛇'도 거대한 용의 모습을 하고 있다. 유럽의 고대 서사시 『베오울프Beowulf』에도 거대한 용에 관한 묘사가 있다. 이로써 알 수 있는 바와 같이 세계 각국에는 신령한 용에 관한 전설이 전해 내려오고 있으며, 고대 대만에도 물론 용족龍族이 존재했다.

만약 '색깔'에 따라 초보적으로 구분해보면 대만섬 용의 종류는 대략 다섯 가지 색깔로 나눠볼 수 있고 각각 자기만의 특성을 갖추고 있다. 일부 용족은 재앙을 유발하기도 하지만 본래 용은 천성이 선량하므로 사람에게 기꺼이 도움을 준다. 상세한 내용은 이 책 각 항목의 문헌 기록을 참고하시기 바란다.

① 벽룡碧龍 : 벽록색碧綠色. 대만 북부 해역에 출몰하고 해룡海龍에 속함.

② 한룡旱龍 : 찬란한 황금색. 가뭄을 유발하여 인간을 학대함. 대남 주변 해역에 출몰하고 화룡火龍에 속함.

③ 적규赤虯 : 적홍색赤紅色. 대만 중부 깊은 산에 서식하고 큰비를 유발하며 우룡雨龍에 속함.

④ 선풍교旋風蛟 : 은흑색銀黑色. 검은 회오리바람을 일으키고 대만 남부에 출몰함. 사람을 말아 올려 100리 밖에까지 날려보낼 수 있고 풍룡風龍에 속함.

⑤ 목룡木龍 : 오렌지색棕橙色. 선박의 용골龍骨에 서식하므로 배와 함께 탄생함. 선박의 정령으로 수호룡守護龍에 속함.

대만에서 벌어진 요괴 반란

으스스한 귀곡성이 울리는 가운데 역사가 흐르면서 대만섬에 귀신 그림자가 짙게 드리웠다.

400여 년 전 한족들이 대거 흑수양黑水洋을 건너 대만으로 올 때 각 지방의 귀매와 요괴도 선창에 몸을 숨기고 함께 이 흔들리는 섬에 도달했다. 그런데 뜻밖에도 이 요괴들이 대만섬 귀신 세계의 원주민들과 화합하지 못하여 큰 싸움을 벌였다.

섬 원주민의 죽은 혼이 귀신이 되었는데, 신령한 능력을 보유한 여자 무당이 외래 귀신들을 소환했으나 그들은 늘 산간에 몸을 숨기고 있어서 한 번 만나기도 어려웠다. 예컨대 남부 대만의 귀신들은 절벽 동굴에 모여 살기에, 피누유마족Pinuyumayan족(卑南族) 사람들은 모두 산골짜기에서 울려 퍼지는 메아리가 바로 이 귀신들의 악작극惡作劇이라는 사실을 알고 있었다. 그리고 파이완족Paiwan족(排灣族)은 가랄Garal로 불리는 악귀를 두려워하는데, 이 악귀가 밤중의 어둠을 틈타 부락으로 날아와서 몰래 창문으로 방안에 침투하여 사람을 죽이기 때문이다. 조상의 영혼과 각 부락 원주 귀신은 이주해온 요괴족에 큰 불만을 품었다. 대대로 대만 중앙 산맥에 거주해온 산소山魈 부락, 평지 숲에 사는 대나무 귀신竹鬼, 해안의 뱀머리 요괴蛇首妖怪, 섬 동북방 어두운 항구의 귀신 부족 후예, 심지어 팽호도 귀신 시장鬼市의 요괴들도 외래 요괴들에게 의분義憤을 품었다.

외래 귀신과 원주 귀신의 전투는 마치 불꽃처럼 번져나가 몇백 년 동안 크고 작은 싸움이 끊임없이 이어졌다. 대만 중남부 지방에 몸을 묻은 홍모망혼紅毛亡魂은 투구를 쓰고 갑옷을 입은 채 이 두 종류의 귀신이 모두 상처를 입을 때까지 기다렸다가 이익을 얻으려 했다.

요괴의 반란이 끊이지 않자 현지의 사람들이 큰 고통을 당했다. 사방으로 퍼져 나가는 음기로 인해 아무 상관도 없는 사람들이 끊임없는 재난을 당했다. 학귀瘧鬼(학질 귀신)와 역귀疫鬼(역병 귀신)가 그 틈을 타고 더욱 창궐했다. 이들 전염병 악귀들은 인간을 전염시키면서 양기를 흡수하여 요괴의 혼령을 튼튼하게 만들었다. 청나라 조정에서 대만으로 파견한 수많은 문인과 관리들이 늘 병에 걸렸는데 이것이 바로 학귀의 소행이었다.

깊은 밤이 되어 칠흑 같은 어둠이 내리면 창밖으로 귀신 그림자가 한 걸음 한 걸음씩 접근해온다.

청나라 때 대만 사람들은 귀신이 벌이는 전란을 피하고 자신을 보호하기 위해 점차 귀신에게 화복을 묻는 수많은 종교의식을 학습했다. '의자고椅仔姑'는 귀신의 강림을 청하는 점술이다. 자신이 미혼 여성이라면 중추절 깊은 밤에 대나무 의자를 흔들며 저승의 영혼을 불러와서 화복을 물어볼 수 있다. '부란扶鸞'은 혼령의 힘이 더욱 강력한 영매乩童에 의지하는 혼령 빙의 의식이다. 가장 가공할 만한 것은 귀신을 불러오는 제의祭儀로 '금매金魅'를 초청하여 집안에 재물과 복을 내리게 할 수 있지만 그 대가로 귀신이 산 사람을 잡아먹도록 해야 한다는 점이다.

대만의 민간에 가장 널리 퍼져 있는 귀신은 물귀신水鬼이다. 물귀신은 교환의 방식으로 사람의 생명을 취하지만 만약 물귀신이 덕을 베푸는 마음을 갖고 있으면 심지어 성황야城隍爺로 승격할 수 있다. 19세기에 미국에서 온 기자 에드워드 그레이Edward Greey는 일찍이 안평安平 천후궁天后宮 사당 곁 시냇물에서 원귀冤鬼를 목도한 적이 있다고 한다.

인간이나 사물이 귀매가 되는 일에는 원인이 있으므로 다각도로 자세히 살펴보면 요괴의 세계에서 오히려 지혜와 계시를 얻을 수 있다. 교고쿠 나쓰히코京極夏彦(1963~)의 백귀百鬼 괴담이나 스티븐 킹Stephen King(1947~)의 공포 이야기도 밝은 거울과 같이 민심을 반영하고 있을 뿐만 아니라 각국 민족 문화의 특수한 역사 궤적도 반영하고 있다.

🔍 대만의 공포 이야기

대만의 공포 이야기는 어떤 발전 맥락을 갖고 있는가?

20세기 초 대만에서 널리 보급된 읽을거리는 종이 신문이었고, 많은 공포 이야기가 신문을 통해 전파되었다.

『대만 일일신보』에는 마신자魔神仔 출현 기사가 여러 번 실린 적이 있다. 예를 들어 1901년 「마귀를 만난 기이한 이야기遇魔術異」라는 기사에서는 마귀가 변신한 일을 다루고 있으며, 1908년의 「산마山魔」라는 기사에서는 마귀가 여행객을 유괴한 일을 서술했다. 또 묘율苗栗의 어떤 거리에서 도깨비불이 난무하고, 신주神主의 위패가 날아다니는 이변이 발생하여 흉신凶神이 연속해서 세 사람을 살해했다는 등등의 기사도 실렸다. 신문 지상에 실린 무수한 괴담이 독자들의 깊은 흥미를 유발했는데, 도대체 이런 소문은 진짜일까 가짜일까?

일본의 공정한 인류학자가 과학적인 시각으로 민속 조사를 진행했으나 그 진위를 판별할 수 없자, 대만은 미신적인 비밀이 가득한 보고이므로 늘 온갖 귀신이 나타난다고 인정했다(일본 통치 시대, 『대만의 관습 기사臺灣慣習記事』).

당시에 공포 이야기는 대부분 신문 지상을 통해 전파되었지만 시종일관 야사의 편린들로 취급되었을 뿐, 아직 '공포 문학' 창작에 심혈을 기울이는 작가는 없었다. 제2차 세계대전 이후에 이르러서도 문학가들은 장르 소설을 용속하다며 폄하했다. 이 때문에 공포 이야기의 전파는 신문의 '팔괘八卦' 코너에 머물러 있었다.

공포소설의 유행은 1980년대에 이르러서야 뚜렷하게 발전하기 시작했다. 쓰마중위안司馬中原(1933~)은 처음으로 괴기怪奇를 제재로 삼아 『귀화鬼話』와 같은 소설을 실험 창작하여 대만 공포소설의 발흥을 도왔다. 이에 수많은 작가가 의식적이든 무의식적이든 요괴와 귀매를 창작 소재로 삼게 되었다. 주의할 만한 현상은 일부 민간 괴담이 『쑨씨 아저씨의 귀신 이야기孫叔叔說鬼故事』와 같은 아동 독서물 형식에 담겨 통속적으로 전파되기 시작했다는 점이다.

1990년대에는 대중 통속 장르 소설이 유행하기 시작했다. 즉 니쾅倪匡(1935~2022), 에드거 앨런 포Edgar Allan Poe(1809~1849), 앨프리드 히치콕Alfred Hitchcock(1899~1980)과 같은 외국 작가의 공포소설에 자극을 받고, 출판사의 지지를 얻어 많은 소설가가 공포물의 신령한 미학에 주의하기 시작한 것이다. 황관소설상皇冠小說獎을 수상한 장차오張草는 『배고픔很餓』 『고통很痛』과 같은 공포, 판타지, 스릴러 색채의 소설 창작에 힘을 쏟았다.

인터넷 소설 창작도 시작되어 많은 인터넷 소설가가 통속 색채가 강한 소설 작품을 발표하기 시작했고, 그중에서도 공포 요소가 강한 소설이 가장 드넓게 환영을 받았다. 『도시 포비아都市恐怖病』 시리즈로 일가를 이룬 주바다오九把刀(1978~)는 대만 공포소설의 기초를 세우고 도시인의 이상 심리와 왜곡된 인격을 세밀하게 묘사했다. 주바다오의 공포소설이 유행함으로써 그는 공포소설이라는 장르가 더이상 말단의 사소한 글쓰기가 아니라 대중에게 인정받는 문학임을 알렸다. 이 때문에 지금은 더 많은 소설가가 공포소설이라는 글쓰기에 투신하고 싶어한다.

근래 10년 동안 공포소설에 관련된 미학관美學觀이 더이상 단순한 '스릴러 서스펜스' 요소에 그치지 않고 판타지, 모험, 로맨스 등 신선한 미학 프레임을 보탬으로써 괴기물을 더욱 현대인의 구미에 맞게 조정했다. 베스트셀러 작가 링징笭菁, D51, 유전柚臻 등이 그중의 고수이며 현재 초중고생 독자들의 갈채를 받고 있다.

또 다른 한 가지 현상은 대만의 추리소설 창작계에서 추리 문체를 공포 요소와 결합하여 독특한 이야기의 느낌을 빚어내려 한다는 점이다. 대만 추리작가 협회를 창립한 지칭既晴(陳信宏)은 대담한 개척자로서 도시 전설

Urban legend의 아우라를 농후하게 갖춘『문을 단단히 잠궈請把門鎖好』와『인터넷의 흉악한 이웃網路凶鄰』이라는 작품으로 공포 추리소설의 표준을 열었다. 이 밖에 추리작가 린쓰옌林斯諺(1983~)의『파타야의 핏빛 저주芭達雅血咒』도 공포를 제재로 본격 추리를 지향한 스릴러 소설이다.

대만의 장르 문학은 문학사의 발전 과정에서 끊임없이 강인한 생명력으로 건장하게 진화하고 있기에 미래의 잠재력을 무시할 수 없다. 하지만 대만의 장르 문학 영역에서 공포소설 작가는 많지 않은데, 대만의 추리소설계가 안정적인 조직과 체계적인 창작 환경을 갖춘 것에 아직 미치지 못한다. 이러한 차이는 아마도 시세가 그렇게 만든 듯하다. 그러나 한편으로는 미래의 대만 공포소설이 더욱 다원적인 발전 공간을 갖고 있음을 암시한다. 나도 이 책『요괴 나라 대만』에서 행한 문헌 정리가 대만의 괴담 창작에 더욱 다양한 자원으로 제공되기를 희망한다.

대만의 요괴 이야기는 바야흐로 떨쳐 일어나는 과정에 있다.

초청장

이것은 '허구'와 '진실'이 공존하는 책입니다.

절반은 진실의 흔적이고, 절반은 근거 없는 환상입니다.

이것은 '미완성'의 책입니다.

이 때문에 저는 독자 여러분이 이 책을 읽고 질문을 해주시기를 바랍니다. 여러분의 관점이 역사학, 민속학, 과학, 문학 등등에 자리잡고 있더라도 부디 각자의 관점을 견지한 채 이 책에 응답하고, 의문을 품고, 이 책의 오류를 찾아내고, 이 책을 신임하고, 좋아하고, 혐오하기를 바랍니다.

여러분의 관점은 퍼즐 조각처럼 장차 이 책을 공동으로 완성할 것이며, 대만 요괴의 세계를 공동으로 건설할 것입니다.

저는 이 초청장을 전해주는 심부름꾼일 뿐입니다.

부디 제가 여러분을 초청하여 여러분 얼굴의 가면을 벗기고, 가면 아래에 숨어 있는 얼굴 즉 요괴의 얼굴을 드러낼 수 있게 해주십시오.

요괴와 신마神魔가 횡행하는 심야의 여정에서 함께 황당한 꿈을 꿉시다.

고도기
古島紀

전설에 따르면 하늘과 땅이 생성될 때 모든 물이 모여서 바다가 되었다. 아득하고도 푸르게 넘실대는 해양 속에 거대한 물고기 한 마리가 있었는데 아무도 그 이름은 모른다.

길이가 1000만 리에 이르는 거대한 물고기는 파사해婆娑海까지 잠수해 갔다가 수면 위로 떠올라 잠시 쉬고 있었다.

한순간 초목이 물고기 등에서 자라나 큰 섬이 되었으며 초목이 빽빽하게 이어지면서 산천과 대지가 되자 혹자는 그 섬을 어도魚島라고 불렀다. 그 섬에 사는 원주민의 각 마을에 전해지는 신화에서는 고대에 홍수가 섬 전체를 삼켰다고도 하고, 혹은 섬이 된 거대한 물고기가 불시에 몸을 뒤집을 때 섬이 바다에 잠겼다고도 한다.

천시天時가 도래하자 그 물고기 요괴는 깨어나 허물을 벗었고, 등에 두 날개가 돋아나 날개를 치며 하늘로 날아올랐으며, 이에 그 섬도 그 뒤를 따라 하늘로 떠서 먼 하늘 가로 비상했다.

무지몽매한 시대에는 어도^{魚島}의 명칭이 매우 다양했고 변화도 많았다. 동제^{東鯷}, 이주^{夷州}, 곤도^{鯤島}, 유구^{流求}, 봉래^{蓬萊}, 비사야국, 포르모사, 화려도^{華麗島} 등의 옛 명칭으로 불렸는데 지금은 '대만섬'이라고 칭한다.

대만섬은 400여 킬로미터에 걸쳐 있고, 거대한 물고기의 영기^{靈氣}가 만물을 탄생시켜 생생불식^{生生不息}의 생명을 이어가게 한다. 산과 바다 사이에는 이 때문에 요괴와 귀신 같은 수많은 환상의 괴물이 번식하며 야생에서 항상 기괴한 이야기와 특이한 사건을 만들어낸다.

『대만부지』에는 다음과 같은 기록이 있다. "깊은 산속으로 들어가면 수레바퀴 흔적이 거의 없다. 그곳에서 몸은 사람이고 얼굴은 짐승인 괴물, 까마귀 부리와 새 주둥이의 요괴, 사슴·멧돼지·원숭이·노루로 보이는 생명체들이 숨어서 새끼를 키운다. 또 이^魖·매^魅·망^魍·양^魎과 산수 간의 요괴도 때때로 출몰하는데, 이 또한 별천지라고 할 수 있다."

수백 년 전 한인, 서구인, 일본인이 계속해서 대만으로 와서 정착하거나 유람했다. 많은 사람이 대만섬의 수많은 요괴에 두려움을 느끼고 책에 기록했다. 또 원주민들은 입에서 입으로 신화와 역사를 전했다.

오늘날에 이르러 요괴와 마귀의 숨결이 점차 깊은 밤 어둠 속에서 사라지자, 사람들도 날이 갈수록 대만섬에 전해 내려온 기이한 옛이야기를 망각하고 있는데 이는 지극히 애석한 일이다.

이 책에서는 대만섬의 옛날부터 현재까지 300여 년 동안 전해진 고문서 수백 권 중에서 수많은 요괴 이야기와 시골 괴담을 채록했다. 요^妖와 괴^怪, 마^魔와 환^幻은 황당하고도 허망한 내용으로 사람의 마음을 유혹하므로 이 책의 명칭을 '요귀신유^{妖鬼神遊}'와 '괴담기몽^{怪譚奇夢}'으로 정했다.

권1

대항해 시대 및 그 이전
(1662년 이전)

대만섬은 아시아 동부, 태평양 서쪽 해역에 위치해 있고, 원주민들은 오랜 세월 이곳 산천과 임야에서 사냥을 하며 수많은 요괴·정령·귀신들과 함께 살아왔다. 애석하게도 문자가 없었던 상고시대는 짙은 안개에 덮여 있어서 귀신과 기담이 오직 원주민의 구전으로만 전해졌고, 일부 엉성한 기록이 당·송·원·명 시대 한족 문인의 시문에 남아 있다.

세계가 대항해 시대로 접어들면서 대륙을 오가는 선박이 칠대양에 출몰하자 서양인과 한족들이 배를 띄워 포르모사^{Fomosa}(대만섬)에 도착했다. 그들은 마귀가 출몰하는 산과 역병이 유행하는 물을 어렵게 건너는 동안 놀랍고 두려운 경험을 하며 각종 기묘하고 불가사의한 풍경을 기록으로 남겼다.

한인과 서양인이 남긴 기이한 기록

해역海境之章

1. 팽호澎湖 열도: 귀신 시장鬼市의 도깨비 그림자

종류 : 귀매, 지역 : 부속 섬과 해역

소개

당·송 이래로 팽호 열도의 귀신 시장鬼市과 도깨비 그림자 전설이 널리 알려졌지만, 그 내막을 상세하게 아는 사람은 없었다.

당나라 중엽에 홍주洪州 사람 시견오施肩吾(780~861)는 저명한 시인이면서 신선술을 추구하는 도사였다. 그는 원화元和(당 헌종憲宗의 연호, 806~820) 연간에 진사에 급제했지만 벼슬길로 나아가지 않고, 강서江西의 깊은 산속으로 물러나 단약을 만들며 도를 닦았다. 시견오는 만년에 도술로 풍수와 방위를 계산하고 친척들을 대동한 채 동쪽 바다로 나갔다. 친척들과 팽호도에 정착한 뒤 시견오는 팽호 열도 귀신 시장의 기이한 풍경을 목도하고, 그 견문을 「도이행島夷行」이란 시로 묘사했다. 이 시는 『전당시全唐詩』에도 수록되어 있다.

옛날 팽호도의 고을은 어둠과 비린내에 덮여 해안 곳곳마다 귀신 그림자가 가득했다. 그곳은 세상 끝 명계冥界였기에 기이한 '귀신 시장'도 흥성했는데 전설에 따르면 귀신 족속이 상품을 교역하는 곳이었다고 한다. 시견오의 발길이 닿기 전에도 팽호 열도 36개 도서는 일찍부터 사람과 귀신이 혼거하는 장소였다. 그 섬의 귀신 시장은 한밤중에 열렸는데, 수많은 배가 항구 가까이에 정박했다가 닭이 울면 흩어졌다고 한다. 항구 해안의 시장에서 집중적으로 교역된 상품은 모두 세상에서 보기 드문 진기한 물건이었다고 한다.

「도이행」이란 시에는 검은 피부의 소년이 귀신 시장의 상인과 교역하려는 상황이 묘사되어 있다. 그는 무소뿔에 불을 붙여 어두운 바닷속을 비추고 물속으로 잠수하여 진주를 찾아 교역 화폐로 삼으려 했다. 무소뿔을 등불로 삼으면 물속 괴물이 모습을 숨길 수 없다고 한다. 남조 송나라 유경숙劉敬叔의 『이원異苑』이란 책에도 이 비법이 언급되어 있다. 마지막에 검은 피부 소년의 기대가 이루어졌는지는 알 수 없다. 결국 기이한 인연을 만나지 못하는 보통 사람은 귀신 시장으로 들어가기가 어렵다. 이 때문에 귀신 시장에 관한 풍경은 여러 가지 설이 분분하여 하나로 정의할수 없다. 또 어떤 당나리 사람의 전설에 따르면 귀신 시장 내부에는 음양이 통하는 장소도 있어서 양陽의 세계와 음陰의 세계를 연결하는 요괴가 모여든다고도 한다.

옛날부터 팽호 열도 36개 도서의 주민들도 귀신 시장이 팽호도 해저에 침몰한 고대 도시에서 열렸다는 이야기를 전하고 있다. 팽호 열도 호정서虎井嶼라는 섬 해저에 수·당 시대에 건축된 옛 성이 있고, 그곳 성벽에서 매일 밤 붉은색 빛이 쏟아져 나와 해면까지 이르러 붉은 조수를 이루는데, 그것이 바로 귀신 시장과 통하는 물길의 입구라고 한다.

원전

「도이행島夷行」, 당 시견오施肩吾

비린내 나는 해변에 귀신 시장이 자주 열리나   腥臊海邊多鬼市

섬 오랑캐의 거처는 마을도 이루지 못했네   島夷居處無鄕里

검은 피부 소년은 진주 따기를 배워서   黑皮年少學採珠

손에 무소뿔을 잡고 바닷물을 비추네   手把生犀照鹹水

● 전통적인 중국식 범선 모형(네덜란드 국립 박물관, 1607). 한인들은 이 배를 타고
바다를 운항했다.

팽호도의
귀신시장

앞의
「도이행」시
참조

2. 비사야毗舍耶: 귀신 모습을 하고 새처럼 지저귀는 괴물의 나라

종류 : 요괴, 지역 : 부속 섬과 해역

한족들이 '비사야毗舍耶' 또는 '비사야毘舍邪'라고 칭하는 귀신은 옛 대만 섬 모처에서 유래한 신비한 종족이다. 그 종족이 어디에서 왔는지는 미상이며 거주지도 미상이다. 살아 있는 사람을 잡아먹었기 때문에 모종의 요괴 종족으로 간주되었다. 다만 비사야국毗舍耶國이 팽호도 인근에 위치하여 서로 밥 짓는 연기를 바라볼 수 있었다는 점만 알려져 있다.

비사야 사람들의 목소리는 새 울음과 같고 형체는 악귀와 같으며 이 종족 내부에 식인 풍속이 있었다고 한다. 이 귀신 종족은 싸움을 잘하고 죽음을 두려워하지 않으며 긴 줄이 달린 표창 사용에 능숙하여 10여 장丈 거리에 있는 적을 공격할 수 있었다고 한다.

기록에 근거해보면 송·원 이래로 이 귀신 종족은 늘 배를 타고 바다를 건너 천주泉州 연안 각처를 약탈함과 아울러 현지 사람들을 잡아 산 채로 먹었기에 '악귀惡鬼'로 일컬어졌다.

비사야의 침탈에서 벗어나려면 철제 기물이나 철제 수저를 갖고 있다가 뒤로 던지면 귀신들이 반드시 그것을 줍는다고 한다. 이 밖에도 귀신들은 철제 문고리나 철제 갑옷을 좋아했다.

만약 귀신들이 위험한 상황을 당하면 물속으로 뛰어들어 도주하거나 대나무 뗏목을 타고 바다로 들어가 달아난다고 한다.

명나라 말기 이후 비사야 족속의 출몰이 점차 줄어들어 결국 종적을 찾을 수 없게 되었는데 그들이 간 곳은 아무도 알지 못한다.

그들의 나라는 마치 바다 위를 표류하는 의문의 섬이 짙은 안개 속의 환영에 덮인 채 파도를 따라 흘러다닌 듯하므로 자세한 위치는 알 수 없다.

또 한 가지 전설에서는 비사야국이 지금의 병동^{屏東} 바깥 바다에 있는 소유구^{小琉球}라고도 한다.

『바타비아 일기^{巴達維亞城日記}』의 1622년 기록에 따르면 네덜란드 사령관 코넬리스 레이어센^{Connelis Reijersen(1590~1632)}이 7월에 대만 해역으로 항해하여 소유구를 경과했는데, 배 위에 함께 탄 중국 통역관이 섬으로 올라가려 하지 않고 사령관에게 이렇게 말했다.

"이곳에 사는 주민은 400명이 넘는데 모두가 흉악한 식인종이고 사람을 보면 몸을 숨깁니다. 3년 전에 중국 사람 100여 명을 죽였다고 하는 소문이 있습니다."

이 기록을 제외하고는 다른 증거가 없으므로 소유구가 옛날 비사야국 땅인지 판단할 방법이 없다.

청나라 함풍^{咸豊}(청 문종^{文宗} 연호. 1851~1861) 2년(1852), 위원^{魏源 (1794~1857)}이 편찬한 『해국도지^{海國圖志}』 부록에 「동남양각국연초도^{東南洋各國 沿草圖}」라는 세계 지도가 실려 있는데, 거기에는 대만섬의 옛 명칭이 '비사야국 계롱산^{毗舍耶國雞籠山}'으로 되어 있다.

『제번지諸蕃志』「유구국流求國」, 송 조여적趙汝適(1170~1231)

비사야국은 말이 통하지 않고 상인의 발길도 미치지 못한다. 나체로 살며 포악하여 거의 짐승 무리에 가깝다.

천주泉州에 팽호라는 바다 섬이 있는데 진강현晉江縣에 소속되어 있다. 비사야국은 팽호와 매우 가까워서 연기가 서로 바라다보인다. 때때로 약탈하러 올 때는 불의에 습격한다. 대부분 사람을 잡아서 산 채로 먹으므로 주민들이 고통을 당한다.

순희淳熙(남송 효종孝宗의 세 번째 연호, 1174~1189) 연간에 비사야국의 추장이 늘 무리 수백 명을 이끌고 갑자기 천주의 해안 구석이나 해안 방어망 머리 마을로 들이닥쳐 폭행을 자행하면서 사람을 무수히 죽이고 부녀자를 겁탈하여 죽였다. 철제 기물과 수저를 좋아했으나 사람들이 문을 닫고 있으면 약탈을 면할 수 있었는데, 철제 문고리만 빼갔기 때문이다. 수저를 던지면 몸을 굽혀 줍기에 공격을 몇 걸음을 늦출 수 있다.

군대에서 그들을 사로잡아도 철기鐵騎만 보면 달려들어 그 갑옷을 벗기려 했고, 머리를 나란히 내밀다가 목이 잘려도 후회할 줄 몰랐다. 적을 만나면 표창에 노끈을 10여 장丈 길이로 묶어서 조종했는데, 아마도 표창을 잃어버리는 것을 아까워하기 때문인 듯하다.

배를 운행할 때는 노를 젓지 않고 오직 대나무 뗏목으로만 다녔다. 대나무를 병풍처럼 빽빽하게 쌓아두고 급하면 대나무를 들어 올려서 바닷물을 저으며 도주했다.

『천주부지泉州府志』

송 건도乾道(남송 효종孝宗의 두 번째 연호, 1165~1173) 7년 (1171), 섬나라 도적 비사야가 해변을 약탈했다. 건도 8년 다시 바다에서 배를 타고 와서 도적질을 했기에 수채水寨를 세워서 방어했다. 살펴보건대 이 족속은 무예에 능하므로 오늘날의 생번生番(중국 밖의 야만인) 종족과는 다르다.

『사유구록使琉球錄』, 명 진간陳侃(1507~?)

소문을 들으니 동쪽 변방에 사람이 사는데 새처럼 지저귀고 귀신 모습을 하고 있으며 중국과 왕래는 하지 않는다고 한다. 이 어찌 소위 '비사야국'이 아니겠는가?

3. 벽룡碧龍: 바다에서 용 세 마리가 날아오르다

종류 : 요괴, 지역 : 북부·해역

대만섬 사방은 바다이기에 상고시대부터 용족龍族이 서식했다.

『사유구록』에는 대만섬 밖 바다에서 용 세 마리가 비상하는 기이한 광경이 기록되어 있다. 그 용은 온몸이 벽록색이어서 '벽룡碧龍'이라고 불렸다.

『사유구록』은 명나라 책봉사가 중국에서 유구 인근 해상 경계로 배를 타고 가면서 그 경험을 기록한 책이다. 명 태조 주원장朱元璋(1328~1398)이 양재楊載(?~?)를 외부의 바다 유구로 파견한 이래, 역대로 유구 왕실은 명나라와 청나라 황제의 책봉을 받았다.

그 책봉사 중 한 명인 소숭업蕭崇業(1522~1588)이 명나라 만력萬曆(명 신종神宗의 연호, 1573~1620) 7년(1579)에 쓴 『사유구록』에 따르면 책봉사의 배가 대만 북부 해역 근처를 지날 때 1000년 묵은 벽룡이 바닷속에서 날아오르는 기이한 장면을 목도했다고 한다.

이 서적에는 바다 위에서 범선을 타고 가다가, 순행하는 용의 무리를 만난 광경이 기록되어 있다. 먼저 바닷물이 끓어오르며 먼 하늘에서 짐승이 포효하는 소리가 들려왔고, 이어서 용 세 마리가 서로 안개를 내뿜으며 날아올랐으며 바로 폭우가 쏟아졌다고 한다.

해역에서 벽룡 세 마리가 승천하거나 잠복하는 현상도 계절에 의해 좌
우된다. 옛날부터 내려오는 전설에 봄과 여름은 번개가 치고 비가 많이
내리므로 용의 무리가 승천하는 계절이며, 가을과 겨울은 날이 맑아서 용
의 무리가 깊은 물에 몸을 감추기 좋은 계절이라고 했다.

원전

『사유구록』권상 「사사기使事紀」, 명 소승업

　　주저하며 사방을 돌아보니 문득 용 세 마리가 바다에서 함께 날
아오르는 모습이 보였다. 날아오르는 곳에는 바닷물이 들끓고 콸
콸 맴돌며 솟구쳐 올랐다.

　　하늘에서는 사자가 울부짖는 듯한 소리가 들렸는데 마치 수레
1000대가 지나가는 듯했고, 또 우레가 우르릉거리며 땅속까지 꿰
뚫는 듯했다.

　　벽옥색 기운이 세 갈래로 뻗치며 운무 속으로 뚫고 들어갔고, 그
길이가 100장도 넘었으며, 마치 솥발처럼 세 줄기로 우뚝 섰다. 그
러나 배에 탄 사람들은 두려움에 떨며 감히 쳐다보지 못하고, 모두
자편緖鞭(붉은 채찍)을 휘두르고 깃털이나 오물을 태우며 벽룡을
제압하려 했다.

벽룡

문득
용 세 마리가
날아오르자
바닷물이
맴돌며
끓어올랐다.

순식간에 사방에서 폭우가 퍼부었다.

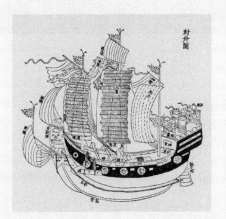

●『유구국지략琉球國志略』에 나오는 중국 고대 범선(1757).

4. 사록아鯊鹿兒: 사슴이 상어로 변하다

종류 : 요괴, 지역 : 동부·중부·해역

소개

보타산普陀山 승려 화우華佑는 대만섬을 유람하면서 소오蘇澳 해안에서 사슴이 바다로 들어가서 상어로 변하면서, 그 상어의 머리에 여전히 뾰족한 사슴뿔이 남아 있는 광경을 보았다.

이후 승려 화우는 녹항鹿港 해안에서도 다시 사슴이 상어로 변하는 광경을 목도하고 거듭 기이하다고 일컬었다.

사슴이 바닷물로 들어가 상어로 변하는 현상은 혹시 요정이 수련하는 방법일까?

원전

『석화우유서釋華佑遺書』, 명 승려 화우釋華佑

어느 날 소오蘇澳에 갔다가 사슴이 바닷물로 들어가 상어로 변하는 광경을 보았는데, 사슴뿔이 아직 남아 있었다.

5. 대남臺南 해안: 인어가 경고를 보내다

종류 : 요괴, 지역 : 남부·해역

소개

15세기에서 17세기까지 서양은 대항해시대를 거치며 해상 권력을 놓고 각국이 패권을 다투는 시대로 돌입했다. 이에 동아시아 해역의 요지에 위치한 포르모사섬(대만섬)은 각국이 주목하는 곳으로 변하여, 선박의 정박과 물자 운송을 위한 주요 거점으로 떠올랐다.

1624년 네덜란드 동인도회사는 대만 남부에 식민지를 건설했다. 네덜란드가 수십 년을 통치한 이후부터 정성공鄭成功이 선박을 이끌고 대만을 점령하기 이전까지 네덜란드 동인도회사 주 대만 총독을 맡은 코예트Frederick Coyett, C.E.S.(1615~1687) 및 성안의 사병들은 항상 질란디아Zeelandia(熱蘭遮城)에서 일어나는 기괴한 사건을 목도했다.

예를 들면 다음과 같다. 공포의 지진이 미래의 흉조를 암시하면, 성문 안의 무기고에서 요란하고 기괴한 소리가 나고 성벽과 연안 도로에서 불길이 활활 타오른다. 또 한밤중 사형장에서도 사형수의 공포스러운 신음 소리가 한바탕 들려온다. 심지어 전설에서는 질란디아 보루 근처 해역에 신비한 인어가 출현했다가 순식간에 종적도 없이 사라지는데 이는 흡사 장래의 재난을 암시하는 듯하다고 했다.

인어에 관한 내용은 특히 헤르포르트 Albrecht Herport(1641~1730)의 기록이 가장 상세하다. 헤르포르트는 스위스 사람으로 아마추어 화가였다. 그는 1659년 네덜란드를 떠나 요한 판데르란 Johan van der Laan의 원정대에 참여하여 대만으로 왔다. 판데르란은 대만에 도착한 이후 주 대만 총독 코예트와 마음이 맞지 않아서 자신의 선박 세 척과 소수 사병만 대만에 남겨두었다. 당시 헤르포르트도 대만에 남았으므로, 이후 벌어진 질란디아 공방전을 증언할 수 있게 되었다.

1661년 4월 30일, 정성공 군대의 선박이 대만 남부 바다에 모습을 드러냈다. 녹이문鹿耳門의 수로가 수심이 얕아서 네덜란드 사람들은 방비를 할 수 없었다. 국성야國姓爺 정성공은 그 틈을 파고들어 밀물이 들어올 때 녹이문 수로로 진격해서 네덜란드 군대를 기습했고, 네덜란드 군대는 그들의 파죽지세를 막아낼 수 없었다.

● 「자신을 희생하기로 결심한 함브룩 목사가 정성공의 군대에 끌려 가다The Self-Sacrifice of Pastor Antonius Hambroek on Formosa, 1662, Jan」 (Willem Pieneman, 네덜란드 국립박물관, 1810)

결국 네덜란드 총독 코예트와 정성공은 화의를 맺었다. 1662년, 정성공의 군대는 순조롭게 질란디아를 점령하고 대만에 주둔했다.

네덜란드 주 대만 마지막 총독 코예트와 헤르포르트는 모두 바다에 인어가 나타나면 미래에 재앙이 닥친다고 인식했다. 하지만 진실로 그럴까?

전설에 따르면 유럽 각 해안과 수로에는 인어 괴물이 숨어 있다가 항상 노래를 부르며 그곳을 왕래하는 선원을 유혹하여 재앙을 야기한다고 한다. 네덜란드 동인도회사는 유럽 각국 사람을 직원으로 모집했으므로 아마도 인어 이야기도 대만으로 가져온 듯하다(예를 들면 독일 라인강의 인어 전설). 유럽의 물의 요정과 녹이문 수로의 인어는 관계가 있는지 없는지 모르겠다.

아울러 역대 대만 지방지에는 가끔씩 '사람 얼굴을 한 물고기人面魚'기

● 네덜란드 화가가 상상한 인어 모습(네덜란드 국립박물관, 1548). 코르넬리스 보스Cornelis Bos (1506~1555)의 그림으로, 보스는 르네상스 시기 네덜란드 판화가다. 미인어美人魚가 공작 깃털을 잡고 바다 괴물들과 함께 놀고 있다.

인어가
경고를
보내다

보루 아래
수면에
해남 하나와
해녀 하나가
보였는데
그것은 바로
포위되어
곤경을 당한다는
흉조였다

록이 눈에 띈다. 물고기 요괴가 마치 사람 얼굴과 똑같이 웃으면 그것을 본 사람들은 모두 공포에 질리고 불길한 징조로 간주한다고 한다. 그러나 이 인면어는 질란디아에 전해오는 금발 인어의 모습과는 다른 듯하다.

대만 남부 바다의 바다 요정 전설은 여전히 짙은 의혹에 둘러싸여 있다.

원전

『잘못 버린 대만』, 17세기 코예트 Frederick Coyett, C.E.S.

하늘과 땅이 마치 포르모사의 비참한 운명을 예시하는 듯했다. 정말 흉조가 나타났다면 이제 정말 평범하지 않은 사건들이 일어날 것이었다.

작년에 가공할 만한 지진이 한바탕 일어나 14일 동안 지속되었다. 마치 분노한 하늘이 징벌을 내리기 위한 흉조인 듯했다.

동시에 인어 하나가 수로에 나타났다는 소문도 들려왔다.

사병들 사이에서는 또 어느날 밤 동인도회사의 무기고에서 각종 무기가 일제히 시끄러운 소리를 냈는데 마치 수천 명의 병사가 전쟁을 하는 것 같았다는 전설이 돌았다.

진실로 이 몇 가지 '사건'은 아마 유언비어에서 유래한 것 같지만 정확한 근거는 없었다. 다만 우리는 또 다음과 같은 소문을 어떻게 해석해야 할지 몰랐다.

어느 날 밤 어떤 사람이 질란디아 모처의 성벽 공사장에 푸른색

화염이 덮이는 것을 보았다. 또 어떤 사람은 사형장(질란디아 성곽과 질란디아 시내 사이에 있다)에서 울려나오는 공포스러운 신음소리를 들었다. 심지어 그 신음소리가 네덜란드 말과 한족 말로 구별이 될 정도였다. 또 어떤 사람은 수로를 지나는 바닷물이 한차례 타오르는 것과 같은 현상을 보았다.

전설에 따르면 가공할 만한 조짐이 더욱 많이 발생했다.

결국 전쟁 전야에는 확실히 이러한 기괴한 이야기가 광범위하게 유포되는 듯하다.

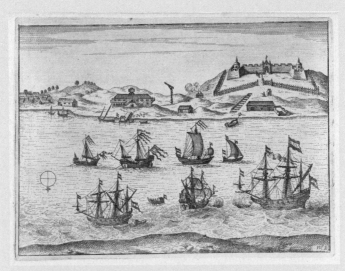

● 질란디아(네덜란드 국립박물관, 1632)

『질란디아 일지』

✦ 1661년 4월 15일(금요일)

이상의 여러 가지 전설에서 우리는 이 땅을 장기적으로 위협하는 국성야의 악랄한 계획과 근간에 그것을 직접 행동으로 옮기리라는 사실을 인정하지 않을 수 없다. 우리와 우리의 땅은 습격당하는 재난을 피하기 위해 신에게 보우를 요청해야 했다. 프로빈티아 Provintia(지금의 대남)에서는 개가 표범 새끼jonge luypaerden 두 마리를 낳았지만 며칠이 지나 죽었다. 이것은 보통 일이 아니며 적어도 이 땅에서 한 번도 본 적이 없었던 일이다.

● 네덜란드 동인도회사 깃발: 17세기에 대항해시대가 전개되자 네덜란드는 계속해서 동인도와 아시아를 무역 중심으로 삼는 열네 곳의 회사를 세웠다가, 서로 상업 경쟁을 피하기 위해 여러 회사를 합병하여 '연합 동인도회사Vereenigde Oostindische Compagnie, 약칭 VOC'(1602)를 만들었다. 자바섬의 바타비아Batavia(지금의 자카르타)에 무역 총본부를 설치하고, 자체 용병을 조직했으며 아시아 각지에 상업 관사를 건립하여 식민 통치를 추진했다.

● 네덜란드 동인도회사 마크

『동인도 여행 견문』「대만 여행기」, 17세기 헤르포르트 Albrecht Herport

◆ 1661년 4월 15일(금요일)*

밤 12시에 질란디아 요새의 보루稜堡(Bollwerck), 즉 소위 중보 中堡 (Mittellburg)에서 한 가지 기괴한 일이 발생했다.

당시에 수비대 군사들이 모두 잠이 들었는데, 우리만 갑자기 깨어나서 각자가 달려나가 총을 잡았다. 또 횃불을 든 사람도 여럿이었고, 칼을 빼든 사람도 여럿이었고, 갑옷을 입은 사람도 여럿이었는데, 장총을 들고 서로 충돌하다가 한 사람이 다른 사람에게 무슨 상황인지 물었고, 그 사람이 또 다른 사람에게 물었지만 아무도 그 상황을 설명하지 못했다. 뒤에 많은 우여곡절을 겪고 나서 가까스로 상황이 진정되었다. 이 일은 이후 우리가 포위 공격을 받고 고난을 겪으리라는 흉조였다.

우리 선박 세 척이 항구 안과 항구 밖에 정박해 있었다. 우리는 또 다른 밤, 날이 밝기 전 한 시간 동안 그 선바 세 척에 모두 불이 붙은 것을 보았다. 또 그 선박에서 모두 함포를 쏘는 듯했지만 소리는 들리지 않았다.

반대로 세 척의 선박 안에 있던 사람들은 모든 성곽의 요새가 불타고 대포를 쏘는 듯한 광경을 목격했다고 한다.

---

* 〔원주〕 1661년 4월 15일: 『질란디아 일지』의 이날 기록은 다음과 같다. "쾌적한 여름 날씨로 미풍이 동남쪽에서 불어왔다."

날이 밝고 나서 우리는 모든 것이 아무 일 없이 이전과 똑같다는 사실을 발견했다.

❀ 1661년 4월 29일(금요일)*

이른 아침에 어떤 남자가 새 보루Newen Werck** 앞 바다 물속에서 환영幻影과 같은 것이 세 번이나 떠오르는 것을 보았으나 그곳에서 익사한 사람은 발견하지 못했다.

같은 날 오후 호글란데Hoogelande라고 불리는 보루 아래 바닷속에 해녀Meer-Fraw 1명이 보였는데, 금발을 하고 세 차례나 바닷속에서 나왔다.

이런 일은 모두 우리가 장차 포위되어 곤경을 겪게 된다는 흉조인 듯하다.

---

* 〔원주〕1661년 4월 29일: 『질란디아 일지』의 이날 기록은 다음과 같다. "흐리고 아침에 비가 조금 내렸다. 이 성의 법정이 오전에 개정했다."

** 〔원주〕새 보루Newen Werck: 사각형의 부속 성이어서 '각성角城'이라고도 불렀으며, 질란디아의 외성外城에 속했다. 외성 서북 모서리의 보루는 홀란디아Hollandia라는 명칭을 썼고, 서남쪽 보루는 헬데르란트Gelderland라는 명칭을 썼다.

6. 거상우巨象牛: 큰 코끼리와 같은 기이한 소

종류 : 요괴, 지역 : 중부·산야

소개

명나라 말기 천계 연간에 보타산 승려 화우는 풍수에 뛰어났는데 어느 해 친한 친구 소극蕭克(혹은 蕭客)과 함께 지금의 대만을 유람했다.

화우와 소극은 배를 타고 대만 동북부에 이르러 합자난蛤仔難(宜蘭縣)에서 어렵사리 깊은 산속으로 들어갔다.

소극은 협객으로 허리에는 활과 화살을 찼으며, 등 뒤에는 장검을 멨고, 특히 활로 사슴을 잘 쏘아 잡았다. 두 사람은 여행 도중 식량이 떨어지면 소극이 활로 사슴을 잡아서 함께 고기를 구워 먹었고, 갈증이 나면 사슴 피를 마셨다. 어느 날 두 사람이 여행 중 어떤 시내를 건너가다가 소극이 기이한 소 한 마리를 얻었다.

그것은 코끼리처럼 거대한 소였다. 하루에 300리를 갈 수 있어서 두 사람은 소를 타고 여행했다. 수많은 산천과 마을을 방문했고, 대만의 중앙

거
상
우

소객이
갑자기
이찬행계라는
시내에서
기이한 소를
얻었다
코끼리처럼
거대한 소는
하루에
300리를
갈 수 있었다

산맥을 넘을 때는 각종 불가사의한 일을 겪었으며 기이한 곳을 수도 없이 직접 보았다.

40일 뒤에 화우와 소극은 순조롭게 대만 서해안 제라^{諸羅}에 도착했고, 녹항^{鹿港}에서 여행을 마쳤다.

여러 해가 지나서 승려 화우는 두 사람이 겪은 여행 경험을 『유기』라는 책에 모두 기록했고, 아울러 대만 산속에서 탐방한 풍수 명혈과 섬 풍수의 방위를 측량한 결과를 상세하게 서술했다. 화우가 입적한 뒤 안계^{安溪} 사람 이광지^{李光地(1642~1718)}가 그 책을 손에 넣고 비밀리에 간직하며 진기한 보배로 여겼다. 이광지가 죽은 뒤에 그 책은 민간을 전전하다가 결국 녹항에서 유실되었다. 후세 사람들은 그 책에 대만섬의 용맥과 명당이 분명하게 표기되어 있다고 의심했지만 애석하게도 그 책은 일찌감치 유실되어 겨우 잔편^{殘編}과 도록 열세 가지만 전해오는데 모두 문자가 심오하여 이해하기가 어렵다.

『석화우유기釋華佑遊記』, 명 승려 화우

나는 대만에 이르러 산속 깊은 곳을 볼 수 있었다. 뒷산 일대는 땅의 기운이 왕성하여 올라가는 데 애를 먹었고 평소의 뜻을 다 펼쳐볼 수 없었다.

소객이 갑자기 이찬행계二贊行溪에서 코끼리처럼 거대한 소를 발견했는데, 하루에 300리를 갈 수 있다고 했다. 이 때문에 50금金의 가격으로 사서 마침내 그것을 타고 길을 갔다.

합자령蛤仔嶺*을 지나니 반선산伴線山**이 바라보였다. 편안하게 40일을 여행하자 식량이 떨어졌는데 동남 지역은 아직 가보지 못한 상태였다.

다시 소객과 함께 사슴을 쏘아 잡아서 찬거리로 삼았다. 배가 고프면 사슴의 고기를 먹었고, 목이 마르면 사슴의 피를 마셨다. 그렇게 10여 일을 지나 비로소 제라諸羅의 경계에 도달했다.

---

* 〔원주〕합자령蛤仔嶺: 카바란噶瑪蘭: Kavalan. 지금의 의란현宜蘭縣.

** 〔원주〕반선산半線山: 팔괘산八卦山. 지금의 창화현彰化縣에 있다.

7. 천공天公, 마조媽祖, 토지공土地公, 관제공關帝公

종류 : 신령

소개

데이비드 라이트David Wright는 17세기 스코틀랜드 사람으로 동인도회사 직원이었다. 그는 1650년대에 바다를 통해 대만에 와서 여러 해 거주했다. 그는 일찍이 시라야족西拉雅族, Siraya 풍습과 민속, 곽회일郭懷一 사건 및 '대두大肚 왕국'의 존재를 증명함과 아울러 자신이 보고 들은 것을 기록하여 오늘날 대만 평포족平埔族 문화 탐색 분야에 진귀한 사료를 제공했다.

데이비드 라이트의 기록에도 한족 문화에 대한 묘사가 포함되어 있다. 그의 기록에 따르면 대만 남부 평원은 척박한 모래땅이어서 결코 비옥한 섬이라 할 수 없고, 겨우 파인애플과 야생 수목만 자란다고 했다. 남부 평원에는 시라야족 외에도 1만 명이 넘는 한족이 거주하고 있었다.

대만에서 생활하는 기간에 그도 한족의 종교와 신앙을 관찰하는 동시에 한족 종교의 천상天上을 통치하는 다섯 신神과 세 신명神明 그리고 28수

● 신기한 마조 영령Een schip op volle zee, Anonymous(네덜란드 국립박물관, 1700~1800)

二十八宿(Councellor)* 및 세속의 서른여섯 작은 신 등 모두 일흔둘의 신명神明을 기록했다. 이 글은 가장 이른 시기, 가장 상세한 대만 한족의 종교활동에 관한 기록이라고 해야 한다.

---

* 〔원주〕 라이트는 자신의 기록을 통해 28수가 세간에서 학문이 뛰어난 철인哲人이 되었다가 사후에는 하늘로 올라가 28수가 된다고 언급했다. 소위 28수는 중국 고대 황도黃道 주위의 별무리로, 그것을 28개 영역으로 나눈 것이다. 28수로 나눈 까닭은 달이 지구를 한 바퀴 도는 기간이 27일 넘게 걸리고(그 기간이 하루의 시간에 근접한다) 그 기간에 하나의 성수星宿를 지나기 때문이다. 그리고 후한 시기에 명제明帝 유장劉莊은 화가에게 28명의 장수(후한 개국 명장)의 화상을 그리게 하여 운대28장雲臺二十八將이라고 존칭했으며 이후로도 그들을 28수에 비견했다. 28명의 장수는 다음과 같다. 등우鄧禹, 마성馬成, 오한吳漢, 왕량王梁, 가복賈復, 진준陳俊, 경엄耿弇, 두무杜茂, 구순寇恂, 부준傅俊, 잠팽岑彭, 견심堅鐔, 풍이馮異, 왕패王霸, 주우朱佑, 임광任光, 채준祭遵, 이충李忠, 경단景丹, 만수萬脩, 개연蓋延, 비동邳彤, 요기銚期, 유식劉植, 경순耿純, 장궁臧宮, 마무馬武, 유륭劉隆.

학자 예춘룽葉春榮(1952~)은 데이비드 라이트의 기록을 다음과 같이 해석했다. "그는 이 글에서 네덜란드 통치 시기 대만 사람들이 제사를 올리는 일흔두 가지 신명에 대해 기록했지만, 연대가 이미 오래되었고, 발음 표기 문제로 인해 절반 이상의 중국어 명칭은 식별하기 어렵다. 필자가 판별할 수 있는 신명 중에는 뜻밖에도 사목노옹四目老翁, 오목진인五目眞人이 있는데 이를 아는 사람은 드물다. 하지만 이들의 이름이 확실히 존재하므로 사람들에게 놀라운 느낌을 준다."

아래에서 데이비드 라이트의 '천공天公, 마조媽祖, 토지공土地公, 관제공關帝公'에 관한 소개를 선별하여 기록하겠다. 만약 더 많은 정보를 알고 싶으시면 예춘룽의 『포르모사에 관한 초보적 탐색初探福爾摩沙』(대남시 정부 문화국, 2011)을 참고하시라.

원전

『포르모사에 관한 초보적 탐색: 한인의 종교初探福爾摩沙: 漢人的宗教』, 데이비드 라이트 원저, 예춘룽 번역.

포르모사인福爾摩沙人*은 많은 신을 신봉하고, 여기에 더하여 이곳에 거주하는 한족**도 그들에게 영향을 주었다. 우리의 작가 데이

---

* 〔원주〕 포르모사인福爾摩沙人: 대만 원주민을 가리킨다.
** 〔원주〕 데이비드 라이트의 기록에 의하면 당시 대만에 거주한 한족은 1만 명 이상이었다고 한다.

비드 라이트도 아래 문장에서 일흔두 가지 신명에 대해 서술했다.

그들은 전지전능한 신Almighty God을 인정하고 하늘, 토지, 해양, 태양, 달, 별을 포함하여 그것을 Ty天(자연)이라고 일컬으며 지고 무상의 신으로 간주한다. 그들은 1년에 한 번 이 신에게 제사를 올리는데 멧돼지를 잡고 단향檀香을 사르며 멧돼지 고기를 이 전지전능한 신에게 바칠 때에만 존경을 표시한다.

다음으로 숭배하는 신은 천상옥황상제Tien Sho Koung Shang Tee다. Tien Sho天上는 천天(자연) 전체로 치면 두 번째 신이고 천공天公(Governor of Heaven)이라고도 칭한다. 이 때문에 Tien Sho라고 부르는 의미는 하늘 위에서는 첫 번째 신이라는 뜻이다.

서른아홉 번째 여신은 니오마娘媽(Nioma)라고 부르는데, 어떤 사람들은 마조媽祖(Matzou)라고도 일컫는다. 이 여신은 Kotzo시市*에서 탄생했고, 그곳은 복건Houkong에 위치하고 있으며, 마조의 부친은 현지의 총독Vice-Roy이었다. 니오마는 처녀의 몸을 유지하기로 결심한 뒤 세상을 떠날 때까지 팽호澎湖(Island of Piscadores)에 거주했다. 이 섬은 또 어옹도漁翁島(Fishers-Isle)라고도 불리는데 현지 사람들은 팽호澎湖(Pehoe)라고도 칭한다. 얼굴은 북방을 향한 채 포르모사에서 대략 12리그League 떨어진 거리에 자리잡고 있다. 그녀는 평생토록 경건하게 수도修道하는 생활을 실천했다. 그녀의 신상은 오래지 않

---

* [원주] 마조는 옛날 복건성福建省 흥화군興化郡 보전현莆田縣 미주도湄洲島에서 출생했다.

아 사당에 안치되었고, 좌우 양쪽에 두 명의 수행 노비까지 배치했다. 두 노비는 각각 부채를 한 자루씩 들고 마조의 머리를 가리고 있다. 그들의 말에 의하면 그녀의 발밑에도 그녀의 명령을 따르는 신령이 있다고 한다.* 마조는 매우 위대한 역량을 갖춘 신령으로 백성의 숭배를 받기에, 역대 황제들도 즉위식 때 마조의 사당으로 가서 참배한다. 마조에게 바치는 가장 성대한 축전은 매년 3월 23일에 열린다. 이날 전국 각지의 무당들이 마조의 무덤 앞에 모인다.

(…)

마흔두 번째 신은 '토지공土地公(Tontekong)'이라고 부르는데 흰 수염의 노인 모습을 하고 있으며, 도박과 간통을 매우 증오하므로 전력을 다해 이 악습을 막으려고 한다. 이 때문에 백성에 의해 천상의 여러 신 가운데 하나로 편입되어 백성이 매일 도적에 대항할 수 있게 신통력을 부여하는 원천으로 인정되고 있다.

쉰네 번째 신은 요하네스 곤잘레스Johannes Gonsales는 관제공關帝公(Quantecong)이라 불렸고 또 어떤 사람은 무제武帝(Vitie)라고 불렀다. 이 신을 한족들은 지고무상의 신명으로 존경하는데, 이 신에게는 흑검수시黑臉隨侍라는 부하가 있어서 이 신의 투구, 갑옷, 무기를 갖고 곁에서 보좌한다. 이 부하의 용맹함도 관제공에 비해 전혀 손색이 없고, 늘 관제공을 수행하며 생사를 함께한다. 이 부하의 이름

---

* 〔원주〕 천리안千里眼이나 순풍이順風耳 등이다.

은 주창周倉이다. 그는 주군을 따라 혁혁한 공을 세우며 수많은 부락과 영토를 정복했다. 주창 이외에도 관제공 신변에는 백검수종白臉隨從도 한 명 수행하는데 그의 이름은 관평關平으로 전혀 무사Martialist가 아니다.

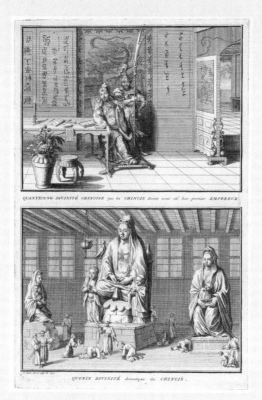

QUANTECONG DIVINITÉ CHINOISE que les CHINOIS disent avoir été leur premier EMPEREUR

QUONIN DIVINITÉ domestique des CHINOIS.

● 서구 화가가 기록에 근거하여 한족 문화에 속하는 관제공과 관음 신앙을 상상한 그림(「Quantekong als eerste keizer van China De godin Quonin」, Bernard Picart, 네덜란드 국립박물관, 1726). 사실과는 부합하지 않지만 서구인들이 극동 세계를 어떻게 환상하는지 보여준다.

선원과 어부를 제외하고 모든 한족은 관제공에게 지극한 존경을 보내며 매주 제수를 올리고 매일 밤 등불 하나를 피워 그 향기가 사방으로 퍼져나가게 한다. 백성이 올리는 제수는 다음과 같다. 2.5파운드의 돼지고기, 4분의 3파운드의 사슴고기, 삶은 암탉 1마리, 9괴塊의 밀가루로 만든 떡, Aoytziu라는 이름의 반 핀트Pint 술, Lotchin과 Souchin이라는 술 각 1잔, 다량의 3소燒(Samsoe)*, 쌀밥 두 그릇. 이런 제수를 관제공의 신상 앞에 진설하고 3시간 동안 제사를 지낸 뒤에 비로소 밖으로 가져간다. 모든 의식은 성대하게 진행하는데 여기에는 땅에 엎드려 머리를 조아리는 의례도 포함된다. 그 뒤에는 이런 제수를 모두 제사에 참여한 사람들이 함께 먹는다.

모든 진鎭의 저자에는 관제공을 받드는 사당을 짓고 그 속에 관제공의 신상을 세운다. 신상의 한쪽 곁에는 흑검수시가 손에 검劍 한 자루와 대도大刀 한 자루를 잡고 있다. 그것은 마치 풀을 벨 때 쓰는 낫과 같다. 또 다른 한쪽에는 네 걸음(1걸음步은 대략 75센티미터다) 밖에 백검수종 관평이 시립해 있다.

---

* 〔원주〕삼소三燒: 독주를 세 차례 증류하는 과정.

『동인도 여행 견문: 대만 여행기東印度旅行見聞 : 臺灣旅行記』, 17세기 헤르포르트

❀ 중국인의 종교

중국인은 이교도이지만 그들은 천지를 창조하고, 일월을 관리하고, 초목을 생장하게 하는 어떤 신을 믿는다. 그들은 그 신을 'Ziqua'라고 부른다. 그들의 사당에는 대체로 네 기둥이 있고 정교한 나무 조각이 있으며 안팎으로 모두 기름칠을 해놓았다.

사당 안에는 머리가 일곱 또는 다섯인 용과 같은 기이한 그림이 있다. 보통 단목欅木으로 정교하게 조각한 세 신상Goetzen을 금색으로 칠했으며 거기에도 그림을 그려놓았다.

그중 좋은 마귀 신상도 있는데 머리가 매우 크며 손발에 구부정한 손톱과 발톱이 있는 것을 제외하면 나머지는 모두 사람과 같다. 이 신은 위엄있게 의자에 앉아 있고 중국인들은 이 신을 'Jossi'라고 부른다.

의자 오른쪽에 앉은 또 다른 신은 그 모습과 복장이 중국 노인과 같다. 중국인은 이 신을 그들의 시조라 여긴다.

'Jossi' 왼쪽에 있는 신은 여인이다. 중국인은 이 신을 배와 키의 발명가로 여긴다. 이 신이 물고기가 꼬리를 흔드는 모양을 보고 배를 만들었으며, 중국인은 늘 출항하거나 귀항할 때 반드시 이 신에게 제사를 올린다.

8. 지우地牛와 금계金雞

종류 : 신령

소개

데이비드 라이트의 기록에는 '지우地牛'와 '금계金雞' 전설도 있다. 이것들도 모두 한족의 신령 신앙에 속한다. 그러나 지우가 몸을 뒤집으면 지진이 일어난다는 전설은 한족 전설에 그치지 않고 여러 원주민(싸이시얏족賽夏族, 초우족鄒族) 사이에도 비슷한 이야기가 전해오고 있다. 현재 대만에 널리 퍼져 있는 지우 전설은 한족과 원주민이라는 상이한 두 민족의 전설이 융합되어 대만 특유의 문화가 되었다.

사람들은 밭을 갈 때마다 먼 곳의 지층에서 들려오는 이상한 음향, 즉 낮고도 웅혼한 소리가 바로 지우가 내뱉는 울음소리라는 사실을 믿는다. 지우가 몸을 뒤집을 때마다 땅이 진동하는 동시에 "땅에서 소털이 돋아난다"고 한다. 예를 들어 『중수 대만현지重修臺灣縣志』에 다음과 같은 기록이 있다. "(강희) 21년(1682, 임술년)에 대지진이 있었다. 가을 7월, 땅에서 털이 자랐다." 서종간徐宗幹(1796~1866)의 저작 『사미신재 잡록斯未信齋雜錄』에도 다음과 같은 기록이 있다. "창경彰境 땅에 소털이 자랐는데 길이는 한 치가량이었고, 얼마 지나지 않아 지진이 발생했다. 섭송년葉松年 협융協戎(군대 지휘관)이 직접 보았다."

또 비교적 특별한 전설로는 데이비드 라이트의 기록에 등장하는 '금계'에 관한 이야기가 있다. 지우가 몸을 뒤집는 까닭은 금계가 부리로 지우를 쪼기 때문인데 이로 인해 지우가 몸을 마구 뒤흔든다고 한다. 현재 대만 문화에서 금계 신앙은 시간의 거대한 물결을 따라 사라지고 말았다.

지진에 관한 또 하나의 전설로 '열풍烈風'에 관한 기록이 남아 있다. 17세기 헤르포르트는 『대만 여행기』에 섬의 지진 발생 광경을 이렇게 기록했다. "대만에는 매년 수시로 강렬한 지진이 발생하는데 나도 그곳에서 직접 지진을 겪었다. 1661년 1월 아침 6시에 진동이 시작되어 대략 반 시간 동안 계속되었으며, 이 때문에 세상이 모두 균열되는 것처럼 느껴졌다. 교외와 시내의 가옥 23동이 붕괴되었고, 질란디아도 파괴되었다. 대지진이 지나간 뒤에도 약한 여진이 지속되었는데 마치 선박이 파도에 흔들리는 것 같았다. (…) 수면도 지진으로 인해 불어나서 지면보다 높아진 듯했다. 수상과 육상의 이런 진동을 6주 동안 계속 느꼈다. 나중에 땅 특히 산속 여러 곳이 균열된 것을 발견했다. 섬의 주민들도 여태껏 이와 같은 공포를 경험한 적이 없다고 했다. 중국인에게 지진이 어디에서 오는지 물어보자 그들은 '열풍이 지하에 숨어 있다가 출구를 찾지 못하기 때문에 땅이 흔들린다'고 했다. 이 섬에서는 또 해마다 자주 광풍이 발생하므로 이곳에 배를 정박하는 것은 매우 위험하다. 따라서 사공들은 찬바람이 불어올 기미가 있으면 닻을 올릴 틈도 없을까봐 재빨리 닻줄을 끊고 바다로 나간다. 그러나 바다에도 수많은 암초와 모래톱이 있다."

『포르모사에 관한 초보적 탐색: 한족의 종교』, 데이비드 라이트 원저, 예춘룽 번역.

제57번째 신은 지우地牛(Tegoe)로 몸을 뒤집는 소Transitory Bull라는 뜻이다.

제58번째 신은 금계金鷄(Kjenke)라고 하며 까마귀 혹은 닭이라는 뜻이다. 한족들은 이 두 신에 대해 기괴한 환상과 관점을 갖고 있다.

그들의 인식에 따르면 지우가 어깨로 지구를 지탱하고 있을 때 금계가 하늘에서 날아와 가볍게 지우의 몸을 쪼면 지우가 몸을 흔들고 이 때문에 온 세상도 덩달아 요동친다고 한다. 지진이 발생하면 그곳 사람들은 가볍게 웃으며 지우가 또 금계에게 당하고 있다고 믿는다.

9. 뇌신雷神

종류 : 신령

소개

뇌신은 '뇌공雷公' 또는 '뇌사雷師'라고도 하며, 대만 거주 한족의 전설에 따르면 번개를 관장하는 신이라고 한다.

『산해경』에는 뇌신을 짐승의 모습으로 기록했다. "용신龍神은 사람 머리에 북鼓 같은 배를 갖고 있다." 민간 전설의 변화 과정에서 뇌신은 점차 손에 북과 철추를 든 역사로 진화했고, 아울러 그 형상은 원숭이 얼굴에 새매의 부리를 하고 있으며 등에는 양 날개가 돋아 있고 발에는 새매 발톱이 있다.

대만 민간 전설에도 뇌신과 섬나파閃那婆(電母) 이야기가 전해오고 있다. 니시카와 미쓰루西川滿(1908~1999)의 『화려도 민화집華麗島民話集』에 따르면 옛날 어떤 여자가 시냇가에서 호박을 손질했는데, 먼저 호박을 반으로 쪼개 씨를 파낸 뒤 다시 물로 깨끗하게 씻었다. 그런데 뜻밖에도 하늘의 뇌신이 호박씨를 쌀로 오해하여, 그 여자가 음식물을 함부로 버린다고 화를 내며 번개로 그 여자를 내리쳐서 죽였다. 뇌신은 나중에 그 일의 진상을 알고 매우 괴로워하며 후회했다. 그러자 천공天公이 그 일을 알고 바로 그 여자를 뇌신에게 시집보내 섬나파라는 봉작을 수여했다. 이후 뇌신은

아내 섬나파로 하여금 손에 보물 거울을 들게 하고 세상의 일을 분명하게
비춰본 뒤 다시 번개를 땅 위로 내려보낸다고 한다.

원전

『포르모사에 관한 초보적 탐색: 한족의 종교』, 데이비드 라
이트 원저, 예춘룽 번역.

제59번째 신은 뇌공Luikong으로 뇌신이라고도 칭한다. Lui가 바
로 번개雷의 뜻이며 Kong은 통치자라는 뜻이다.

뇌공의 머리는 학과 같고 손발은 새매의 발톱을 닮았으며, 또 구
름 끝까지 날아오를 수 있는 큰 날개를 가졌다.

그들의 전설에서 뇌공이 번개를 내리치려고 할 때는 사방으로
덮인 구름 중간에 서서 각 방향으로 울리게 북을 치는데, 손에는
두 자루의 철추를 들고 끊임없이 북을 친다고 한다. 어떤 사람이
갑자기 번개를 맞으면 뇌공이 그에게 회기 나서 철추로 번개를 내
리쳐서 그를 때린다고 말한다.

이 때문에 그들은 뇌공을 매우 경외하며 번개가 칠 때마다 네 발
로 엉금엉금 기어서 탁자 밑으로 들어간다.

10. 귀왕鬼王 : 대사귀大土鬼

종류 : 신령

소개

　데이비드 라이츠는 한족의 하늘 신령을 묘사했을 뿐 아니라 지옥을 관장하는 신도 서술했다. 그는 '대사귀大土鬼'가 한족이 매우 경외하는 지옥의 신이라고 묘사했다.

　대사귀가 바로 '대사야大土爺' '대사왕大土王' '귀왕鬼王'이다. 대만의 불교와 도교가 함께 숭배하는 음간陰間 신령으로 음간의 망령을 관장하는 책임을 지고 있다. 매년 음력 7월 15일 중원절中元節 법회[盂蘭盆會] 때 사람들이 모여서 대사야에게 제사를 올리며 중원절 행사가 순조롭게 진행되기를 기원한다.

　가의嘉義의 민웅향民雄鄕에도 이 신령에게 전문적으로 제사를 올리는 '대사야묘大土爺廟'가 있다. 청나라 때 벌어진 대만의 장천계투漳泉械鬥*로 인해 사상자가 매우 많았다. 이 때문에 중원절에 사망자를 제도하고 죽은 자의 혼령에 제사를 올리기 위해 1797년에 대사야묘를 설립했다.

───────────────

* 〔역주〕 장천계투漳泉械鬥 : 청나라 때 대만에 거주한 복건성 장주漳州 출신 사람들과 천주泉州 출신 사람들의 분쟁을 가리킨다. '계투械鬥'는 치명적인 무기를 들고 난타전을 벌여 사상자가 많이 발생하는 분쟁이다.

『포르모사에 관한 초보적 탐색: 한족의 종교』, 데이비드 라이트 원저, 예춘룽 번역.

대사귀大土鬼(Tytsoequi)는 마귀의 아들이라는 뜻인데, Tytsoe(大土)는 바로 왕王이고, Qui(鬼)는 마왕이라는 뜻이다.

그들의 전설에서 대사귀는 본래 천상의 사자이지만 지고무상의 천신이 세상 인류의 사악한 일을 발견하자 마침내 그를 불러서 이렇게 말했다고 한다. "짐은 세상 인류의 추악한 측면과 그들의 심성이 사악한 방향으로 편향되어 하늘나라로 올 만한 사람이 없다는 사실을 발견했다. 이 때문에 경을 내려보내기 위해 경이 머물 처소를 준비했고, 또 그들에게 영원한 고통을 겪게 할 감옥 즉 지옥을 설치했다. 짐은 경을 선발하여 지옥을 관리할 대리인으로 삼고자 한다. 그들을 그곳으로 데려가서 징벌을 가하고 영원히 내가 있는 하늘나라로 오지 못하게 하면서 그곳에 머물게 하라."

이에 대해 한족들도 한 가지 생각을 갖고 있다. 즉 그들은 이 마왕의 아들이 미래에 발생할 모든 일을 알고 있기 때문에, 자신의 영혼Spirit을 나눠 보내서 죄지은 사람들을 지옥으로 잡아와 고통을 겪게 한다고 한다.

1년 중 일곱 번째 달 15일에 사람들은 깨끗하게 장만한 통돼지와 암탉, 오리, 빈랑檳榔(Pinang), 고운 밀가루로 만든 떡, Keekieuw(柿粿), Arak이라고도 부르는 브랜디 술 및 사탕수수로 제사를 올린다.

통돼지는 앞다리의 무릎을 꿇게 만든 뒤, 머리를 앞다리 위에 올려 놓고 대사귀 신상을 마주 보게 한다.

그 뒤 제사 과정에서 상당히 성대한 의식들을 거행하면서 아침 일찍부터 시작하여 해가 지고 한 시간 뒤에야 행사를 종료한다.

자신의 존경심을 표현하기 위해 사람들은 금박지로 만든 배를 불태워 대사귀에게 보내는 한편 매우 열정적으로 대사귀에게 소원 을 빈다.

원주민 세계

시라야족 西拉雅族

17세기에 대만에 온 선교사, 동인도회사 직원들은 대만 원주민의 진귀한 문화 풍경을 기록으로 남겼다.

그들이 묘사한 대만 평포족 원주민은 서남부 시라야족에 속한다. 당시에 시라야족의 4대 부족 집단[族社]은 신항新港, 마두蔴豆, 소롱蕭壠, 목가류目加溜에 거주했다. 만약 질란디아를 기점으로 삼는다면 해변에서 산기슭까지 거주한 원주민 민족 집단은 대체로 바로 앞에서 거론한 순서에 따라 다음과 같이 거주지를 정리해볼 수 있다.

신항사新港社(Sinkan) : 대남시臺南市의 신시구新市區 일대.

마두사蔴豆社(Mattau) : 지금의 대남시 마두구蔴豆區에 위치하며 당시 마두사의 인구는 3000명이었다고 한다.

소롱사蕭壠社(Soulang) : 마두 서북쪽에 위치하는데, 대략 지금의 가리당창佳里糖廠 인근이다.

목가류사目加溜社(Bakloan) : 지금의 선화善化, 즉 선화당창善化糖廠 인근이다.

이 밖에도 대화항사大化港社(Taffakan), 제복록항사帝福鹿港社(Tifulukan), 대구방사大歐龐社(Teopan), 대무롱사大武壠社(Tefurang) 등지도 포함된다. 이들 지역은 지금 대부분 대남시 선화와 가리佳里 경내에 위치한다.

아래의 텍스트는 스위스에서 온 엘리 리퐁Élie Ripon(?~?), 네덜란드 목사 조지 칸디디우스George Candidius(1597~1647), 스코틀랜드인 데이비드 라이트의 기록에서 뽑았다.

11. 포르모사의 일각환수 一角幻獸

종류 : 요괴, 지역 : 남부

소개

스위스에서 온 엘리 리퐁은 1618년에서 1628년까지 네덜란드 동인도 회사에 재직한 용병이며 장교로 성격이 매우 열렬하고 모험을 즐겼다. 추측에 의하면 그는 게르만 지역인 자신의 고향에서 참혹한 종교전쟁이 발생하자 생업을 위해 네덜란드로 갔고 아울러 동인도회사에 취직했을 것이라 한다.

그는 동인도회사의 명령을 수행해야 했기 때문에 1623년에서 1624년까지 당시 대만으로 와서 대만섬 연안에 소형 목성木城을 세웠다. 그는 대만에 도착한 뒤 목가류사의 도움을 받아 대만 산림으로 들어가 목재를 채취했다. 그가 부하들과 함께 목재를 채취할 때 심지어 마두사 원주민의 기습을 받아 거의 목숨까지 잃을 뻔했다.

1865년 그가 쓴 프랑스어 필사본 회고록이 스위스의 낡은 가옥에서 발견되었다. 이 책에서 그는 대항해시대 아시아 각국의 풍토와 민속을 묘사했는데, 매우 놀랍고도 위험한 내용을 담고 있다. 지금 우리는 중국어 번역본 『리퐁 상위의 동인도 항해 모험기: 한 용병의 일지 1617~1627 利邦上尉東印度航海歷險記: 一位傭兵的日誌 1617~1627)』(위안류출판遠流出版, 2012)를 참고할 수 있다.

리퐁 상위^{上尉}는 자신의 회고록에서 당시 대만 고산에 서식하는 일각수
一角獸(licorne)에 대해 언급했다. 이 네 발 달린 기묘한 짐승은 뿔이 하나인
데, 폭풍과 지진을 예고하거나 조종하는 신비한 능력을 보유했다고 한다.

원전

『리퐁 상위의 동인도 항해 모험기』, 엘리 리퐁 원저, 라이후이윈^{賴慧芸} 번역

✦ 1623년 11월 28일

이곳 높은 산에 서식하는 일각수가 있다. 잡을 수가 없어서 나는 멀리서 한 마리를 본 적만 있다.

현지의 주민들이 우리에게 이야기해준 바에 의하면 이 동물을 목격한 것은 좋은 징조가 아니라 폭풍이나 지진을 예시한다고 한다. 그 후 우리는 확실히 그들의 이야기를 인증했다. 이것은 내가 섬에서 알게 된 사실이다.

11월 28일 아주 강한 지진이 발생했다. 모두들 이제 죽는구나 했으며, 닻을 내린 배도 침몰했을 거라고 여겼다. 성의 보루도 세 곳이나 무너졌다.

주민들이 아침에 우리에게 달려와 말하기를 산에서 목격한 그 동물이 지진의 조짐을 알려준 것이고, 그 동물을 목격하면 항상 이와 같은 지진이 발생한다고 했다.

12. 죽은 사람의 유령이 자신의 몸을 씻다

종류 : 귀매, 지역 : 남부

소개

네덜란드 선교사 조지 칸디디우스는 17세기에 선교를 위해 대만에 와서 시라야족 풍속, 특히 신항사에서 보고 들은 견문을 다양하게 기록했다.

칸디디우스는 1627년 5월 4일에 대만에 도착했는데, 그는 대만 주재 첫 번째 네덜란드 선교사로 그의 주요 업무는 대원大員(安平) 지역 질란디아 네덜란드인에게 기독교를 보급하는 일이었다.

그의 업무 범위에 원주민은 포함되지 않았지만 그는 열정적으로 원주빈 마을로 들어가서 신항사의 언어를 배운 뒤 선교 활동을 했으며 이후 심지어 신항사에 학교를 세우기도 했다.

칸디디우스는 당시 시라야족의 장례 풍속을 기록했다. 시라야 원주민들의 믿음에 따르면 사람은 죽은 뒤에 유령이 될 뿐만 아니라 다시 자신의 집으로 돌아온다고 한다. 이 때문에 살아 있는 사람들은 죽은 사람을 위해 맑은 물을 준비하여 죽은 사람의 영혼이 돌아와 자신의 몸을 깨끗하게 씻도록 해야 한다고 한다.

『포르모사에 관한 초보적 탐색: 신항사기初探福爾摩沙 : 新港社記』, 조지 칸디디우스 원저, 예춘룽 번역

통상적으로 사람이 세상을 떠난 다음 날 몇 가지 의식을 진행한 뒤 그들은 사자의 손발을 묶어 가는 대나무 조각으로 엮은 탁자 위에 얹어서 그들의 방안에 둔다. 탁자의 높이는 대략 네덜란드 도량형 단위로 2부트voet 정도다.

그런 뒤에 그들은 시체를 직접 태우지 않고 조금 아래에서 불을 피워 시체를 철저하게 건조시킨다.

이어서 다양한 의식을 거행하는데 예를 들면 돼지를 잡아(자신의 재력에 맞추며 어떤 사람은 아홉 마리까지 잡기도 함) 무절제하게 먹고 마시며 시간을 보낸다.

마을 사람들은 대부분 어떤 사람이 죽자마자 사자를 보러 온다. 그들 각자의 가옥 대문 입구에 속이 텅 빈 나무줄기로 만든 북이 있다. 마을 사람들은 부고를 전하는 북소리를 듣고 바로 사자의 집으로 달려온다. 여인들은 독한 음료를 담은 단지를 들고나와 마구 마신 뒤에 사자의 대문 앞에서 춤을 춘다.

그들이 춤을 추는 방식은 매우 독특하다. 그들에게는 굵은 나무를 베어 만든 나무통이 있는데 동인도 지역 사람들이 사용하는 용기와 비슷하지만, 그것보다는 길이가 길고 폭도 넓다. 그들이 나무통을 엎어놓고 그 위에서 춤을 추면 텅 빈 나무통이 울리며 소리가 난다.

하나의 나무통에는 여인들이 두 줄로 늘어서는데 한 줄에는 대략 4~5명 정도의 인원이 포함된다. 그들은 펄쩍펄쩍 뛰지 않고 온화하게 손발을 놀리면서 엎어놓은 나무통 가를 따라 빙빙 돈다.

한 팀이 지치면 다른 한 팀이 이어받는다. 춤은 보통 두 시간을 지속한다. 이것이 바로 그들의 장엄한 장례다.

시체는 9일 동안 말리며 매일 시체를 씻어도 악취가 풍긴다.

9일째 되는 날 시체를 대나무 탁자에서 끌어내리고 산 사람이 그 시체를 돗자리로 싼다. 집안에다 또 다른 대나무 탁자를 만들고 많은 옷으로 둘러싸서 가리는데 그것은 마치 야외에 설치하는 천막pavilion과 같다. 그 뒤에 시체를 탁자 위에 얹어두고 모두 다시 술과 음료를 마시고 춤을 추면서 사자를 경하하고 기념한다. 이런 방식으로 시체를 3년 동안 얹어둔 뒤에 뼈를 옮겨 집안에 묻고 또 여러 차례 주연을 베풀지만, 이번에는 춤을 추지 않는다.

이상이 그곳 원주민들이 사자를 처리하는 방식에 대한 간단한 묘사다.

또 다른 한 가지 풍속은 대구방사大歐蘢社에만 있다. 이 마을은 앞에서 언급한 7개 마을 가운데 하나다. 어떤 사람의 병이 위중하여 심한 고통에 시달릴 때 그들은 밧줄을 그의 목에 감고 마치 교수형을 집행하는 것처럼 위로 끌어올렸다가 갑자기 떨어뜨린다. 이 행사의 목적은 환자의 고통을 줄이고 일찍 죽는 것을 방지하기 위한 것이라고 한다.

TAYOUAN of FORMOSA. 85

● 18세기에 어떤 서양 화가가 대남의 시라야족 장례 광경을 묘사한 선교사의 기록에 근거하여 그린 그림Tayouan of Formosa, Hendrik Frans Diamaer(네덜란드 국립박물관, 1726). 그러나 실제 상황과 다소 차이가 있다.

그들은 영혼불멸의 가르침을 알고 있기 때문에 다음과 같은 풍속을 갖고 있다.

사람이 죽으면 그 사람의 집 앞에 높다랗게 작은 집을 짓고 각종 나뭇잎으로 풍성하게 둘러싼 뒤 네 모서리에 깃발을 꽂는다.

집안에는 물 한 사발을 떠놓고 그 곁에 대나무 국자를 둔다. 왜냐하면 그들은 사자가 매일 돌아와 자신의 몸을 씻는다고 믿기 때문이다.

그들은 사자와 관련된 이 풍속을 엄격하게 준수하지만, 그 연유를 설명할 수 있는 사람은 100명 중에 한 사람도 없다.

그들이 그렇게 하는 것은 그것이 풍속이기 때문일 뿐이지, 더이상 죽은 사람을 생각해서 하는 것은 아니다. 나이가 많은 노인들은 나에게 이 풍속에 내포된 의미를 매우 분명하게 이야기해주었다.

『잘못 버린 대만』, 17세기 코예트 Frederick Coyett, C.E.S.

그들(시라야족)도 영혼불멸을 믿기 때문에 사람이 죽은 뒤에 그 영혼은 생전 행위의 선악에 따라 상과 벌을 받는다고 여긴다. 즉 생전에 악한 일을 많이 저지른 자는 사후에 영혼이 더러운 진흙탕에 떨어지나 생전에 좋은 일을 많이 한 사람은 장차 진흙탕을 건너 즐거움을 마음껏 누릴 수 있는 곳으로 간다는 것이다.

이 때문에 그들은 사람이 죽어갈 때 대문 앞에 나무 상자 비슷한 작은 집을 짓고 다양한 식물, 각종 장식품 그리고 깃발을 그 주위에 걸어둔다.

이 작은 집 속에 그들은 물을 가득 담은 대형 야자 껍질과 대나무 국자를 놓아두는데, 이는 사자의 영혼이 매일 와서 자기 몸의 때를 씻는다고 생각하기 때문이다.

13. 시라야족 열세 명의 신령

종류 : 신령, 지역 : 남부

소개

17세기 시라야족에게는 천신 신앙이 있었다. 모든 천신은 특수한 지위, 직책을 보유했으며 남녀 분업도 이루어졌다.

네덜란드 목사 조지 칸디디우스, 프레데릭 코예트, 스코틀란드 사람 데이비드 라이트의 기록에 따르면 시라야족은 하늘 위에 열세 명의 신령이 존재한다고 믿으며 자신들의 주신主神 신앙을 만들었다고 한다. 그러나 이들의 기록에는 현재 시라야족이 보편적으로 믿고 있는 '아리트阿立祖(Aritt)' '노쿤老君(Nóokun)' '타이쪼太祖(Taitsóo)'가 전혀 등장하지 않는다.

『안평현 잡기安平縣雜記』에 이르러서야 비로소 문헌에 '리라오쪼쿤李老祖君'이란 어휘가 등장하며 이것을 시라야족의 신령 신앙이라고 부른다. 일본 통치 시대에 고쿠부 나오이치國分直一(1908~2005)는 그것을 판아풋蕃仔佛(Fanaput)이라 불렀고 대남 문학가 우신룽吳新榮(1907~1967)은 '아리트'라고 불렀는데, 이는 '조령祖靈'이라는 뜻이다. '아리트' 신앙과 열셋 신령의 관계는 아직 분명하지 않다.

데이비드 라이트는 이 열셋 신령들의 관계를 분명하게 기술했다.

예를 들어 남방에 거주하는 남신男神인 타마기산각塔碼吉山嘉(Tamagisangak)

은 신령한 힘으로 남성을 창조함과 아울러 남성의 신체 구조를 완벽하게 하여 남성의 몸을 강건하게 만든다.

또 여신女神 텍카루파다帖卡露帕達, Teckarupada는 동방에 거주하는 여성 수호신이다.

시라야족 전설에 따르면 타마기산각과 텍카루파다는 부부임에도 늘 싸움을 그치지 않으며 서로 격렬한 언어로 매도하는 일 이외에도 심지어 서로 폭력을 쓰기도 한다고 한다. 동쪽에서 우렛소리가 울리면 그것은 바로 여신이 남신을 향해 쏟아내는 질책과 욕설인데, 남신이 아내의 질책을 들으면 즉시 구름과 안개를 불러일으켜 비를 내리게 한다는 것이다.(설명은 옆의 도표 참조)

이 때문에 남신은 비를 관장하는 직책을 맡고 여신은 뇌신雷神의 역할을 한다. 이 전설에 의하면 시라야족 사회는 '모계사회'의 전통을 갖고 있기 때문에 남신은 늘 여신에 명령에 순종해야 한다.

시라야족 전설에는 또 다른 사악한 신인 파리헤 피카리고 고우고세이法理海·費卡里句·昊勾希(Farihhe Fikarigo Gougosey)가 인간 세상에서 혼란을 조성한다고 한다.

사악한 신 파리헤는 북방에 거주하면서 사악한 힘을 갖고 사람의 마음을 조종하여 사악한 생각을 하도록 유혹하거나 사람들을 액운에 빠뜨린다.

얼굴에 온통 곰보 자국이 가득한 파리헤는 또 사람들의 얼굴이 자신과 같게 되기를 바란다. 파리헤는 자신의 마음속에서 짜증이 일어나면 세상 사람들에게 화풀이를 하기 위해 무서운 역병을 일으켜 사람들을 질병의 고통에 빠뜨리고 얼굴에도 추악한 곰보 자국이 남게 한다. 파리헤는 또

27조의 계율을 반포하고 사람들이 이 계율을 지키지 않으면 바로 재앙을 내린다.

마음이 음산하고 변덕이 심한 파리헤를 위로하기 위해 시라야족 원주민은 간절하게 제사를 올리고 춤을 추며 소망을 기원한다.

시라야족 신령 표				
신령 명칭 (네덜란드어)	번역 명칭 (임창화林昌華 역)	성별	방위	직책
1. Tamagisangang 타마기산강	塔馬吉山崗	남	서방 하늘	이 두 신령은 부부로, 시라야족 신앙 체계에서 그 지위가 가장 높음.
2. Takaraenpada 타카라엔파다	塔卡琅帕達	여	동방 하늘	
3. Tamagisangak 타마기산각	塔碼吉山嘉	남	남방 하늘	이 두 신령은 부부로, 남편은 사람을 만들고 비를 주관하며 아내는 곡식, 채소, 과일을 관장함.
4. Teckarupada 텍카루파다	帖卡露帕達	여	동방 하늘	
5. Tagittelaegh 타기테라에그	塔吉鐵拉	남		이 두 신령은 부부로 질병을 관장함. 몸이 아프면 이 두 신령에게 치유를 기원함.
6. Tagisikel 타기시켈	塔吉熙克	여		
7. Tiwarakahoeloe 티와라카호에로에	提瓦拉卡呼魯	남		이 두 신령은 부부로 사냥을 관장함. 사냥 전에 이 두 신령에게 기도를 드림.
8. Tamakakamak 타마카카막	塔碼卡卡瑪	여		
9. Tapaliape 타파리아페	塔帕犁沛	남		이 두 신령은 부부로 전쟁을 관장함. 전사들이 숭배하는 신.
10. Tatawoeli 타타워에리	塔塔巫里	여		

11. Takarye 타카리에	塔卡萊	남		이 두 신령은 부부로 연회와 제사의 의례를 관장함.
12. Tamakading 타마카딩	塔碼卡汀	여		
13. Farihhe Fikarigo Gougosey 파리헤 피카리고 고우고세이	法理海·費卡里句·杲勾希	남	북방 하늘	성질이 사나운 악신으로 역병을 일으키며 27조의 계율을 반포함.

상세한 내용은 예춘룽의 『포르모사에 관한 초보적 탐색』(대남 시정부 문화국臺南市政府文化局, 2011)을 참고할 만하다.

원전

『포르모사에 관한 초보적 탐색: 포르모사 필기福爾摩沙筆記』, 데이비드 라이트 원저, 예춘룽 번역

포르모사 사람들(네덜란드인의 영향으로 기독교로 개종한 사람은 포함하지 않음)은 천지를 창조한 신을 믿지 않고 열세 명의 신령idols에게 제사를 올린다.

첫 번째는 가장 중요한 신으로 Tamagisangang이라 칭하며 서쪽 하늘에 거주한다.

이 신령의 아내 Takaraenpada는 남편과 마주보는 동쪽 하늘에

Farihhe Fikarigo Gougosey

Tamagisangak

Teckarupada

Tapaliape

Tatawoeli

거주한다.

사람들은 이 두 신령을 가장 강력한 힘을 가진 신으로 간주하면서 정성을 다해 숭배한다. 그들의 설명에 따르면 만약 거주지가 전쟁으로 파괴되거나 질병과 기황에 처하면 그들이 이 두 신령에게 제사를 올릴 때 무엇인가 잘못한 것이 있기 때문이라고 자신들을 탓한다.

세 번째는 Tamagisangak 신령으로 남쪽 하늘에 거주하면서 아름다운 사람을 빚어낸다.

네 번째는 Tamagisangak의 배우자로 동쪽의 Teckarupada에 거주하면서 곡식과 과일의 생장을 관장한다.

사람들은 이 두 신령이 인류의 생명을 관장하기 때문에 여성들이 씨앗과 식물을 두 신령에게 바친다고 설명한다.

한편으로 사람들은 우레를 가리켜 여신 Teckarupada의 남편 Tamagisangak이 제 때에 비를 내리지 않을 때 여신이 그를 질책하는 소리라 믿고 있다. 이 때문에 거의 매번 Teckarupada의 우렛소리가 울릴 때마다 Tamagisangak이 서둘러 풍족한 비를 내리게 한다.

다섯 번째는 Tagittelaegh이고, 여섯 번째는 그의 황후 Tagisikel이다. 이 두 신령은 병을 치료해주기 때문에 사람들이 숭배한다.

일곱 번째는 Tiwarakahoeloe이고, 여덟 번째는 Tamakakamak이다. 이 두 신령은 주로 늘 산림으로 들어가서 야수를 사냥하는 사람들의 숭배를 받는다.

아홉 번째는 Tapaliape이고, 또 다른 한 신령은 Tatawoeli다. 전투와 관련된 모든 일을 관장하기 때문에 대부분 사병들에게 제사를 받는다.

열한 번째는 Takarye이고, 열두 번째는 Tamakading인데 사람들이 그해의 명절 행사를 할 때 전례 풍속을 확실하게 준수하지 않으면 그들을 엄하게 징벌한다.

열세 번째는 Farihhe Fikarigo Gougosey다. 원주민들은 이 신령이 북쪽에 거주하면서 제 마음대로 파괴를 일삼는 악신으로 인식하고 있다.

Farihhe의 업무가 본래 아름다운 물건을 파괴하는 것이기 때문에 사람들은 이 신령을 숭배하면서 자신들을 파괴하지 말아달라고 희망한다.

현지인들의 말에 따르면 마지막 이 신령은 본래 매우 포악한 신항^{新港} 사람으로 얼굴이 철면피이며 코가 매우 길다. 이 때문에 사람들에게 비웃음을 당했는데 이런 모욕을 더이상 참을 수 없어서 신령에게 자신도 신령이 되게 해달라고 기도했고, 마침내 빠른 시간 안에 그의 소망이 실현되었다. 신령의 세계에서 잠시 머문 뒤에 그는 인간 세상으로 돌아와 그의 동포들에게 27조의 계율 commandments을 반포하고 사람들에게 그것을 엄격하게 준수할 것을 요구하면서, 만약 준수하지 않으면 역병을 만연하게 할 것이라고 위협했다.

사람들은 매월 달이 황도 12궁의 양자리^{Aries}로 진입하는 때에 이 계율을 모두 10일 동안 엄격하게 지킨다. 그들은 이 절기를 Karichang이라 부르며, 이후로 출현한 다양한 율법은 모두 이 절기와 관련이 있다.

포르모사 사람들은 상당히 게을러서 비옥한 토지에서 풍성한 수확을 거둘 수 있음에도 농사를 짓는 사람이 드물다. Tamacuwalo와 Tamabal이라는 관청 두 곳에서 아직 신령한 돼지神猪 두 마리를 제공하기 전에는 이처럼 경솔하게 그들의 토지를 감히 경작하려는 사람이 하나도 없었다. 이 두 관청은 세 번째와 네 번째 신령 Tackarupada와 Tamagisangak에 예속되어 있을 뿐 아니라 그들이 올리는 제사도 같은 관청 소속 사제가 주관한다.

같은 방식에 비춰보아 만약 하늘이 단비를 내리면 촌락에서 가장 연장자가 돼지 한 마리와 풍성한 술을 두 관청의 사제에게 주어 그들 대신 신에게 바쳐달라고 부탁한다. 그들의 세 번째 신령과 네 번째 신령이 그들의 농사를 주관할 때 Tiwarakahoeloe와 Tamakakamak으로 불리는 일곱 번째 신령과 여덟 번째 신령은 그들의 사냥을 주관한다. 그들은 사냥을 떠나기 전에 서로 전날 밤에 꾼 길몽을 포함한 여러 가지 꿈 이야기를 한다. 만약 꿈에 Aydak이라는 새가 그들을 향해 날아왔다면 길조로 간주하지만 그 새가 그들 좌우에서 날기만 했다면 사냥을 뒤로 연기하고 다시 기일을 선택한다.

Karichang은 한 달에 한 번씩 돌아온다. 그것은 달이 봄철의 양자리로 진입하는 시기다. 이 절기를 제정한 신은 바로 Farihhe다.

Farihhe는 철면피에다 코가 매우 길어서 사람들에게 비웃음을 당한다. 그는 빈번하게 비웃음을 당하는 것을 싫어하고 늘 사람들이 자신의 코를 웃음거리로 삼는 것도 못 견뎌 한다. 이에 신에게 자신을 이 추악한 세상으로부터 벗어나 신령으로 변하게 해달라고 간절하게 소망했다. 전설에 따르면 마침내 그의 소망이 실현되었다고 한다.

신령으로 한동안 시간을 보낸 뒤에 그는 다시 인간 세상으로 돌아와 27조의 계율을 자신의 동포에게 반포하는데, 이 일을 하기 전에 그를 비웃던 사람들에게 징벌을 내린다. 그리고 자신이 반포한 계율을 엄격하게 준수할 것을 요구하면서 만약 게으름을 부리며 이 계율을 지키지 않으면 사람들에게 혹독한 징벌을 내리겠다고 위협했다. 계율은 다음과 같다.

① Karichang 기간에는 가옥이나 성벽 또는 Taekops로 불리는 휴식 장소 건설을 금지하고 또 전야田野에 난간이나 울타리도 설치해서는 안 된다.
② 짐승 가죽, 소금, Gangans布, 채색 옷가지 매매를 금지한다.
③ 기혼 남자라도 Karichang 기간에는 아내와 동침을 금지하고 동시에 젊은 남자의 결혼도 금지하며, 또 집안의 가구와 물자도 신부집에 보내서는 안 된다. 혹시라도 신부와 동침하면 오래지 않아 죽게 되거나, 오래도록 병을 앓거나, 분쟁 속에서 생활하게

된다.

④ 새 경작지에 비료 주는 것을 금지하고 또 볏짚이나 푸른 풀을 덮어서도 안 되며, 파종도 해서는 안 된다. 이를 어기면 힘들여 완수한 모든 일이 수포로 돌아간다.

⑤ 활, 화살, 방패, 칼, 표창이나 함정 만들기를 금지하고 아울러 어떤 야수도 잡아서는 안 된다. 어떤 여자라도 팔찌를 만들면 자신의 팔뚝에 견디기 힘든 고통을 당한다.

⑥ 어떤 새 옷도 입어서는 안 되고 어떤 경우라도 새 물건을 사용해서는 안 된다. 여기에는 새 대나무 조각이나 음료를 담는 질항아리도 포함된다. 이를 어기면 그 물건들을 잃게 되고 또 목이 찢어질 듯한 극심한 통증에 시달리게 된다.

⑦ 가옥과 통하는 교량 건설을 금지한다. 혹은 짚더미나 돼지우리 앞에 교량을 설치하는 것도 금지한다. 이를 어기면 교량이 붕괴되거나 끊어져 돼지가 죽는다.

⑧ 의복, 간간스포, 쌀, 정미기, 양쪽 손잡이가 달린 검은 옹기, 모든 주기酒器를 집으로 가져오는 것을 금지한다. 또 푸른 대나무를 베는 것도 금지하지만 이미 말라버린 대나무는 베도 된다. 자신의 집에다 둘 수 없는 이 물건들은 Karichang 기간이 끝날 때까지 이웃집을 빌려서 보관할 수는 있다.

⑨ 빈랑檳榔 종려나무, 대나무, 감자 혹은 어떤 식물도 심어서는 안 된다.

⑩ Kavo로 불리는 새 모임 장소에 불을 피워서도 안 되고 그 속

에서 잠을 자서도 안 된다. 이를 어기면 중병에 걸린다.

⑪ 젊은 남자가 Tragaduwell이라는 경기에 참가하여 체력 단련하는 것을 금지한다. 이를 어기면 질병에 걸린다.

⑫ Karichang 기간에 출생한 신생아는 어머니에게서 떼놓는 것을 금지한다. 이를 어기면 아이가 즉시 요절한다.

⑬ 남자가 Salabim이라고 불리는 팔찌 차는 것을 금지한다. 이를 어기면 팔이 시큰하게 아파올 것이다.

⑭ 장례 기간 외에는 돼지 잡는 일을 금지한다. 가장 중요한 친구가 찾아와도 이를 지켜야 한다.

⑮ 필요한 음식을 장만하는 일 외에 불필요한 고기잡이와 사냥을 금지한다.

⑯ Karichang 기간 이전에 완공한 새집 내부에 만약 기르는 돼지가 없다면 Karichang 기간에는 돼지를 기를 수 없다. 이를 어기면 자신이 가진 모든 물건을 잃게 된다.

⑰ 이 기간에는 어린아이에게 이름을 지어줘서는 안 되고 반드시 Karichang 기간이 끝날 때까지 기다려야 한다. 이를 어기면 아이가 요절한다.

⑱ 어머니가 신생아를 데리고 도처로 옮겨다니는 것을 금지한다. 오직 영아의 침대가 있는 방으로부터 이웃집까지의 범위 안에서 움직여야 한다.

⑲ 새로운 Tamatawa(전쟁 때의 영도자)가 전쟁을 추진해서는 안 되고 반드시 Karichang 기간이 끝날 때까지 기다려야 한다.

⑳ 신랑 신부가 Karichang 기간 전에 외출한 경우를 제외하고 이 기간에는 함께 걸어서는 안 된다. 이를 어기면 위험한 질병에 걸린다.

㉑ Karichang 기간 전에 부모는 자기 딸의 윗니 두 개를 뽑아서는 안 되고(그들의 풍습이기 때문이다), 또 Karichang 기간에 딸들의 귀를 뚫어서는 안 된다.

㉒ 여태껏 여행한 적이 없는 젊은 남자는 이 기간에 여행하는 것을 엄금한다.

㉓ 소녀들이 이전 상례 때 대문 앞의 상례용 통나무 위에서 춤을 춘 적이 없다면 이 기간에도 엄격하게 그렇게 해야 한다.

㉔ Taliglig로 불리는 어린아이에게 팔찌를 차게 해서는 안 된다. 이를 어기면 불행한 일을 당한다.

㉕ 이전에 가본 적이 없다면 이 기간에 어떤 사람도 마두시진麻豆市鎮으로 가서 대규모 배례를 드리는 것을 엄금하는데 그것을 Zapuliung이라고도 칭한다.

㉖ 집안에 중국인이나 낯선 사람을 머물게 하는 것을 금지하지만 이웃집에는 데려다줄 수 있다. 만약 어떤 계약서나 맹약문에 서명하려 한다면 손으로 볏짚 한 단을 잡아 상자 위에 올린 뒤 신에게 다음과 같이 기원해야 한다. "내가 이 계약서에 따라 이득을 볼 수 있겠습니까? 내가 화를 내며 말을 하더라도 그가 참을성 있게 나를 대할 수 있겠습니까?" 동시에 신에게 쌀, 술, 빈랑 및 베틀후추Piper betle를 포함한 제물을 바쳐야 한다.

㉗ 성읍, 집안, 들판에 있을 때나 수렵 기간을 막론하고 어떤 Mariche thad Kaddelangang을 만드는 것도 금지하며 또 Karichang 기간에 Vagacang을 해서는 안 된다.

14. 시라야족 악령

종류 : 신령, 지역 : 남부

소개

라이트는 시라야족의 '악령 신앙'에 대해서도 기록했다. 시라야족 사람들은 몸이 아프면 모두 스치팅리토^{史契聽利圖}(Schytinglitto)라고 불리는 악마가 몸에 붙었다고 믿는다.

시라야족 사람들은 악마가 몸에 붙으면 이닙스^{女祭師}(Inibs)를 초청하여 악령을 내쫓는다.

이닙스는 사악한 악마를 꿰뚫어 보는 신령한 힘을 갖고 있으므로 일단 이 여신이 악마를 발견하면 각종 의식으로 악마를 추방한다.

원전

『포르모사에 관한 초보적 탐색: 한족의 종교』, 데이비드 라이트 원저, 예춘룽 번역.

만약 몸이 불편하여 날마다 병세가 악화되면, 예를 들어 경련이 일어나거나 다른 통증이 심해지면 그들은 Schytinglitto라고 불리는 마왕의 소행으로 돌린다.

그들은 소녀 무당[女乩童]을 초청하여 다음과 같은 방식으로 악령을 소환한다. 먼저 제사를 올린 뒤에 소녀 무당은 신명의 도움으로 악령에 대항하기를 기원하며 자신의 모든 공포심을 없앤다. 그 뒤에 칼 한 자루와 술 한 동이를 갖고 와서 대담하게 자신과 함께 모험할 젊은 용사들을 불러와 집 안 구석구석에서 악령을 사로잡는다.

소녀 무당은 악령을 발견하고 소리를 지르면서 젊은 용사의 도움에 의지하여 악령을 축출하는데 그 소리가 공포스러울 정도다. 그러한 방식으로 악령을 멀리 강변이나 흐르는 수로까지 내몬다. 만약 부근에 흐르는 물이 없으면 삼림까지 내쫓은 뒤에 소녀 무당은 한입 가득 술을 마시고 나서 술이 담긴 술 단지를 악령의 몸 뒤에 떨어뜨리고 이렇게 읊조린다. "이걸 가져가라! 이미 쫓겨난 네 놈은 더이상 환자의 몸으로 돌아와서는 안 된다."

말을 마치고 소녀 무당은 땅에다 대나무 장대를 꽂는다. 그들의 말에 의하면 악령이 대나무 장대를 매우 두려워하기 때문이다.

악령이 소녀 무당 가까이로 다가올 때(그녀의 말에 의하면), 그녀는 맹렬하게 악령을 구타하며 그녀가 미리 감춰둔 머리카락을 사람들에게 내보여 자신이 이미 악령의 머리를 때려서 악령의 머리카락을 뽑아냈다고 믿게 한다(그들은 그 사실을 확신한다).

그 뒤 그녀는 줄줄이 찢어서 너덜너덜해진 홍포紅袍를 보수로 받고 그곳을 떠난다.

그러나 몸이 계속 불편하고 호전되는 조짐이 없으면 그들은 재차 소녀 무당을 불러온다. 다시 도착한 그녀는 이렇게 말한다. "악령이 이 집을 좋아하여 이곳에 살고 싶어합니다." 그녀는 자신에게 제공되는 보수가 얼마인지 살피는 동시에 사람들의 요구에 호응하여 삽을 들고 집안 여러 곳에 구덩이를 판다. 그리고 미리 감춰둔 머리카락을 꺼내서 모든 구경꾼에게 사납게 소리치며 자신이 이미 악령의 목을 베었고, 이것이 악령의 머리카락임을 밝힌다. 그런 뒤에 소리치며 악령을 내쫓아 그 집을 떠나게 한다.

모든 노력에 효과가 없고 고통이 여전히 줄어들지 않을 때 환자는 온 마음을 다해 자신의 생명을 신에게 바쳐 처리하게 한다.

그들은 생명을 신에게 바치려고 준비할 때 독한 술을 목구멍으로 부어 입과 코에까지 넘쳐흐르게 하면서 사람을 질식하게 만든다. 그런 뒤 그가 마지막 숨을 내뱉으면 그의 곁에 있는 사람들은 슬픈 목소리로 곡을 하며 기괴한 손짓으로 박수를 치고 손과 발을 내젓는다. 그들은 도처에서 북을 치며 성안의 어떤 사람이 죽었다는 소식을 알린다.

일을 마친 뒤 따뜻한 물로 유체를 씻고 가장 좋은 옷을 입히고, 팔찌와 기타 장식물을 채우고, 유체 곁에 그가 쓰던 무기를 놓고 쌀과 술을 바치는데, 이 모든 물건을 이틀 동안 놓아둔다.

만약 그들이 이렇게 하지 않을 경우 망자의 영혼이 화를 낼 수 있어서, 그들은 돼지 한 마리를 제수로 장만하여 망자에게 바치고 망자의 길고 긴 여정의 수요품으로 삼게 한다. 그 뒤에 그들은 망자의 유체를 신에게 바침과 아울러 끝에 깃발을 매단 긴 대나무 장대를 집 앞에 세우고 그 곁에 물 한 동이를 놓아두어 망자의 영혼이 목욕물로 쓰게 한다.

저녁 무렵 망자의 모든 친구가 그곳에 모이면 대부분의 마을 남자가 모두 술 한 동이씩 들고 와서 망자의 친구들과 어울린다. 망자의 가장 가까운 친척은 유체 곁에 누워서 슬프게 다음과 같이 하소연한다. "너는 왜 죽어야 했니? 너는 왜 우리를 떠나야 했니? 우리가 네게 무슨 상처를 주었니? 아! 아이야! 사랑하는 아이야! 이곳으로 돌아와 우리와 함께하렴. 네가 원하지 않는다면 우리를 데려가렴. 우리는 너와 함께 죽을 준비가 되어 있다. 네가 없으니 우리는 어쩌면 좋니? 네가 떠난 뒤에 우리는 어떻게 해야 하니?"

그들의 슬픔을 강조하기 위해 여인들은 대문 앞의 빈 수조水槽를 밟다가 슬픈 목소리로 그곳에 서서 이렇게 울부짖는다. "들어봐! 이 남자를 잃고 나니 저 나무들도 저렇게 침통해하네."

그들은 수조를 밟는 행동을 Smaghdakdaken이라고 칭한다.

그들은 또 줄곧 유체 곁에 앉아 곡을 하는 여자를 몇 명 고용하여 이따금씩 슬프고 원망에 찬 소리를 내게 하고 그들이 Temulidid라고 부르는 슬픈 만가輓歌를 부르게 한다.

이 여자들은 모두 망자의 영혼이 천국에서 좋은 거처, 새 부인 그리고 새 친구 얻기를 신에게 기도한다.

권2

명청 시대 明清時代
(1662~1895)

1662년 국성야國姓爺가 네덜란드 사람들을 격파한 뒤 명나라 정씨鄭氏 가족이 대만에 진주하여 '동녕 왕조東寧王朝'를 세웠다. 정씨가 대만을 통치한 기간은 20여 년에 이른다(1662~1683). 청나라 장수 시랑施琅(1621~1696)이 어명을 받고 대만섬으로 진공하여 정극상鄭克塽(1670~1717)의 항복을 받은 이후 대만섬은 정식으로 청나라 판도로 편입되었다. 대만의 청나라 통치 시대는 212년 동안(1683~1895) 유지되었고, 1895년 시모노세키 조약馬關條約 이후로는 대만이 일본 정권 아래로 들어갔다.

대만섬이 명청 시대에 200여 년의 역사를 거치는 동안 수만에 이르는 민남閩南(福建省 남부)의 천주泉州, 장주漳州, 하문廈門의 이주민들이 배를 타고 대만으로 왔으며, 구미 각국 등 외국인들도 선교, 무역, 관광 등을 목적으로 이 섬에 발을 디뎠다. 이들은 200여 년간 대만섬 각 항구와 고을에서 번화하고 부유한 광경을 펼쳐 보였다.

그러나 사람들의 목소리가 시끌벅적한 대만섬에서 검은 바다와 어두운 숲에 은신한 요괴와 귀신들도 한족과 서양인들 눈앞에 문득문득 나타나곤 했으니……

15. 마미사魔尾蛇의 저주

종류 : 요괴, 지역 : 해역

소개

자고이래로 대만해협의 흑수구黑水溝라는 심해는 바로 신비한 마미사魔 尾蛇가 서식하는 소굴이었다.

마미사는 몸 길이가 몇 장丈에 이르고 온몸이 꽃무늬로 덮여 있다. 그 중에서도 붉은색과 검은색 줄무늬로 덮인 '홍흑간도사紅黑間道蛇'와 머리가 둘 달린 '양두사兩頭蛇'라는 요괴가 가장 특이하다. 마미사가 해수면을 떠 다닐 때마다 거대한 폭풍우가 일곤 했다.

마미사는 항상 뾰족한 꼬리를 수면 위로 떠우는데, 심지어 꽃잎과 같은 여섯 조각 이상의 기이한 꼬리 촉수를 펼친다. 만약 바다 위에서 자신도 모르게 마미사의 꼬리와 접촉하면 맹독에 중독되어 사망한 뒤 물속으로 떨어져 요괴 뱀에게 먹힌다고 한다.

마미사
魔尾蛇

물속에 뱀들이 산다.
몸길이는 모두
몇 장에 이르고
온몸이 꽃무늬로
덮여 있으며
마치 꽃잎 6~7장을
위로 펼쳐놓은 듯한
붉고 뽀족한 꼬리가
있다. 그 꼬리에
닿으면 즉사한다.

마미사도 죽음을 부르는 저주 능력을 갖고 있는지라 비린내 가득한 독무毒霧를 뿜어내어 공포의 환상을 만든 뒤 뱃사공을 유인하여 실신시키고 바닷속으로 추락하게 만든다.

그러나 다른 전설에서 마미사는 절대 식인은 하지 않고 독한 안개를 뿜어내는 기괴한 힘에 의지하여 인류의 악몽 귀신을 끌어내고 다시 그 악몽을 먹어치운다. 악몽에 삼켜진 생존자는 모든 기억을 상실한다고 한다.

원전

『대만잡기臺灣雜記』, 청 계기광季麒光

흑수구黑水溝는 팽호도의 동북쪽에 있고, 바닷물이 횡류하는 곳이다. 깊이를 알 수 없고 홍색, 황색, 청색, 녹색 바닷물이 중첩되어 이어져 있으며 흑색 한 곳이 가장 위험하기에 배로 다닐 때 반드시 바람에 의지하여 통과해야 한다.

그곳 물속에 뱀들이 산다. 몸길이는 모두 몇 장에 이르고 온몸이 꽃무늬로 덮여 있으며, 마치 꽃잎 6~7장을 위로 펼쳐놓은 듯한 붉고 뾰족한 꼬리가 있다. 그 꼬리에 닿으면 즉사한다.

배가 흑수구를 통과할 때면 바닷물에서 비린내가 많이 나고 대개 독기가 피어오른다.

『해동찰기-바다 기록海東札記 - 記洋澳』, 청 주경영朱景英

배가 팽호도에 이르면 흑수구를 통과해야 한다. 그곳은 바닷물이 횡류하는 곳이고 깊이를 알 수 없으며 물의 색깔이 청색, 홍색, 벽색碧色, 녹색이 많다. 바닷물의 형세가 마치 웅덩이와 같으므로 구溝라 부르고 넓이는 100리에 달한다.

배로 다닐 때는 바람을 타고 질풍처럼 달려야 한다. 속도가 늦으면 거센 풍랑이 양쪽에서 들이치고 물이 깊어서 닻을 내릴 수 없다.

전설에 따르면 그곳에 기괴한 뱀이 있는데 길이가 몇 장에 이르고, 온몸이 꽃무늬로 덮여 있으며 위로 솟은 꼬리가 있다. 독기가 짙게 피어오르며 비린내가 사람에게 엄습한다.

『비해기유裨海紀遊』, 청 욱영하郁永河(1645~?)

22일, 해 뜰 무렵 흑수구를 건넜다.

대만의 해로는 흑수구가 가장 위험하다. 북쪽에서 남쪽으로 물이 흐르는데 근원이 어디인지 알 수 없다.

바닷물이 모두 벽옥색인데 흑수구의 물만 유독 먹물처럼 검은색이다. 바다의 형세가 다소 우묵하므로 구溝라고 부른다.

넓이는 대략 100리이고 소용돌이 속을 신속하게 운행해야 한다. 때때로 비린내가 사람에게 엄습한다.

또 홍색과 흑색 해로 사이에 마미사와 양두사가 배를 에워싸고 헤엄을 친다. 사공들이 저강楮鏹*을 던져넣고 두려움에 숨을 죽인다. 혹시 남쪽으로 표류하여 가는 곳을 알지 못할까 두려워하기 때문이다.

『중수 대만부지重修臺灣府志』, 주원문周元文

바다 뱀이 해수면을 떠다니면 곧 태풍이 다가온다.

---

* 〔원주〕 저강楮鏹: 지전紙錢이다.

16. 해옹: 바닷속 산과 같은 분화어噴火魚

종류 : 요괴, 지역 : 해역

소개

현재는 '해옹海翁' '해추海鰍'라고 부르는데 바로 고래[鯨魚]를 가리킨다.

고대 대만인들은 해옹어海翁魚를 믿었다. 그것은 바로 해상왕공海上王公이며 상고시대 대만 해역에 존재했다는 신기한 거어巨魚다. 몸체 길이가 100리이고 심지어 입으로 불을 토하며 대형 선박을 삼키기도 한다. 일단 이 것이 몸을 드러내면 광풍이 거세게 일어난다.

해옹어가 깊은 잠을 잘 때는 수면에 떠서 100년을 머문다. 드넓은 이 물고기의 등에는 심지어 녹색 초목이 자랄 수 있어서 구불구불 이어진 산 언덕처럼 보이기도 한다. 누군가 바다 연안에서 이 물고기의 등으로 올라가 해옹어의 잠을 깨우면 꼬리를 흔들며 멀리까지 헤엄쳐 가서 더이상 종적을 드러내지 않는다.

일찍이 해옹은 바닷속 용신과 얽혀 1000일 동안 싸웠으나 이기지 못했고 마지막에는 천비天妃에 의해 구조되었다. 이 때문에 천비의 탄생일이 되면 해옹은 천비를 참배하러 온다고 한다.

대만 각지에는 해옹 이야기가 전해오고 있는데 팽호도의 민간 이야기가 가장 독특하다. 전설에 따르면 해옹이 멸치를 아내로 맞이하려 하자 많은 어족魚族이 이 혼사를 비웃었다. 왜냐하면 거대한 해옹과 작은 멸치가 서로 어울리지 않는 짝이기 때문이었다. 심지어 펑호서서澎湖西嶼에는 「천오오天烏烏」라는 민요가 전해오는데 역시 해옹과 관련이 있다. "하늘이 어두컴컴하여, 비가 오려 하네. 해옹이 멸치를 아내로 맞이하려 하니 해조海鳥는 매파가 되고 바다 거북이는 예물을 보내며 큰 숨을 내쉬네. 꽃게는 수레를 끌고 방게는 북을 치네. 해삼은 입 속의 음식을 내뱉고, 바다이鯋는 깃발을 들고 고통을 호소하네. 호어虎魚(tiger fish)는 불그레하게 날개를 끌어와 모기장을 만드네. 내년에는 아들 하나 생산하기를"(홍민충洪敏聰, 『펑호채과澎湖菜瓜』, 2002).

흑수양黑水洋의 해안에는 거대한 물고기에 관한 이야기가 많이 전해온다. 책호翟灝가 『대만필기臺灣筆記』에 기록한 「대어大魚」 장章이 매우 특이하다. "복건성福建省 해단진海壇鎭이 10여 리에 이르는 백사장을 보유한 지는 이미 여러 해가 되었다. 뱃사공과 어부들이 그 곁에서 묵는다. 점차 주민들이 늘어나자 상인들이 그 사이를 왕래했고, 세월이 오래 되자 고을이 이루어져 점포가 100여 호 늘어섰고 엄연한 작은 읍이 되었다. 쇠못, 삽, 쇠스랑 등 필요한 물건은 없는 것이 없었고, 이 때문에 대장간에 용광로를 설치했으며, 쇠를 단련하는 소리가 밤낮으로 그치지 않았다. 어느 날 문득 바닷물이 백사장을 침몰시켜 주민들이 모두 익사했다. 백사장의 존재를 아는 것은 대어大魚였는데, 대장간 철추가 진동하자 불안하게 여기고 조금씩 그곳을 떠나갔다. 모래도 대어를 따라 떠나갔으며, 사람도 모래를 따라 사라졌다."

『제라현지諸羅縣志』「물산지物産志」, 청 주종선周鍾瑄(1671~1763)

해옹海翁은 바로 해추海鰍로 배를 삼킬 수 있을 정도로 크며 수면 위를 떠다니는데 흑색의 등이 소의 등과 같다.

민간에서 이르기를 해옹이 나타나면 강풍이 분다고 한다.

『대해사사록臺海使槎錄』, 청 황숙경黃叔璥(1682~1758?)

해옹어는 작은 산과 같아서 초목이 등에서 자란다. 나무꾼이 그 등으로 잘못 올라가면 순식간에 몸을 옮겨 종적을 알지 못하게 한다.

『소유구만지小琉球漫誌』, 청 주사개朱士玠(1712~?)

매년 천후天后(천비天妃, 해신의 일종)의 3월 탄신일이 되면 반드시 해추海鰍가 조현하러 온다. 그러다가 더러 조수가 빠져 해추가 뻘밭에 갇히면 토인들이 길이가 몇 장丈에 이르는 장대를 들고 와서 다투어 해추의 입으로 찔러넣어 뱃속에서 기름脂膏 수천 석石을 뽑아낸다. 그러다가 조수가 밀려오면 해추는 여전히 꼬리를 흔들며 그곳을 떠나간다.

『대양견문록臺陽見聞錄』「해옹어海翁魚」, 청 당찬곤唐贊袞

굴대균屈大均(1630~1696)은 이렇게 말했다. "해추는 신장이 100리이고 입에서 불을 뿜으며 거대한 배도 삼킬 수 있다."

나는 하문廈門 남쪽을 왕래하며 그곳 토인들에게 다음과 같이 들었다. "매년 천후의 3월 탄신일이 되면 반드시 해초가 조현하러 온다."

17. 금린화염악 金鱗火焰鱷

종류 : 요괴, 지역 : 섬·해역

대만의 흑수黑水 해역에는 해신海神에 해당하는 짐승이 잠복해 있는데 그것을 '화악火鱷' 또는 '화린악火鱗鱷'이라 부른다. 이 짐승은 온몸이 황금색 비늘로 덮여 있고 화염을 뿜을 수 있다. 암초 아래에 집을 짓고 흑수구 심해에서 살기에 평소에는 한 번 보기도 힘들다.

강희 22년(1683) 계해년癸亥年, 화린악이 느닷없이 팽호도의 백사장으로 올라와 마치 고통을 이길 수 없다는 듯이 소리내어 울었다. 섬의 주민들은 화린악의 출현에 공포심을 느끼고 분분히 지전紙錢을 태우며 나쁜 기운을 제거하려 했고 동시에 징과 북을 두드리며 화린악을 인도하여 바다로 돌려보내려 했다. 화린악은 마침내 순조롭게 바다로 돌아갔지만 사흘 뒤에 다시 해안으로 올라왔다가 현지 주민 임영林英의 주방에서 횡사했다.

팽호 주민들은 모두 이 불길한 일을 민요로 전했는데 과연 당년에 시랑施琅(1621~1696)*이 군사를 이끌고 대만을 공격하여 정씨 왕조를 멸망시켰

---

* 〔역주〕시랑施琅: 본래 정성공 휘하의 장수였으나 나중에 청나라에 항복하여 군사를 이끌고 정성공 부대의 장수 유국헌劉國軒(1828~1693)과 정성공의 손자 정극상鄭克塽(1670~1717)을 정벌했다. 대만을 평정한 공으로 정해후에 봉해졌다.

다. 이 때문에 청나라 관리들도 화린악의 급사를 널리 전하는 동시에 그 것이 정씨 왕조의 쇠망을 상징한다고 여겼다. 그러나 이 이야기는 견강 부회한 측면이 많으며, 화린악의 죽음은 그 상세한 내막을 아무도 알 수 없다.

화린악이라는 환상의 짐승에 관한 전설은 200여 년 동안 대만 지역에 널리 유포되어 수많은 대만인이 분분히 논란을 벌이는 괴담이 되었다. 그 러나 일본 통치 시대에는 화린악 이야기가 점차 잊혀서 더이상 거론하는 이가 없어졌다. 팽호서서澎湖西嶼에서 발굴한 '판스팽호악潘氏澎湖鱷'* 화석은 지금까지 대만에서 출토된 최고最古의 척추동물 화석이다.

현재 팽호도 마공시馬公市에는 「황금색 산호 이야기金珊瑚的故事」가 전해오 고 있고, 이 이야기는 바다악어와 관련이 있는데 혹시 이 둘 사이에 무슨 연관성이 있는 것일까? 전설은 다음과 같다.

팽호도 근처에 작지만 아름다운 섬이 하나 있다. 어느 날 용왕의 공주 가 놀러 나왔다가 이 섬을 보고 매우 마음에 들어하며 이곳으로 이사 와 서 살았다. 그 뒤 태풍이 부는 어느 날 폭풍우를 피해 어떤 소년이 이 섬 에 왔는데 공주는 열렬히 그를 초대했고 마침내 두 사람은 서로 좋아하게 되었다. 오래지 않아 이 일을 용왕이 알고 매우 화를 냈다. 용왕은 자신이 사랑하는 딸이 보통 사람과 사귀는 것을 용납할 수 없었기 때문에 억지로 떼어놓으려 했다. 그러나 공주는 이 소년을 너무나 좋아했기에 헤어지려 하지 않았다. 용왕은 대로하여 공주를 황금색 산호로 변하게 하여 영원히

---

* 〔역주〕 판스팽호악潘氏澎湖鱷: 대만 고고학자 판밍궈潘明國가 2006년 3월 말 대만 팽호서 서澎湖西嶼에서 발굴한 악어 화석이다. 발굴자의 성姓과 발굴 지명을 함께 붙인 이름이다.

바다 밑에서 살게 했으며, 소년은 추악한 악어로 변하게 했다.

그러나 두 사람은 여전히 서로를 사랑하기에 악어는 항상 황금색 산호 주위를 맴돌 뿐 아니라 사람들이 산호를 채취하려 하면 나타나 그들을 위협하며 공주를 보호한다(장페이쥔姜佩君, 『팽호도의 민간 전설澎湖民間傳說』, 성환도서출판聖環圖書出版, 1998).

원전

『대만부지』, 청 고공건高拱乾

계해년 5월, 팽호도에 악어와 같은 동물이 나타났는데 길이는 4~5척이었고, 백사장을 기어서 올라와 꿱꿱 소리 내며 울었다.

주민들이 저전楮錢(紙錢)을 바다로 던져 넣자 이날 밤에 해안으로 올라와서 죽었다.

『대만외기臺灣外記』, 청 강일승江日昇

팽호도에 광풍 폭우가 몰아치며 파도가 솟구쳐 하늘에 닿았다.

다음 날 파도가 잦아들자 길이가 2장이 넘고, 네 발이 달렸고, 몸에는 황금색 비늘이 덮였고, 몸가에 눈이 부실 정도로 불꽃이 반짝이는 물고기 한 마리가 바다에서 땅 위로 올라왔다. 군사들과 주민들은 그것을 보고 기이하게 여겼다.

국헌國軒이 여러 진鎭의 주민 및 팽호안무사澎湖安撫司 진모陳謨 등을 이끌고 각각 명보지전冥寶紙錢을 불태우고 징과 북을 울리게 하여 그 물고기를 바다로 내려가게 했다.

그런데 사흘이 지난 뒤 밤중에 땅으로 올라와 그곳 백성 임영林英의 주방에서 죽었다.

길이가
2장이 넘고,
네 발이 달렸고,
몸에는 황금색
비늘이 덮였고,
몸가에 눈이
부실 정도로
반짝이는 불꽃이
있다.

금린
화악

金鱗火鱷

18. 한룡旱龍: 가뭄과 기황饑荒을 불러오다

종류 : 요괴, 지역 : 남부·해역

소개

한룡旱龍은 하늘가에 별빛이 어두워지고 누런 먼지가 날아오를 때 바다 밑에서 몸을 뒤집으며 바다 위로 솟아오른다. 한룡은 황금빛 찬란한 몸으로 창공을 날아다니며 대지를 휩쓸고, 인간 세상에 끝없는 가뭄과 기황을 불러온다.

한룡의 재난을 그치게 하려면 제단을 설치하고 기우제를 지내서 용신의 노여움을 달래줘야 한다.

청나라 강희 연간에 손원형孫元衡(1661~?)은 「도우편禱雨篇」이란 시를 지어 대남臺南 적감赤崁 땅이 한룡의 습격을 받은 광경을 묘사했다. 당시에 손원형은 한룡의 재난을 방지하기 위해 노력하면서 여러 상선에 명령을 내려 쌀을 싣고 와서 재난을 구제하게 하고 쌀값이 오르지 않게 했으며, 이로써 대남의 현지 백성은 기황에서 벗어날 수 있었다.

「도우편禱雨篇」, 청 손원형

하늘의 양도陽道에 누런 기운 피어나니   旻天*陽道**黃塵起

이때에 한룡旱龍이 바다에서 솟아오르네   時見旱龍升海起

천창 별 흐릿하고 천직天稷 별 캄캄한데   天倉***暳暳****天稷暗

태미원에 목성 들어가니 황하에 돼지가 없네   太微木入河無豕

---

* 〔원주〕 민천旻天: 하늘.

** 〔원주〕 양도陽道: 28수宿 중에서 방수房宿 남쪽 두 별 사이를 운행하는 노선.

*** 〔원주〕 천창天倉: 별 이름. 서방 칠수七宿 중에서 누수婁宿.

**** 〔원주〕 혜혜暳暳: 'hui hui' 별빛이 흐릿한 모양이다.

19. 목룡木龍: 배의 정령精靈

종류 : 요괴, 지역 : 해역

소개

목룡木龍은 비늘이 오렌지색으로 해선海船에 서식하는 수호 용신이자 배의 정령이다.

자고이래로 대만의 선원들은 배를 완공하는 날 목룡도 배의 용골龍骨 직목直木 가운데서 탄생한다고 믿어왔다. 용골은 배 밑바닥에서 가장 중요한 구조물일 뿐 아니라 배를 만드는 과정에서 맨 처음으로 만드는 부분이다.

용골 속에 깃들어 사는 목룡은 부끄러움이 많아서 평소에는 쉽게 모습을 드러내지 않는다. 만약 목룡이 모습을 드러내어 염소 울음과 같은 소리를 내면 사람들은 '목룡이 운다' 또는 '황천에서 운다'라고 한다.

목룡은 자신의 울음을 통해 배에 재난이 닥친다는 사실을 사람들에게 경고한다.

복건성福建省 천주泉州의 민간 신앙에 따르면 목룡은 흰 비늘을 가진 용이라고도 한다. 마조묘媽祖廟에 깃들어 사는 임순검林巡檢의 신령이 바로 목룡을 부리는 신명神明이라고 한다.

바다를 운행하는
배에는 반드시
목룡 한 마리가
숨어 있는데,
배가 완공되는
날 목룡도
탄생한다고
한다.

목룡

『**적감집**赤嵌集』「**구풍가**颶風歌」, 청 손원형

배의 밑바닥에 배치하는 직목을 목룡이라 칭하며, 그곳에 신령
이 깃들고 문득 소리도 낸다고 한다. 그것을 '목룡이 운다'고 하는
데 흉사凶事를 주관한다고 한다.

『**비해기유**』, 청 욱영하

바다를 운행하는 선박에는 반드시 뱀 한 마리가 있고, 그것을 목
룡이라 부르며 배가 완공되는 날 목룡도 탄생한다.

평소에는 목룡을 볼 수 없고 또 서식하는 곳도 알 수 없다. 만약
목룡을 목격하고도 출항하면 배가 반드시 전복된다.

20. 귀접鬼蝶: 바다에서 흉사를 알리는 경고

종류 : 요괴, 지역 : 해역

소개

선박이 드넓은 큰 바다를 운행할 때 만약 위험에 처하려 하면 배를 수호하는 용신이 울면서 사람들을 일깨울 뿐만 아니라 수많은 귀접鬼蝶(귀신나비)이 하늘에서 내려온다.

귀접의 두 날개는 사람의 손바닥만큼 크고 날개에는 수십 개의 눈이 있어서 날개를 퍼덕일 때마다 눈동자를 깜박인다.

대만 해역을 운행하는 뱃사공들이 귀접을 보면 공포에 질려 돛을 내리고 닻을 고정한 채 거대한 폭풍우가 불어올까 근심에 젖는다.

원전

『적감집』「구풍가」, 청 손원형

| 목룡이 음울하게 황천에서 울어대니 | 木龍冥鬱叫幽泉 |
| 돛대는 돛 못 이기고 키는 제 자리 이탈하네 | 桅不勝帆柁出位 |

나풀나풀 기이한 것이 흉사를 알리려 오는데　　閃閃異物來告凶

귀접 천 마리가 내려와서 뱃사람을 엿보네　　鬼蝶千群下窺伺

붉은 뱀은 풍랑을 거슬러 두 머리를 흔들고　　赤蛇逆浪掉兩頭

하얀 새는 사람을 스치며 두 날개를 퍼덕이네　　白鳥掠人鼓雙翅

21. 팽호열도의 남쪽 섬: 그곳의 교인鮫人이 다른 곳으로 옮겨가다

종류 : 요괴, 지역 : 섬·해역

소개

팽호열도의 36개 섬 중에서 남쪽 섬南嶼에는 상고시대 이전에 교인족鮫人族이 거주했으나, 나중에 폭풍우가 거세게 몰아쳐서 다른 곳으로 옮겨갔고 지금은 종적을 알 수 없다는 전설이 있다. 소문에 따르면 만약 그곳에서 교인들이 살던 곳을 찾을 수 있으면 그들이 남겨놓은 인어 눈동자를 손에 넣을 수 있다고 한다.

원전

「팽호삼십륙도가澎湖三十六島歌」, 청 범학수范學洙(1689~1777)

남쪽 섬에는 원래 교인이 살았는데   南嶼原有鮫人住
뒤에 세찬 풍랑으로 거처를 비로소 옮겼네   後以風濤居始遷

종류 : 요괴, 지역 : 해역

소개

상어가 사슴으로 변한다는 전설은 명나라와 청나라 시절 200년 동안 대만섬에 유행했다. 책호翟灝의 기록에 따르면 봄철과 가을철에 상어가 해안에서 뛰어오르며 세 차례 몸을 뒤집은 뒤 마침내 삼바사슴水鹿으로 변하여 물에 젖은 축축한 털을 혀로 핥았다고 한다.

원전

『동영지략東瀛識略』, 청 정소의丁紹儀(1815~1884)

전설에 대만 사슴은 상어가 변한 것이라고 한다. 그러나 연해에 모두 상어가 있고, 대만 지역의 산 앞쪽 바다에도 상어가 있지만 사슴으로 변하는 광경은 보지 못했다.

다만 뒷산에서는 상어가 밀물을 따라 해안 위로 올라와 사슴으로 변했는데, 털 색깔은 순황색이고 새끼를 낳으면서 비로소 매화 반점이 생겼다.

사록아
鯊鹿兒

대만에 상어가
있는데, 상어가
나타나면
바람이 분다.
상어는 바다
위로 도약하여
해안으로 올라가
몸을 뒤집으며
갑자기 사슴으로
변한다.

『대양필기臺陽筆記』「민해문견록閩海聞見錄」, 청 책호翟灝

대만에 상어가 있는데, 상어가 나타나면 바람이 분다. 매번 봄과 여름이 교차할 때 운무가 가득 덮이면 바다 위로 도약하여 해안으로 올라갔다가 오래 머문 뒤 다시 물속으로 들어간다. 이같이 세 번 반복하면 갑자기 사슴으로 변한다.

물에 젖어 축축해진 몸을 혀로 핥아서 말린다. 쓸쓸하게 산림을 바라보다가 사슴을 잡는 사람이 있으면 그곳을 떠난다.

이것은 대체로 하늘과 땅이 탄생시킨 것인데 이치로 따져봐도 이해할 수 없는 일이다.

종류 : 요괴, 지역 : 중부·해역

소개

후鱟(투구게)*는 '부처어夫妻魚' 또는 '해원앙海鴛鴦'이라고도 한다. 봄과 여름 번식 철이 되면 암수 투구게는 한시도 떨어지지 않고 몸집이 비교적 큰 암컷이 수컷을 업고 다닌다. 묘율현苗栗縣 서남쪽 통소通霄 해안에 두 산이 마주 보듯 서 있고, 그곳을 풍후산風鱟山이라고 하는데, 두 마리 후요鱟妖 (투구게 요괴)가 변하여 작은 산이 되었다고 한다. 전설에 따르면 바람이 불고 파도가 칠 때 후요가 해안의 백사장을 기어다니다가 쌍쌍이 발가벗은 남녀로 변한 뒤, 바다로 들어가 서로 끌어안고 성교를 하며, 그들의 풍월風月**이 끝이 없으므로 이름을 풍후風鱟라 한다고 한다.

---

* 〔원주〕후鱟: 중국어 발음은 hou다. 무척추동물로 절지동물 문門에 속한다. 외형이 투구와 같으며 고생대 데본기Devonian Period에 이미 존재했다.

** 〔역주〕풍월風月: 맑은 바람과 달빛을 즐기며 흥겹게 노는 일이다.

『**원리지**苑裏志』, 청 **채진풍**蔡振豐

풍후산風鱟山은 통소만通霄灣에 있다. 작은 산 두 곳이 마주 보며 바다 가까이에 서 있다.

전설에 어부들이 아침마다 백사장에 발자국을 남기는 투구게 두 마리를 보았고, 이 투구게 한 쌍이 음란한 짓을 좋아하여 바다로 들어가 교미를 하기 때문에 풍후라는 이름을 붙였다고 한다.

청나라 가경嘉慶(청 고종高宗의 연호, 1796~1820) 연간에 양계삼楊桂森이 돌 촛불을 세운 이후로는 투구게의 자취가 사라졌다.

24. 안평요괴安平妖怪: 날아다니는 거우巨牛

종류 : 요괴, 지역 : 남부

소개

강희 51년(1712, 임진년 7월), 대남의 안평安平에 모습이 거대한 소와 같은 기이한 짐승이 나타났다. 키가 5~6척 이상이었고, 돼지처럼 뚱뚱했고, 넓은 두 귀는 대나무를 엮어서 덮었고, 이빨은 날카로웠고, 두꺼운 피부는 물소와 같았고, 털은 수달과 같았고, 네 발은 거대한 거북의 발과 같았고, 긴 꼬리가 있었으며 심지어 물 위를 날아다녔다.

현지 사람들은 경악하며 밧줄과 몽둥이로 그 기이한 짐승을 공격하여 잡으려 했으나 아무 소득도 얻지 못했다.

마침내 기이한 짐승은 해안으로 날아가 뒷다리로 꼿꼿이 선 채 큰 소리로 세 번 울부짖은 뒤 쓰러져 죽었다. 현지에서 그 광경을 본 사람들은 모두 경악했지만 아무도 그 기이한 짐승의 내력을 알 수 없었다.

『중수 복건 대만부지重修福建臺灣府志』 권19 「총담叢談」

강희 임진년 7월, 안평에 소처럼 거대한 동물이 나타났다. 키가 5~6척에 달했고, 안면은 돼지와 같았고, 긴 수염이 있었고, 두 귀는 대나무를 엮어서 덮었고, 이빨은 날카로웠고, 피부는 물소와 같았고, 가는 털은 수달과 같았고, 네 발은 거북과 같았고, 꼬리가 있었으며 물 위를 날아다녔다.

현지 토인들이 잡으려고 다투었으나 밧줄과 몽둥이가 바로 끊어지고 부러졌다.

그 뒤 마침내 해안에 이르자 몸을 일으켜 직립한 채 세 번 울부짖었다. 그 소리를 들은 사람은 경악하지 않은 이가 없었다.

그 동물이 죽고 군郡의 사람 중에 그 모습을 그려서 보고한 사람이 있었지만, 그것이 무슨 동물인지는 몰랐다.

25. 여신 천비天妃가 배를 보호하다

종류 : 신령, 지역 : 해역

소개

서종간徐宗幹(1796~1866)은 청나라 도광 27년(1847)에 어명을 받들고 대만에 부임했다. 자고이래로 중국에 전해오는 말에 흑수구黑水溝는 매우 위험한 곳이라고 한다. 이에 서종간도 배를 타고 출발하기 전에 마음이 불안하여 제단을 마련하고 향을 피우며 바다의 신인 마조媽祖 천비天妃에게 제사를 올리고 만사가 평안하기를 기원했다.

하루가 지난 뒤 서종간은 배를 타고 대만으로 부임하다가 도중에 말로 표현할 수 없이 거대한 폭풍우를 만나 선박의 태반이 바닷속으로 침몰했다. 이때 배의 돛 아래에 갑자기 등불이 반짝였다.

배에 동승한 서종간의 친구 유기천劉沂泉은 문득 하늘까지 치솟은 풍랑 앞에 붉은 옷을 입은 동자 둘이 단정하게 앉아 있는 모습을 보았고 또 참새 두 마리가 나타나 한 마리는 돛대에 앉고 한 마리는 배 속으로 날아드는 광경을 보았다.

그때 서종간은 뱃멀미가 심하여 정신이 혼미한 가운데 어린 아들을 안고 쓰러져 있다가 멀리 바닷속에 동자 둘이 비스듬히 누워 있는 모습을 보았다. 그는 정신을 차리고 나서야 비로소 그것이 부처님의 환영이고,

권2 명청 시대(1662~1895) 173

또 천비天妃가 배에 탄 사람들의 목숨을 구하여 순조롭게 대만으로 도착하게 해주었다는 사실을 알게 되었다.

원전

『**사미신재 문편**斯未信齋文編』「**부해전기**浮海前記」, 청 서종간

4월 초하루, 바다에 제사를 지냈다. 그 제문은 다음과 같다. "유維 모년某年 4월 초하루 갑진일甲辰日에 아무개는 천후성모天后聖母, 풍신風神, 해신海神 앞에 감히 밝게 아뢰나이다. 삼가 황명을 받들고 동쪽 바다에서 직무를 수행하게 되었습니다. 성모께 호소하나니 자비를 베풀어 신령함을 드러내주십시오. 신령들께서 보호해주시어 편안하게 도해渡海의 길을 열어주십시오. 하늘은 맑고 태양은 화창하고 바람은 순조롭고 바닷물은 잔잔하게 해주십시오. 항구를 나갈 때나 들어올 때나 두려운 일이나 놀랄 일이 없게 해주십시오. 맹세컨대 마음과 힘을 다 바쳐 나라에 보답하고 백성을 편안히 다스리겠습니다. 하늘과 땅의 귀신이시여, 저의 단심을 살펴주십시오. 삼가 고하나이다." 제사를 마치고 객관으로 돌아왔다.

(…)

초이틀, 배를 탔다.

(…)

(폭풍우가 세차게 몰아쳤다) 부관副官이 탄 배가 뒤에서 나의 배가 태반이나 풍랑 속으로 비스듬히 침몰하여 배의 바닥이 물 위로 높이 솟은 광경을 보았는데, 그때 녹색 등불이 돛대를 오르내리며 깜박깜박 빛을 냈다고 한다.

유기천은 물거품 속에 아이 둘이 붉은 옷을 입고 앉아 있는 모습을 보았으며, 또 참새가 배 안으로 날아들어 한 마리는 돛대 위에 앉고, 한 마리는 안으로 들어와 사람들 위를 날아다니며 살펴보다가 떠나갔다고 한다.

나는 아이를 안고 비몽사몽간에 아이 둘이 함께 누워 있는 광경을 보았는데 모두 부처님의 환영이었다.

26. 해화상海和尙: 바닷속 요괴

종류 : 요괴, 지역 : 해역

소개

바다 괴물 해화상海和尙은 대만 연해의 조류潮流에 출몰하는 수원水猿이다. 상반신은 원숭이 모습과 같고 하반신은 새우의 꼬리와 같다. 혹은 문어와 같은 모습에 전신이 선홍색이고, 등에 살점으로 이루어진 지느러미 네 개가 있으며 썰물 때 더러 구석진 해변 모래사장에 머물기도 한다고 한다.

전설에 따르면 배를 운행할 때 멀리서 해화상의 모습이 보이면 재난이 발생한다고 한다. 아니면 태풍 속에서 폭우를 만나면 향불을 피우고 불길한 해화상을 내쫓아야 하는데, 그렇게 하지 않으면 배가 전복될 수도 있다고 한다. 이 밖에도 해화상을 만났을 때 그 기괴한 바다 괴물이 어부에게 잡아놓은 물고기를 달라고 하면 바로 줘야지 요청을 거절하면 즉시 액운을 당한다는 전설도 있다.

『카바란청지噶瑪蘭廳志』, 청 진숙균陳淑均

해화상은 몸이 붉은색이다. 머리와 몸은 사람의 모습과 비슷하고 네 지느러미에는 비늘이 없다. 무릇 배를 운행하다가 이것을 만나면 불길하다.

『팽호청지澎湖廳志』

해화상은 몸이 붉은색이다. 머리와 몸은 대략 사람의 모습과 비슷하고, 사람을 보면 바로 웃는다. 해화상이 나타나면 태풍이 닥쳐온다는 조짐이다. 배를 운행할 때 해화상을 만나면 불길하므로 반드시 향과 지전을 태우고 피해야 한다.

27. 흑수양黑水洋의 마거해魔巨蟹

종류 : 요괴, 지역 : 해역

소개

책호翟灝는 건륭 58년(1793)에 대만으로 와서 관리 생활을 하다가 가경 10년(1805) 대만을 떠났다.

그는 팽호열도에서 배를 타고 당산唐山으로 돌아갈 때, 멀리 해류 속에 떠 있는 거대한 게를 보았다. 크기가 큰 탁자와 같았고 양쪽 집게발은 날카로운 대형 가위와 같았으며 북쪽에서 해류를 타고 남쪽으로 헤엄치고 있었다.

승선한 사람들은 모두 대경실색하며 아무 말도 하지 못했고, 아무 소리도 내지 못했다.

거대한 게는 잠깐 바다 위에 떠 있다가 바로 해류 속으로 몸을 감췄으며, 그제야 뱃사공들이 안도의 한숨을 쉬었다. 왜냐하면 배가 만약 거대한 게와 충돌하면 배의 밑바닥이 거대한 게의 앞발에 의해 구멍이 뚫려 배도 침몰할 것이기 때문이다. 어부들의 설명에 따르면 이 거대한 게는 대만 해역에 숨어 있는 대형 요괴라고 한다.

이 때문에 대만 해로에서 이 기괴하고 거대한 게를 목격하면 불의의 재난을 방지하기 위해 힘을 다해 피해야 한다고 한다.

큰 파도 속에서
넓이가 큰
탁자와 같은
게 한 마리를
보았다.
양쪽
집게발은
대형 가위와
같았으며,
북쪽에서
남쪽을 향해
해류를 타고
흘러왔다.

흑수양의
마거해
魔巨蟹

『대양필기』「민해문견록」, 청 책호

나는 을축년에 사임하고 팽호도에서 큰 배를 타고 항해했다. 열사흘 동안 항해하여 미타산彌陀山 바깥 바다에 이르렀을 때, 큰 파도 속에서 넓이가 큰 탁자와 같은 게 한 마리를 보았다. 양쪽 집게발은 대형 가위와 같았으며, 북쪽에서 남쪽을 향해 해류를 타고 흘러왔다.

뱃사공들은 모두 대경실색하며 아무 소리도 내지 못하고 침묵했다.

나는 마침 배꼬리에 앉아 있었기에 그 광경을 분명하게 보았다.

그러다가 순식간에 모습이 보이지 않기에 뱃사공에게 물었더니 그들이 말하기를 "배가 만약 저 괴물과 부딪쳤다면 바로 집게발에 의해 두 개의 구멍이 뚫렸을 겁니다"라고 했다. 집게발의 날카롭기가 이와 같았다. 이 때문에 이 괴물을 만나면 바로 피해야지 감히 그쪽으로 가서는 안 된다.

종류 : 요괴, 지역 : 중부, 해역

소개

인면어人面魚(사람 얼굴을 한 물고기)의 몸은 큰 물고기이지만 사람 얼굴에 두 눈, 입, 코를 갖추고 있어서 모습이 매우 기괴하다.

만약 인면어가 물 위에 떠서 사람을 만나면 입을 열고 키득키득 웃으면서 심지어 지느러미로 합장하는 듯한 모습까지 보여준다. 어떤 사람은 이것이 바로 '해화상海和尙'이라고 한다.

대만 중부 지역 항구에 일찍이 어떤 늙은 어부가 바다로 나가서 고기를 잡을 때 뜻밖에도 인면어를 잡았다. 그는 두려움을 느끼고 액운을 막기 위해 지전을 태웠다. 그런데 놀랍게도 열흘도 되지 않아 그 어부의 낚싯배가 바다에서 전복되었으나 다행히 동료들에게 구조되었다. 이 때문에 늙은 어부는 인면어가 재앙을 초래한다고 철석같이 믿게 되었다.

인면어

사람 얼굴에
눈, 코, 입을
갖추고
있었으며
사람을 보고는
합장하고
웃었다.

『대만기사臺灣紀事』권1「대중 물산 기록紀臺中物產」, 청 오자광吳
子光(1817~1883)

어떤 늙은 어부가 나에게 말했다.

"접때, 바닷가에 그물을 쳐서 기괴한 동물을 잡았습니다. 얼굴
의 눈, 코, 입이 모두 사람과 같았는데, 사람을 보고는 합장하며 키
득키득 웃었습니다. 그 모습이 도금한 미륵보살과 같았습니다."

살펴보면 목화木華*가「해부海賦」에서 말한 "해동海童이 나타나 길
을 막는다"는 것이 바로 이런 일을 가리키는 듯하다.

당시에 그는 겁이 나서 금박지를 제물로 바치고 지전 등을 태우
며 괴물을 제압했다.

열흘도 되지 않아 낚싯배가 전복되어 물에서 거의 익사할 뻔했
는데 동료들의 배를 만나 구조되었다. 비린 침을 한 되 정도 토하
고 시간이 오래 지나서야 소생했다.

옛사람이 "깊은 연못 속의 물고기를 볼 줄 아는 이는 불길하다視
見淵魚不祥"고 하더니 과연 믿을 만하다.

---

* 〔역주〕목화木華(290?~?): 자가 현허玄虛로, 서진西晉 무제武帝와 혜제惠帝 때의 문인이
다. 주부主簿를 지냈고, 사부辭賦를 잘 지었다. 그의 사부 작품「해부海賦」가 전해온다.

『금문지金門志』, 청 임혼황林焜熿이 편찬하고, 그의 아들 임호林
豪(1831~1918)가 이어서 보충함

강희 원년(1662) 대등大嶝*의 바다에 인면어가 물 위로 떠올라
사람을 보고 웃다가 다시 물속으로 사라졌다.

·

---

* 〔원주〕대등大嶝: 원래 금문도金門島에 소속되어 있었지만 1949년 중국인민해방군에게
점령되었다. 장개석蔣介石이 군대를 철수한 뒤에는 중화인민공화국 영토가 되었다.

종류 : 요괴, 지역 : 북부

소개

1884년에서 1885년 사이에 베트남 문제로 인해 청나라와 프랑스는 마침내 전쟁을 시작했다. 프랑스 장군 쿠르베Anatole Amédée Prosper Courbet (1827~1885)는 청나라 장수 유명전劉銘傳(1836~1896)과 대만 해역에서 격렬한 전투를 벌였다.

프랑스 군대는 일찍이 기륭基隆을 한 차례 점령한 적이 있지만 여전히 어려운 전투를 치르고 있었다. 대만 아열대의 습도 높은 기후가 사병들과 맞지 않았기 때문에 많은 장졸이 이 섬에 몸을 묻었고 결국 프랑스 군대는 유명전에게 패배할 수밖에 없었다.

이 격렬한 전쟁 과정에서 이름이 장Jean이라는 프랑스 소년병이 자신이 참전한 첫 번째 전투 기록을 편지의 형식으로 기록했고 이 글을 고향의 어머니와 친구에게 보냈다.

그 뒤에 이 편지는 1890년 10월에서 1891년 5월까지 프랑스에서 간행되던 잡지 『지구화보La ferre Illustrbe』에 실렸다.

100여 년 뒤에 이 자료는 프랑스 학자 페레로Stephane Ferrero(1970~)에 의해 발굴되었고, 『장Jean이 만난 포르모사: 한 프랑스 소년병의 편지,

1884~1885當Jean週上福爾摩沙: 一名法國小兵的手札, 一八八四~一八八五年』라는 제목의 중국어로도 번역되었다. 이것은 사료적 가치가 매우 높은 진귀한 자료다. 빌Rolf-Peter Wille(1954~)의 저작 『포르모사의 허구와 진실Formosa in Fiction』에도 몇 단락이 번역되어 있다.

프랑스 소년병 장은 브르타뉴Bretagne의 브레스트Brest 항구에서 태어났다. 이 항구는 대서양을 마주한 주요 군항이다. 장은 입대한 뒤, 배를 타고 극동으로 가서 청프전쟁에 참전했다.

장은 이 글에서 자신이 직접 들은 대만 연해의 '장미삼낭어長尾三娘魚' 이야기를 언급하고 있다. 이 어류는 사람 얼굴에 찢어진 눈을 하고 담수하淡水河에서도 서식하면서 노래도 부를 수 있는 기묘한 물고기다. 이러한 '명어鳴魚(노래하는 물고기)'는 공시龔柴의 대만 방문 기록에도 등장한다. 대만 우롱차烏龍茶의 아버지라 불리는 도드John Dodd(1838~1907)도 일찍이 이러한 종류의 기이한 '음악어音樂魚'를 직접 목격한 적이 있다고 한다.

장은 대만에서 보고 들은 각종 기이한 일에 깊은 호기심을 보이며 매우 흥분했고, 어머니에게 보낸 편지에서도 이런 일을 언급하고 있다.

원전

『대만여지휘초臺灣輿地彙鈔』, 청 공시

담수하 안에 명어鳴魚가 산다. 음악을 연주하는 듯한 소리를 내는데 100보 밖에서도 들을 수 있다.

『지구화보 La ferre Illustrbe』(1960), 프랑스 소년병 장Jean

❋ 1884년 9월 24일

그곳에는 일종의 상어가 있습니다. 사람들은 그 어류에 매우 기이한 호칭인 장미삼낭사長尾三娘鯊라는 이름을 붙였어요. 대만 현지 발음은 'tchang-onci-san-niang-cha'입니다. (…) 이 상어는 여인의 얼굴을 하고 있을 뿐만 아니라 마귀의 찢어진 눈을 갖고 있습니다. 만약 이 어류를 잡으면 액운을 맞게 된답니다.

(…)

또 저는 눈과 귀로 직접 확인해야만 믿을 수 있는 한 가지 이야기를 들었어요. 그것은 바로 담수淡水라는 이름의 강에 노래를 부를 수 있는 물고기가 산다는 것입니다. 어머니 이런 일이 믿기세요?

『서양인의 침략을 피해 차를 우리다: 청프전쟁 대만 외기泡茶
走西仔反: 淸法戰爭臺灣外記』, 도드John Dodd

큰 바다는 확실히 신비하다. 한 번은 배를 타고 담수에서 기륭으로 가다가 중도에 닻을 내리고 점심을 먹었다. 점심을 먹고 난 뒤 선창에 누워 낮잠을 자려고 하는데 갑자기 선창 바닥에서 리드미컬한 소리가 들려와서 깜짝 놀라 벌떡 일어났다. 그 소리는 갑판을 사이에 두고 바닷속에서 들려왔다. 소리가 희미했으나 '둥, 둥, 둥' 울리는 북소리 같았고 매번 상당히 오래 지속되었다. 이것이 바로 전설에서 말하는 '음악어^{音樂魚}(Musical Fish)'가 아닐까?

　선장이 말하기를 자신은 기룽 항구 안에서는 이 소리를 늘 듣지만 다른 항구에서는 들은 적이 없다고 했다. '음악어'의 곡조는 아름답지만 박자에 변화가 부족한 점이 매우 아쉽다.

30. 용공龍碩: 동포요괴銅砲妖怪

종류 : 요괴, 지역 : 해역

 소개

용공龍碩이 바로 동포요괴다.

국성야가 광동廣東의 바깥 바다에 정박했을 때 바닷속으로부터 두 줄기 기이한 빛이 솟아나는 것을 보고 그것을 건져 올렸다. 그러자 하나의 빛은 비룡飛龍으로 변하여 하늘로 사라졌고, 다른 하나의 빛은 동銅 대포로 변했다.

국성야는 동銅 대포 즉 용공을 가지고 전투할 때마다 승리하지 못하는 일이 없었다.

원전

『비해기유』「위정일사僞鄭逸事」, 청 욱영하

용공龍碩은 동銅 대포다.

정성공鄭成功이 광동 바다에 정박했을 때 바닷속으로부터 빛이 솟아올라 며칠간 사라지지 않는 것을 보고 틀림없이 기이한 보물이 있다고 생각했다.

헤엄을 잘 치는 사람에게 바닷속으로 들어가 탐색하게 했더니 동 대포 두 대를 발견하여 건져 올렸다고 보고했다.

사람들에게 명령을 내려 굵은 밧줄로 끌어내게 하자 하나는 용으로 변하여 달아났고, 하나는 묶여서 끌려 나왔다.

나온 것을 보니 얼룩덜룩하고 번들번들한 모습이 고대의 이정彝鼎과 같았으며 또 햇볕에 반짝이는 빛깔이 뻘 속에 묻혀 있던 물건 같지 않았다. 홍의포紅衣砲에 비해 크지는 않았지만 탄약은 훨씬 많이 들어갔다. 먼저 작은 철환鐵丸을 한 말[斗] 가량 투입하고 바로 큰 탄환을 넣었다. 대포를 발사하니 큰 탄환이 먼저 나가고 철환이 그 뒤를 따랐는데, 명중한 곳은 모두 박살이 났다.

정성공은 출병할 때마다 반드시 이 대포를 갖고 다니면서 '용공龍碩'이라고 불렀다.

그런데 용공은 예지 능력이 있어서 가서 이길 싸움이면 몇 사람이 견인해도 무거운 줄 몰랐지만, 그렇지 않을 때는 100명이 끌어도 움직이지 않았다. 이런 조짐으로 전쟁의 승리를 점쳐보면 맞지 않는 경우가 없었다.

강희 18년(1679)에 정성공의 대장 유국헌劉國軒(1629~1693)이 천군泉郡을 공격할 때 용공이 움직이지 않았다. 강제로 끌고 가서 발포했으나 화약이 타지 않았다. 유국헌이 분노하여 용공에 곤장 80대를 치고 발사하자 포탄이 어지럽게 부서져서 다친 사람이 매우 많았다.

31. 구사鉤蛇: 사슴을 삼킬 수 있는 거대한 뱀

종류 : 요괴, 지역 : 산야

소개

아득한 상고시대에 황량했던 대만에는 귀매, 정령, 요괴들이 횡행했다. 흑수양 아래에서 마미사魔尾蛇가 사람들을 노렸을 뿐만 아니라 깊은 산 우거진 숲에도 공포스러운 대형 뱀이 서식하고 있었다.

대만 북부와 중부 산림에 살았던 대형 괴사怪蛇는 '구사鉤蛇' 혹은 '수사修蛇'로도 불렸다.

몸 길이가 100리에 달하는 괴사는 다 자란 수록水鹿을 꼬리로 단단히 휘감고 수록의 힘이 빠져 기진맥진할 때 다시 아가리를 벌려 한입에 집어삼켰다.

전설에 따르면 정경鄭經이 일찍이 군대를 이끌고 산으로 들어갔다가 구사가 사슴을 삼키는 광경을 직접 목격했다고 한다. 사슴은 이미 뱀의 아가리로 삼켜졌고, 겨우 꼬리만 입 밖에서 격렬하게 요동치고 있었는데 구

사는 다시 머리를 쳐들고 자세를 조정한 뒤 꼬리마저 배속으로 삼켰다고
한다.

당시 정경의 군사가 3000명이나 있었는데도 구릉처럼 똬리를 틀고 있
는 구사에 겁을 먹고 감히 앞으로 나아가지 못했다.

전해오는 말에 구사는 한밤중을 알리는 종소리를 좋아하여 멀리서 종
소리나 북소리가 급하게 울리면 구사도 울부짖으며 운다고 한다.

원전

「장사편長蛇篇」, 명 노약등盧若騰(1600~1664)

소문에 해동의 뱀 길이 100심尋이라는데	聞道海東之蛇百尋長
누가 뱀에게 다가가 길이를 쟀는가	阿誰曾向蛇身量
뱀이 몸을 숨기면 모습을 볼 수 없고	蛇身伏藏不可見
나타날 땐 꿈틀대는 곳에 비린내 풍기네	來時但覺勃窣腥風颺
사람이나 말로도 아가리를 채울 수 없는데	人馬不能盈其吻
소나 수레라 해서 어찌 목구멍을 메울 수 있으랴	牛車安足礙其肮
갑옷이나 창과 칼 등 여러 쇠붙이도	鎧甲劍矛諸銅鐵
토끼나 노루를 섭듯 아작아작 부수네	嚼之糜碎似兔獐
멀리서 전해 들을 때는 허황하다 의심했지만	遙傳此語疑虛誕
바로 앞에서 증거를 찾게 되니 늘 있는 일이었네	取證前事亦尋常
못 봤는가? 파사 묻은 뼈가 구릉이고	君不見巴蛇瘞骨成邱岡
악양 땅에 예羿의 자취가 사라지지 않았음을*	岳陽羿跡未銷亡

당시 동정호에 이미 이런 괴물이 있었는데 　當時洞庭已有此異物

하물며 만고 세월 폐쇄된 오랑캐 땅임에랴 　況於萬古閉塞之夷荒

오랑캐 땅은 오래도록 큰 뱀의 굴이 되었는데 　夷荒久作長蛇窟

신령한 예羿의 솜씨 아니면 누가 잡으리 　技非神羿孰能傷

하늘과 땅이 이런 괴물을 근절하지 않으니 　天地不絕此種類

사람들이 와서 다투며 불길한 일을 범하네 　人來爭之犯不祥

왕왕 산 채로 큰 뱀의 배 속에 묻히는데 　往往活葬長蛇腹

어찌하여 재빨리 고향으로 안 돌아가나 　何不翩然還故鄉

「거사탄록가」巨蛇吞鹿歌, 청 손원형孫元衡(1661~?)

3000마리 온갖 사슴이 한 섬에 살며 　一島三千麋鹿場

무리 지어 소와 양처럼 계곡에서 나오네 　牲牲出谷如牛羊

대만의 산엔 흰 이마 범 살지 않아 　臺山不生白額虎

동물들 그 이빨과 발톱에 상처 입을 염려 없네 　族類無憂牙爪傷

들에 사는 큰 뱀은 말＊보다 더 굵은데 　野有修蛇大於斗

＊ 〔역주〕파사 묻은 (…) 않았음을 2구: 악양岳陽은 중국 동정호洞庭湖 가의 지명으로 유명한 악양루岳陽樓가 있다. 파사巴蛇는 코끼리를 잡아먹는 거대한 뱀이다. 파사가 코끼리를 잡아먹고 3년 만에 뼈를 토해냈다고 한다. 『산해경山海經』 「해내경海內經」과 「해내남경海內南經」에 나온다. 또 『회남자淮南子』 「본경훈本經訓」에 따르면 중국 고대 요堯 임금 때 하늘에는 열 개의 태양이 떠서 초목을 불태우고, 땅에는 파사巴蛇 등 여섯 가지 괴물이 나타나 백성을 해치자 요 임금이 신령한 궁수弓手 예羿를 보내 아홉 개의 태양을 쏘아 떨어뜨리고 여섯 괴물을 없앴는데, 당시 예羿는 동정호에서 파사를 죽였다고 한다.

초목 속을 스르르 비린내 풍기며 다니네	颼颼草木腥風走
기세등등 화염을 황혼 속에 뿜어대며	氣騰火焰噴黃雲
팔 척의 반룡斑龍*도 큰 입으로 집어삼키네	八尺斑龍入巨口
아홉 갈래 용의 뿔이 목구멍에 걸리자	九岐璃角橫其喉
하늘을 우러러 삼키면서 침을 줄줄 흘리네	昂霄下咽膏涎流
흉악한 짐승도 놀라 대적하지 않으면서	獷蕃駭獸不相賊
숲속으로 숨으며 다투어 구사鉤蛇를 피하네	奔竄林莽爭逃鉤
파사가 코끼리 삼킬 때 번거롭게 씹지 않고	我聞巴蛇吞象不煩咬
3년 만에 뼈만 남긴다니 얼마나 음험 교활한가	三歲化骨何陰狡
저 사슴들은 매우 작은 짐승이니	爾鹿爾鹿甚微細
저 뱀이 잡아먹어도 배부르지 않으리라	此蛇得之應未飽

『대만통지臺灣通志』「물산物産」

북로北路에 사슴을 삼킬 수 있는 거대한 뱀이 있는데 이름은 '구사鉤蛇'라 하며, 꼬리로 동물을 잡을 수 있다.

---

* 〔역주〕반룡斑龍: 중국 전설에 나오는 용으로 신선들의 수레를 끈다고 한다. 또는 사슴의 별명이라고도 한다.

『비해기유』권중卷中, 청 욱영하

비록 앞산*이 가까이 눈앞에 있었으나 빽빽한 산림이 가로막아 앞이 전혀 보이지 않았다.

그곳에는 야생 원숭이만 위아래로 뛰어다니며 사람을 향해 소리를 냈는데, 그 소리가 마치 노인들이 기침하는 소리와 같았다. 또 5척 동자만 한 늙은 원숭이는 다리를 벌리고 앉아서 노려보고 있었다.

바람이 나뭇가지를 스치며 쐐쐐 소리를 내자 피부와 뼛속까지 한기가 느껴졌다.

폭포수가 콸콸 흘러내리는 가운데 길을 찾을 수 없었으며, 긴 뱀[修蛇]이 발아래에 출몰하는지라 공포에 질려 마침내 되돌아왔다.

『비해기유』「번경보유番境補遺」

금포리金包里는 담수淡水의 작은 마을로 유황이 난다. 사람들의 성품은 교묘한 꾀가 많다.

대만에는 개간하지 않은 황무지가 많아서 풀이 5~6척 높이로

---

* 〔원주〕 앞산: 지금 대만 중부에 있는 '대두산大肚山'을 가리킨다. 욱영하는 일찍이 이곳을 지나다가 대두산에 흥미를 느끼고 산으로 올라가 산 뒤(지금의 대중臺中 분지)의 경치가 어떤지 보고 싶어했다. 현지의 평포족平埔族이 그에게 산으로 들어가지 말라고 권했으나 그는 그대로 산허리로 올라갔다가 결국 겁이 나서 중도에 되돌아왔다.

자라는데 천리처럼 아득히 바라보인다. 풀 속에는 거대한 뱀이 많이 숨어 있으나 사람들은 볼 수 없다.

정경鄭經(1642~1681)이 군사를 이끌고 두미룡안斗尾龍岸 고을을 휩쓸 때, 삼군이 바야흐로 질주하다가 문득 풀숲에서 거대한 뱀을 보았다. 그 뱀은 사슴을 산 채로 잡아먹다가 뿔이 입에 걸려 삼키지 못하고 머리를 크게 흔들며 여러 번 뱉다가 삼키다가 했다. 창을 맨 군사 3000명이 그 곁을 지났으나 아무도 접근할 수 없었고, 뱀도 사람을 무서워하지 않았다.

나는 수레를 타고 무성한 풀숲을 20여 일 동안 행진하면서 항상 뱀을 경계했지만, 다행히 마주치지 않았다.

이윽고 담수에 도착하여 탑상에 누운 뒤에도 밤새도록 찍찍 하는 소리가 매우 사납게 들렸다. 사정을 아는 사람들은 그것이 뱀의 울음소리라고 했다. 요리사 엄채嚴采는 밤에 집 밖으로 나갔다가 굵기가 동이만 한 큰 뱀을 만났다. 그러자 그곳 장사치 장대張大가 말하기를 "풀숲에 매우 많으므로 이상하게 생각할 것 없습니다"라고 했다.

32. 장요讓妖: 울면 화재가 발생한다

종류 : 요괴, 지역 : 남부·산야

소개

반병산半屛山은 지금의 고웅, 좌영左螢, 남재楠梓의 경계에 있다. 동북에서 서남쪽을 향해 뻗은 작은 산이 병풍처럼 둘러 있기 때문에 이런 이름이 붙었다. 이 밖에도 이 산을 반변산半邊山, 반붕산半崩山, 병산屛山이라고도 부른다.

반병산에 전해오는 민간 전설은 매우 많으나 대체로 다음 몇 가지로 귀납할 수 있다. 즉 "두 산이 높이를 다툰 전설兩山比高下傳說" "미식으로 사람의 심장을 맛본 전설美食試人心傳說" "선동에서 백미가 나온 전설仙洞出白米傳說" "두 신선이 한 여인을 놓고 다툰 전설二仙爭一女傳說"이 그것이다. 상세한 내용은 펑옌룬彭衍綸의 논문 「고웅 반병산에 형성된 전설 근원 탐색高雄半屛山形成傳說探源」(『대만문학연구기간臺灣文學研究期刊』, 2009년 2월)을 참고하면 된다.

이 밖에도 요괴에 관한 이야기도 많이 전해온다. 자고이래로 반병산 꼭대기에는 발굽이 넷 달린 기이한 짐승이 거주하는데 외형은 종록棕鹿(필리핀사슴)을 닮았으며, 입에 희고 날카롭고 긴 어금니가 한 쌍 돋아 있다. 항상 갈대 숲 깊은 곳에 숨어 낮을 가린다. 판타지 같은 이 짐승의 이름은

'장鷟'이다.

'장鷟'이 울면 그 소리가 마치 어린아이 울음소리 같아서 매우 애처롭다. 그 소리는 격렬한 화재를 불러오고 붉은 화염이 100리까지 미친다.

일찍이 어떤 사냥꾼이 '장鷟'을 잡으려고 매번 산으로 올라갔지만, 아무 소득도 얻지 못했고 결국 '장鷟'도 종적을 감췄다.

대만의 생태계를 고찰해보면 400년 전에는 '장鷟'이 서부 평원 등 지역에 분포했지만, 지금은 이미 멸종되었다. 고웅 현지의 민간 전설과 비교해서 옛 서적에서는 기이한 능력을 가진 '장鷟'이 '산강山羌'으로 바뀌어 기록되어 있는 듯하다. 산강도 울면 불가사의한 일이 발생한다고 한다. 이러한 공통성 때문에 아마도 수컷 산강과 '장鷟'에는 모두 발달한 윗어금니 한 쌍이 있는 것으로 보인다. 이는 다른 사슴과 동물에는 없는 특징이다. 대만산강臺灣山羌(*Muntiacus reevesi micrurus*)은 1만 년 전 빙하기 이후에 중국 남방 황궤黃麂(中國麂, 문착*Muntiacus*)의 조상과 갈라져서 독립된 형태로 진화했다.

이 때문에 반병산 부근 주민들은 '장鷟'을 '노산강老山羌'이라고도 부른다. 전설에 산강은 연지담蓮池潭을 지나 귀산龜山으로 옮겨 다닌다고 한다. 현지에 널리 퍼져 있는 민담에 따르면 반병산의 노산강이 길게 울면 화재가 발생하고, 수산壽山의 산강이 길게 울면 사흘 뒤에 폭풍우가 몰아친다고 한다.

제2차 세계대전 직후에 이 짐승들은 점차 민간에서 '화신火神'의 상징으로 간주되었고, 반병산 주민들은 일찍이 산비탈(거광삼촌莒光三村 일대)에 1장 높이의 멸화신滅火神 '해산왕解山王'을 세워 화재를 막으려고 했으나 지금은 이미 철거했다.

『대양견문록』「반병산半屏山」, 청 당찬곤

반병산은 봉산현鳳山縣 동북쪽 7리에 있으며, 그 모습이 그림 병
풍과 같다. 그 산맥이 연화담산蓮花潭山에 이르러 갑자기 끊어지며
수십 길[仞]의 절벽을 이루는데 그것이 병풍의 절반을 닮았으므로
반병산이라는 이름을 붙인 것이다.

그곳 민간 전설에 따르면 옛날에 '장獐'이 산꼭대기에서 울면 그
인근에 화재가 발생했다고 한다.

사냥꾼이 잡으려 하다가 잡지 못하여 어디로 갔는지 알 수 없게
되었다고 한다.

33. 선구仙狗가 바위를 밟다

종류 : 요괴, 지역 : 북부, 산야

소개

선구仙狗가 바로 '천구天狗'다. 『산해경山海經』을 보면 모습이 여우와 비슷하고 머리는 흰색인 괴수怪獸이며, 흉한 일을 초래할 수 있다고 한다. 전설에 따르면 일식日蝕의 원인이 바로 천구가 해를 삼키기 때문이라고 한다. 일단 천구가 해를 삼키는 일이 발생하면 사람들은 징과 북을 치고 폭죽을 터뜨리며 천구를 위협하여 도망치게 한다. 캠벨William Campbell(1793~1864)*은 『포르모사 소묘素描福爾摩沙』에 그가 가의嘉義에서 보고 들은 일을 다음과 같이 기록해놓았다.

"그들(한족)은 정말 일식과 월식을 매우 두려워하며 그것을 재난이 박두할 조짐으로 여긴다. 그들의 관념 속 일식과 월식은 거룡巨龍이나 천구가 대규모 파괴를 자행하려는 조짐이기 때문에 반드시 갖가지 방법으로 그 괴물을 위협하여 내쫓으려 한다. 그렇게 해야 해와 달이 그 괴물에게 잡아먹히지 않게 된다고 한다. 이전에는 황제들도 전국의 지방 관리들에게 명령을 내려 일식과 월식이 나타날 때 천구를 쫓는 어떤 풍속을 확실

---

* 〔원주〕캠벨William Campbell : 한자 성명은 감위림甘爲霖이다. 이 책 뒤의 부록 참조.

하게 시행하는지를 감독하게 했다. 내가 가의에 있을 때 마침 이러한 현상이 발생했기 때문에 현지의 특별한 의식을 직접 목격할 기회가 있었다. 그때 저녁에 월식이 발생하자 지현知縣과 그의 속관들이 광장의 단상으로 왔고, 그 아래를 많은 민중이 둘러쌌다. 지현은 단상 탁자에 서서 향불을 몇 심지 피운 뒤 바로 달을 향해 길게 예를 올리며 제사를 지냈다. 달이 어두워지기 시작하자 지현의 동작은 격렬하게 변했고, 단상 아래의 모든 사람도 힘을 다해 징과 북을 치고 폭죽을 터뜨렸다. 사람들은 모두 미친 듯이 그곳에서 끊임없이 크게 소리치며 울부짖었다. 물론 천구나 거룡이 이러한 소음과 울부짖음에 영향을 받을 리는 없을 터. 오랜 시간이 지나 가의의 달이 다시 얼굴을 드러내자, 사람들은 마음을 놓으며 서로 축하했다. 그러나 다음에도 일식과 월식은 다시 발생했다."

일본 통치 시대에 간행된 『민속 대만民俗臺灣』이라는 책에도 다테이시 데쓰오미立石鐵臣(1905~1980)의 판화가 실려 있는데, 그것은 1941년 9월 21일 발생한 일식 때 대만 민중들이 땅에 꿇어앉아 절을 올리며 깡통을 두드리는 광경이다.

이런 전설도 있다. 신죽현新竹縣 동쪽 어떤 곳에 선구석仙狗石이 바위산 정상에 있다. 정확한 위치는 지금의 신죽현 관서진關西鎮 석광리石光里다. 거대한 선구석은 높이가 대략 3미터 이상이고, 둘레도 30미터 이상이며, 바위 위에 선구仙狗(天狗)의 거대한 발자국이 남아 있다. 아울러 이 거대한 바위에도 맑은 날과 흐린 날을 예측하는 신기한 능력이 있다.

대만 사람들이 신령한 천구의 존재를 믿는 것은 한족의 습속에서 유래된 사실 외에 아마도 원주민과 개가 함께 살아온 역사에서 연원했을 가능성이 있다. 기록에 따르면 17세기 시라야족은 개를 이용하여 사냥을 했다고 한다. 코예트의 저작『잘못 버린 대만』에도 시라야족이 가장 좋아하는 의복이 개털로 만든 것이라는 설명이 있다. 유럽인들이 양털을 얻기 위해 양을 기른 것처럼 대만인들도 개털을 얻기 위해 개를 길렀다. 그들은 매년 개털을 잘라 그것을 짜서 의복을 만들었다. 그들은 또 개털로 허리띠를 짜서 의복의 장식으로 삼았다. 또 대만 각 원주민 마을에는 개와 관련된 신화와 전설이 다양하게 전해오고 있다.

원전

『**신죽현 채방책**新竹縣采訪冊』, **청 진조룡**陳朝龍

구적석狗跡石은 현 동쪽 30리 석강자산石岡子山 중턱에 있다.

바위의 높이는 3장이 넘고 둘레는 10장이 넘으며 선구의 발자국을 분명하게 판별할 수 있다. 매번 비가 오려 하면 바위틈에서 짙은 안개가 피어나고, 비가 오래 온 뒤 날이 맑으려 하면 바위틈에서 검은 연기가 피어난다.

34. 고목에 사악한 귀신이 있다

종류 : 요괴, 지역 : 산야·중부

소개

귀불산龜佛山은 지금의 가의현 녹초향鹿草鄉에 있다. 산발치에 1000년 묵은 고목이 있고 신선의 정령이 나무에 깃들어 있는데, 이 고목의 신은 비록 신령이지만 악령에 속하기에 인근 주민들에게 재앙을 야기한다고 한다. 즉 고목 주위에 사는 주민 중에는 기괴한 질병에 걸리거나 요절하는 아이가 많기 때문에 사람들은 고목의 악령에서 벗어나기 위해 모두 3리 밖으로 이사했다고 한다. 고목에 악령이 깃들어 있다는 전설 외에도 신령한 나무가 올바른 신앙의 대상이 된 사례도 있다.

예를 들면 봉산鳳山에도 고목 한 그루가 있는데 거기에 용장군榕將軍이라고 일컬어지는 신령이 깃들어 있다고 한다.

원전

『대만부지』, 청 고공건

서북쪽의 소귀불산小龜佛山은 복정산覆鼎山 서남쪽에 있다. 그 형체가 거북과 같아서 이런 이름이 붙었다. 산 아래에 높이가 몇 장이 넘는 고목이 있고, 민간 전설에 신령이 그 나무에 깃들어 있다고 한다.

이 고목 근처에 사는 사람들에게 질병이 많이 발생하고 요절하는 아이가 많아 그곳 농가가 모두 3리 밖으로 이사해서 살고 있다.

35. 학귀瘧鬼 : 악질惡疾에 걸리게 하다

종류 : 귀매, 지역 : 산야

소개

대만섬은 황량한 야생 숲이어서 줄곧 학귀瘧鬼(학질 귀신)들이 서식하는 곳이었다. 예상치 못하게 학귀가 몸에 들러붙으면 학질에 걸려 그 고통을 감당하기 어렵고 심하면 사망하기도 했다.

대만의 민간 전설에서 학귀는 낮에 숨어 있다가 밤에 활동하며 소택지나 하천가에 떼지어 모이기를 좋아하고, 그 모습이 어린아이와 같아서 아이들과 병약한 사람을 전문적으로 위협하는 소아 귀신에 속한다고 한다.

학귀는 세상을 떠돌다가 깊은 산과 소택지 사이에서 몸을 드러내는 경우 이외에도 때때로 시골 마을의 어두운 골목으로도 들어가서 사람을 감염시키고 심한 고통에 시달리게 한다.

학귀에 시달리는 광경에 대해서는 일찍이 청나라 문인 당찬곤唐贊袞이 시문詩文으로 기록한 적이 있다. 당시에 그는 대남에서 순무巡撫 직을 수행하다가 뜻밖에도 학질에 걸렸다. 비록 완치되었지만 학귀의 음산한 기운을 완전히 몸에서 제거하지 못했다.

당찬곤은 직무를 내려놓고 하문廈門으로 갈 때 다시 학귀의 반격을 받았다. 그는 병마와 재차 두 달 동안 싸웠다. 갑자기 춥다가 갑자기 더워지는 심신의 고통을 감당하기 어려웠다. 식초에 절인 것처럼 온몸의 뼈마디가 끝도 없이 욱신거렸다.

이 때문에 당찬곤은 시문詩文의 힘으로 병마를 제거하려 하면서 대만섬에서 학귀의 자취가 사라져 사람들이 더이상 학귀에 시달리지 않도록 간절히 기원했다.

원전

『대양집臺陽集』, 청 당찬곤

시서詩序

나는 대남에서 학질에 걸렸으나 이미 완치되었다. 그런데 직무를 내려놓고 하문을 지날 때 갑자기 학질이 심하게 재발하여 두 달 동안 심신을 괴롭혔고 그 고통이 매우 심했다. 학질 귀신이 발작할 때 시를 지어 물리치려 한 것은 창려昌黎(韓愈)가 악어를 추방하려는* 마음과 같았다.

―――――――

* [역주] 악어를 추방하려는: 당나라 한유韓愈가 호주자사潮州刺史로 부임하여 백성이 가장 고통스러워하는 것이 무엇인지 묻자 모두들 악계惡溪의 악어가 백성을 괴롭히는 일이라고 했다. 이에 한유는 양 한 마리와 돼지 한 마리를 제물로 삼아 물가에서 악어를 없애달라고 축원했다. 그날 저녁에 시내 위에 폭풍우가 몰아쳤고 며칠 사이에 시냇물이 서쪽으로 60리나 물러갔다. 이후로 호주에서는 악어로 인한 우환이 사라졌다.(『신당서新唐書』「한유전韓愈傳」)

시문 詩文

학질에 걸려 또 문득 두 달이 넘어가니	病痁又忽兩月餘
그 고통이 유독 다른 병과 다르네	困人獨與他病殊
한기와 열기로 쓰러지는 일이 밤낮으로 나뉘고	顚倒寒熱分晝夜
학질 귀신은 틈을 보아 이 몸을 희롱하네	有鬼伺隙相挪揄
문득 한랭하기가 감옥 속 죄수와 같다가도	忽如寒冰獄中之囚犯
문득 뜨겁기가 독 안에 갇힌 죄수와 같네	忽如熾炭甕底之罪孥
360개의 뼈마디가	三百六十骨節
마디마디마다 식초에 절여진 것 같네	節節醋浸酥
4만8000개의 모공이	四萬八千毛孔
구멍구멍마다 땀방울을 뿜어내네	孔孔汗滴珠
한 귀신이 떠나가자 한 귀신이 다시 오니	一鬼甫去一鬼來
갈옹葛翁*의 선부仙符가 없음이 한스럽네	恨無葛翁之仙符
장부도 학질에 걸리면 겁을 먹는데	壯夫當之猶膽怯
하물며 나 같은 겁쟁이 몸뚱아리야	況我脆弱之頑軀
무릇 여러 고통을 직접 겪고 나서	凡諸苦境我身歷
어느 날 고통 멈추니 신령이 도우신 듯	一日頓止疑神扶
처음에는 좋은 처방과 선약이 없어서	初無奇方及仙餌
최선으로 제호醍醐** 마시기를 염원했네	片念絶勝澆醍醐

---

* 〔원주〕갈옹葛翁: 갈홍葛洪이다. 의술이 뛰어난 동진東晉 시대의 의사이자 도교의 도사이기도 했다. 양생술과 신선술에 뛰어났다. 〔역주〕선부仙符: 신선술에 쓰이는 부적이다.

** 〔역주〕제호醍醐: 우락牛酪(소의 젖) 위에 엉기는 기름 모양의 맛 좋은 액체.

인생은 학질과 같아서	人生正如瘧
날마다 추위와 더위를 함께 하네	日與寒熱俱
한평생도 오히려 참을 수 있는데	百年尙可耐
어찌 꼭 이 순간에 아옹다옹하랴	何必爭須臾
더우면 내가 살펴서 여름 부채를 만들고	熱吾視之爲夏扇
추우면 내가 살펴서 겨울 화로를 만들리라	寒吾視之爲冬鑪
통달한 사람은 고금을 아침저녁으로 삼나니	達人古今等旦暮
하루를 한 해로 여긴들 무슨 상관있으랴	以日抵歲何傷乎
학귀가 대오각성하여 기세 꺾여 돌아갈 테니	瘧鬼大悟廢然返
교활함이 이에 그치면 몰아낼 필요도 없겠네	伎倆止此毋庸驅
다시 기운을 회복하여 가부좌 틀고 앉으니	我復神旺跏趺坐
학귀는 노도鷺島 동변*에서 종적 감췄네	鬼已銷聲匿跡鷺島之東隅

---

* 〔원주〕 노도鷺島 동변東隅: '노도鷺島'는 복건성 하문廈門이다. '노도 동변'은 대만을 가
리킨다.

36. 역귀疫鬼: 재앙을 내리는 귀신

종류 : 요괴, 지역 : 산야·중부

소개

역귀는 역병을 불러오는 요괴다. 외형은 전신이 검은색이고 어린아이 모습을 하고 있지만 얼굴은 주름이 가득하여 추악한 야수와 같다. 역귀는 항상 물이 있는 곳에 은신해서 사는데 도깨비 종류나 아이 귀신 부류에 속한다. 상고시대 전설에 역귀와 학귀는 모두 오제五帝의 하나인 전욱顓頊의 아들들이 사후에 변신한 요괴라고 한다.

이 밖에도 대만 전설에는 역귀가 악성 역병 때 사망한 사람들의 망령이며 이것이 명충螟蟲이나 황충蝗蟲으로 변할 수 있다는 이야기도 있다. 일본 통치 시대에 가타오카 이와오가 편찬한 『대만풍속지臺灣風俗誌』에는 다음 내용이 있다. "일시에 악성 역병이 유행하여 많은 사람이 죽으면 그들의 망령은 흩어지지 않고 명충이나 황충으로 변하여 농작물을 상하게 한다고 믿는다."

역귀는 성격이 음험하고 교활하여 항상 화려하고 교묘한 말로 사람들을 유혹한다. 그런데 만약 조금이라도 순종하지 않으면 포악하게 화를 낸다. 천성이 마음대로 발호하면서, 심성이 곧지 못하고 평소에 품행을 닦지 않는 자에게 재앙을 끼치기 좋아한다. 역귀는 담벼락을 따라서 이동하기를 즐기기 때문에 가능한 한 역병에 걸린 집의 담벼락 가까이 가는 것을 피해야 한다는 전설도 있다. 또 전언에 역귀는 붉은색 콩을 무서워하기에 붉은 팥죽을 끓이거나 붉은색 주렴을 출입문 위에 걸어두면 역귀를 멀리까지 쫓아낼 수 있다고 한다.

상고시대 대만 사람들은 역귀가 야기하는 재앙을 피하기 위해 도사를 초청하여 재앙을 멈추고 복을 기원하는 기도를 올렸는데 이를 '초醮'라고 불렀고 이를 빌려 악성 역병을 내쫓으려 했다. 대만에서 자주 볼 수 있는 역병 퇴치 제사로는 평안초平安醮(祈安清醮), 온초瘟醮(王醮) 및 경성초慶成醮(福醮) 등이 있다. 이러한 제사는 모두 재난을 막고 평안을 기원하며, 역병을 축출하고 고통을 해소하기 위한 것이다.

만약 시골에서 전쟁이 발생하면 전쟁으로 인한 화재가 해마다 이어진다. 전쟁이 멈추면 사람들은 좋아하지만 역병이 뒤이어 세상을 덮치게 되면 역귀와 도깨비 등 온갖 귀신들도 나타나 사람들을 잡아먹는다. 이런 시절을 만나면 대만 백성은 '축려제逐厲祭' '축역제逐疫祭'를 지낸다. 그들은 탑을 쌓고 초제醮祭를 올리며 온갖 귀신들을 퇴치하려고 한다. 임호林豪(1831~1918)의 「축역행逐疫行」이란 시에는 권모술수에 능한 역귀가 축역제 도중에 제사의 위력에서 벗어나기 위해 참언으로 관리를 유혹하여 마음대로 조종하려는 광경이 묘사되어 있다. 결국 역귀는 담당 관리의 기개를 뒤흔들어 사악한 마음을 먹게 하고 심지어 역귀와 함께 악행을 저지르게 하여 잔혹한 수단으로 재난에 처한 백성을 착취하고 그들의 고혈을 쥐어 짜게 한다.

「축역행, 동치同治(청 목종穆宗의 연호, 1862~1874) 병인년 담수에서 짓다逐疫行, 同治丙寅在淡水作」*, 청 임호

뜨거운 바람이 화롯불처럼 땅을 휩쓸고	炎風煽地如爐烘
요사한 구름이 하늘에 열 길로 붉게 타네	妖雲十丈垂天紅
축융**이 숯불 피우는지 한발***이 춤추고	祝融熾炭旱魃舞
양기 성하고 음기 죽어 증기가 끓어오르네	陽亢陰死蒸蘊隆
10리를 잇고 5리를 이어 모든 땅이 초토가 되니	十里五里成焦土
5월과 6월에 삼농****을 슬퍼하네	五月六月悲三農
역귀가 날뛰면서 함부로 출몰하여	疫鬼跳梁舞而出
대낮에도 사람을 잡아 소굴로 들어가네	白晝攫人入其窟
석 달 동안 잡아가니 하늘도 놀라고	十旬大索天亦驚
온 성城의 곡소리에 분위기도 우울하네	一城哭聲氣愁鬱
담당 관리는 탄식하며 다른 대책 없다면서	有司曰噫無他策
백성에게 명령 내려 역귀를 내쫓자네	諭令爾民且逐疫
1장6척 큰 몸으로 사납게 뛰어나와	獰獰閭出丈六軀

---

* 〔역주〕축역행逐疫行: '축역逐疫'은 역귀 또는 역병을 축출한다는 뜻이며, '행行'은 중국 한漢나라 때 민요인 악부樂府 형식의 하나다. 병인년은 동치 5년(1866)이다.

** 〔역주〕축융祝融: 중국 전설에서 불을 관장하는 화신火神이다.

*** 〔원주〕한발旱魃: 가뭄을 일으키는 요괴다.

**** 〔원주〕삼농三農: 산, 평지, 물가에 사는 농민들이다.

호시탐탐 사방으로 요역*을 노려보네   眈眈四目射妖蜮

밤마다 북을 치며 거리를 시끄럽게 하고   連宵鼓角喧通衢

요괴를 몰아내어 이 역병을 없애려 하네   欲蕩么魔禳此疾

역귀가 근심에 젖어 관리에게 말하기를   疫鬼愀然語有司

공은 지금 틀렸소, 나를 내쫓아 무엇 하려오   公今誤矣逐何爲

청화절(음력 4월)에 수레 내려 공을 찾아가   溯公下車淸和節

단비를 내리게 하고 수레 앞을 수행할 수 있소   可有甘雨車前隨

공이 용광로를 만들고 뜨거운 물을 끓여   公心爲爐湯沸鼎

쇠를 단련하고 옥을 만들어 위엄을 떨치려 하시면   煆煉成獄張炎威

모금교위가 되어 범처럼 앞장서서   摸金校尉虎而冠

굶주린 송골매처럼 이빨과 발톱을 마구 쓰겠소   張牙舞爪如鷹飢

더러는 봉황의 날개 꺾어 햇볕에 말리고   或摧鳳翅曬赤日

더러는 이리처럼 백성의 고혈을 빨겠소   或肆狼餐剜膏脂

더러는 술독에 넣어 뼈까지 취하게 하고   或入甕中醉其骨

더러는 그물로 잡아들여 그 가죽을 벗기겠소   或納一網戕其皮

머리를 지지기도 하고 이마를 문드러지게도 하며   或頭爲焦或額爛

큰 놈은 피부 발라내고 작은 놈은 살점 씹겠소   大者剝膚小噬肌

끊임없이 옥사를 일으켜 급하게 다그치면   纍纍狂獄如束濕

무고한 백성 호소해도 하늘이 어찌 알겠소   無辜籲天天豈知

어쩔 수 없이 백성 사이에 원한이 쌓이고   未免閭左蓄怨毒

---

* [원주] 요역妖蜮: 물속에서 사람을 해치는 요괴다.

위로는 하늘을 분노케 하여 재난이 펼쳐질 것이오 上干天怒災乃施

우리는 혹독한 기세를 가득 길러서 吾曹戾氣所醞釀

때맞춰 사납게 마구 치달릴 것이오 乘時爲厲應奔馳

공을 따라 한결같이 함께 죽고 함께 살며 隨公一氣爲消長

기세등등 추종하니 고칠 수가 없소 氣燄所趨不可醫

못 보았소? 남교 관리 폭정에 구슬 옮겨갔고* 君不見南交酷吏珠盡徙

동해 아낙네 원한 품자 비 내리지 않았음을** 東海婦冤天不雨

메뚜기떼가 들어오자 유언비어가 난무하니 蝗蝻入境市有虎

어쩔 수 없이 하늘이 쥐의 재앙***을 내렸소 毋乃感召由天鼠

---

* 〔역주〕남교 (…) 옮겨갔고: 『후한서後漢書』 「순리전循吏傳·맹상孟嘗」에 중국 남부의 합포合浦에 구슬이 많이 나서, 그곳 고을 원님이 무도하게 채취하자 구슬이 결국 인근 군郡으로 옮겨갔는데, 맹상孟嘗이 부임하여 전임자의 폐단을 혁파하니 구슬이 다시 복귀했다고 한다.

** 〔역주〕동해 (…) 않았음을: 『한서漢書』 「우정국전于定國傳」에 나온다. 동해의 한 여인이 청상과부가 되었으나 시어머니를 극진하게 모셔서 효부로 이름이 났다. 시어머니가 효부를 개가시키려 하자 따르지 않았고, 시어머니는 며느리의 앞길을 막을까 염려하여 스스로 목숨을 끊었다. 그러자 시어머니의 딸이 그 효부가 자신의 어머니를 죽였다고 관가에 모함했다. 우정국이 이름난 효부가 그럴 리가 없다고 변호했지만 태수는 듣지 않고 결국 효부를 죽였다. 이후 그 군郡에 3년 동안 가뭄이 들었다.

*** 〔역주〕쥐의 재앙: 원문에는 '서鼠'로만 썼으나 역사에는 '서얼鼠孽' 또는 '서요鼠妖'로 나온다. 『명사明史』 「오행지五行志」에는 쥐가 떼를 지어 꼬리를 물고 강을 건넌다든가, 떼를 지어 곡식을 먹는다든가, 궁전에 들어와 문서를 갉아먹으면서도 사람을 겁내지 않는다든가 하는 사례들이 적혀 있는데 이런 일이 벌어지면 나라에 흉한 일이 생긴다고 한다.

예부터 청상[*]과 흑생^{**}은 재앙의 징조이고   古來靑祥黑眚爲咎徵

계화^{***}와 견화^{****}도 이어서 나타나오   雞禍犬禍隨所取

산과 물의 요괴도 이 때문에 발흥할 테니   山妖水怪有由興

공과 더불어 누구에게 물어서 일을 시키겠소   吾曹與公問誰使

공은 두릉^{*****}의 충애忠愛의 흉금이 없으니   公無杜陵忠愛之胸襟

'자장촉루'^{******}를 낭송한대도 재앙을 멈추게 할 수 있겠소 縱誦

子章髑髏能止灾不侵

『주관周官』을 오독하여 왕안석을 모방하고^{*******}   誤讀周官效安石

---

[*] 〔역주〕청상靑祥: 하늘이나 공중에 사람 모습의 푸른 기운이 나타나는 등의 현상을 가리키며 재앙의 조짐으로 본다. '청靑'은 오행 가운데서 나무〔木〕의 기운이 순조롭지 못하여 나타난다고 한다.

^{**} 〔원주〕흑생黑眚: 오행 가운데서 물〔水〕의 기운이 순조롭지 못하여 나타나는 재앙이다.

^{***} 〔역주〕계화鷄禍: 닭이 세 발 달린 병아리를 낳는다든가, 사람 닮은 병아리를 부화한다든가, 암탉이 수탉으로 변한다든가 등의 현상을 말한다. 역시 재앙이나 망국의 조짐이다.

^{****} 〔역주〕견화犬禍: 개가 발이 여덟 개에 네 귀와 네 눈을 가진 새끼를 낳는다든가, 머리 하나에 몸이 둘, 발이 여덟 개의 새끼를 낳는다든가 등의 현상을 가리킨다. 역시 재앙의 조짐이다.

^{*****} 〔원주〕두릉杜陵: 당나라 시인 두보杜甫다.

^{******} 〔역주〕자장촉루: 원문은 '자장촉루子章髑髏'이나 『두시경전杜詩鏡銓』 권지팔卷之八 「희작화경가戱作花卿歌」에는 '장章'이 '장璋'으로 되어 있다. 당나라 숙종肅宗 연간에 재주자사梓州刺史 단자장段子璋이 면주綿州에서 반란을 일으키자 성도윤成都尹 최광崔光이 장수 화경정花驚定을 이끌고 면주를 정벌하여 단자장을 참수했다. 두보는 단자장을 직접 참수한 화경정을 칭송하며 「희작화경가」라는 시를 지었는데, 이 시 속에 "자장의 두개골은 피로 범벅이 되었고, 그것을 손에 들고 최 대부에게 던져주었네子璋髑髏血糢糊, 手提擲還崔大夫"라는 구절이 있다. 사람의 간담을 서늘하게 하는 시구로 유명하다.

^{*******} 〔역주〕『주관周官』을 (…) 모방하고: 왕안석王安石은 북송 신종神宗 때의 대신이다.

방상씨* 파견하여 재앙을 제거하려 한다면서 　欲遣方相禳氛祲

방패를 잡고 창을 흔들며 단지 놀이만 할 뿐이고 　執盾揚戈直戲耳

땔나무 안은 채 불을 끄니 불은 더욱 심하오 　抱薪救火災愈深

하물며 우리는 마음대로 수수방관할 테니 　而況吾曹縱飮手

공도 자비심을 드러낼 필요는 없소 　未必公能舍此現婆心

보잘것없는 백성은 애석히 여길 필요 없으니 　區區小民何足惜

공을 배부르게 하는 식량이 내 배도 채울 것이오 　飽公之囊果吾腹

하늘이 백성 아낀다면 공을 보내지 않았을 터 　天若愛民不遣公

우리에게 재앙 되는 일이 공에게 어찌 복이겠소 　吾曹爲禍公豈福

그렇지 않고 공이 청렴함 드날린다면 　不然公如兩袖淸風淸

스스로 떠날 텐데 어찌 축출할 필요가 있겠소 　吾曹逝矣何庸逐

관리가 말하기를 슬프다 다른 대책은 없고 　有司曰噫無他策

이런 자들이 떠들어대니 어찌 배척할 수 있을까 　此曹鴟張何能斥

생명이 위태로운 창생을 구하려 하는데 　欲解蒼生命倒懸

푸른 하늘 한 줄기 벼락 어찌 얻을 수 있을까 　安得靑天一聲鳴霹靂

주周나라 제도를 모범으로 삼아 신법新法을 내세우며 당시의 부패한 정치를 개혁하려고 했으나 기득권 계파가 중심이 된 구법당舊法黨의 격렬한 반대로 실패했다. 왕안석이 『주례周禮』를 새롭게 해석한 『주관신의周官新義』에 그의 견해가 담겨 있다.

* 〔역주〕방상씨方相氏: 중국 민간에서 받드는 신령으로 역병을 제거하는 신통력을 지니고 있다고 한다. 『주례』 「하관夏官·방상씨方相氏」: "방상씨는 다음 일을 관장한다. 곰 가죽을 덮어쓰고, 황금빛 네 눈을 달고, 검은 상의에 붉은 하의를 입고, 창을 잡고 방패를 흔들며, 100명의 노예를 인솔하여 시절마다 나례儺禮를 행하고, 집안을 수색하여 역병을 몰아낸다 方相氏掌, 蒙熊皮, 黃金四目, 玄衣朱裳, 帥百隷而時儺, 以索室驅疫."

「축역유감逐疫有感」, 청 정붕운鄭鵬雲(1862~1915)

역병 제거하려 한 해 내내 신에게 제사 올리니　　　逐疫年來更賽神

왕야王爺*의 골상은 엄연히 참되도다　　　王爺骨相儼然眞

백설 같은 칼 빛을 기꺼이 시험하고　　　刀光如雪甘心試

아기 무당**이 몸도 아끼지 않음 크게 탄식하네　　　太息乩童不惜身

신을 맞이해 도달하면 장관이 알도록　　　迎神也達長官知

수많은 정기旌旗***와 온갖 국기를 섞어 꽂았네　　　多少旌旗雜國旗

신앙 깊은 선비가 오직 넉넉히 향불 피우며　　　信士唯餘香一瓣

모름지기 부처님께 자비를 요청하네　　　求須我佛叩慈悲

「유역가流疫歌」, 청 황찬균黃贊鈞(1874~1952)

큰 전란****이 지나간 뒤 흉년이 이어지는데　　　大兵之後繼凶年

프랑스 도적 잠잠하니 귀곡성이 시끄럽네　　　法寇銷聲鬼哭喧

---

* 〔역주〕왕야王爺: 대만 남부 지역 민간 신앙에서 받드는 남성 신령으로 역병을 관장하는 귀신과 연관된 경우가 많지만 그렇지 않은 사례도 있다. 천세千歲, 대왕大王, 노야老爺 등으로도 칭한다.

** 〔역주〕아기 무당: 원문은 '계동乩童'이다. 신과 인간을 매개하는 영매靈媒다.

*** 〔원주〕정기旌旗: 깃발이다. 왕야王爺를 맞이하고 보내는 제사의 깃발을 등불 장대 위에 매달고 등불을 내건다. 이로써 하늘나라의 신들과 고혼孤魂 및 야귀野鬼를 불러온다.

**** 〔원주〕큰 전란大兵: 청나라 광서光緖 10년(1884), 프랑스 군대가 대만 북부 기룡基隆과 담수淡水를 침략했다. 흉년은 기황이 든 해다.

날씨가 캄캄하여 하늘도 흐리고	陰霾黯黯天無色
수많은 도깨비 사람 잡아먹는다는 말 퍼지네	魑魅魍魎攫人傳
혜성이 처음 자취를 감추니	慧星初匿跡
여염집 사람들 손을 이마에 대고 다행으로 여기네	閭閻手加額
편안한 세상을 이루고 나서	謂可致昇平
서로 함께 편히 침상에 누울 수 있다고 하네	共相登衽席
음양이 때를 잃어 가뭄과 홍수가 일어나고	陰陽失時旱潦起
가뭄에는 요귀에, 홍수에는 큰물에 고통받네	旱苦妖魃潦苦水
역병이 사람 해침이 뱀과 전갈처럼 심해	疫癘中人甚蛇蠍
죽어 엎어지는 사람이 개미 떼와 같네	死喪淪亡等螻蟻
청정한 밤에 역귀 쫓으려 시골 나례(儺禮) 살피고	淸宵逐厲觀鄕儺
거리 맡의 보탑에서 생황을 분분히 울리네	街頭寶塔紛笙歌
폭죽이 펑펑 터져 음기를 흩으니	爆竹轟轟陰氣散
민심은 안정되고 천재(天災)는 지나가네	人心安定天災過
천재가 지나가니 그 즐거움이 어떤가	天災過樂如何
남자는 농사에 힘쓰고 여자는 길쌈에 힘쓰며	男勤耒耜女勤梭
서로서로 덕을 닦아 태평 세상 불러오세	交修德召太和

37. 묘갱조墓坑鳥: 저승에서 돌아온 혼령

종류 : 요괴, 지역 : 섬·산야

소개

묘갱조는 '귀조鬼鳥'라고도 한다. 원통하게 죽은 인간의 흩어지지 않은 혼백이 부리가 뾰족한 악조惡鳥로 변한 것이다. 눈알은 피처럼 붉고 소리는 날카롭다. 전설에 묘갱조는 지옥에서 인간 세상으로 돌아올 때 불길한 일을 가져와 사람에게 해를 끼친다고 한다.

금문도 사람들은 '후투티戴勝'가 귀조라고 한다. 이 새는 춘삼월 번식기에 땅 구덩이나 나무 구멍에 둥지를 튼다. 이 때문에 무덤 사이를 파고 둥지를 틀기도 하기에 사람들이 묘갱조라고 부른다. 금문도 지역에서는 묘갱조의 흔적이 자주 발견된다. 현지인들은 이 새가 사신死神의 화신이므로, 뜻하지 않게 이 새와 맞닥뜨리면 침을 뱉어서 불길한 기운을 제거해야 한다고 말한다.

노약등盧若騰(1600~1664)은 자작시 「귀조편鬼鳥篇」에서 다음과 같이 서술했다. 영력永曆(남명 소종昭宗의 연호, 1641~1662) 16년(청 강희 원년, 1662, 임인년 3월) 귀조가 금문촌을 습격한 기이한 일이 일어났다. 벼슬아치 집안의 자제 홍흥좌洪興佐는 성격이 잔인무도하여 항상 신아新兒라는 이름의 집안 하녀를 괴롭히며 잔인하게 구타했다. 심지어 그는 밧줄로 그녀를 묶어서 깊은 못에 던져 죽인 뒤, 시체의 옷을 모두 벗기고 백사장에 묻었다. 신아는 저승에서 원한을 품고 눈도 감지 못한 채 귀조가 되어 인간 세상으로 돌아왔다.

한 해가 지나 홍흥좌는 중병에 걸렸는데, 병상 밖에서 항상 눈이 붉은 새가 끊임없이 지저귀다가 그를 습격했다. 마을의 늙은 무당이 신통력으로 투시해보니 그 귀조는 바로 원통하게 죽은 신아의 혼백이었다. 한 가닥 숨을 겨우 이어가던 홍흥좌는 공포에 젖어 하늘에 기도를 올리고 자신의 죄를 참회한다고 했다. 기도가 끝난 뒤 귀조는 마을을 떠났지만 사흘 뒤에 홍흥조는 중병 끝에 참혹하게 죽었다. 홍흥조가 죽은 날이 바로 작년에 그가 하녀를 죽인 날이었다.

원전

「귀조편」, 명 노약등

시서詩序

홍흥좌는 권문세가의 친척이다. 성격이 본래 포악한 데다 권세를 믿고 위세를 부리며 자주 노복들이 사소한 잘못을 저질러도 그들을 죽이곤 했다. 그가 오서浯嶼*의 후주촌後洲村에 와서 기거할 때 마을 주민들이 심한 학대를 당했다. 그의 하녀 신아도 그의 성미를

---

* 〔원주〕오서浯嶼: 오주서浯洲嶼를 줄여서 '오서浯嶼'라고 한다. 지금의 금문도다. 후주촌後洲村은 금문도의 방림촌榜林村 서쪽에 있다.

건드려 피부가 성한 데가 없을 정도로 구타를 당했다. 그는 또 신아를 밧줄로 묶어서 깊은 못에 빠뜨려 죽인 뒤 다시 건져내서 나체로 백사장에 매장했다.

한 해가 지나 홍흥좌는 병이 들어 각혈을 하며 위중한 상태에 처했다. 그때 색깔은 얼룩덜룩하고, 꼬리는 짧고, 붉은 눈에 부리가 긴 기이한 새가 날아와 홍흥좌 집의 나무에 둥지를 틀고 다른 곳으로 날아가지 않았다.

홍흥좌는 병이 오래 되자 조급증이 더욱 심해져서 잠을 이룰 수 없었으나 그 새는 밤낮으로 쉬지 않고 시끄럽게 울어댔다. 또 집안으로 날아와 홍흥좌를 노려보다가 날개를 퍼덕이며 부리를 뻗어 그를 쪼았다. 당시에 귀신을 투시할 수 있는 무당이 있다기에 불러와서 새를 살펴보게 했다. 무당이 말했다. "저 새는 바로 신아요. 원통하게 죽어서 눈을 감지 못하고 새로 변해 목숨을 뺏으러 왔소." 이에 집안사람들이 신아를 부르니 새가 소리를 내며 응답했다.

홍흥좌는 비로소 공포에 젖어 하늘에 기도를 올렸으나 새가 떠난 지 사흘 만에 사망했다. 그가 죽은 날이 바로 작년에 하녀를 죽인 날이었다.

마을 사람들이 이 이야기를 전하며 죽은 자도 지각이 있으므로 함부로 사람을 죽이면 안 된다고 했다.

내가 이야기를 듣고 슬픈 마음이 들면서도 통쾌함을 느껴 「귀조시鬼鳥詩」를 지었다. 임인년 3월.

시문

귀조여 귀조여 어찌 그리 슬퍼 우나	鬼鳥鬼鳥聲何悲
까마귀도 부엉이도 올빼미도 아니네	非鴉非鵬又非鴞
어디서 날아와 마을 나무에 깃들었나	何處飛來宿村樹
새벽부터 저녁까지 잠시도 떠나지 않고 우네	晨昏噪聒不暫移
문득 또 환자의 집으로 날아들어	忽復飛入病人屋
마당에서 뛰어다니며 꾸룩꾸룩 곡을 하네	跳躍庭中啾啾哭
환자가 부축받으며 마루 앞을 내다보자	病人扶向堂前看
부리를 크게 벌리며 그의 살을 쪼려 하네	張嘴直欲啄其肉
사람들이 화살과 돌로 내쫓으려 했지만	羣將矢石驅逐去
빙빙 돌아 비상하며 두려워하지도 않네	宛轉廻翔無轂觫
신령한 무당의 입을 빌려 원통한 사정 호소하니	假口神巫說冤情
온 집안이 깜짝 놀라 옛 하녀 이름을 부르네	擧家驚呼故婢名
귀조가 대답함에 앞으로 나가 맞으니	鬼鳥應聲前相訝
가슴 속 큰 불만을 호소하려는 듯하네	似訴胸中大不平
환자는 공포에 젖어 귀조에게 빌면서	病人惶恐對鳥祝
나는 살생 금할 테니 넌 사람으로 태어나라 했네	我願戒殺爾超生
귀조가 날아간 지 겨우 사흘 만에	鬼鳥飛去只三日
환자는 남은 숨을 헐떡이다 사망했네	病人殘喘奄奄畢
원통한 혼령의 원한이 깊으면	知是冤魂怨恨深
저승 관리가 자세히 묻는다는 사실 알아야 하리	拽赴冥司仔細質
근래에는 인명을 기러기 깃처럼 경시하며	年來人命輕鴻毛

걸핏하면 소를 잡듯 갈기갈기 몸을 찢는데　　動遭磔剁如牲牢

어떻게 천만 억만 귀조로 변하여　　安得化成鬼鳥千萬億

울음으로 살인의 칼 멈추게 할 수 있으랴　　聲聲叫止殺人刀

묘갱조

귀조여 귀조여
어찌 그리 슬피 우나?
까마귀도 아니고
부엉이도 아니며
올빼미도 아니네.
어디서 날아와 마을
나무에 깃들었나?
새벽부터 저녁까지
잠시도 떠나지 않고
우네.

38. 적규赤虯: 비바람을 관장하는 용

종류 : 요괴, 지역 : 천계天界

소개

적규赤虯는 전신이 붉고 뿔이 있는 교룡蛟龍으로 바람, 구름, 비, 이슬을 관장한다. 이 용은 홍수, 바람, 파도를 일으킬 수 있고, 번개의 신과 구름 사이에서 놀기를 좋아한다.

진조흥陳肇興(1831~1866?)은 자작시에서 그 광경을 묘사했다. 1854년(갑인년), 적규가 먹구름을 타고 와서 사나운 비바람을 일으켰다. 흙탕물이 시내에 넘쳐 도로가 바뀌었고 홍수가 범람하여 수재가 났다. 100채의 가옥이 참담하게 침몰했고 벼논도 드넓은 바다가 되었다.

원전

「대수행大水行」, 청 진조흥

검은 바람이 바다에 불어 물결 거꾸로 솟고	黑風吹海使倒立
온갖 시내가 내륙 산에서 바다로 들어가네	百川水從內山入
구름 밀치고 비를 타고 교룡에 채찍질하니	排雲駕雨鞭蛟龍

흰 풍랑이 하늘보다 한 층 더 높아지네　　　　　　　白浪高於天一級

「책중* 대풍우가揀中大風雨歌」, 청 진조흥

검은 비바람 횡으로 불어 산을 휩쓸며 닥쳐와　　　　橫吹黑雨捲山來

삼밭처럼 비 뿌리며 어지럽게 부딪치네　　　　　　飛灑如麻亂相撲

온갖 괴물에 채찍질하며 교룡을 몰아내고　　　　　鞭策百怪驅蛟龍

번개의 신과 태양의 여신이 분분히 서로 쫓는 듯　　電公曦母紛相逐

하늘엔 오로지 철갑 소리 가득하고　　　　　　　半空純是金甲聲

때때로 붉은 규룡**이 살 부딪치며 나는 듯　　　　時有赤虬飛貼肉

비 동반한 바람은 치솟으며 불고　　　　　　　　使風挾雨雨倒吹

비에게 바람을 돕게 하니 바람은 더욱 세차네　　　駕雨助風風更速

아침엔 남쪽, 저녁엔 북쪽으로 한 바퀴 선회하니　朝南暮北一旋轉

하늘의 거대한 바퀴처럼 지축을 휘감네　　　　　有若天輪迴地軸

---

* 〔원주〕 책중揀中: 묘무책貓霧揀이다. 대만 중부의 대중臺中 분지로 그 범위는 풍원豊原, 동세東勢, 석강石崗, 신사新社, 대아大雅 그리고 대중의 북둔北屯과 서둔西屯까지 포괄한다.

** 〔원주〕 규虬: 뿔이 있는 용으로 뿔의 모양은 나선형이다.

39. 기린구麒麟颶: 바람 속 불 구름

종류 : 요괴, 지역 : 천계

소개

　기린구는 '화기린구火麒麟颶' 혹은 '기린폭麒麟暴'이라 부르기도 한다. 용의 머리에 말의 몸으로 전신의 비늘에서 화염이 피어오르며 대만 산간에 거주하는 기이한 짐승이다. 대만의 여름과 가을 사이에 항상 나타나는 분풍焚風(Foehn wind, 푄 바람)이 바로 기린구가 조성하는 기이한 현상이다.

　중국 기린이 밟고 지나간 곳에는 풀이 자라지만 대만의 기린은 이와 확연히 다르다. 산 위의 기린구가 구름을 타고 하산할 때마다 내뿜는 불바람火燒風은 증기를 동반한 고온의 회오리바람으로 인간 세상을 휩쓸며 초목을 말려 죽이거나 심지어 큰 화재를 일으켜 대지를 불태운다.

　만약 높은 산의 빙설도 기린구의 네 발굽에 밟히면 눈이 녹으면서 산사태가 발생하고 홍수가 일어난다.

『동영지략』, 청 정소의

때때로 바람이 더욱 뜨겁게 불 때마다 건조한 열기는 더욱 심해
져서 바람이 지나가는 곳에는 초목이 모두 불탄다. '기린폭'이라고
부르는 까닭은 바람 속에 불 구름이 있기 때문이다.

『적감집』「구풍가」, 청 손원형

또 기린구의 불길이 요괴가 되어	又有麒麟之颮火為妖
우당탕탕 번쩍번쩍 만물을 태우는 듯하네.	颮颮愉愉如焚燒
나이 많은 유민들 기린구를 만날 때마다,	黃髮遺民一再見
문을 닫고 벽을 튼튼히 하여 뜨거운 불길 피하네	闔門堅壁逃蒸熇
푸른 초목 누렇게 되고, 누런 풀은 검게 타며	靑靑者黃黃者黑
바다도 죽고 흙도 부서지며 산도 불타서 마르네	死海破塊山枯焦
비렴*도 미쳐서 포악하게 날뛰는데	飛廉狂癡肆其虐
축융의 안과 밖을 그 누가 막을 수 있나	祝融表裏夫誰要

* 〔역주〕비렴飛廉: 중국 전설에 나오는 바람의 신이다.

기린구의
불길이
요괴가
되어,
우당탕탕
번쩍 번쩍
만물을
태우는
듯하네.

기린구

「함우탄鹹雨嘆」, 청 임호

아아 슬프다   噫嘻乎悲哉

광풍은 파도를 일으키며 태풍이 되고   狂風刮浪吹爲颶

기린구는 불을 동반하여 덮쳐오네   麒麟之颿挾火來

푸른 초목은 검고 붉게 변하고   靑靑草樹變焦赤

사방에 비가 내려 홍수가 뒤집히네   四野得雨翻成災

40. 사수족蛇首族: 하늘을 나는 요괴

종류 : 요괴, 지역 : 북부·산야

소개

전해오는 말에 대만 동북부 해안이나 그 근처 섬에 머리는 뱀이고 몸은 사람인 요괴가 서식하고 있다고 한다. 그들은 흉측한 뱀의 얼굴을 하고 혓바닥을 날름거리는 종족으로 '사수족蛇首族(뱀 머리 종족)'이란 이름을 갖고 있다.

사수족은 등 위에 돋은 날개로 비상할 수 있으며 식인을 좋아했다.

청나라 때 복건성 장수 만정색萬正色(1637~1691)은 몸집이 우람하고 목소리가 컸다. 그의 목소리는 마치 큰 종을 울리는 듯했다. 일찍이 함선을 이끌고 동쪽 일본으로 갔다. 함대가 대만 북부 해역을 지날 때 소용돌이에 휘말려 배의 키를 통제할 수 없었다. 그는 할 수 없이 대만 기륭의 산악 부근 무명 해안에 정박했다. 만정색은 사병 네 명에게 하선하여 상황을 살펴보고 항해 노선을 수소문해보라고 명령을 내렸다. 그런데 뜻하지 않게 현지의 사수족에게 발견된 뒤 그중 한 명이 사로잡혀 요괴들에게 잡아먹혔고, 나머지 세 사람은 대경실색하며 도망쳤다. 선박으로 돌아오는 도중에 그들은 또 임야 사이에서 그들처럼 사고를 당한 사람을 만나 그와 함께 배로 귀환했다.

사고를 당한 사람의 설명으로는, 사수족은 대대로 이곳에 거주해왔고 본성이 흉악하고 잔인하며 자신의 동료들도 자신을 빼고 모두 사수족에게 잡아먹혔다고 했다. 그가 사수족의 손아귀에서 벗어날 수 있었던 까닭은 그가 웅황雄黃을 휴대하고 있었기 때문이라고 했다. 사수족은 웅황의 매운 기운을 무서워하여 감히 접근하지 못한다는 것이다.

　　만정색과 동료들은 이 말을 듣고 기뻐하며 얼른 배 속에 실은 대나무 상자를 열고 100여 근의 웅황을 꺼내 배에 탄 모든 사람에게 나눠줬다. 이때 수백 명의 사수족이 배로 날아왔다가 웅황의 특별한 냄새에 두려움을 느끼고 시종일관 그들에게 접근하지 못했다. 사람들은 얼른 돛을 걸고 서둘러 그 해안을 떠났다.

계룡산鷄籠山 뒤의
모처
산속에 사는
사수족은
흉측한 모습을
하고
날아다닐 수
있지만 웅황을
무서워한다.

사수족

『중수 대만부지』

육로제독陸路提督 만정색은 배로 바다를 통해 장차 일본으로 가려하다가 행로가 계롱산鷄籠山 뒤에 이르렀을 때, 바람이 불지 않는데도 동쪽으로 흐르는 해류에 이끌렸다. 대만으로 이끌린 뒤 모든 해수가 동쪽으로 흘렀기 때문에 배가 물의 힘을 이길 수 없었다.

어떤 산에 닿은 뒤 잠시 휴식할 수 있었다. 배에는 75명이 있었으나 모두 그곳이 어디인지 몰랐다.

그중 네 명이 해안으로 올라가 길을 탐색하는데, 이상한 종족 몇명이 달려와 한 사람을 잡아서 씹어 먹자 나머지 세 사람은 도망쳐서 귀환했다.

숲속에서 어떤 사람을 만나 대화를 나눠보니 그도 천주泉州 사람이었다. 그를 데리고 배에 오르자, 그는 요괴들이 사람을 잡아먹는 상황을 모두 이야기했다.

그 사람이 말했다. "저들은 요괴가 아니라 대개 이곳 사람들입니다. 흉악한 뱀의 머리를 하고 날아다닐 수 있지만 몇 장丈을 넘지 못합니다. 지난번에 우리 배가 여기 왔을 때 동료들이 모두 잡아먹히고 나만 살았습니다."

어떻고 혼자 살아남았는지 그 까닭을 물으니 목에 건 물건 한 가지를 들어 보이며 말했다. "저들은 이것을 두려워하며 감히 접근하지 못했습니다." 사람들이 살펴보니 바로 웅황이었다.

사람들이 기뻐하며 말했다. "우리는 모두 살았다!" 대나무 상자를 꺼내니 거기에 웅황 100여 근이 있었고, 그것을 각각 한 줌씩 손에 쥐었다.

이윽고 사수족 수백 명이 날아왔다. 그들은 배로 가까이 다가오다가 모두 땅에 엎드려 감히 쳐다보지 못했다. 시간이 오래 지난 뒤 주춤주춤 뒤로 물러났다.

산 뒤의 바닷물이 서쪽으로 흐름을 바꾼 뒤에 배에 탄 사람들은 하문으로 돌아왔다.

그것은 강희 23년* 갑자년 8월의 일이었다.

---

* 〔원주〕 강희 23년: 1684년이다.

41. 강어귀의 거대한 소

종류 : 요괴, 지역 : 남부·산야

소개

강희 60년(1721) 3월. 대남에 기이한 소의 모습이 다시 발견되었다. 당시에 쏟아붓듯이 큰비가 내렸는데 거대한 소가 비를 무릅쓰고 강어귀로부터 성읍과 시교두柴橋頭를 거쳐 바다로 뛰어든 뒤 항구 밖을 향하여 헤엄쳐 갔다. 작은 배로 추적했으나 간 곳을 알 수 없었다.

원전

『중수 복건 대만부지』 권19 「잡기雜記」

강희 신축년 3월 28일, 쏟아붓듯이 큰비가 내렸다. 6월 6일에 비로소 날이 개자 산은 무너지고 냇물은 넘쳐 계곡 길이 막혔고 논밭도 모래에 덮였다.

그때 강어귀에 거대한 소가 나타나 비를 무릅쓰고 치달리며 언덕에서 내려가 강물로 들어갔다. 그리고 삼곤신三鯤身(지금의 어광도漁光島)을 지나 육지로 올라갔다가 성읍으로부터 시교두를 지나 바다로 들어가서 큰 항구를 향해 나아갔다. 작은 배로 추격했으나 미치지 못하고 돌아왔다.

　이것이 악어가 되었는지, 고래가 되었는지, 물소가 되었는지 알지 못하겠다. 혹은 압모왕鴨母王*의 반란 조짐을 보여주고는 금방 멸종되었는가?

---

* 〔역주〕압모왕鴨母王: 청나라 초기에 대만에서 반청反淸 반란을 일으킨 주일귀朱一貴 (1690~1722)를 가리킨다. 본래 복건성 장태현長泰縣 사람으로 대만에서 관리를 지내다가 나중에 오리를 키워 생계를 유지했다. 그는 명나라 황족과 같은 주씨朱氏였기에 청나라 통치에 불만을 품고 강희 연간에 자립하여 국호를 대명大明이라 하고 연호를 영화永和라고 했다. 그가 오리를 키웠기 때문에 압모왕 또는 압모황제鴨母黃帝로 칭해졌다. 강희 61년 (1722) 청나라 관군에 진압되어 능지처사를 당했다.

42. 동북의 암오산暗澳山: 귀매국鬼魅國

종류 : 귀매, 지역 : 동부·산야

소개

대만 동북부에 천만 귀신과 요괴가 사는 암오산이란 곳이 있는데 그곳을 '암양暗洋'이라고도 한다.

오래전에 서양인(네덜란드 사람 혹은 스페인 사람 혹은 기타 외국인)이 배를 타고 암오를 지나 그곳에 정박했다. 그들은 해안으로 올라간 뒤 그곳 하늘이 혼돈 상태에 처해 있어 밤낮이 불분명하고 거주하는 사람은 없지만 기이한 화초가 산과 들에 가득하여 마치 선경과 같다는 사실을 발견했다.

이 때문에 선장은 선원 200명을 파견하여 그곳에 주둔하게 하고 그들을 위해 1년 치 식량을 남겨두고 돌아왔다.

그러나 한 해 뒤 다시 암오산으로 왔을 때는 산속에 칠흑 같은 어둠뿐이었고 캄캄한 밤이 이어지고 있었다. 주둔하라고 한 이들은 귀신이 숨긴 것처럼 종적을 찾을 수 없었다.

이에 그들은 횃불을 들고 수색 작업에 나서서 글자가 남아 있는 비석을 발견했다. 그 상세한 내용은 다음과 같다. "이곳은 가을이 되면 천지가 캄캄해지고, 봄이 되어서야 낮이 시작된다. 일단 밤이 오면 암오산은 온통 공포의 귀신 세계가 된다." 산속의 귀신들이 살아 있는 사람을 살해했기에 주둔한 사람들이 날마다 줄어들었다는 것이다.

마귀가 사는 암오산의 1년은 본래 절반은 낮, 절반은 밤으로만 이루어진 세계였다.

이 전설이 청나라 때의 대만 고서古書에 두루 실려 있는 것으로 보아 당시에 널리 퍼진 마귀산 괴담이었음을 알 수 있다.

원전

『용주시문고 선집蓉洲詩文稿選輯』『동녕정사집東寧政事集』, 청 계기광季麒光

암양暗洋은 대만의 동북쪽에 있다.

홍이紅彝(서양인)의 배가 그곳에 정박했을 때 밤과 낮이 없었으나 산수가 밝고 수려했으며 산에 온갖 꽃이 두루 피어 있었는데 산위에는 아무도 살지 않았다. 그래서 그곳이 살 만한 땅이라 여겨, 마침내 200명을 머물게 하고 1년 치 식량을 주어 살게 했다.

다음 해에 다시 그곳에 갔을 때는 산속에 캄캄한 밤이 계속되고 있었는데, 그곳에 머물러 살게 한 사람들은 한 사람도 남아 있지 않았다.

이에 횃불을 들고 찾아보니 돌 위에 다음 글자가 남아 있었다. "일단 가을이 오면 캄캄한 밤으로 변하고 봄이 되어야 비로소 해가 밝아온다. 캄캄한 밤은 모두 귀신들의 세계다." 이에 그곳에 거주한 사람들은 점차 살해되어 사라졌고, 대체로 그곳은 1년의 절반은 낮, 절반은 밤이라고 했다.

43. 추어정鰍魚精

종류 : 요괴, 지역 : 남부·산야

소개

　항춘현恆春縣의 동부 산 구릉에 '뇌공굴雷公窟'이라는 동굴이 있다. 굴속에 푸른 소潭가 있고, 소의 물속에 거대한 돌기둥이 있다. 전설에 따르면 추어정*이 그 소 깊은 곳에 살고 있다고 한다. 어느 날 바람과 구름이 사방에서 일어나고 폭우가 쏟아지면서 세찬 물살이 밀려오는 가운데 벼락이 돌기둥을 내리쳤고, 이후로는 더이상 추어정의 종적을 찾을 수 없었다. 항춘현 이중 교량 곁 불길이 솟아오르는 관광지 근처에 중간이 갈라진 큰 암석이 있는데 벼락을 맞은 돌기둥의 흔적이라는 말이 있다.

---

* 〔역주〕 추어정鰍魚精: '추어鰍魚'가 미꾸라지이므로 추어정은 미꾸라지 정령이다.

『항춘현지恒春縣志』, 청 도계선屠繼善

뇌공굴은 현 동쪽 2리 지점에 있다.

굴의 깊이는 6~7척이고 물이 매우 맑다. 그 곁에 기둥과 같은 돌이 있는데 전설에 따르면 추어정이 굴속에 산다고 한다.

어느 날 먹구름이 사방에서 일어나고 천둥 번개가 교차하는데 큰비가 쏟아지면서 벼락이 돌기둥을 내리쳤고, 이후로는 요괴가 마침내 사라졌다. 이 때문에 그곳을 뇌공굴이라고 부른다.

44. 제풍귀制風龜: 구풍颶風이 그치다

종류 : 요괴, 지역 : 산야

소개

제풍귀制風龜(바람을 제압하는 거북)는 대만 열도의 원시시대 괴이한 짐승으로 평소에 산속 계곡 깊은 못에 서식하다가 이따금 산을 내려와 이곳저곳을 돌아다니며 항구나 해변에 모습을 드러낸다.

제풍귀가 돌아다닐 때 네 발 아래에 또 작은 거북 네 마리가 제풍귀의 몸을 떠받친다. 전설 속 제풍귀는 기이한 능력을 갖고 있는데, 그것이 산야에 모습을 드러내거나 울부짖기만 해도 세찬 바람이 멈춘다고 한다.

평소에는 제풍귀를 보기 어려워 잡을 수 없지만, 어느 해인가 대남의 안평항安平港에서 뜻밖에도 제풍귀가 어부의 그물에 잡힌 적이 있다. 왕씨王氏 성의 어떤 관리가 기이한 거북을 보고 흥미가 생겨 동전을 주고 사갔다. 그러나 그 뒤에 어부가 거북 족속의 신령을 꿈에서 보고 깜짝 놀라 깨어나 서둘러 왕씨 관리를 찾아 다시 돈을 돌려주었고, 그 기이한 거북을 돌려받은 뒤 다시 물속으로 방생했다.

물에서 나올 때
작은
거북 네 마리가
제풍귀의
네 발을 등에
지고 다닌다.
대구풍大颶風
(태풍과 같은
세찬 바람)을
만나도
제풍귀가 나오면
바람이 바로
멈춘다.

제풍귀

『대유일기臺遊日記』, 광서 18년(1892) 6월, 청 장사철蔣師轍(1846~1904)

혜암재惠庵齋에 들렀더니 우문禹門도 와서 나에게 한 가지 기이한 이야기를 했다. "지난해 대남 안평항에서 그물로 거북 한 마리를 잡았는데 크기가 6촌은 되었고 발로 작은 거북을 밟고 다녔소. 사각司榷 왕군王君이 동전 90꿰미 수천 전으로 그것을 샀소. 그런데 어부가 밤에 꿈을 꾸니 신령이 나타나 이상한 조짐을 예고했소. 어부는 깜짝 놀라 깨어나 왕씨의 종적을 찾아서 거북을 돌려달라고 간청하고는 다시 물가에 놓아주니, 거북은 비틀거리며 그곳을 떠났소. 어찌 기괴한 일이 아니오?"

『운림현 채방책雲林縣采訪冊』, 청 예찬원倪贊元

제풍귀는 산속 계곡에서 출현한다.

나타날 때는 작은 거북 네 마리가 제풍귀의 네 발을 등에 지고 다닌다.

대구풍을 만나도 이 제풍귀가 나타나면 바로 그치기 때문에 바람을 제압한다는 뜻으로 제풍귀라고 명명했다.

나무꾼이 일찍이 멀리서 바라보며 신비한 능력을 알아보려 했으나 결과를 얻지 못했다.

45. 거로만巨蘆鰻의 정령

종류 : 요괴, 지역 : 북부·산야

소개

신죽新竹 지역 동쪽에 석벽담石壁潭(지금의 신죽 궁림향芎林鄉 석담촌石潭村)이 있다. 석벽담의 물은 맑고 투명한 벽옥빛이다. 그 곁의 석벽은 높이가 1000장丈에 이르고 또 옆에 암혈巖穴이 있으며, 석벽 위에서 천만 갈래의 등나무가 늘어져 있다. 벽옥빛 석벽담과 암혈은 마치 수신水神의 궁전이 있는 곳처럼 보인다.

날씨가 흐리고 큰비가 쏟아질 때마다 거대한 물결이 석벽담 속에서 용솟음쳐 나오는데 그 모양이 용신龍神이 이빨을 드러내고 발톱을 휘두르는 듯하다. 그것을 보는 사람들은 모두 경악을 금치 못한다. 전설에 석벽담 속에 거로만巨蘆鰻(거대한 뱀장어)의 정령이 서식한다고 한다.

『신죽현 채방책』, 청 진조룡

석벽담은 현縣의 동쪽 25리 석벽담산石壁潭山 아래에 있다.

석벽이 여러 길에 솟아 있고 그 아래에 깊은 계곡이 있으며 물은 벽옥빛이다. 그 옆에 암혈 하나가 있다. 등나무 넝쿨이 아래로 늘어져 있어 마치 풍이馮夷*의 궁전처럼 보인다.

비가 어둡게 내리고 날씨가 음산해지면 석벽담 속에서 물이 용솟음쳐 나오는데 마치 교룡이 동물을 잡아채는 듯한 모습이어서 그것을 보는 사람들은 경악을 금치 못한다.

혹자는 그 속에 거로만이 있다고 한다.

---

* [원주] 풍이馮夷: 수신水神 하백河伯의 이름이다.

46. 선풍교旋風蛟: 광풍이 경내를 휩쓸다

종류 : 요괴, 지역 : 북부·남부·산야

소개

선풍교旋風蛟(회오리바람을 일으키는 교룡)는 대남 남부 산 계곡 깊은 곳에 서식하는 고대의 괴수로 두 날개를 퍼덕이며 세찬 회오리바람을 일으켜 천리를 휩쓸 수 있다.

광서光緒(청 덕종清德宗의 두 번째 연호, 1875~1908) 4년(1878), 선풍교 한 마리가 대남 교외에 나타나 광풍을 불러일으켰다. 선풍교는 날개를 퍼덕이며 날아올라 순식간에 대남에서 대북까지 간 다음 산봉우리 사이로 모습을 감췄다. 선풍교가 지나간 곳은 모두 폐허가 되었다. 성읍은 파괴되고, 가옥은 쓰러졌으며, 산림의 거목도 모두 꺾였다. 특히 가의현의 정부 관청이 가장 심한 피해를 보았다.

『가의 관내 채방책嘉義管內采訪冊』

    광서 4년(1878) 4월 21일 무시戌時에 교룡이 대남으로부터 날아 오르자, 광풍이 세차게 불어왔는데 순식간에 교룡은 바로 대북으로 날아가 자취를 감췄다.

    교룡이 지나간 성읍과 도시는 가옥이 바람에 쓰러지고 거목이 뽑혀 날아가서 그 수량을 모두 헤아리기 어려웠다.

    성안의 문무 관아가 더욱 심한 피해를 봤는데 곳곳이 모두 그러했다. 사람들이 모두 이해하지 못할 큰 이변이었다.

47. 파사조婆娑鳥: 대양臺陽의 요괴 새

종류 : 요괴, 지역 : 중부·산야

소개

건륭 51년(1786), 요괴 새가 나타나 20여 일이 지난 뒤 종적을 감춘 일이 있었다.

요괴 새가 한 곳에 멈춰서 울면 온갖 새가 날아와 배알했고 심지어 소나 말보다 더 큰 바닷새도 날아와 배알했다. 온갖 새들은 벌레, 곡식, 물고기, 새우를 물어와 요괴 새에게 바쳤으며, 다시 요괴 새가 다른 나무로 날아가면 온갖 새들도 그 뒤를 수행했는데 그것이 마치 장수가 사병을 지휘하며 전진하는 모습과 같았다.

원전

『무계란어無稽讕語』「대양요조臺陽妖鳥」, 청 왕란지王蘭沚

가을이 다 지나갈 무렵 또 창읍彰邑에 봉황이 날아왔다고 했다.

나는 믿을 수 없었으나 심부름꾼을 보내 살펴보게 했다.

돌아와 다음과 같이 보고했다. "바닷새 수천 마리가 폐허가 된

파사조
婆娑鳥

파사조婆娑鳥는
크기가 꾀꼬리와
같고 몸은
오색이었다.
그 새가 앉은
곳에는 수많은
새가 에워싸고
호위했으며
먹을 것을
물어다 바쳤다.
다른 나무로
날아가 앉으면
새들도 따라가서
그 새를 호위했다.

이씨^{李氏}의 정원에 모였습니다. 큰 것은 소와 말의 두 배는 되었고 작은 것은 매미만 했습니다. 그 가운데에 거대한 거위와 같은 새 한 마리가 있었는데 모습은 암탉과 같았고, 깃털은 옅은 흑색^{黑色}이었으며 울음소리도 내지 않고 반드시 새떼 가운데에 자리를 잡았습니다. 새떼들은 그 새를 에워싸고 물고기와 새우를 다투어 물어 와서 그 앞에 놓고 검은 새가 먹은 뒤에야 먹었습니다. 장졸들을 인솔하고 화창^{火槍}으로 공격했으나 큰 소리를 내며 높이 날아 올라서 한 마리도 맞출 수 없었습니다. 군사들이 물러나면 다시 모였는데 사흘이 지난 뒤에야 그곳을 떠났습니다."

내가 말했다. "봉황은 아홉 가지 특징이 있고 꼬리가 길며 또 울음소리가 음악의 곡조와 같다. 그 새는 바닷속의 요괴 새일 뿐이다. 무슨 기이할 게 있겠느냐?"

그러나 마음이 불안하고 특히 기우^{杞憂}와 같은 근심이 생겨 유능한 심복을 창읍으로 보내 몰래 상황을 정탐하게 했다.

그가 돌아와 보고했다. "창읍 동쪽 경계에 대리익^{大里杙}*이라는 곳이 있는데 번^番의 경계와 가깝습니다. 그곳에 사람들이 몇 호 살고 모두 임씨^{林氏}입니다. 그중 임상문^{林爽文}이란 자가 사람들을 설득하기를 지금 청계^{清溪}에 봉황이 나타난 조짐에 부응해야 한다며 불측한 일을 도모했습니다."

---

* 〔원주〕대리익^{大里杙}: 지금의 대중시 대리구^{大里區}다.

『창화현지彰化縣志』, 청 주새周璽

　건륭 51년 여름 4월, 시갱자장柴坑仔莊에 요괴 새가 나타나 나무에 서식하다가 20여 일이 지나서 간 곳을 모르게 되었다.

　요괴 새의 크기는 꾀꼬리와 같았고 몸은 오색이었다. 그 새가 앉은 곳에는 수많은 새가 에워싸고 호위했으며 먹을 것을 물어다 바쳤다. 다른 나무로 날아가 앉으면 새들도 따라가서 요괴 새를 호위했다. 그 모습이 마치 병졸들이 장수를 호위하는 것과 같았다.

　이해 겨울 11월에 임상문이 반란을 일으켰다.

48. 괴뢰산傀儡山의 운룡雲龍

종류 : 요괴, 지역 : 남부·산야

소개

운룡雲龍은 전신이 검고 비바람을 불러올 수 있으며 대만 남부의 괴뢰
산 꼭대기에 산다.

건륭 37년(1772) 운룡 한 마리가 괴뢰산 계곡에서 춤추며 날아오르자
밤새도록 큰비가 내려 산 아래의 남로항南路港에 홍수가 났다.

운룡이 몸을 드러내기 전 조짐처럼 항상 혜성이 나타났다.

원전

『복건통지 대만부福建通志臺灣府』

건륭 37년 7월, 대만에 혜성이 나타났다.

며칠 뒤 남로항 동리東里에 홍수가 났다.

하루 앞서 사시巳時 무렵 괴뢰산 구름 속에 어떤 동물이 나타났
는데 뿔과 비늘과 발톱을 모두 갖추고 한동안 꿈틀꿈틀 보였다 사
라졌다 했다. 그러자 밤새도록 큰비가 그치지 않았다.

『대만 채방책臺灣采訪冊』, 청 진국영陳國瑛

　건륭 연간에 혜성이 반짝이며 나타난 며칠 뒤, 남로항 동리에 마침내 홍수로 인한 수재가 발생했다.

　하루 앞서 사시 무렵 괴뢰산에 먹구름이 사방으로 덮였다. 멀리서 바라보니 먹구름 가운데 어떤 동물이 나타났는데 뿔과 비늘과 발톱을 모두 갖추고 꿈틀꿈틀 보였다 사라졌다 했다. 그것은 마치 세상 그림 속 운룡의 모습이었다. 얼마 지나지 않아 큰비가 세차게 퍼부으며 밤새도록 그치지 않았다.

49. 서미운鼠尾雲: 요괴 쥐가 해악을 끼치다

종류 : 요괴, 지역 : 산야

소개

서미운鼠尾雲이라는 요괴는 '서미鼠尾' 또는 '서미요鼠尾妖'라고도 부른다. 모습은 큰 쥐와 같고 떼 지어 살며 만 길 높이의 구름 위로 뚫고 올라가기를 좋아한다.

멀리 하늘 가의 층층 구름을 바라볼 수 있으면 쥐의 검은 꼬리가 구름 틈 사이로 드리운 모양을 발견할 수 있을 것이다. 그 꼬리는 100리의 길이로 꿈틀거리며 때로는 길게 뻗어내리다가 때로는 움츠러들기도 한다. 또 때로는 쥐꼬리처럼 가늘다가도 때로는 거대한 소꼬리처럼 흔들리기도 한다. 눈 깜짝할 사이에 수십 가닥, 수백 가닥의 쥐꼬리가 꿈틀대다가 점차 둥글게 원을 그리며 구름을 어지럽게 흩으면서 천지에 가득 폭풍우를 몰아온다.

서미요가 구름층을 뒤흔들며 광풍을 몰아칠 때마다 가느다란 쥐꼬리가 행인들을 휘감아 올리기도 한다. 일찍이 가마꾼이 쥐꼬리에 휘말려 상공으로 치솟았다가 나무 끝에 내동댕이쳐져서 살려달라고 소리를 지르기도 했다. 뱃사공이 노를 저을 때 검은 쥐꼬리가 구름 아래로 뚫고 나오면 얼른 쥐꼬리가 휘감아 올리는 범위에서 벗어나야 한다.

상고시대에 대만 임야의 쥐들은 몸집이 거대했는데, 그중에서도 특히 '죽서竹鼠(대나무쥐)'가 가장 컸다. 책호도『대양필기』「죽서竹書」에서 다음과 같이 설명했다.

"대만은 곳곳이 대나무 숲이다. 주민들은 대나무를 심어 울타리로 삼고 안팎을 구분한다. 대숲에는 쥐가 출몰하는데 크기가 고양이만 하고 대문니 두 개가 단단하고 날카롭기가 비할 데 없어서 대나무 뿌리를 갉아먹으며 산다. 이 쥐를 주방에서 요리하면 다른 별미보다 훨씬 기름지고 맛있지만 쉽게 잡을 수 없다. 내가 용암龍巖에 있을 때 두 마리를 잡은 적이 있으나 그 뒤로는 파는 것도 보지 못했다."

원전

『복건통지 대만부』

대만에서는 맑은 하늘에 태양이 밝게 비치다가도 갑자기 먹구름이 먼 산에서 일어나 사방으로 퍼진다. 사람들이 바라보면 구름 사이에서 어떤 꼬리가 움직이는데 꿈틀꿈틀하는 것이 무엇인지 몰라서 '서미운鼠尾雲'이라고 부른다.

처음에는 구름발치 사이에서 뻗어내리다가 움츠러들기도 한다. 쥐꼬리처럼 가늘게 보이다가도 다시 보면 밧줄이나 소꼬리처럼 보이기도 한다. 잠시 후에 작은 것, 큰 것이 수십 가닥으로 늘어나 다시 여러 겹으로 넓게 퍼져나가는데, 점차 가까이 다가오면서 마침내 폭풍우를 몰고 온다.

폭풍이 불 때마다 사람을 하늘로 말아 올리지만 목숨을 해치지는 않는다.

일찍이 어떤 사람이 가마에 앉아있었는데, 가마꾼 두 명과 함께 쥐꼬리에 의해 말려 올라갔다가 하늘에서 떨어지면서 가까스로 나무 꼭대기에 걸려 "사람 살려"라고 소리를 질렀다.

사람들이 깜짝 놀라 바라보았으나 어떻게 할 수 없었다.

그러다가 갑자기 앞 가마꾼은 힘이 빠져 땅에 떨어졌고, 뒤 가마꾼도 잠시 후 역시 땅에 떨어졌다. 가마에 탄 사람도 허둥지둥 사방을 돌아보다가 얼마 지나지 않아 역시 땅에 떨어졌지만 모두 아무 탈이 없었다.

또 소문을 들으니 어떤 사람이 쥐꼬리에 의해 상공으로 말려 올라갔는데 정신이 아득하여 어떻게 할지 몰랐다고 한다. 이윽고 그는 바람이 점차 잦아들자 서서히 땅으로 내려와 꼼짝도 못 하고 서 있었는데, 잠시 후에 비로소 걸을 수 있었다고 한다. 그가 떨어진 곳을 가늠해보니 공중으로 말려 올라간 곳에서 10여 리는 떨어진 곳이라고 했다.

『대만 채방책』, 청 진국영

맑은 하늘에 태양이 밝게 비치다가 갑자기 먹구름이 먼 산에서 일어나 사방으로 퍼진다. 사람들이 바라보니 어떤 짐승의 꼬리

가 구름 사이에서 꿈틀대는데 무엇인지 몰라서 모두들 '서미'라고
한다.

일찍이 북로北路로 길을 잡아 만리계灣灄溪에 이르러 물을 건널 때
어떤 동물이 구름발치에서 꼬리를 폈다 움츠렸다 하는 모습을 봤
다. 처음에는 실처럼 보이기도 하고 쥐꼬리처럼 보이기도 했다. 다
시 보니 밧줄 같기도 하고 소꼬리 같기도 했다. 잠시 후에 작은 것,
큰 것이 수십 가닥으로 늘어나 다시 여러 겹으로 넓게 퍼져나갔는
데, 점차 가까이로 다가오면서 마침내 폭풍우를 몰고 왔다.

뱃사공이 깜짝 놀라며 말했다. "쥐꼬리가 나타났다." 급히 뭍으
로 돌아오지 않으면 틀림없이 배가 침몰한다면서 공포에 떨며 심
지어 우는 자도 있었다.

다행히 해안에 당도했을 때 폭풍이 몰아쳐서 뱃사공과 함께 대
나무 숲 아래에 쭈그리고 앉아 있다가 이윽고 바람이 그치고 나서
야 길을 갈 수 있었다.

50. 대두산大肚山: 거대한 요괴가 사는 곳

종류 : 요괴, 지역 : 산야·중부

소개

대만 중부의 대두산大肚山은 '대두대지大肚臺地'라고도 한다. 가장 높은 곳이 대략 해발 300여 미터이고, '망고료望高寮'라 불리기도 한다. 서쪽으로는 멀리 대만해협을 바라볼 수 있고, 동쪽으로는 대중분지의 야경을 굽어볼 수 있기 때문이다. 지세는 높지 않지만 주위가 모두 평탄한 곳이어서 이 산에 올라서면 팔방의 경관을 남김없이 살펴볼 수 있다.

대대로 대두산 자락에 거주해온 노인들은 거대한 요괴가 참수되어 그 유골이 대두산으로 변했다고 한다. 이 때문에 대두산은 사람이 언덕과 계곡 사이에 누워 있는 모습과 같다. 그러나 이 이야기의 상세한 내막은 아무도 알지 못한다.

거대한 요괴는 껍질과 피부만 남겨져서 산으로 변했지만 잔존한 정기와 혈맥은 주위 땅으로 스며들어 산림을 기르고 만물을 생장케 했다. 초목들은 거대한 요괴의 혈기를 흡수했기에 기이한 향기를 뿜어내고 있으며, 백성들도 이곳에 마을을 건설했다.

대두산은 영험하여 인걸을 태어나게 했을 뿐 아니라 기이한 동식물도 그 사이에 살게 했다. '특유생물 연구 보육 센터特有生物研究保育中心'가 조사해본 결과 묘율苗栗과 가의嘉義에만 '석호石虎(삵)'의 자취가 있는 것이 아니라 대중 용정의 대두산 서남쪽 산림에서도 석호의 모습이 발견되었다고 한다.

이른 시기의 대두산에 관한 문헌으로는 라이트의 기록을 참고할 만하다. 그는 대두산 남쪽의 '대두계大肚溪'가 스페인 사람들에 의해 '내심하耐心河'로 불린 원인을 다음과 같이 설명했다. "미닥Middg(大肚) 북쪽에서 대략 일곱 계곡 떨어진 곳, 즉 해변에서 대략 네 계곡 떨어진 곳에 '대두대지'가 있다. 이 산은 올라가기가 어렵기 때문에 이런 명칭으로 불린다. 이 산은 네모난 탁자처럼 보이는데 평탄하기가 마치 깎아놓은 예술품 같아서 전혀 자연이 만든 지형 같지 않다. 동시에 이 산에는 인근 평원을 둘러싸고 가시나무가 빽빽이 자란다. 남쪽 산자락에는 물살이 급한 강*이 흐른다. 가장 강한 토착민(체격이 건장한 남자들)도 마음대로 이 강을 건너지 못한다. 만약 강을 건너야 할 때는 적어도 20~30명이 손을 단단히 잡고서 건너야 한다. 이 때문에 스페인 사람들은 농담으로 이 강을 '리오 파티엔시아Rio Patientia(耐心河)'라고 불렀다. 이 급류의 강을 건너려면 큰 힘을 들여야 할 뿐만 아니라 상당한 인내심이 요구되기 때문이다."**

청나라 시대에 욱영하도『비해기유』에 이 지역을 기록하면서 당시 창화현 이북은 한족들이 매우 드문 위험한 곳이고, 심지어 원주민에게 살해

---

* 〔원주〕강: 바로 '대두계大肚溪'다. 이 강은 또 '오계烏溪'라 불리기도 하며 길이가 100킬로미터 이상이다. 지금의 대중시와 창화현의 경계를 이루는 강이다. 19세기에는 오계가 바다로 들어가는 곳에 한 때 '도각굴항塗角窟港'이라는 큰 항구가 번성했으나 1912년에 대홍수에 휩쓸려 물속으로 사라졌다.

** 〔원주〕이 단락은『포르모사에 관한 초보적 탐색: 포르모사 필기』(원저 데이비드 라이트, 번역 예춘룽)에서 뽑았다.

당할 수도 있다고 설명했다. "12일에 아속사噁束社*를 지나 대두사大肚社**에 이르렀다. 크고 작은 돌을 쌓아 길을 만들었고, 수레가 그 위로 운행했기에 온종일 덜컹거려서 매우 피곤했다. 게다가 황량한 숲에 묵은 풀이 우거져 어깨까지 닿았는데 반선半線*** 이하의 상황과 같았다. 계곡이 많아서 이루 다 기록할 수 없을 정도였다. 13일에 큰 강****을 건너고 사록사沙轆社*****를 지나 우매사牛罵社******에 이르렀다. 마을의 가옥이 심하게 협소하여 비가 내리자 매우 습했다. 창문 밖의 마을 다락집에는 사다리로 오르내렸으며 비록 문이나 난간은 없었지만 높다랗고 깨끗하여 기분이 좋았다. (…) 앞산이 진실로 마을의 울타리가 되고 있었으나 산 뒤의 깊은 산은 어떤 상황인지 몰라서 산으로 올라가 살펴보고 싶었다. 그러자 마을 사람들이 말했다. '야만인들이 항상 숲속에 잠복해서 사슴을 노리다가 낯선 사람을 봐도 바로 화살을 쏘기에 가지 않는 것이 좋습니다.' 나는 고개를 끄덕이고는 지팡이를 짚고 가시덤불과 초목을 헤치며 산으로 올라갔다. 이윽고 올라가다가 넘어졌는데, 가시넝쿨이 뒤엉켜 발을 디딜 수 없었으며 숲의 나무가 고슴도치의 털과 같았다. 나뭇가지와 나뭇잎이 무성하게 우거져 짙은 그늘이 낮에도 어둑어둑할 지경이었다. 하늘을 우러러보니 마치 우물 속에서 하늘을 바라보는 듯 때때로 한 조각씩 보일 뿐이었다."

---

* 〔원주〕아속사噁束社: 대두계 남쪽 연안의 평포족사다.

** 〔원주〕대두사大肚社: 대두계 하류에 있다.

*** 〔원주〕반선半線: 지금의 창화시다.

**** 〔원주〕큰 강: 대두계다.

***** 〔원주〕사록사沙轆社: 대중시의 사록沙鹿이다.

****** 〔원주〕우매사牛罵社: 대중시의 청수淸水다.

18세기와 19세기에 이르러 대두산 주위가 점차 개척되면서 많은 한족이 이 지역으로 이주했다. 청나라 관리 진사망^{秦士望}*은 「두산초가^{肚山樵歌}」라는 시를 써서 이곳의 풍경을 다음과 같이 읊었다.

산은 높고 나무는 늙어 구름과 나란하고	山高樹老與雲齊
비스듬한 비탈길에 걸음이 헷갈리네	一徑斜穿步欲迷
사람들이 추격하자 바위 곁 사슴이 몸을 숨기고	人踪貪隨巖鹿隱
노랫소리 조화롭게 들판 새가 지저귀네	歌聲喜和野禽啼
유장하게 계곡으로 들어온 소리가 멀리까지 퍼지고	悠揚入谷音偏遠
감돌며 바람을 타니 음향이 낮아지지 않네	繚繞因風韻不低
땔감을 베어서 술빚을 갚게 하는데	刈得荊薪償酒債
돌아오는 도중에 해가 서쪽으로 기우네	歸來半在日沉西

가의^{嘉義}의 시인 뇌우약^{賴雨若(1877~1941)}도 「두산에서 바다를 보다^{肚山觀海}」라는 시를 지었다.

평지에서 바다 넓은지 어찌 알리요	平地焉知海闊何
시야를 넓히려고 높은 산으로 올라가네	欲寬眼界上嵯峨
바다를 두루 보고야 뭍의 물을 물이라 하기 어려움을 믿게 되니**	縱觀

始信難爲水

해양의 만경창파에 눈길을 끝까지 던져보네　　　　　　　極目汪洋萬頃波

일찍이 대두산은 토비와 강도의 근거지였다. 대두산을 지나 서쪽의 도각굴항^{塗角窟港}, 오서항^{梧棲港}으로 가는 상인들은 모두 도적의 습격을 두려워했는데 심지어 "사람을 약탈하려면 대두산으로 가라^{若要搶人, 卽到大肚}"는 속담이 유행할 정도였다. 전해오는 소문에 구봉갑^{丘逢甲}***은 을미년(1895) 7월, 일찍이 대중의 대아^{大雅}에 있는 장씨^{張氏} 집의 '학해헌^{學海軒}'이라는 사숙^{私塾}에 묵었다. 다음 날 장씨의 협조로 그는 대두산 비적 '홍포^{紅炮}' 추맹^{秋猛}의 약탈을 피해 순조롭게 도각굴항에서 배를 타고 바다를 건넜다.

대두산에는 또 '왕전^{王田}'이라고 불리는 곳이 있는데, 그곳은 대항해시대의 네덜란드 동인도회사가 개간한 땅으로 네덜란드 장졸들이 그 땅을 평포족과 한족에게 임대하여 경작하게 했다고 한다.

대만 중부 지방 시골의 전설에서는 대두산 자락의 왕전이 정성공 군대와 네덜란드 군대가 교전을 벌인 곳으로 네덜란드 사람들이 이곳에서 많이 전사하여 들판의 고혼이 되었다고 한다. 날씨가 흐려져 큰비가 퍼부으면 대두산 자락 시골 들판에서 '으스스한 괴성'이 들려오는데 그것이 바

難爲水, 遊於聖人之門者難爲言.'"

*** 〔원주〕 구봉갑^{丘逢甲}(1864~1912): 대만민주국^{臺灣民主國}의 항일운동에 참여했다가 실패한 뒤 '학해헌^{學海軒}'으로 도피하여 「대만을 이별하는 시^{離臺詩}」를 썼다. "재상은 땅을 할양할 수 있는 권력이 있지만, 외로운 신하는 정세를 되돌릴 힘이 없네. 일엽편주로 강호의 방랑자 되어, 강산으로 고개를 돌리니 마음이 암담하네^{宰相有權能割地, 孤臣無力可回天, 扁舟去作鴟夷子, 回首河山意黯然}."

로 네덜란드 사람의 귀신이 옛 전장에 모여 흐느끼는 소리라고 한다. 이러한 괴성이 들리면 사흘 뒤에 세찬 비바람이 몰아칠 수 있다고도 한다.

『대만기사』권1 「여러 산의 형승 기록紀諸山形勝」, 청 오자광

대두산은 머리도 없고 꼬리도 없이 사람이 땅 위에 누워 있는 모습과 같다. 허리와 복부만 남은 빈 껍데기 같아서 별도로 정신과 혈맥이 머물지는 않는 듯하다. 이 산에 대두牀라는 이름을 붙인 것은 산의 형상이 사람의 복부와 매우 비슷했기 때문으로 매우 비루한 명칭이기도 하다.

산의 길이는 30리로 그 가운데 기이한 곳이 있고, 너비는 20리로 역시 그 가운데 기이한 곳이 있다. 또 마을도 있고, 시장도 있고, 논밭도 있다. 그리고 색깔이 아름다운 과일도 있고, 특이한 향기가 나는 초목도 있다.

대만의 여러 산 중에서 가장 비옥한 곳이다.

51. 주통요酒桶妖: 산중 괴물

종류 : 요괴, 지역: 북부·산야

소개

신죽현 첨석향尖石鄉과 묘율현 태안향泰安鄉 중간에 주통산酒桶山이 있다. 모습이 큰 술통 같으며, 원주 형상으로 솟아 있고, 작은 풀도 자라지 않아서 사람들이 올라가기가 어렵다.

이 산은 현재 '대패첨산大霸尖山'으로 불리고, 설산산맥雪山山脈*의 북쪽 능선에 자리잡고 있으며, 대만의 저명한 산으로 설패국가공원雪霸國家公園에 속해 있다.

노인들이 전하는 말에 주통산의 산허리 모처에 석굴이 있고 일찍이 원주민 1명이 사냥을 하다가 그곳에 들러 석굴 속에서 무서운 요괴가 나타나는 것을 보았다고 한다. 모습은 대략 사람과 같았으나 어금니가 길게 튀어나온 입을 벌리고 사람을 잡아먹으려 하여 원주민이 기겁하고 도망쳤다고 한다.

---

* 〔역주〕설산산맥雪山山脈: 대만 중앙산맥의 서북쪽에 위치한 산맥으로 주봉인 설산雪山은 해발 3886미터고 유명한 대패첨산은 해발 3492미터다.

『대만기사』 권1 「여러 산의 형승 기록」, 청 오자광

주통산은 신죽현 경내에 있다. 산의 모습이 술집의 술통과 같아서 이런 이름이 붙었다.

길이 험하여 사객謝客의 나막신*으로도 올라갈 수 없다.

노인들이 전하는 말에 의하면 산허리에 석굴이 있고, 옛날에 원주민이 사냥을 하다가 그곳에 당도하여 멀리서 사람 모습을 한 동물을 보았는데 노려보는 눈빛이 분노하여 꾸짖는 듯했고 사람을 잡아먹으려는 듯하여 황급히 도망쳤다고 한다. 그리하여 그곳은 마침내 공포의 길이 되었다.

---

* 〔원주〕 사객謝客의 나막신: 전설에 동진 시대의 문인 사령운謝靈運(385~433)이 일찍이 특수한 나막신을 발명했는데, 나막신의 앞굽을 떼면 산을 올라갈 때 몸의 균형을 잡기 쉽고, 뒷굽을 떼면 산을 내려올 때 몸의 균형을 잡기 쉬웠다고 한다.

52. 요인족獠人族: 새의 발처럼 손가락이 셋인 족속

종류 : 요괴, 지역 : 산야

소개

대만섬 내지內地의 깊은 산속에 '요인족獠人族'이 살고 있다. 형상이 특이하여 두 손이 모두 새의 발처럼 손가락이 셋이고 비할 데 없이 날카로우며 산림의 수목 사이를 날아다니는 장기를 지니고 있다. 요인족은 나무 꼭대기에 집을 짓고 그 속에 거주한다. 아울러 기장 농사에 정통하며 곡식을 수확한 뒤에는 높다란 나무 구멍 속에 저장한다. 그리고 요인족은 활쏘기에 통달하여 일단 그들의 나무 나라에 적들이 접근하면 나무 꼭대기에서 화살로 공격하여 아무도 가까이 오지 못하게 한다.

원전

『팽호 대만 기략澎湖臺灣紀略』, 청 두진杜臻(1633~1703)

혹자는 봉토가 광활하며, 매우 기괴한 요인獠人이 섞여 산다고 떠벌렸다.

손가락이 셋인 사람이 있는데 날카로운 손톱이 새와 같고 원숭이처럼 산림의 나무 위를 뛰어다니며 나무 꼭대기에서 산다. 수목이 매우 커서 그 꼭대기가 평평하기에 그곳에 집을 지을 수 있다.

요인족 역시 농사를 지을 줄 알고 곡식을 거둔 뒤에는 바로 나무 위로 옮겨 저장한다.

또 활쏘기를 잘하는 사람들인지라, 그곳으로 접근하면 화살을 아래로 퍼붓기에 끝내 접근할 수 없다.

53. 장염왜인長髥倭人

종류 : 요괴, 지역 : 산야

소개

대만 구릉의 오목한 땅에 수염이 긴 왜인족倭人族(난쟁이족)이 산다는
전설이 있다.

왜인족의 성격은 의심이 많고 시끄럽다. 남녀노소 할 것 없이 모두 어
린아이처럼 생겼고 수염이 복부를 덮을 정도로 길다. 왜인족은 개성이 활
발하고 열정적이며 악작극 벌이기를 좋아한다. 지세가 험준한 산 계곡이
나 수로의 깊은 곳에 거주하며 어떤 전설에는 사람을 잡아먹는 풍습도 있
다고 한다.

원전

『펭호 대만 기략』, 청 두진

수염이 긴 난쟁이 족속이 있는데 키는 겨우 열 살 정도의 어린아
이 정도이나, 수염은 모두 복부를 지날 정도로 길다.

54. 오접요괴烏蝶妖怪: 해를 가리고 하늘을 덮는다

종류 : 요괴, 지역 : 산야

소개

오접烏蝶(검은 나비)은 대만의 평야에 출몰하는 기형 요괴로 크기는 찻잔과 같고, 떼를 지어 날아다니면 태양을 가려 대낮에도 밤과 같은 광경을 만들 수 있다.

오접요괴가 떼를 지어 날아올라 태양을 가리면 장차 불길한 일이 발생한다.

원전

『수기림지樹杞林志』

광서 6년(1880) 크기가 찻잔만 한 오접이 태양을 가리고 떼 지어 남쪽으로 날아갔다.

함풍 4년(1854)에 오접이 두 차례나 나타났는데 지방이 모두 편안하지 못했다.

55. 스페인 백마의 환영

종류 : 요괴, 지역 : 북부·산야

소개

로버트 스윈호Robert Swinhoe(쉰허邸和 또는 쓰윈하오斯文豪, 스원허우史溫
侯로도 번역함, 1836~1877)는 영국인으로 대영제국 통치하의 인도 콜카
타에서 태어났다. 그는 영국 외교관이 되어 1856년에 대만으로 와서 짧
은 기간 탐사 활동을 하며 1858년 배를 타고 대만섬을 일주했다. 스윈호
는 1861년에서 1866년까지 대만 주재 영국 영사를 지내면서 영국과 대
만 사이의 각종 외교 업무를 책임졌다. 그러나 그의 가장 유명한 공적은
바로 박물학자로서 대만섬의 생물을 연구한 데 있다.

귀국 후 그는 영국황실지리학회, 런던민족학회, 런던대전London Exhibition
에서 강연하며 대만의 특산물, 종족, 동물 생태 등의 풍모를 소개했다.
1862년 스윈호는 「포르모사의 포유동물학On the Mammals of Formosa」이라는
논문을 발표하여 대만의 검은 곰, 원숭이, 구름표범雲豹 등 포유동물의 생
태를 서술했다.

스윈호는 대만 각지를 여행하며 현지의 생태계와 생물을 기록하기 좋
아했다. 언젠가 대만 북부를 여행할 때 그는 종려도棕櫚島, 즉 기륭항 동북
에 위치한 지금의 화평도和平島에 도착했다. 최초로 원주민들은 이 섬을

'투만Tuman'이라고 불렸고, 17세기
에 한족들은 '사료도社寮島'라고 불렸
으며, 스페인 사람들은 그곳에 도착
하여 '종려도'라고 불렸다. 아울러
스페인 사람들은 섬에 성벽을 쌓고
산살바도르 성Fort San Salvador이라 칭
했는데, 지금의 화평도가 그곳이다.
스윈호가 200년 뒤에 그 섬에 도착
했을 때는 스페인 사람들이 쌓은 성
이 이미 무너져 깨어진 기와와 황폐
한 터만 남아 있었다. 현지 주민들은

● 로버트 스윈호

그에게 옛 성 폐허에 항상 백마의 유
령이 밤새도록 배회하면서 성벽 아
래에 보물이 묻혀 있음을 암시하는
듯하다고 말했다.

종려도는
스페인 성곽
폐허다.
백마의
유령이
지하에 묻힌
진기한
보물을
보호한다.

백마의
환영

『영국 황실 지리학회 학보』 제10기 제3호, 1866년, 「포르모사 기행 부록」, 스윈호

우리는 항구에서 가까운 작은 섬을 답사했다. 이 섬의 이름은 종려도Palm Island였는데, 섬 구릉의 눈에 잘 띄는 곳에 소종려수Phoenixsp가 자라고 있기 때문에 이런 이름이 붙었다.

이 섬 안쪽에는 아직도 스페인 성루의 폐허가 남아 있다. 상당히 길지만 이미 무너져서 낮아진 성벽 위에는 식물이 가득 자라서 약 3에이커의 땅을 에워싼 채 내항內港 한구석과 마주하고 있다.

우뚝 솟은 땅 위에 성벽 폐허의 잔해가 남아 있다. 같은 섬의 작은 산 정상에는 일찍이 높은 곳에서 낮은 곳을 굽어보며 섬 입구를 감시한 보루, 즉 바다를 향해 솟은 작은 보루의 흔적이 있는데, 지금은 겨우 석재 몇 덩이만 남아 있다.

나를 따라 섬에 오른 어떤 현지 주민이 확신에 차서 나에게 말하기를 약 30년 전에 백마의 환영을 보았으며, 그 백마의 유령이 매일 저녁 무렵 보루 위에 서서 마치 성벽 아래에 보물이 묻혀 있다고 암시하는 듯했다고 했다.

그 섬을 개간하기 위해 나선 사람들이 그 지점으로 가서 보루를 철거하고 찾아보았으나 끝내 아무것도 찾지 못했다.

56. 오통五通: 거짓 신령이 향불을 올리게 하다

종류 : 요괴, 지역 : 남부·향리

소개

오통五通은 '오요五妖'라고도 한다. 원래 중국 강남 지역 산에 서식하는 소귀족魑鬼族*이다. 송나라에서 명나라까지 강남 민간에는 오통에게 제사를 올리는 사당이 있었다. 기실 오통의 원형은 사악한 마귀인데 신령의 외피만 걸친 모습으로 자신에게 제사를 올리라고 요구한다.

청나라 때 오통 신앙은 복건성 등지로 유입되었으며 뒤에 복건 사람들이 대만으로 건너올 때 오통 신앙도 갖고 왔다.

요영姚瑩(1785~1853)이 대만에서 지현知縣을 지낼 때 소문이 나기를 허씨許氏 성을 가진 사람이 중병에 걸리자 오요가 자신에게 제사를 지내라 요

---

* 〔역주〕소귀족魑鬼族: 소매족魑魅族이라고도 한다. 중국 고대 전설에 나오는 귀신으로 깊은 산속 고목 숲에 산다고 한다.

구했다고 한다. 이 때문에 허씨의 형이 서둘러 집안의 재산을 기울여 자금을 마련하고 오요의 신상을 제작하여 융숭하게 제사를 올렸다.

요영은 이 일로 대로하여 민간에서 비밀리에 오통에게 제사를 올리는 일을 금지했다. 즉 그는 부정한 사당에서 부정한 신에게 올리는 제사를 금지함과 아울러 법정을 열어 소귀족이 요망한 말로 민중을 현혹하는 일을 심판했다. 요영은 심지어 사람을 보내 오통의 신상을 포박해오게 하여 몽둥이로 때려 부순 뒤 그 잔해를 불구덩이 속으로 던져넣었다.

원전

『**동명외집**東溟外集』권4「**분오요신상판**焚五妖神像判」, 청 요영

복건성의 풍속은 귀신을 좋아하는데 장주漳州와 천주泉州가 더욱 심하다. 백성은 한 해 내내 고생해도 산 사람을 부양하고 죽은 사람을 장송하는 일을 넉넉하게 하지 못하지만, 번번이 재물의 절반을 소모하면서 신에게 제사를 올린다. 병이 들면 신에게 약을 구하고, 장례를 치를 때면 신에게 장지葬地를 구하고, 온갖 일을 하면서 뜻을 이루지 못한 것이 있으면 모두 신에게 성공을 구한다.

어리석은 백성의 마음이 매우 애처롭다.

그러나 모두 복을 구하며 제사를 올리는 일 중에서 너(오요)처럼 우리 백성을 해치는 경우는 아직 없었다.

너를 고찰해보면 본래 오통의 잔여 파당이다. 옛날 삼오三吳*에서 해악을 끼치니, 순무巡撫 탕湯이 천자의 명으로 제거했다. 이에

오吳 땅의 백성이 지금까지도 편안하게 살고 있다.

그러나 요망하고 완고한 자들은 다 사라지지 않고, 복건으로 숨어들었다가 바다 밖으로까지 갔다. 너는 응당 이곳에서 복을 지어야 함에도 민간으로 잠적하여 몰래 제사 음식을 받아먹었다. 담당 관리야 황제의 애민정신을 실천하고 있으니 너를 용서하지 않을 수 없었겠지만, 어찌하여 너는 계속 악행에 의지한 채 회개하지 않고 함부로 흉악하고 사특한 짓을 하는가?

대만 백성 중에서 허許 아무개라는 사람은 형제가 화목하게 살며 봇짐 장사를 하여 어버이를 부양했다. 나이가 아직 서른도 되지 않았는데 이웃 마을에서도 모두 근면 성실한 사람이라고 칭송한다.

지난날 그는 아무 까닭도 없이 몸에 병이 드니 네가 질책하며 네게 제사를 지내야 한다고 했다. 그의 형이 가난하여 제사를 차리지 못하자 너는 더욱 병을 악화시켜 그를 거의 죽게 만들었다.

허 아무개는 죽음이 다가오자 형에게 만약 제사를 지내지 않으면 참화가 전 가족에게 미칠 것이라고 말했다. 그의 형은 매우 두려웠기에 빚을 내고 가산을 털어 너의 상像을 만든 뒤 성대하게 예를 올리며 너를 맞아 제사를 지냈고, 이 일로 온 고을이 떠들썩했다.

---

* 〔역주〕 삼오三吳: 중국 장강 하류의 오군吳郡, 오흥吳興, 회계會稽를 합쳐서 부르던 옛 명칭이다.

나는 이미 천자를 위해 고을 수령으로 부임하여 경내의 일을 주관하게 되었다. 지금 네가 감히 우리 백성을 학대하면서 함부로 요망한 짓을 하니 어찌 용납할 수 있겠는가? 또 사람의 생사는 천명에 달렸지, 너와 같은 귀신이 함부로 할 수 있는 것이 아니다.

마침 허 아무개가 죽을병이 들자 네가 무지한 백성을 속이며 마침내 그것을 빌미로 해악을 끼치고 있을 뿐이다.

혹세무민이 이보다 심한 경우는 없다.

이제 인부와 장비를 파견하여 너의 상像을 묶어 오게 하고 이제 공공 법정에서 너를 국문하고자 한다. 네 요망함은 이미 뚜렷하게 드러났으니 곤장으로 상像을 부수어 불속에 던져 넣는 것이 합당하다. 요망하고 사악한 도구를 근절하여 우리 백성의 어리석음을 깨우치고자 한다.

혹시라도 오요 너에게 신령한 능력이 있다면 사흘 내에 내 몸에 재앙을 내려 내가 이 일을 상제께 아뢰게 하라.

이렇게 판결하노라!

종류 : 귀매, 지역 : 중부·향리

소개

　창화현에 유명한 전설이 있다. 함풍 11년(1861), 창화현 공묘孔廟 명륜
당에서 갑자기 귀곡성이 울리며 수십 일 동안 끊이지 않아 사람들이 대경
실색했다. 한 해 지나서 하늘에서 벼락이 떨어져 공묘의 정전正殿인 대성
전 앞을 쳤다.

　당시에 대조춘戴潮春(?~1864)이 거병하여 반란을 일으켰기에 사람들은 이
일을 널리 전하며 재앙의 조짐으로 여겼다. 일본 통치 시대의 저명한 작
가 라이허賴和(1894~1943)도 일찍이 『우리 지방의 이야기我們地方的故事』라는
책에 이 전설을 실으면서 한때 공묘 왼쪽 명륜당을 감옥으로 썼고, 그곳
에서 거의 700명에 가까운 사람이 죽었다고 언급했다.

원전

　『동영기사東瀛紀事』「재상災祥」, 청 임호

　신유년(함풍 11) 가을 창화현 명륜당에서 며칠 동안 귀곡성이

들려 사람들이 놀라고 두려워했다.

이듬해 봄에 창화 공묘에 벼락이 쳤는데, 사람들은 공자의 가르침이 훼손될 징조로 여겼다.

● 창화 공묘의 동종銅鐘. 가경 연간에 제작했다.

● 창화 공묘 외관. 창화 공묘는 청나라 옹정雍正(청 세종世宗의 연호, 1723~1735) 4년(1726), 창화 지현 장호張鎬에 의해 건축되었다. 이 공묘의 주된 제사 대상은 바로 지성선사至聖先師 공자다. 청나라 초기 대만 학궁 중에서 가장 완비된 체제를 갖췄다. 대만 4대 서원의 하나인 백사서원白沙書院이 바로 이곳에 설치되었다.

● 창화 공묘의 대성전. 공자와 12철인哲人에게 제사를 올린다. 대성전 앞에 월대月臺로 불리는 평대平臺가 설치되어 있는데, 이곳은 공자에게 제사를 올릴 때 사용하는 신성한 공간이다.

58. 노후매 老猴魅: 현자 賢者가 요괴를 진압하다

종류 : 요괴, 지역 : 남부·향리

소개

방방기 方邦基(1701~1750)는 일찍이 봉산현 鳳山縣(지금의 고웅시 高雄市, 병동현 屏東縣) 지현과 대만부 해방포도동지 海防捕盜同知를 지낸 적이 있다. 건륭 12년(1747), 방방기는 정치적 업적이 뛰어나 대만부 지부 知府로 승진했다.

전해오는 말에 방방기는 임기 동안 공덕을 베풀며 백성을 사랑했다고 한다. 그는 현명하고 능력 있다는 칭송을 들었을 뿐만 아니라 선법 仙法을 구사하는 뛰어난 도사 道士로서도 명망이 높았다. 그는 봉산에서 관리 생활을 할 때 봉산에 사는 어떤 여인이 요괴에게 얽혀들어 심지어 내의까지 빼앗겼다는 소문을 들었다. 방방기는 백성의 고난을 해결하기 위해 성황부 城隍府 앞에 제단을 설치하고 제사를 올리며 귀신에게 빌자 잠깐 사이에 바람과 구름이 일었다.

마침내 요괴는 방방기를 대적하지 못하고 천신 天神이 내리치는 벼락에 맞아서 신체가 박살난 뒤 구덩이에 몸이 고꾸라졌다. 이 때문에 요괴의 본래 모습이 백일하에 드러났는데, 그 요괴는 늙은 원숭이 귀신으로 시골에 해악을 끼치는 일종의 공포 요괴였다.

방방기는 요괴의 시신을 구덩이에서 파냈고 이로부터 봉산에서는 더 이상 '늙은 원숭이 귀신' 때문에 재앙을 당하지 않았다.

원전

『속수 대만현지續修臺灣縣志』, 청 설지량薛志亮(?~1813)

방방기方邦基는 자가 낙지樂只이고, 호가 송정松亭이며 항주 인화仁和 사람이다. 옹정 경술년(1730)에 진사가 되어 대신들의 추천으로 복건에 와서 민청閩淸 고을 수령 서리로 임명되었다가 사현沙縣 현령으로 보임되었다. 해를 넘겨 봉산현으로 자리를 옮겨 무거운 세금을 경감하고 정액 외의 세금을 면제해달라고 조정에 요청하여 백성이 감격했다. 당시 백성 중에 집이 가난하여 아내를 맞아오지 못한 자가 있었는데, 아내 될 여인의 모친이 그녀를 다른 곳으로 시집보내려 하여 현縣에 송사를 제기했다. 이에 방방기는 길일을 택하고 자금을 주어 가난한 남자가 아내를 맞아오게 도와 마침내 그 혼인이 이루어지게 했다.

또 백성의 아낙네가 요괴에 씌어 저녁이 되면 사람 모습으로 보이기도 하고 개 모습으로 보이기도 했다. 이 때문에 온 집안에 소동이 일어났으나 아무도 어떻게 해야 할지 몰랐다.

(방방기가) 바로 목욕재계하고 고유문을 지어 성황에게 고하니 갑자기 벼락이 내리쳐서 요괴가 땅속으로 도망쳐 들어갔다. 이에 땅을 파서 원숭이의 해골을 얻었는데 피가 흥건했다. 이후로 요괴

어떤 여인이
요괴에게 홀려
온 집안이 소란했다.
방방기는
신에게 기도하여
요괴를 죽였다.
땅에서 파내고 보니
늙은 원숭이의
해골이었다.

늙은
원숭이
귀신

가 마침내 사라졌다.

『동영지략』, 청 정소의

대만에서 현명한 고을 수령으로 불리는 인화의 방방기가 있다.

건륭 초년에 봉산현에서 고을살이를 하며 정액 외의 세금을 면제해달라고 청하여 백성의 곤경을 해소해주었다.

백성의 아낙네가 요괴에 씌었기에 (방방기가) 신령에게 기도하자 요괴가 벼락을 맞아 죽었다.

『동영지략』, 청 정소의

『대만현지』에 어떤 백성의 아낙네가 요괴에 씌어 저녁이 되면 사람 모습으로 보이기도 하고 개 모습으로 보이기도 했다. 이 때문에 온 집안에 소동이 일어나자, 고을 수령 방방기가 고유문을 지어 성황신에게 고하니 갑자기 벼락이 내리쳐서 요괴가 도주하여 땅속으로 들어갔다. 땅을 파서 죽은 원숭이 한 마리를 얻자 재앙이 마침내 사라졌다.

거대한 뱀이 사람을 잡아먹고, 늙은 원숭이가 요괴가 되는 일은 세상에 간간이 있어 왔지만 이른바 뱀 머리에 사람의 몸을 한 요괴는 기괴한 사례에 가깝다고 할 수 있다.

59. 죄귀罪鬼: 향리에서 여귀厲鬼가 되다.

종류 : 귀매, 지역 : 남부·향리

소개

읍여단邑厲壇은 향읍의 여귀厲鬼와 무주고혼에게 제사를 지내는 장소다.

정씨(정성공 부자) 왕조 시기에 흥륭장興隆莊 한 곳에 죄인을 가두는 감옥이 있었고, 그 속에서 죽은 죄인의 혼백이 '여귀'가 되었다. 죽은 혼령이 이곳에 많이 모였기 때문에 이 근처 향리는 항상 무주고혼과 들판 귀신의 소동에 시달렸다. 이에 왕국흥王國興이 읍여단을 세워 죄귀罪鬼를 진무했다.

원전

『중수 대만부지』

읍여단은 흥륭장에 있고 또 담수항淡水港 동쪽에도 하나가 있다. 정성공 정권 때 죄인을 안치하는 장소였으며, 그곳에서 죽은 귀신이 자주 여귀가 되어 재앙을 일으켰다.

강희 58년(1719), 지현 이비욱李丕煜이 담수사순검淡水司巡檢 왕국
흥으로 하여금 사당을 세워 제사를 올리게 한 뒤로는 더이상 여귀
에 의한 재앙이 발생하지 않았다. 새해가 되면 모든 마을 사람이
제사를 올린다.

60. 비희晶屭라는 신수神獸: 백련성모白蓮聖母

종류 : 신령, 지역 : 향리

소개

청나라 건륭 51년(1786), 임상문은 대만 중부 지역에서 거병하여 창화, 담수淡水(대략 지금의 신죽新竹 등 지역), 봉산鳳山(지금의 고웅高雄) 등지를 공격했다. 그러나 건륭 53년(1788) 결국 청나라 군대에 임상문이 사로잡힘으로써 전화가 막을 내렸다.

청 고종 건륭제는 이 전공을 '십전무공十全武功'*의 하나로 간주함과 아울러 이 일에 경각심을 갖고 다시 어명으로 비희晶屭** 비석을 만들게 하여 자신의 전공을 과시하고 백성을 경계했다. 이 석비에는 만주문자와 한자로 함께 쓴 '어제문御製文' 다섯 편을 새겼다. 「대만 역적을 소탕하고 임상문을 생포한 일을 기록한 어제문御製剿滅臺灣逆賊生擒林爽文紀事語」이란 글은 바로 그중의 한 편이다. 이 글은 비희라는 돌거북 위에 올린 화강암 석비에

---

* 〔역주〕십전무공十全武功: 청 건륭제乾隆帝가 준가르와의 두 차례 전쟁, 호와자Khwaja와의 전쟁, 금천金川 지역에서의 두 차례 전쟁, 대만 임상문林爽文의 반란 진압, 미얀마와의 전쟁, 베트남과의 전쟁, 네팔 구르카Gurkha와의 두 차례 전쟁에서 모두 승리했음을 가리킨다.

** 〔역주〕비희晶屭: 중국 고대 신화에 나오는 상서로운 동물로 패하覇下, 오오鼇, 귀부龜趺, 천하天下, 용귀龍龜로도 불린다. 생김새는 거북과 비슷하고 등에 무거운 물건을 잘 짊어지므로 흔히 비석 받침의 형상으로 많이 쓴다.

새겨져 있다.

청나라의 『흠정사고전서欽定四庫全書』에는 북송의 「영조법식營造法式」이 수록되어 있는데 여기에 「비희오좌비贔屭鰲坐碑」를 만드는 방식을 상세하게 나열해놓았다. 예컨대 '형체와 치수刑制與尺寸'에 다음 내용이 있다. "비희로 비석 좌대를 만드는 방법. 비석 머리는 비희 반룡盤龍으로 만들고 아래에는 땅에 맞붙도록 큰 거북 좌대鰲坐를 설치한다. 좌대에서 비석 머리까지는 모두 높이가 1장 8척이 되도록 한다. 비신碑身은 길이가 1척이면 너비는 4촌, 두께는 1촌 5푼으로 한다. 좌대 오좌鰲坐는 길이를 비신 너비의 두 배로 하고, 높이는 4촌 4푼으로 하며, 거북 등의 불룩 솟은 부분은 너비를 3촌으로 한다." 건륭제가 명령을 내려 제작한 비희 좌대 비석 10기는 높이가 모두 대략 315센티미터이고 너비는 140센티미터 안팎이다.

하지만 10기의 비석과 비희 석수石獸는 바다를 건너 대만으로 와서 해안으로 끌어올릴 때 그중 비희 하나를 바다에 떨어뜨려 찾지 못했다. 잘못을 저지른 관리는 이 일로 천자를 속이기 위해 비희 모방품을 제작했고, 아울러 이 비희 모방품과 한 세트를 이루는 비석('대만에 명령을 내려 복강안福康安 등 공신의 생사生祠*를 세우게 하고 시로써 그 일을 기록한다命於臺灣建福康安等功臣生祠, 詩以志事'라는 내용을 새긴 비석)은 가의로 보내졌다. 가짜 비희 석수 등에 진짜 비신을 얹은 이 비석은 지금도 가의 공원 안에 우뚝 서 있다.

그 진짜 비희 석수는 실종된 뒤 바다에 잠겼다. 그런데 긴 세월을 거치

---

* 〔역주〕 생사生祠: 살아 있는 사람의 사당이다. 공적이나 덕행이 뛰어난 사람이 살아 있을 때 사당을 건립하여 공경을 바친다.

는 동안 그곳 사람들은 항상 한밤중에 바다 양어장 수면에서 밝은 빛이 반짝이는 것을 목격했을 뿐만 아니라 그들이 기르는 물고기가 아무 까닭도 없이 줄어드는 현상을 겪었지만, 그 이유를 알지 못했다. 마침내 그들은 보안궁保安宮의 왕야王爺에게 가르침을 청했다. 왕야는 본래 바다로 떨어진 비희 석수가 물고기를 잡아먹으며 신성한 능력을 과시하는 것이라고 알려주면서 그 양어장이 바로 옛날에 비희 석수가 추락한 곳이라고 했다.

사람들은 비희 석수를 해안으로 끌어올린 뒤 그것을 남창南廠의 보안궁에 안치했다.

전설에 바다 깊은 곳에서 빛을 감추고 신통력을 기르며 해와 달의 정기를 흡수한 비희는 기이하고 영험한 능력을 갖추게 되었다고 한다. 본래 비석을 세우려던 비희 석수 등 위의 오목한 홈에는 맑은 물을 가득 채워 두는데, 이 물이 불가사의한 능력을 갖고 있어서 눈병을 치료할 수 있다고 한다. 이 때문에 그 지방 사람들은 비희 석수를 '백련성모'라고 부른다.

「대만 역적을 소탕하고 임상문을 생포한 일을 기록한 어제 문御製剿滅臺灣逆賊生擒林爽文紀事語」(건륭 53), 청 고종 건륭제

　대체로 강희 22년(1683) 대만을 평정한 뒤 옹정을 거쳐 지금 건륭 무신년(1788)에 이르기까지 100여 년 동안 1년이 아무 일 없이 편안한 때는 거의 드물었다. 그런데 그중에서 심한 경우는 주일귀 및 이번 임상문이었다.

　주일귀는 대만부의 성을 근거지로 삼아 연호(영화永和)를 참칭했다. 임상문은 비록 대만부의 성을 근거지로 삼지는 않았지만 역시 연호(순천順天)은 참칭했다.

　주일귀는 대만부의 성을 근거지로 삼았지만, 남정진藍廷珍(1663~1730)이 군사를 이끌고 7일 만에 성을 회복한 뒤 1년도 안 되어 군郡 전체를 평정했다.

　임상문은 대만부의 성을 근거지로 삼지 않았음에도 1년이 걸려서야 비로소 그의 수급을 얻고 군 전체를 평정했으므로 군사를 거느리는 사람은 현명하거나 그렇지 못한 자질의 차이가 있음을 알 수 있다. 이 때문에 사람의 일이란 사람 하기에 달려 있으므로 신중하게 고르지 않을 수 없다.

「대만에 명령을 내려 복강안福康安 등 공신의 생사生祠를 세우게 하고 시로써 그 일을 기록한다命於臺灣建福康安等功臣生祠詩以志事」, 청 고종 건륭제

근래 각 성에 생사生祠를 건립하는 일은 세상을 속이고 명성을 도둑질하는 가장 사악한 풍습이다. 이 때문에 명령을 내리노니 금령을 엄격히 시행함과 아울러 현재 건립된 것도 철거하도록 하라.

그런데 지금 특별히 대만에 명령을 내려 복강안 등의 생사를 건립하게 하는 것은 기실 대만에서 역도들이 함부로 반역을 일으킨 이래 무려 수만 명에 이르는 백성에게 해악을 끼쳤기 때문이다. 복강안 등이 석 달 안에 역도를 남김없이 소탕하니 군 전체 백성이 모두 편안히 침상에 올랐다.

이 근면한 공적은 진실로 기록할 만하다. 또 간악하고 완고한 무리로 하여금 직접 눈으로 보고 경각심을 갖게 할 수 있으며, 또 사나운 악당들을 없앨 수도 있다.

61. 가읍嘉邑의 여자 귀신女鬼: 복수 괴담

종류 : 귀매, 지역 : 중부·향리

소개

19세기 중엽, 가의 지역에 성이 왕씨王氏인 부유한 상인이 한 명 살았다. 그는 부유함에 의지하여 정부에 돈과 양식을 출연하고 봉작과 관직을 얻었다.

왕 아무개가 기상도 발랄하게 광동으로 가서 고관직에 부임하려고 할 때 그의 모친이 갑자기 중병으로 세상을 떠났다. 며칠 지나서 병사한 모친의 혼백이 돌아와 왕 아무개에게 말했다. "너도 곧 나를 따라 지하 세계로 갈 것이다. 왜냐하면 지하 세계에서 네 죄를 400여 가지나 적발하여 기소할 것이기 때문이니라. 특히 여자 귀신 다섯 명은 네게 원한이 깊다고 하므로 나도 가서 심문을 받아야 한다. 지하 세계의 관아에서 기소당하면 그것에서 도피할 수 있는 사사로운 인정이나 통로가 없구나." 말을 마친 후 그의 모친은 다시 사망했다.

왕 아무개는 모친의 말을 들은 뒤 마음이 불안했고, 이어서 목에 큰 종기가 나서 목구멍이 막혀 음식물을 넘길 수 없게 되었기에, 7일 뒤에 갑자기 죽었다.

며칠이 지난 뒤에 왕 아무개는 죽었다가 다시 살아나 사람들에게 말했다. "지하 세계는 형벌이 매우 혹독하여 숯불 위에 무릎 꿇게 했다. 뜨거운 불에 무릎이 문드러지는데 그 고통을 참기가 매우 힘들었다." 왕 아무개의 무릎을 살펴보니 과연 뼈가 드러날 정도로 문드러져 있었다.

왕 아무개는 이어서 말했다. "나는 두 눈도 꼬챙이로 찔렸고, 코도 베어졌으며, 뺨도 못으로 관통당했다." 말을 마치자 그의 얼굴 피부가 바로 떨어져 내렸다. 심지어 그는 또 밑도 끝도 없이 귀신 목소리로 계속 지껄였다. "네놈이 내 제사를 끊었으니, 나도 네 자손을 끊겠다!" 이에 왕 아무개의 아들이 갑자기 중병에 걸렸다.

그의 가족들은 과거에 왕 아무개가 자택의 꽃밭을 만들 때, 병란으로 죽은 사람들을 제사 지내는 사당인 대충사大忠祠를 파괴해서 틀림없이 지하 세계에 있던 사자들의 귀신이 왕 아무개의 악행을 고소했다는 사실을 알아차렸다. 이 때문에 왕 아무개의 가족들은 얼른 대충사의 옛터로 가서 다시 향불을 피우고 제사를 올렸다. 이때 그의 아들은 점차 중병에서 회복되었지만 왕 아무개는 목숨을 돌이킬 방법이 없었다.

향리의 백성이 모두 다음과 같은 사실을 알려줬다. 왕 아무개는 생전에 온갖 악행을 저질렀다. 일찍이 한 첩실을 총애하여 아들을 낳은 뒤 그 첩실을 정실로 삼았다. 그러나 이를 정실부인이 허락하지 않자 그녀를 집 밖으로 내쫓았다. 본처는 굴복하지 않고 목을 매서 죽었다. 그 뒤 왕 아무개는 첩에게서 낳은 아들 생일을 축하하기 위해 대문 앞에 전통 연극단을 한 달 동안 초청해서 공연하게 했다. 그러나 마을 사람들은 감히 그에게 쓸데없는 말을 할 수 없었다.

아울러 왕 아무개는 늘 마을의 어린 여자들을 간음하고 집으로 돌려보냈는데 그때마다 금전으로 보상하겠다고 했지만, 처녀가 아니라고 헐뜯으며 그것을 빌미로 보상액을 줄이곤 했다. 풍문에 그에게 강간당한 여자가 80여 명은 된다 했고, 그에게 학대당하다가 죽은 처첩도 부지기수라고 했다.

원전

『사미신재 잡록』「군자헌 우기君子軒偶記」, 청 서종간

가읍嘉邑의 왕 아무개라는 자는 거부로 의연금을 많이 냈고, 그에 대한 보답으로 통판通判이 되었다.

장차 광동으로 떠나려 할 때 그의 모친이 갑자기 병이 났다가 며칠 지나 소생하여 이렇게 말했다. "아들아! 너도 나와 함께 저승으로 갈 것이다. 저승에서 400수십 가지 죄목으로 너를 기소했는데, 여자 귀신 다섯 명의 원한이 더욱 깊다고 하더구나. 나도 반드시 심문을 받아야 하는데 그곳 관아에서는 조금도 사사로운 인정이 통하지 않는다." 말을 마치고는 죽었다.

왕 아무개는 어떤 사람이 자신의 목을 치는 듯한 느낌을 받았고, 그 뒤 바로 목에 종기가 나서 목구멍이 막혀 7일 동안 음식을 먹지 못하다가 죽었다.

그도 역시 며칠 지나서 다시 소생하여 말했다. "형벌이 엄중하여 견디기 어려웠다. 두 무릎을 불 위에 끓게 한 뒤 때려서 모두 문드러졌다." 옷을 벗고 살펴보니 과연 그러했다.

또 말했다. "내 눈을 찌르고, 내 코를 베어내고, 내 뺨을 못으로 꿰뚫었다." 말을 다 마치지도 않았는데 살갗이 모두 떨어졌다. 또 귀신 목소리로 말을 했다. "네놈이 나의 제사를 끊었으니 나도 네 후손을 끊겠다." 이에 왕 아무개의 아들도 병이 들었다.

대체로 그 근처에 장병張丙(?~1833)* 역모 사건 때 순절한 사람들에게 제사를 지내는 대충사가 있었고, 그 지하에 108명의 해골이 묻혀 있었다. 왕 아무개는 꽃밭을 만들면서 그곳 전체를 파괴하여 평지로 만들었다. 그의 가족들은 그 말을 듣고 모골이 송연하여 바로 찾아가 사당을 다시 세우고 무덤을 조성하여 때에 맞게 제사를 올렸다. 아들의 병은 완치되었으나 왕 아무개는 죽었다.

마을 사람들이 전하는 말은 이렇다. "왕 아무개는 일찍이 어떤 첩을 총애하여 아들을 낳자 정식 아내로 삼았다. 그의 본처가 허락하지 않자 아무개는 그녀를 질책하며 내쫓았다. 본처는 대문 안으로 들어올 수 없어서 목을 매어 죽었다. 첩의 득남을 축하하기 위해 여러 달 동안 전통 연극을 공연하게 했으나 감히 함부로 고발하는 사람이 없었다. 또 어부의 어린 딸을 강간하고 다시 그 집으로 돌려보냈는데, 먼저 많은 재물을 주기로 약속했으나 결국 처녀가 아니었다고 헐뜯으며 재물을 줄여서 주었다. 그러나 어부는 감

---

* [역주] 장병張丙: 본적은 복건성이나 그의 부친이 청나라 건륭 연간에 대만 가의현으로 이주했다. 도광 12년(1832), 청나라 통치에 불만을 품고 반란을 일으켜 국호를 천운天運이라 했다. 스스로 '개국대원수開國大元帥'를 칭하며 대만의 주요 성읍을 공격하여 대만지부臺灣知府 여지항呂志恒, 파총把摠 주국진朱國珍, 부장副將 주승은周承恩 등을 살해했다. 그러나 결국 같은 해 12월 청나라 군대에 체포되었다가 이듬해 북경으로 압송되어 능지처사를 당했다.

히 따지지 못했다. 혹자는 말하기를 그에게 강간당한 여인이 80여 명이라고 했다. 그의 비첩婢妾 중에서 능욕과 학대를 당하다가 죽은 사람이 모두 몇인지 사람들은 알지 못한다."

왕 아무개는 30여 세에 부귀하게 되어 아무도 그를 건드리지 못했다. 고을 사람들이 그를 높이 평가하면서 평소에 훌륭하다고 아부했으니 이는 대체로 재물과 세력으로 사람들을 움직일 수 있었기 때문이다. 그런데 장차 죽음에 임해 그 죄상이 모두 탄로 나게 되었다. 이는 스스로 죄를 짓고 자백한 꼴이니 범인이 법정에서 죄를 인정한 것과 다름이 없다.

종류 : 귀매, 지역 : 남부

소개

  이름이 고개태顧開泰라고 하는 당산唐山 사람이 대만의 봉산현에 부임했다가 뜻밖에도 임공林恭(?~1853) 등이 일으킨 전란을 맞아 전쟁의 소용돌이 속으로 빠져들었다. 고개태는 변란 중에 처소를 잃었다가 전쟁이 평정된 뒤에야 봉산 관아로 귀환했다. 그는 전쟁 전야의 밤이 깊었을 때 귀신들이 싸우는 소리를 들었는데, 사후事後에 돌이켜 생각해보고서야 그것이 숨은 군사들의 반란 조짐임을 알았다고 했다. 숨은 군사들이 반란을 일으킬 조짐인 '귀신 싸우는 소리'가 들리면 미래의 전쟁을 피할 방법이 없다. 이러한 조짐이 있자마자 서둘러 피란했기에 그는 비적에게 살해당하지 않을 수 있었다.

『사미신재 잡록』「계축일기癸丑日記」, 청 서종간

고개태는 여고如皋* 사람이다. 일찍이 봉산 관서에서 막료 생활을 했으나 환난**이 미치기 전에 혼자 외부로 도망쳤다. 환난이 평정되고 관서로 돌아와서 봉산 사건을 매우 자세하게 이야기했다.

난리가 일어나기 며칠 전 밤에 고개태는 귀신들이 싸우는 소리를 들었다. 속담에 '귀신이 반란을 일으킨다'라고 했으니 이 환난은 피할 수 없는 것이었다.

---

* 〔원주〕여고如皋: 치고雉皋 또는 치수雉水라고도 한다. 중국 강소성江蘇省 동부, 장강 입구다.

** 〔원주〕환난: 함풍 3년(1852) 4월, 임공林恭, 홍태洪泰 등이 군사를 일으켜 대만현과 봉산현을 함락했으나 서종간이 민병民兵과 더불어 힘을 다해 방어하면서 토벌과 수비를 병행했다.

63. 강시殭屍: 유제묘油蹄貓가 시체를 뛰어넘자 그 시체가 변신하다

종류 : 요괴, 지역 : 향리

소개

대만 민간 전설에 따르면 사람이 죽은 뒤 시체로 정체된 기간에 고양이가 시체를 뛰어넘으면 시체가 다시 살아나 공포의 강시가 된다고 하는데 그것이 바로 '시변屍變'이다. 강시는 서서 걸을 수 있고 사람을 보면 바로 꽉 끌어안는다. 만약 문지방을 만나거나 길 위의 어떤 물건에 방해를 받으면 걸려서 거꾸러진다. 이 때문에 빈소에 혼령이 머무는 기간에 자손들이 혼령을 지키는 것은 효성을 다하기 위해서일 뿐만 아니라 불의의 사고를 예방하기 위해서다.

전설에 시체를 뛰어넘는 고양이는 백제묘白蹄貓(발굽이 하얀 고양이)와 유제묘油蹄貓(날카로운 발톱이 없는 고양이. 일설에는 발굽에 마귀의 기운이 있는 고양이라고도 함)가 영험하다고 한다.

『운림현 채방책』, 청 예찬원

　시체는 고양이를 꺼리는데 풍속에서 전하는 바 고양이가 시체를 뛰어넘으면 시체가 바로 산 사람처럼 일어나 걸을 수 있고, 사람을 만나면 단단히 끌어안고 놓지 않으며 문지방을 지나거나 어떤 물건에 방해를 받으면 거꾸러진다고 한다.

　이 때문에 자손들은 밤에 시체 곁에서 잠을 자는데 이를 '수포守鋪'라고 한다. 첫째는 효성을 다하기 위함이고, 둘째는 불의의 사고를 예방하기 위해서다.

64. 관음대사觀音大士가 고혼孤魂을 진압하다

종류 : 신령, 지역 : 중부·향리

소개

가의현에 매년 7월 1일이 되면 거리에 음산한 바람이 불면서 귀신들이 곡을 하여 성안 백성을 깜짝 놀라게 한다.

어느 해에 온갖 귀신들이 곡을 할 때 어떤 관음대사가 신령함을 발휘하며 귀신들을 꾸짖어 물러가게 했다.

관음대사는 키가 1장丈에 정수리에는 소라 같은 뿔이 한 쌍 돋아 있었으며, 몸에는 붉은 갑옷을 입고 푸르딩딩한 얼굴에 어금니가 날카롭게 삐져나와 있었다. 입 밖으로 내민 혀는 1척이 넘었는데 혓바닥에는 불꽃이 이글거렸다.

귀신들은 관음대사의 모습을 멀리서 보기만 해도 입을 막고 조용히 도망쳤다.

가의의 백성은 관음대사가 자신들을 위해 귀신을 물리치는 것을 보고 매우 기뻐하며 대사의 신령한 도움에 감사를 표했다. 관음대사가 바로 '대사야大士爺'다.

이후로 매년 7월이 되면 대사의 신상神像을 만들어 붉은 비단을 입히고 제사를 올리면서 절을 한다. 아울러 승려를 초청하여 들판을 떠도는 무주고혼을 제도하기 위해 불경을 낭송하게 한다. 제사를 다 올린 뒤에는 대사의 신상을 소각한다.

또 가의현에서는 7월 29일이 되면 '동자보童子普'를 거행하는데 이는 동자의 고혼에게 제사를 올리는 행사다.

어느 해에 제사를 중지하자 그달에 요사한 기운이 사방에서 일어나며 수많은 동자 귀신이 길가에서 곡을 했고, 성안의 고아들도 이를 따라 불안하게 통곡했다. 이때도 관음대사의 신상을 만들어 진압하면서 승려를 초청하여 동자 귀신에게 제사를 올렸고, 이로써 귀곡성을 그치게 할 수 있었다.

원전

『가의 관내 채방책嘉義管內采訪冊』

7월 1일, 타묘打貓(Tamio, 지금의 가의현 민웅民雄)에서는 정가頂街* 행사를 하는데 건륭 연간부터 관음대사를 만들어왔다.

이 행사를 거행하기 전, 7월 1일부터 매일 오후에 바람이 으스스하게 불며 사람들의 얼굴을 스쳤다. 귀신의 곡소리까지 들리자 사람들은 두려움에 떨었고 집집마다 경황이 없어 우왕좌왕했다.

---

* 〔역주〕정가頂街: 대만의 가의현 등지에서 음력 7월 1일부터 7월 3일까지 관음대사 신상을 만들어 제사를 올리며 귀신을 진압하는 행사다. 7월 1일에 맨 먼저 제사를 올리므로 정수리 정頂 자를 써서 '정가頂街'라 하고, 7월 21일에서 7월 23일까지의 행사는 '하가下街'라고 하며, 7월 말일의 행사는 '소보小普'라고 한다.

그때 관음대사가 누차 몸을 드러냈으며 거리의 사람 모두 그 모습을 보았다. 키는 1장이 넘었고, 머리에는 한 쌍의 뿔이 돋아 있었고, 몸에는 붉은 갑옷을 입고 푸르딩딩한 얼굴에 어금니가 날카롭게 삐져나와 있었으며. 불꽃이 피어오르는 혀가 1척 넘게 입 밖으로 나와 있었다.

관음대사를 만나면 음산한 바람이 바로 그쳤고 귀신들의 곡소리도 모두 잦아들었다.

사람들은 관음대사가 고혼을 진압할 수 있다는 사실을 알고 이때부터 여러 거리에서 기도를 올렸으며, 기도를 올리면 반드시 영험이 있었다. 관음의 위력과 영험이 혁혁하게 드러나자 번화가의 점포마다 다음과 같은 여론이 형성됐다. "매년 7월 1일 관음대사의 신상을 만들어 붉은 비단을 입히고 제단에서 제사를 지내자."

또 승려 다섯을 맞아와서 불경을 낭송하게 하고 사흘 동안 참회하며 무주고혼을 제도하고 음산한 기운에 두루 제사를 올렸다.

초사흘 저녁이 되면 높이 6~7척이 되게 평평한 나무판을 가로로 걸쳐놓았는데 그것을 '고평孤枰'이라고 부른다. 그 위에 쌀밥, 고기, 단술, 채소, 산 돼지와 양을 진설하고 또 수많은 제물을 마련하여 무주고혼에게 제사를 올린다.

제사가 끝나면 관음대사 신상을 불태운다.

마침내 관음대사의 위력과 영험이 먼저 가까운 곳에서 먼 곳으로 퍼져나가 마을 백성이 그 은택을 입었을 뿐만 아니라 전체 읍민들도 모두 신령의 은혜에 젖어들었다.

이러한 까닭에 구름처럼 남녀가 모여들어 모두 제단 앞에서 향을 사르며 절을 올렸다.

함풍 연간에 이르러 7월 내내 큰 비가 쏟아지니, 제단에 가서 절을 하려는 사람들이 비에 막혀 가지 못했다. 이 때문에 향불을 가지고 관음대사의 제단을 따로 설치했다. 예를 들면 대비두장^{大埤頭}莊, 매자갱^{梅仔坑}, 고민장^{古民莊}, 윤미장^{崙尾莊} 등지에 각각 관음대사 제단을 설치했다. 더러는 하루 동안 제사를 올리고 더러는 이틀 동안 제사를 올리는 등 일정한 규칙이 없었다.

『가의 관내 채방책』

7월 29일 하가^{下街}* 행사에는 동자보도 포함되어 있다.

이 행사는 도광 연간에 처음 시행했는데, 시행한 까닭을 미루어 보면 거리에서 아이들이 즐겁게 놀아야 하기 때문이다. 공금에서 약간의 돈을 출연하여 몇 가지 물건을 사서 고평^{孤枰}의 발치에서 동자들의 고혼에 제사를 지낸다. 연이어 2년 동안 제사를 지낸다.

1년 제사를 지내지 않았더니 온 거리에서 오후에 귀신이 곡하는 소리가 들렸는데 모두 동자들의 울음소리였다. 음산한 바람이 끝없이 불어오는 가운데 곡소리가 끊이지 않았다. 거리의 아이들도 대부분 편안하지 못했다.

---

* [역주] 하가^{下街}: 앞의 각주 참조.

공론에 의하여 관음대사의 몸에 비단을 입힌 뒤 승려와 도사 다섯 명을 맞아들여 경전을 낭송하게 하고 하루 동안 참회하며 동자들의 고혼을 제도하니 이것이 마침내 정례 행사가 되어 '동자보童子普'라고 부르게 되었다.

● 19세기의 한족 승려가 법구法具를 들고 있는 사진(네덜란드 국립 박물관, 1875)

65. 암수가 서로 바뀌는 닭 요괴

종류 : 요괴, 지역 : 북부·향리

소개

천재지변을 만날 때마다 암수가 서로 바뀌는 닭 요괴가 있다. 예를 들면 광서 21년(1895) 가을 수기 舊杞(지금의 신죽현 죽동진 竹東鎮)에 암탉이 수탉으로 변한 사건이 발생했다. 그 닭은 새벽에 일어나 울기 시작하더니 더이상 달걀을 낳지 않았다.

2년 뒤의 겨울에 기괴한 닭은 다시 암탉으로 변했다.

원전

『묘율현지 苗栗縣志』, 청 심무음 沈茂蔭

동치 원년(1862) 봄에 강진이 발생했다. 2월, 대갑보 大甲堡의 수탉이 알을 낳았다.

『수기림지樹杞林志』

광서 21년(1895), 가뭄이 심했다.

같은 해 가을 수기림장樹杞林莊의 어떤 사람 집에서 암탉이 수탉
으로 변했다.

광서 23년(1897) 겨울, 수탉이 다시 암탉으로 변했다.

66. 인면우人面牛: 예언 능력이 있다

종류 : 요괴, 지역 : 중부·산야

소개

대만섬에는 예전부터 소 요괴에 관한 전설이 퍼져 있다. 전하는 말에 따르면 그 소는 미래에 일어날 일을 미리 아는 능력이 있다고 한다. 그러나 이 소 요괴가 예언하는 것은 항상 재앙이나 흉사였기 때문에 사람들은 모두 소의 예언 듣기를 두려워했다. 1862년 대만 중부의 사장리四張犁(지금의 대중시 북둔구北屯區)에 사람 말을 하는 소가 장차 파종할 논밭이 없어진다는 예언을 했다. 사장리 괴우怪牛의 예언은 지극히 영험하여 당시 사장리의 대만생戴萬生(戴潮春)의 반란도 정확하게 예측했는데, 대만 중부 지역 백성이 이 반란 때문에 황급히 도주하느라 많은 논밭을 버려두어 황무지로 변했다.

『동영기사』「재상」, 청 임호

전하는 말에 임술년(1861) 봄 사장리의 소가 다음과 같이 사람 말을 했다. "그만두어라! 경작지는 있으나, 파종해도 벼를 거둘 수 없다." 이 일의 진위는 알 수 없다. 아마도『한서漢書』「오행지五行志」에 실린 '소로 인한 참화牛禍'처럼 역시 재앙의 조짐인 듯했다. 또 대갑大甲에는 수탉이 달걀을 낳는 이변이 있었다.

인면우

사장리에 소가 사람 말을 하기를 "그만두어라! 경작지는 있으나, 파종해도 벼를 거둘 수 없다"라고 했다.

67. 원혼 진수낭陳守娘

종류 : 귀매, 지역 : 남부·향리

소개

청나라 때 '대만 4대 기괴 사건臺灣四大奇案'이 민간에 두루 퍼졌다. 그것
은 각각 「주성이 대만에 가다周成過臺灣」 「진수낭이 영혼을 드러내다陳守娘顯
靈」 「임투저林投姐」 「여조묘에서 금지金紙를 사르다呂祖廟燒金」라는 제목으로
유행했다.

진수낭은 청나라 도광 연간의 열녀로 억울하게 죽어서 원혼이 되었다.

진수낭은 대만부 대만현 경청항구經廳巷口(지금의 대남시 북문로 일대)
에 살다가 임수林壽의 아내가 되었다. 임수가 죽은 뒤 진수낭은 절개를 지
키며 개가하지 않았다. 그러나 진수낭의 시어머니와 시누이가 진수낭에
게 몸을 팔라고 강요할 줄은 생각지도 못했다. 진수낭이 죽어도 말을 듣
지 않자 시어머니와 시누이는 늘 진수낭에게 악담을 퍼부으며, 심지어 폭
력으로 진수낭을 학대했다. 마지막에는 두 모녀가 강제로 진수낭을 걸상
에 묶어놓고 뾰족한 송곳으로 그녀의 하체를 찔러 죽게 만들었다.

마을 사람들은 두 모녀의 악행을 용인할 수 없어서 바로 관아에 고발했
다. 그러나 현령 왕정간王廷幹은 사건을 덮고 민심을 무마하려고 결국 증거
가 없다고 발표했다.

마을 사람들은 격분하여 현령 왕정간이 가마를 타고 갈 때 돌을 던져 가마를 부수었다. 놀란 현령은 급하게 도주했고, 그 뒤에야 시어머니와 시누이에게 죄가 있다고 판결했다.

이후 대만부는 누차 진수낭의 원혼에게 재앙을 당했다. 은전이 지전으로 바뀌는가 하면 한밤중에 으스스한 귀신 울음소리가 들렸고, 관아의 물건이 아무 까닭 없이 날아다녔다. 마을 사람들은 그것이 모두 진수낭의 영혼이 야기한 일이라 여기고 분분히 산자미山仔尾에 위치한 진수낭의 무덤(지금의 남문로와 부전로府前路 일대)으로 가서 제사를 올렸다. 관아에서는 이 일을 진정시키기 위해 진수낭의 무덤을 다른 곳으로 이장하기까지 했다.

지금도 대남 공묘孔廟의 절효사節孝祠에는 진수낭의 위패가 봉안되어 있고, 붉은 바탕에 금박 글씨로 '흠포절렬읍민인임수처진씨수낭신위欽褒節烈邑民人林壽妻陳氏守娘神位'*라는 글자가 쓰여 있다.

원전

「해음시海音詩」, 청 유가모劉家謀

| 묻힌 일을 밝힌 군수가 전해 올린 글이 있어 | 闡幽郡伯有傳文 |
| 남쪽 여인 원통한 일이 황상에게 알려졌네 | 吳女沉冤得上聞 |

---

* 〔역주〕 절개 있는 열녀. 읍민 임수의 처 진수낭을 황제의 명령으로 표창하는 신위라는 뜻이다.

나도 소충사 밖을 지나가다가　　　　　　　　我向昭忠祠外過

잡초를 헤치고 진수낭의 무덤을 찾아보았네　　披榛空訪守娘墳

주註

진수낭은 군郡의 동안방東安坊 경청항經廳巷 사람이다. 남편이 죽고 수절하자 시어머니가 강제로 개가시키려 했으나 그렇게 할 수 없다고 했다.

시어머니의 딸이 항상 그녀를 헐뜯으며 온갖 잔학한 짓을 하여 그녀의 피부는 온전한 곳이 없었다.

어느 날 두 모녀는 함께 걸상에 진수낭을 묶고 송곳으로 그녀의 하체를 찔러 죽게 만들었다.

마을 사람들이 관가에 고발하자 대만부의 현령 아무개를 시켜 그 일을 무마하게 했다. 그는 시체를 검사한 뒤 '아무 상처도 없다'고 말했다.

사람들은 분노하여 현령의 가마를 부쉈고, 현령은 겁이 나서 두 모녀의 죄를 확정했다.

이것은 도광 말년의 일이다. 처음에는 소충사昭忠祠 뒤의 산자미에 안장했는데 자주 혼령이 나타나고 그곳에서 기도하는 사람이 날마다 이어졌다.

관아에서는 그것이 백성을 현혹한다고 여겨 다른 곳으로 이장했다.

68. 운림雲林의 물귀신水鬼: 아미타불에게 항복하다

종류 : 귀매, 지역 : 중부·남부·향리

소개

수귀水鬼 즉 물귀신은 물속에 빠져 죽은 사람의 귀신으로 자신이 익사한 물가에서 배회한다.

물귀신은 다시 윤회의 세계로 진입하려고 반드시 자신의 대체자를 찾는다. 물귀신이 다른 사람을 익사시킬 수 있으면 바로 저승으로 달려가 염라대왕의 재판을 받을 수 있다. 이 때문에 '대체자'를 잡기 위해 물귀신은 온갖 수단을 동원하여 사람을 물속으로 끌어들인다.

운림현 거리의 동쪽에 검푸른 시내가 한 줄기 흐르는데, 그곳에 어린아이 하나가 익사하여 물귀신이 되었다. 그 물귀신은 여러 해 동안 늘 시내 바닥에 엎드려 길 가는 사람이 냇가를 지날 때 물속으로 끌어들여 자신의 대체자로 삼을 기회를 엿보았다.

가경 3년(1798), 왕복기王福基라는 사람이 이곳을 지나다가 물귀신에게 두 다리를 잡혀서 거의 머리까지 빠질 지경에 이르렀으나 탈출할 방법이 없었다. 이때 왕복기는 얼른 아미타불을 염송하며 부처님의 도움을 기원했다. 물귀신은 아미타불 주문을 듣자 귀신의 몸으로 대적할 수 없음을 알고 손을 놓을 수밖에 없었다.

왕복기는 가슴이 쿵쾅거릴 정도로 무서워서 성안으로 돌아가 사람들에게 알리고 냇가에 돌을 세웠다. 첫째로는 사람들에게 귀신이 있음을 경고하고, 둘째로는 부처님의 보우에 감사를 표하기 위함이었다. 그리고 이 입석立石이 악귀 진압에 도움을 줄 수 있기를 희망했다.

5년 뒤 근처의 주민들은 모두 황혼 무렵에 냇가 입석에서 부처님의 영험함인 듯한 기이한 불꽃이 이는 것을 목격했다. 이 때문에 주민들은 바로 자금을 모아 그곳에 사찰을 세우고 아미타불에게 제사를 올렸다.

이 입석이 바로 '석불공石佛公'이다. 현지의 주민들은 매년 정월 15일과 8월 15일에 제사를 올린다.

물귀신에 관한 이야기는 대만 한족의 물귀신 신앙을 기록한 서양인의 글에도 나오고, 또 '물귀신의 원통한 기운'을 직접 목격했다는 경험담도 전한다.

1871년 9월 미국인 에드워드 그리Edward Greey(1835~1888)는 미국 주간지 『프랭크 레슬리 일러스트 신문Frank Leslie's Illustrated Newspaper』에 그가 대만을 여행하면서 겪은 일을 「포르모사섬」이라는 제목으로 연재했다. 이를 통해 미국 독자들은 포르모사라는 신비한 동방 세계를 엿볼 수 있게 되었다. 다음 내용은 중국어로 번역된 『바람 속의 이파리: 포르모사 견문록風中之葉: 福爾摩沙見聞錄』*에서 뽑은 것으로 작가는 람베르트 반데르 알스보르트Lambert van der Aalsvoort(1955~)이고 역자는 린진위안林金源이다.

---

* 〔역주〕『바람 속의 이파리: 포르모사 견문록風中之葉: 福爾摩沙見聞錄』: 네덜란드 사람 람베르트 반데르 알스보르트Lambert van der Aalsvoort(1955~)가 16세기에서 19세기까지의 대만 관련 일차자료를 대거 수집하여 편찬한 책으로 린진위안林金源이 중국어로 번역했다. 300년 동안 서구인의 눈에 비친 대만의 상황이 흥미롭게 담겨 있다. 위의 본문에 언급한 에드워드 그리의 대만 관련 글이 이 책 속에도 실려 있다.

이 책 한 편의 글에 그가 대남의 안평安平을 여행한 기록이 실려 있다. 그는 현지 한족 한 명과 함께 마조천후궁媽祖天后宮 앞의 작은 시내를 건넜는데 뜻밖에도 시내의 수면에서 물귀신이 원통한 기운을 뿜어냈다가 들이마셨다가 하는 현상을 발견했다.

수행 안내원은 얼굴 가득 공포의 표정을 드러내고 황급하게 그를 제지하며 손으로 입과 코를 막고 잠시 숨을 쉬지 말라고 했다. 아울러 한족 안내원은 막대 폭죽을 사와서 터뜨리고 지전을 태워서 귀매의 기운을 물리쳤다.

원전

『운림현 채방책』, 청 예찬원

미타사彌陀寺는 거리 동쪽에 있고, 배정拜亭과 법당을 두어 아미타불에게 제사를 지낸다.

전해오는 말에 어떤 아이가 익사하여 매번 백주에 모습을 드러내고 사람을 물속으로 끌고 들어가므로 거리의 주민들이 공포에 젖어 그쪽 길로 가기를 두려워했다고 한다.

가경 3년(1798), 왕복기가 이곳을 지나다가 귀신에게 잡혀 거의 물에 빠져 죽을 지경이 되었는데, 아미타불을 몇 번 염송하자 귀신이 마침내 몸을 숨겼다. 이에 사람들에게 알리고 비석을 세웠다.

5년 뒤에 그곳 주민들이 황혼 무렵에 그 비석에서 불꽃이 일어나는 것을 목도하고는 마침내 자금을 모아 사찰을 세웠다. 동치 5년

(1866) 증광생增廣生, 정내신鄭米臣 등이 돈을 출연하여 중수했으며 자주 영험함을 드러냈다.

『프랭크 레슬리 일러스트 신문』 1871년 9월, 「포르모사섬」, 에드워드 그리

안평의 남문 밖에 마조를 받드는 천후궁이 있고, 그 앞에 한 줄기 시내가 흐른다.

지금 이 시내에는 어두침침한 죽음의 기운이 서려 있는데, 실의하여 도박에 빠진 무리나 세상을 비관하는 자들이 모이는 장소가 되었다. 불행한 백성 수백 명이 이곳에서 자신의 목숨을 마감했으므로, 그들의 영혼이 영원히 이 시냇가를 떠도는 듯하다.

몇 년 전 내가 이곳을 방문했을 때 물속에서 끊임없이 기포가 끓어오르는 것을 보고 처음에는 그것을 물고기의 활동으로 여기며 동행한 통역에게 이곳 사람들이 물고기를 식용하느냐고 물었다.

내가 수면의 기포를 가리키며 그에게 묻자 그는 뜻밖에도 내 질문에 대답하지 않았을 뿐 아니라 무엇엔가 놀라는 표정을 지으며 먼저 나에게 손바닥으로 입과 코를 막도록 요청하고 일반적인 중국 사람들의 정서에 부합하지 않는 반응을 보이며 서둘러 현장에서 벗어났다.

우리의 행동은 아주 우스워 보였지만 나는 그가 나에게 이렇게 행동하도록 요청한 것에 충분한 이유가 있다고 여겼다. 나는 손바닥으로 코를 막고 호흡하면서 그가 다시 돌아온 뒤에야 손바닥을 뗐다. 그는 폭죽과 제사용 향을 갖고 와서 엄숙한 표정을 지으며 폭죽과 향에 불을 붙였다. 그 사이에도 그는 잊지 않고 손으로 입과 코를 가렸다.

그가 폭죽을 장대에 매달아 수면 위로 높이 들어 올릴 때의 표정은 정말 경악할 만했다. 폭죽의 연기와 냄새로 판단해보면 그것은 마치 미국의 경축일에 폭죽을 터뜨리는 행사와 유사했다. 마지막 폭죽을 다 터뜨린 뒤에 그는 마침내 심호흡을 크게 하며 말했다. "이제야 요사한 기운이 잦아들었군요!"

그는 나에게 저 기포는 이 시내에 투신자살한 '원혼'이 뿜어내는 것으로 사람들이 조심하지 않고 기포의 기운을 들이마시면 바로 자살한 사람들과 같은 결말을 맞게 된다고 말했다.

내 친구는 대략 200전(미국 돈 20센트 정도)을 썼는데, 이는 현지에서 꽤 큰 액수라 할 수 있다. 이 친구는 내가 자살하는 불상사가 생길까봐 그렇게 했을 뿐 그 밖의 다른 동기는 없었다. 내가 그만큼의 돈을 그에게 주려 하자 그는 화를 내며 거절했다.

신계神界之章

69. 마조천비媽祖天妃

종류 : 신령, 지역 : 해역

소개

마조천후媽祖天后는 대만 민간에서 가장 경건하게 신앙하는 바다의 여신이다. 소문에 천후가 몸을 드러내고 바다에서 조난당한 배를 구조할 때 반드시 홍등이 마조의 자리 앞 수면 위를 떠돈다고 한다.

또 전설에 마조 앞에서는 천리안千里眼과 순풍이順風耳라는 두 신장神將이 호위한다고 한다. 천리안은 수천 리 밖의 일을 보고, 순풍이는 수천 리 밖의 대화를 들어서 마조에게 보고한다는 것이다. 마조의 전설은 대만 각지에 광범위하게 퍼져 있고 상이한 형태의 사당에 각각 독특한 이야기가 얽혀 있다. 예를 들어 대중시 남둔구南屯區의 국가 3급 고적 만화궁萬和宮에 '요이마廖二媽' 이야기가 전해오는 일과 같은 것이다.

만화궁에서는 미주湄洲의 천상성모天上聖母에게 제사를 올리는데 일반인들은 그 성모를 '노대마老大媽'라 존칭하고 있다. 전설에 성모상은 강희 23년

(1684)에 미주에서 대만으로 모셔왔다고 한다. 신도들의 제사 참여를 편리하게 하려고 가경 8년(1803)에 또 특별히 '노이마' 신상을 하나 더 만들었는데, 요씨廖氏 성을 가진 소녀의 혼백이 신령으로 변했기 때문에 그 신상을 '요이마廖二媽'로 칭한다고도 한다. 1932년(쇼와昭和 7), 남둔공학교南屯公學校에서 펴낸 『남둔 향토 조사南屯鄉土調查』(명샹한孟祥瀚 편주編註, 쉬스룽許世融 번역, 대중시정부문화국臺中市政府文化局 출판, 2015)에도 이 일이 다음과 같이 기록되어 있다.

"서둔西屯의 대어大魚*에 거주하는 요廖 아무개의 딸이 어려서부터 매우 효성스럽게 어버이를 섬겼고 지극히 친절하게 사람들을 대했다. 마음 씀씀이가 관음보살이나 성모와 같은 아름다운 소녀였다. 혼인할 나이가 되었지만 아직 출가하지 않았다. 어느 날 목욕을 끝내고 옷을 다 차려입은 뒤 편안히 앉아 신선처럼 세상을 떠났다. 그런데 같은 날 서둔의 오복吳福이라는 장사치가 서둔과 남둔 사이의 도로에서 그녀를 만났다. 그녀는 그 장사치에게 이렇게 말했다. '당신의 돈이 우리 집 반짇고리에 있습니다. 우리 어머니에게 부탁하여 가져가십시오. 나는 이곳을 출발하여 이두점犁頭店의 마조가 빛을 내는지 보러 갑니다.' 장사치가 그녀의 집에 도착하자 그녀의 어머니는 목메어 우느라 소리도 내지 못할 지경이었다. 장사치가 그녀의 말을 전하자 사람들은 모두 경악하며 불가사의한 일이라고 했다. 반짇고리를 찾아보니 과연 은화 두 닢이 나왔다. 장사치의 말에 근거해보면 그 소녀의 복장이 죽기 전에 입은 옷과 완전히 같았다고 한다. 신선처럼 세상을 떠난 소녀가 바로 남둔 만화궁의 이마二媽다. 이후 3년에 한 번

---

* 〔원주〕대어大魚: 서둔西屯의 대어지大魚池다.

씩 서둔의 요씨 가문에서는 이 마조를 영접하는 행사를 한다."

『사유구록』 권하 「부구서록^{附舊書錄}」, 명 하자양^{夏子陽}

항해를 관장하는 수신^{水神}으로는 천비^{天妃}가 가장 유명하다.

천비는 보양^{莆陽} 사람으로, 오대^{五代}에 생존했고, 명나라 영락 연간에 천비라는 봉작을 받았다. 천녀로 득도하여 서쪽 바다에서 행적을 뚜렷이 드러냈다. 바다에 배를 띄우는 보양 사람들은 그녀를 '고낭^{姑娘}'이라 칭하며 친근하게 여긴다.

사자^{使者}가 왕래하다가 매번 강풍을 만날 때면 반드시 미리 조짐을 보인다. 천비는 잠자리나 네발나비가 되기도 하고, 참새나 홍등으로 변하여 사람들에게 강풍의 조짐을 알리고 미리 계책을 세우게 한다.

그러나 기이한 모습을 드러내도 믿음이 독실하지 못한 사람은 왕왕 공포를 경험한다고 한다.

『대양견문록』 「천후묘^{天后廟}」, 청 당찬곤

북항^{北港}에 천후묘^{天后廟}가 있고 몇 년마다 사람들이 반드시 신상을 모셔 와서 군성^{郡城}의 천후를 배알한다. 때가 되면 향불을 무수히 피워올리는데, 날마다 수천 명이 참여한다.

살펴보건대 천후는 미주 사람이다. 바다를 운행하는 배가 강풍을 만났을 때 천후에게 호소하고 홍등을 목격하면 살 수 있다고 한다.

● 대중시 남둔구 만화궁. 만화궁은 천비마조를 받드는 장소다. 정문에 청나라 광서 12년(1886)에 제작한 나무 편액이 걸려 있고 그 위에 '덕비와황 德娘媧皇(덕이 여와女媧에 비견된다는 뜻)'이란 글씨가 있다.

● 천리안과 순풍이. 만화궁 문물관에 소장되어 있는 신상. 왼쪽이 순풍이, 오른쪽이 천리안이다.

70. 선인산仙人山: 신선이 바둑을 두다

종류 : 신령, 지역 : 남부

소개

대만섬 남부의 사마기두沙馬磯頭(지금의 간정墾丁에서 아란비鵝鑾鼻 일대)에 선인산仙人山이 있다. 산꼭대기가 구름 속으로 들어갈 정도로 그 모습이 장관이다.

선인산이라는 이름이 붙은 까닭은 정상에서 항상 홍의와 흑의를 입은 신선 두 명이 바둑을 두었기 때문이다. 정상에는 여전히 돌 바둑판 하나와 의자가 놓여 있는데, 두 신선이 세속으로 내려와 미완의 대국을 계속하기를 기다리고 있는 듯하다. 전설에는 선인산이 바로 지금의 간정墾丁에 자리한 '대첨석산大尖石山'이라고 하지만 아직 증거가 부족하여 여러 가지 설이 분분하다.

『대만부지』, 청 고공건

선인산은 봉산현 치소 서남쪽에 있는데, 부府의 치소에서 떨어진 거리는 530리다. 그 산은 서쪽으로 대해에서 산맥을 다하는데 매우 높고 가파르다.

산정에는 항상 운무가 감돌아 홍의와 흑의를 입은 신선이 내려와 논다고 한다. 지금도 자연이 만든 돌 비탈길과 돌 바둑판이 남아 있다.

『중수 대만부지』

선인산은 사마기두에 있다. 정상은 항상 운무가 감돌아 맑은 날이 아니면 볼 수 없다.

이 때문에 노인들은 이렇게 말한다. "때때로 붉은 옷과 흰옷을 입은 사람이 바둑을 둔다고 하는데 황당무계한 말에 가깝다. 그러나 자연이 만든 돌 바둑판과 바둑 의자가 아직도 남아 있다."

「대만기순시臺灣紀巡詩」, 청 하지방夏之芳

선산仙山이 아스라이 황혼 속에 어둑하고   仙山縹渺閣斜曛
돌 위의 바둑 판엔 옛 흔적이 찍혀 있네   石上棋枰舊印紋

사마기두엔 도달하는 사람 드물고 드문데   沙馬磯頭人罕到

도끼자루 썩는 초동의 말도 연무 속에 사라지네   爛柯樵子話煙雲

「**선산요**^{仙山謠}」, **청 탁조창**^{卓肇昌}

천모산^{天姥山}이 동남쪽으로 뻗어   天姥出東南

높다랗게 구름 하늘과 격해 있네   崔嵬雲霄隔

땅은 형승을 쫓아 높아져서   地逐形勝高

구름 그림자에 갈라진 모습 보이지 않네   不見雲影坼

위에는 홍애^{洪崖}*의 우물이 있고   上有洪崖井

봉우리 앞은 허선^{許仙}**의 집이네   峰前許仙宅

소요하며 정상에 오르니   逍遙登絶巓

왕래한 신선의 자취가 있네   來往仙人跡

더러는 푸른 소를 부려 타기도 하고   或馭靑牛騎

더러는 나는 학을 제어하며 이야기도 나누네   或控飛鶴白

붉은 노을은 찬란한 빛을 뿌리고   朱霞散九光

---

* 〔역주〕홍애^{洪崖}: 중국 전설에 나오는 신선이다. 황제^{黃帝}의 신하 영륜^{伶倫}이 신선이 되어 홍애라는 칭호를 얻었다고 한다.

** 〔역주〕허선^{許仙}: 중국 요순^{堯舜}시대 인물로 알려진 허유^{許由}를 가리킨다. 요 임금이 그에게 천하를 양보했으나 받지 않고 기산^{箕山}으로 은거했다. 신선은 아니지만 행동이 고결하여 흔히 신선과 함께 거론된다. 『동재기사^{東齋紀事}』에 따르면 홍애선생이 화산^{華山} 위에서 허유^{許由}, 소보^{巢父} 등과 바둑을 두었다고 한다. 『태평광기^{太平廣記}』「신선^{神仙}」에도 같은 기록이 있다.

산호는 수척한 얼굴 드러내네	珊珊顏瘦瘠
갖가지 구름을 타고 내려오는데	三素乘之下
육수의六銖衣*엔 주름이 무수하네	六銖衣九䙝
삼나무와 소나무가 규룡처럼 우거진 곳	杉松鬱虬龍
두 신선이 높다란 바위에 앉았네	雙仙坐危石
선동仙童 서넛이	仙童三四人
둘러앉아 바둑을 구경하네	環觀相對弈
가래나무 바둑판에 옥수玉手가 오가며	楸枰玉指分
가볍게 두드리니 맑은 쇳소리가 울리네	輕敲金韻擲
백번 단련한 단약을 먹고	飧以百煉丹
청전핵靑田核**을 삼키네	啖以靑田核
문득 옥 생황 소리를 듣는데	斯須聞玉笙
산 남쪽에서 쇠 젓대 소리 일어나네	山陽鑄笛作
바둑 두던 손을 갑자기 멈추고	揮手忽停之
서로 바라보다가 바둑 착수를 망각하네	相看棋忘著
오봉五峰은 얼마나 높은지	五峰何岁岩
신령한 약초에 꽃받침이 생기네	靈草生根蕚

---

* 〔역주〕 육수의六銖衣: 가볍고 섬세한 옷감으로 만든 신선의 옷.

** 〔역주〕 청전핵靑田核: 진晉나라 최표催豹의 『고금주古今注』 「초목草木」에 관련 기록이 있다. 오손국烏孫國에서 가져온 물건 중에 청전핵靑田核이라는 씨앗이 있었는데 그 크기가 여섯 되升 용량이나 되었다. 그 씨앗 속을 파내고 물을 담으니, 순식간에 맛있는 술이 되었다고 한다.

다만 검푸른 다람쥐가 울고	但有靑鼪啼
긴 숲에 외로운 달이 떨어지네	長林孤月落
산중에 바둑 대국이 끝나지 않았는데	山中局未終
인간 세상에 사람 몇이나 아직 나무를 할까	人間幾猶柞
1000년 지나 집으로 돌아오면	千載儻歸來
더이상 고향 성곽을 알지 못하리라	不復知城郭

종류 : 신령, 지역 : 섬

소개

관제묘關帝廟는 무묘武廟, 무성묘武聖廟, 문형묘文衡廟, 은주공묘恩主公廟라고도 하며 중국 삼국시대의 명장 관우에게 제사를 올리는 사당이다. 관제關帝라는 칭호는 명나라 황제가 관우에게 수여한 '관성제군關聖帝君'*이라는 봉호에서 비롯되었다. 대만에도 관우에게 제사를 올리는 사당이 많고 100여 년간 그곳에서 각종 신령한 기적이 자주 일어났다.

전설에 금문도의 부속 도서인 열서烈嶼에도 관제 신상이 하나 있는데 어느 날 밤에 해적이 섬을 침범하자 관제의 신령이 즉시 영험한 능력을 발휘하여 흉악한 해적을 물리쳤다고 한다. 그 후로 섬 주민들은 관제의 신령을 더욱 독실하게 믿게 되었으며, 대만의 봉산으로 이주할 때도 그곳에 관제 사당을 건립했다.

---

* 〔역주〕관성제군關聖帝君: 명나라 신종이 관우에게 '신위원진천존관성제군神威遠鎭天尊關聖帝君'이란 봉작을 수여했다.

『대만부지』, 청 고공건

봉산현에 있는 관제묘.

하나는 안평진安平鎭에 있다. 사당 건물을 새로 건축하여 크고 아름답다고 일컬어진다.

다른 하나는 토격정土擊埕에 있는데 그 신상은 먼저 열도烈島에 있었다. 도적이 섬을 침범하여 주민들이 공포에 떨었다. 이날 밤에 푸른 두건을 쓰고 녹색 전포戰袍를 입은 신령이 나타나 큰 칼을 든 채 준마를 타고 해변을 따라 치달리며 도적을 격파하자 도적들이 마침내 도주했다.

그 뒤에 섬의 주민 중에서 대만으로 온 홍洪 아무개라는 자가 사람들을 모아 관제의 사당을 세우고 제사를 올렸다.

72. 조신竈神

종류 : 신령, 지역 : 천계

소개

조신竈神(조왕신)은 조신灶神, 조군灶君으로도 쓰며 부엌과 음식을 주관하는 신일 뿐 아니라 인간 세상의 민정民情을 감찰하는 담당관이기도 하다. 이 때문에 조신의 위패와 향로는 자택 주방의 아궁이 곁에 설치한다.

조신은 민간을 감독하는 직책을 맡고 있기에 자고이래로 대만섬의 백성은 조신이 천공天公에게 자신의 나쁜 점을 고발할까봐 두려워했다. 이 때문에 조신에게 융숭하게 제사를 올리고 경건하게 조신의 화상畫像을 받들었다. 혹은 붉은 종이에 '사명조군신위司命竈君神位'라는 글자를 써서 고기와 술로 제사를 올렸다.

사람들은 또 엿과 같은 달콤한 음식을 향로에 고면서 조신에게 기도를 올리고, 조신이 하늘나라로 가서 천공에게 자신에 대한 좋은 말을 많이 해주도록 소망한다.

음력 연말 조신을 보내는 날이 바로 조신이 부엌을 떠나 하늘나라로 가서 천공에게 주인집의 1년 공적과 과오를 보고하는 날이다.

『대양집』, 청 당찬곤

● 시서

계사년 제야에 조신에게 제사를 지냈다. 옛 관례를 베풀었는데 역시 고례古禮다. 송나라 변경汴京의 옛이야기에 따르면 이 일을 일러 사명司命을 취醉하게 한다고 하는데, 조신이 하늘로 올라가 그 집에서 일어난 한 해 동안의 일을 아뢰기 때문에 그 기한에 앞서서 기도를 올린다는 것이다.

● 시문

감히 칼을 잡고 양을 잡아 제수로 올리지 않고	不敢操刀枉薦羊
의관을 정제하고 향로에 향을 피우며 재배하네	整衣再拜爇鑪香
천공이 관리가 탐욕했는지 묻는다면	天公若問貪官事
날마다 주방에서 야채 냄새만 났다고 하겠네	日日廚頭野菜香
주방 문을 소제한 뒤 솥 안에 등불 켜고	廚門淨掃上鍋鐙
폭죽 터지는 소리 속에 흥겨움을 쏟아붓네	爆竹聲中待漏輿
아첨하는 자태 없이 사납게 군다고 비웃지 말라	莫笑狂憨無媚態
사군使君의 풍모는 오히려 위풍당당하노니	使君風骨尙棱棱

73. 국성야國姓爺: 거대한 고래가 윤회하다

종류 : 신령

国성야國姓爺는 본명이 정삼鄭森이고, 세상에서는 연평군왕延平郡王으로 칭하는데 바로 바닷속 거대한 고래가 윤회하여 태어난 사람이다.

정삼의 모친은 일본 나가사키長崎 사람으로 성은 다카와田川이며, 명나라 천계 4년(1624) 여름, 일본의 히라도섬平戸島에서 정삼을 낳았다. 정삼은 상고시대 고래의 영혼이 응축된 사람이기에 태어날 때 히라도섬 상공에 기상이변이 일어나 폭우가 쏟아졌고, 토굴에서 번개가 뻗어 나왔다. 또 광풍이 세차게 부는 가운데 하늘이 무너지고 땅이 갈라지며 하늘 가에서 금빛 번개가 번쩍였다. 당시에 섬 주민들은 분주히 도망쳐 숨기에 바쁜 와중에도 섬 밖의 파도 속에서 거대한 고래의 환영을 목격했다. 그제야 그들은 다카와가 낳은 영아의 본래 몸이 1000년 묵은 고래라는 사실을 분명하게 깨달았다.

정삼은 어른이 된 뒤 남명南明의 저항군을 이끌고 청나라에 반격을 가했고, 청나라는 어찌할 수가 없었다. 이후에 정삼은 배를 타고 동쪽 대만으로 건너갔다. 당시 대만을 점령한 네덜란드 사람들은 마치 꿈을 꾸는 듯한 환상 속에서 어떤 남자가 소복에 관대冠帶를 갖춘 채 고래를 타고 오는 모습을 멀리서 보았다. 과연 그 뒤에 정삼이 군사를 이끌고 대남을 공격했다.

청나라 사람들은 정삼의 반란을 근심하면서 점복에 뛰어난 음양사에게 자문을 구했다. 그러자 음양사는 정삼이 만약 동쪽으로 가면 반드시 패망할 것이라고 예측했다.

결국 현실은 음양사의 점괘와 같이 되어, 정삼은 대만에 주둔한 다음 해에 병으로 세상을 떠났다. 아울러 대만에 건립한 동녕東寧 왕조도 겨우 정씨 3세 총 22년 동안만 번성했을 뿐이다.

정삼의 자字는 '번복繁複'이고, 어릴 때 이름은 '복송福松', 성인이 된 뒤의 자는 '명엄明儼' 또는 '대목大木'이라고 했다. 융무제隆武帝*가 황제의 성씨인 주씨朱氏를 하사하고 이름을 성공成功이라고 했다. 이에 세상에서는 그를 국성야, 연평군왕, 주성공이라고 부른다.

정삼이 청나라 때 '정성공鄭成功'으로 불린 것은 청나라 사람들이 그가 명나라 신하의 신분임을 폄하하기 위해서였는데 그때부터 대만 민간에서도 그를 정성공이라고 불렀다. 그러나 기실 국성야가 생존했던 당시에는 정성공이라고 부른 사람이 아무도 없었다.

---

* 〔역주〕융무제隆武帝(1602~1646): 중국 남명 정권 제2대 황제로 본명은 주율건朱聿鍵이고 묘호는 소종紹宗이다. 연호를 융무隆武로 썼기 때문에 흔히 융무제로 부른다. 명 태조 주원장朱元璋의 9세손으로 먼저 당왕唐王의 작위를 세습했다가 명나라가 멸망한 뒤 복건성 복주福州에서 황제가 되었다. 1646년 청나라의 공격을 받고 정주汀州로 피신하다가 그해 10월 6일에 정주가 함락된 뒤 향년 45세로 사망했다.

『중수 복건 대만부지』 권19 「총담」

정성공이 거병하여 바닷가에 해악을 끼치자 민간에서 그를 근심했다.

덕이 높은 스님에게 물었다. "저자는 무슨 화근이기에 해악이 저처럼 심하오?" 대답했다. "바로 동해의 거대한 고래요."

언제 멸망하는지 물으니 대답했다. "동쪽으로 돌아가면 바로 죽을 것이오."

무릇 정성공이 침범한 곳, 예를 들면 남경, 온주溫州, 태주台州 및 대만에서는 정성공의 배가 바닷물에 닿으면 갑자기 물이 불어올랐다.

청나라 순치順治(청 세조世祖의 연호, 1644~1661) 신축년(1661)에 정성공이 대만의 서양인을 공격할 때 먼저 멀리서 바라보니 관대를 갖춘 어떤 사람이 고래를 타고 녹이문鹿耳門*으로부터 들어왔는데, 그 뒤에 바로 정성공이 배를 타고 같은 경로로 진입했다.

계묘년(1663)에 정성공이 아직 병에 걸리지 않았을 때 그의 부하가 꿈을 꾸니, 앞에서 길을 인도하는 자가 정성공이 온다고 말했는데, 자세히 바라보니 바로 고래가 머리에 관冠을 쓰고 말을 탄

---

* 〔역주〕녹이문鹿耳門: 대남시 안남구安南區에 있는 지명이다. 대강臺江의 내해內海와 외해外海를 연결하는 수로의 관문 역할을 하므로 이런 이름이 붙었다.

채 곤신鯤身(모래톱)으로부터 동쪽 바깥 바다로 들어갔다.

얼마 지나지 않아 정성공이 병으로 죽었으니 "동쪽으로 돌아가면 바로 죽는다"는 말과 딱 맞아떨어졌다.

그러므로 그의 자손들은 모두 고래의 종자다.

『대만기사』권1「정사기략鄭事紀略」, 청 오자광

정성공은 왜倭의 여인이 낳았다.

탄생하기 하루 전날 한 조각 구름도 없이 하늘이 맑았다. 저녁 무렵에 갑자기 번개가 토굴을 뚫고 나오자 흙비가 하늘을 가득 덮어서 맞은편 사람 얼굴도 분간하지 못할 지경이었다.

얼마 지나지 않아 광풍폭우가 몰아쳐 고목을 모두 뽑았다. 지붕의 기와도 날아갔고 평지에도 물이 몇 척尺이나 고였다.

창졸지간에 공중에서 큰소리가 울리더니 하늘이 무너지고 땅이 갈라졌고 성곽이 끊임없이 흔들렸다.

사람들은 지진이 났다고 깜짝 놀라며 말했다. "이곳을 떠나지 않으면 깔려 죽을까 겁난다." 그러고는 모두 산촌으로 피신했다.

하늘이 밝아올 무렵 세작이 말했다. "섬에 크기가 수십 장丈에 이르는 고래가 나타나, 파도 사이에서 몸을 꼿꼿이 세우고 금빛을 번쩍이고 있습니다. 포효하는 소리가 우레와 같아서 풍랑을 솟구쳐 오르게 합니다. 은은한 쇠창 소리와 철마 소리가 끊이지 않는 가운데 배들은 부서져 바다로 침몰하여 사람이 모두 죽고 밤새도록 곡성이 하늘에 진동했습니다. 닭이 울자 바람이 비로소 잦아들고 고래도 보이지 않았는데, 사람들은 서로 떠들며 그것이 요괴라고 여겼습니다."

이날 저녁에 정성공이 탄생하자 사람들이 기이하게 여겼다.

정성공이 탄생한 이후 왜倭는 옹씨翁氏(정성공의 모친)를 보면 더욱 정중하게 예를 올렸다.

어른이 되어서 금하金廈를 점거했으나 군사가 패배하고 세력이 위축되자 장차 해외를 도피처로 삼아 동쪽 바다로 가려고 계책을 정했다.

당시에 대만 땅은 네덜란드 좌현왕左賢王에게 소속되어 있었다. 좌현왕이 문득 밤에 꿈을 꾸니, 한 위인이 옷을 잘 차려입고 고래를 타고 녹이문으로 들어오는데 보위하는 군사가 매우 많았으나 길을 막는 자가 없었다. 꿈에서 깨어 기이하게 여겼다. 얼마 지나지 않아 정성공의 군대가 왔다는 보고를 받았다.

74. 시랑施琅: 호랑이의 정령이 윤회하다

종류 : 신령

소개

시랑施琅(1621~1696)은 복건성 천주 사람이다. 일찍이 명나라 정씨鄭氏(정성공)의 부하였으나 뒤에 청나라에 항복하여 삼등 정해후靖海侯의 봉작을 받았다. 시호는 양장襄莊이고 태자소부太子少傅에 추증되었다. 강희 22년 (1683) 6월, 시랑은 청나라 수군을 지휘하여 팽호도로 가서 명나라 정성공의 수군을 맞아 해전을 벌이고 승리했다. 뒤이어 순조롭게 대만을 함락하고 대만이 정식으로 청나라 판도 속에 편입되게 했다.

시랑이 청나라 조정의 명령을 받고 군대를 지휘하여 동쪽 흑수구를 건넜는데 그가 지휘한 해군이 팽호열도를 점령하는 과정은 매우 순조로웠다. 시랑이 잠시 군사 일을 쉬고 마조오媽祖澳의 천후궁에 들어가 참배할 때, 뜻밖에도 천후 신상이 땀을 흘려 옷이 모두 축축하게 젖은 것을 발견했다.

이때 시랑은 자신의 군사가 순조롭게 진군할 수 있었던 것이 바로 천비 마조의 도움 덕분이라 추측하고 서둘러 향불을 피우며 마조 신령의 위력에 감사의 뜻을 표했다.

대만에는 천비가 시랑의 군대를 도왔다는 전설 이외에도, 당시 시랑이 아직 정성공의 군대에 있을 때 군사를 이끌고 산림을 지나다가 길을 잃었는데, 그때 갑자기 호랑이 몇 마리가 나타나 시랑의 군대를 위해 길을 안내했다는 전설이 전해지고 있다. 이 때문에 대만 민간에서는 시랑이 바로 호랑이의 정령이 윤회한 사람이라고 한다.

원전

『천주부지』「습유拾遺」

시랑이 어렸을 때 마을의 정광암定光庵에 들어가 신상神像을 보고 머리를 조아리자 신상도 그를 따라 절을 하고 일어섰다.

숭정崇禎(명 마지막 황제 사종思宗의 연호, 1628~1644) 계미년(1643)에 족숙族叔 무의백武毅伯(施福)의 복건 군대에 참여했다. 당시 병무를 주관하는 자가 장사들을 모집하고 마당에 무게가 1000근이나 나가는 쇠솥을 설치했다. 건장한 병졸 수천 명을 모았으나 아무도 쇠솥을 들지 못했다. 그런데 시랑이 소매를 떨치며 쇠솥을 들고 수십 보를 걸은 뒤 천천히 본래의 장소에 갖다놓았는데도, 안색이 변하지 않았다.

당왕唐王* 때 시랑은 소수의 군사를 이끌고 우거진 숲속에서 길을 잃은 적이 있다. 그때 호랑이 무리가 나타나 앞에서 길을 인도하여 시랑의 군대를 다른 군대와 합류하게 했다.

---

* 〔역주〕당왕唐王: 앞의 융무제隆武帝 각주 참조.

식자들은 그가 호랑이 정령이 윤회한 사람이라고 한다.

『중수 대만부지』

천후묘天后廟는 마조오에 있다.

강희 22년, 수군제독 시랑이 펑호도를 점령하고 천후묘에 들어가니 신상의 얼굴에 땀이 흥건했고 옷도 모두 축축했다. 이에 신령의 도움이 있었음을 알았다.

이 일이 황제에게까지 알려지자 특별히 예부낭중禮部郎中 아호雅虎를 보내 (천후묘에) 제사를 올리게 하고 제문은 편액으로 새겨서 법당에 걸게 했다. 각 포구에 모두 천후묘가 있다.

75. 원제元帝의 신령이 현몽하다

종류 : 신령, 지역 : 해역

소개

　대남의 원제묘元帝廟는 '개기영우궁開基靈祐宮'이라고도 하며 명나라 정성공 시기에 건축되었다. 대남시 중서구中西區에 자리 잡고 있으며 현천상제玄天上帝(현무대제玄武大帝, 북극대제北極大帝라고도 함)에게 제사를 지낸다. 속칭 '소상제묘小上帝廟'라고도 한다. 강희 37년(1698), 총병總兵 장옥린張玉麟이 대만으로 부임하다가 해상에서 폭풍우를 만났는데 머리를 풀어 헤치고 맨발 차림의 신령이 영험함을 드러내며 법력으로 폭풍우를 잠재운 뒤 홀연히 몸을 감췄다고 한다. 총병은 해안으로 올라간 뒤 원제묘에 들어가 신상을 참배하다가 비로소 해상의 신령이 현천상제라는 사실을 알게 되었다. 이 때문에 경건하게 신봉하며 원제묘의 건물을 다시 수리했다.

『대만부지』

원제묘가 바로 진무묘眞武廟이고, 동안방東安坊에 있다. 강희 24년 (1685), 지부知府 장육영蔣毓英이 수리하여 다른 사당보다 훨씬 높게 만들었다. 다른 하나는 진북방鎭北坊에 있다. 총진總鎭 장옥린이 대만으로 건너오다가 폭풍을 만났다. 그가 맨발에 산발한 신령이 돛대에서 내려오는 꿈을 꾼 뒤 폭풍이 잦아들어 대만 해안에 당도할 수 있었다. 이 때문에 다시 원제묘를 새롭게 수리했다.

76. 보생대제 保生大帝

종류 : 신령

소개

봉산 지역에 보생대제^{保生大帝}에게 제사를 올리는 자제궁^{慈濟宮}이 있다. 전설에 신상은 바다에서 표류해왔고, 그것을 백성이 경건하게 받든다고 한다.

보생대제는 본명이 오토^{吳夲}로 북송 민남^{閩南}(복건성 남부) 사람이다. 생전에 신의^{神醫}가 되어 덕행을 무수히 베풀었다. 그는 고을 사람들을 치료하기 위해 산으로 올라가 약초를 채집하다가 벼랑에서 발을 헛디뎠고, 이로 인해 하늘로 날아올라 신선이 되었다. 보생대제, 대도공^{大道公}, 오진인^{吳眞人}, 의신^{醫神} 등 여러 이름으로 불린다.

대만에 있는 보생대제의 사당에는 모두 약첨^{藥籤}*이 있다. 보생대제를 믿는 신도들이 만약 고질병에 걸리면 척효^{擲筊}**의 점술로 약첨을 뽑고 신체가 건강해지기를 기원한다.

---

* 〔역주〕약첨^{藥籤}: 병에 걸렸을 때 신령이나 부처에게 기도를 올리고 얻는 처방전이다.

** 〔역주〕척효^{擲筊}: 흔히 '즈자오'라고 하는 점술이다. 초승달처럼 생긴 나무토막^筊 한 쌍을 던져서 떨어지는 효의 모양을 보고 길흉을 판단한다. 떨어진 효가 하나는 바닥, 하나는 등이 나오면 길함을, 둘 모두 등이 나오면 흉함을 뜻한다. 둘 모두 바닥이 나오면 신의 뜻이 모호함을 나타내므로 다시 던져서 길흉을 판단한다.

『중수 봉산현지重修鳳山縣志』, 청 왕영증王瑛曾

자제궁慈濟宮은 오진인묘吳眞人廟, 개산궁開山宮, 보생대제묘保生大帝廟, 대도공묘大道公廟라고도 하는데 모두 같은 신이다. 흥륭장興隆莊 만단항萬丹港 입구에 있다. 창건한 지가 오래되어 허물어지자 건륭 28년(1763)에 중수했다.

해안의 전설에서는 신상이 이곳으로 표류해와서 고을 사람들이 사당을 세우고 제사를 올리게 되었다고 한다.

종류 : 신령

소개

　대만에서 아이가 태어나는 것은 상신^{床神}(침상의 신)의 도움 덕분이라고 한다. 상신이 바로 상공^{床公}과 상파^{床婆}(상모^{床母}라고도 함)다.

　아이가 병에 걸리거나 악귀가 몸에 붙으면 상공과 상파에게 제사를 지내며 아이를 보호해달라고 빌어야 한다.

　귀신이 아이의 몸에 붙었는지 여부를 알아보려면 늙은 부인에게 정화수 한 사발을 떠와서 그 위에 대나무 젓가락 세 쪽을 놓아달라고 부탁해야 한다. 만약 귀신이 해악을 끼치는 상황이라면 대나무 젓가락이 꼿꼿이 서게 되는데 이때 향을 피우며 기도해야 한다.

　매월 초하루와 보름날에는 음식 한두 그릇과 흰 쌀밥 한 그릇을 아이의 침상 위에 놓고 아이로 하여금 절을 올리며 상공과 상파에게 음식을 권하게 한다. 만약 경건한 마음으로 끊임없이 제사를 올리면 아이가 장차 병에 걸리지 않고 무사하게 자란다고 한다.

　대만의 민간 전설에서 아이의 엉덩이에 있는 푸른 반점은 상파가 표시한 기호라고 한다. 즉 상파는 아이가 잠들었을 때 영혼을 데리고 밖으로 나가서 노는데, 데리고 나가는 아이들이 많기 때문에 나중에 돌아올 때 어떤 영혼이 어떤 육체로 들어갈지 헷갈릴 수 있다. 이에 모든 아이의 몸에 서로 다른 기호를 표시하여 쉽게 구별할 수 있게 한다는 것이다.

아이가 꿈을 꾸며 울고 웃는 것은 모두 상파가 아이의 영혼을 데리고 나가서 놀 때 일어나는 현상이라고 한다.

또 아이가 깊이 잠들었을 때 얼굴에 검은색이나 흰색 칠을 하면 상파가 누군지 알아볼 수 없게 되고 아이의 영혼도 돌아올 수 없어서 아이가 죽을 수도 있다. 이 때문에 여자아이들은 잠들기 전에 얼굴에 결코 분을 발라서는 안 된다.

원전

『사미신재 잡록』「퇴사록退思錄」, 청 서종간

대만에서는 아이가 갑자기 병이 들면 늙은 부인에게 정화수 한 사발을 떠서 젓가락 세 쪽을 담그고 다음과 같이 축원하게 한다. "만약 귀신이 해악을 끼치고 있으면 젓가락을 꼿꼿하게 세워주십시오." 과연 그렇게 되면 지전을 사르고 기도해야 병이 낫는다.

초하루와 보름날 아침 밥을 먹을 때 육류나 채소 반찬을 막론하고 아직 사람이 먹지 않은 것 한두 가지와 쌀밥 한 사발을 아이의 침상 위에 갖다놓고, 아이로 하여금 절을 하게 하면서 상공과 상파를 부르게 한다. 그렇게 오래 계속하면 병을 앓지 않는다는 사실이 누차 증명되었다.

78. 기우祈雨를 위한 신과 용신龍神

종류 : 신령

소개

대만 천후궁의 신령 중에서 사해용왕四海龍王, 풍신風神, 운신雲神, 뇌신雷神, 우신雨神은 모두 사람들이 비가 내리도록 요청하는 기우祈雨의 신에 속한다. 만약 가뭄이 오래되면 이들 신령에게 단비를 내려달라고 기원할 수 있다.

용신은 구름, 비, 바닷물을 전문적으로 관장하는 용왕이다.

대만에서 사해용왕을 받드는 첫 번째 사당은 청나라 강희 55년(1716)에 건립했다. 그 위치는 대남시 동안방이다. 그 뒤 담수, 창화, 대갑, 팽호 등지에도 용신묘龍神廟를 세웠다.

대만 연안의 어민들은 모두 음력 10월 10일에 용왕의 탄신을 축하하기 위해 사해의 용들과 어류들이 전부 용궁으로 가서 축하 인사를 올린다고 믿는다. 이 때문에 이날은 바다에 물고기가 없어서 잡을 수 없으므로 어민들이 휴식하는 날로 삼는다.

『대만일기와 품계臺灣日記與稟啓』, 청 호전胡傳(1841~1895)

초6일, 여명에 일어나 천후궁으로 가서 사해용왕, 풍신, 운신, 뇌신, 우신의 신위를 설치하고 경건하게 기도하며 단비를 제때 많이 내려달라고 했다.

초7일, 세찬 바람이 불고 비가 내렸다. 정오가 되자 바람은 그쳤지만 비는 그치지 않고 밤새도록 내렸다.

초8일, 태뢰太牢*를 갖추어 사해용왕, 풍신, 운신, 뇌신, 우신에게 사례했다. 신각申刻(오후 4~5시)에 비가 그쳤다.

『대만 남부 비문 집성臺灣南部碑文集成』「중수용신묘증건경의정비기重修龍神廟增建更衣亭碑記」

용신은 물의 정령으로 구름과 비를 관장하며 백성에게 혜택을 두루 베푸는 신이다.

국가에서 그 덕망을 높이고 공적에 보답하기 위해 제사 전례를 특히 융숭하게 시행한다. 대만을 처음 개척할 때 군郡의 남쪽에 사당을 세워 밝게 제사를 올리며 영원히 빛나게 했다.

* 〔역주〕 태뢰太牢: 천지신명이나 종묘에 제사를 올릴 때 소, 양, 돼지의 희생을 모두 갖추는 것이다. 가장 등급이 높은 제수로 지극히 존경하는 마음을 나타낸다.

대만 지역은 영도瀛島와 봉주蓬洲*로 땅 주위가 모두 바다다. 용신이 비호하며 복을 내려주므로 더욱 잘 감응하며 쉽게 통할 수 있다.

---

* [역주] 영도瀛島와 봉주蓬洲: '영도瀛島'는 중국 전설에 나오는 큰 바닷속 신성한 섬으로 신선이 산다고 한다. '봉주蓬洲'는 봉래산蓬萊山이 있다는 동해의 섬으로 역시 신선이 산다고 한다.

79. 의민義民의 충혼

종류 : 신령

소개

대만의 의민義民은 의롭고 용기 있는 백성을 가리킨다. 무장투쟁, 민란, 각종 전란 속에서 고향을 보위하려고 목숨을 바쳤기 때문에 충직한 혼령이 마침내 의민이 되었다. 섬의 각 지역에서는 의민사義民祠, 의민묘義民廟, 충의사忠義祠를 세워 이러한 전란 영웅에게 제사를 올린다.

대만에서는 매년 음력 7월 20일을 '의민절義民節'로 기념한다.

도광 연간에 서종간이 청나라 관리가 되었을 때 밤에 다음과 같은 악몽을 꾸었다. 머리를 풀어 헤친 귀신 병졸이 행군하며, 무딘 칼로 땅 위의 돌을 계속 내리쳤는데 그 날카로운 소리가 예리하게 귀를 자극했다. 서종간은 또 멀리 길가의 옛날 비석에서 의미가 불분명한 글자 몇 줄이 밝게 빛나는 것을 꿈에 보았다.

한동안 서종간은 대만의 소충사昭忠祠, 의민사義民祠를 수리하자고 제창했고, 그 이후 제사를 올리며 옛날 대만의 민란과 전쟁에서 목숨을 바친 수많은 병사에게 감사를 표했다. 그는 자신의 꿈이 바로 의민 귀신의 예시라는 사실을 알게 되었다.

『대만 남부 비문 집성』「중건의민사비기重建義民祠碑記」, 가경 11년(1806)

군성郡城의 진북방鎭北坊에 의민사가 있다.

건륭 51년(1786) 임역林逆(임상문의 반란)이 불측한 일을 모의하자 군민들이 대의에 따라 전장에서 모든 힘을 합쳐 자신의 몸과 가정도 돌보지 않고 종군하여 적을 죽였다.

반란을 평정한 뒤 순무巡撫가 조정에 포상을 요청하여 사당을 세우고 제사를 올리게 되었다.

전임 지부 양씨楊氏가 또 돈을 출연하여 사당 곁의 점포 두 칸을 사고 제전祭田을 얼마간 마련하여 거기에서 나오는 수익으로 이자를 늘려 매년 제사의 자금으로 삼게 했다.

나라의 일을 위해 전사한 의민을 모두 여기에 기록한다. 이는 충혼을 편히 모셔 나라의 의례를 밝게 드러내는 방법이다.

『사미신재 잡록』「군자헌 우기」, 청 서종간

밤에 꿈을 꾸었더니 병졸 여러 명이 땅에서 무딘 칼을 갈고 있었으며 또 부서진 비석에 홀연히 글자 몇 줄이 나타났다.

이에 바로 소충사, 의민사 수리를 제창하고 옛날 대만 땅에서 여러 번 일어난 난리에 목숨을 바친 관리, 병사, 백성에게 제사를 올렸다. 그 꿈이 바로 이를 위한 조짐이었던가?

80. 천행사자天行使者: 액신厄神이 변신하다

종류 : 신령, 지역 : 남부

소개

진영화陳永華(1634~1680)는 자가 복보復甫이고, 시호는 문정文正으로 복건 사람이다.

진영화는 국성야의 인정을 받아 정씨 군대의 자의참군諮議參軍과 국성야 의 아들 정경鄭經의 스승이 되었다. 진영화의 본래 신분은 명말 청초 천지 회天地會의 총타주總舵主 진근남陳近南으로 무예가 뛰어나고 꾀가 많았다고 한다.

명나라 정성공이 대만을 점령한 시대에 어떤 유랑객 하나가 스스로 '천 행사자天行使者'라 칭하면서 대남 안평진의 진영화 자택을 방문했다.

정씨 왕조의 군사軍師 신분이었던 진영화는 그 사람이 의심스러웠으나 그래도 성대하게 접대했다.

그런데 자칭 천행사자라는 과객이 액신厄神(횡액을 야기하는 귀신)의 화신으로 고을에 악성 역병을 퍼뜨릴 줄은 생각지도 못했다. 이후로 정성 공의 동녕 왕조는 점차 몰락의 길을 걷게 되었다.

또 일설에 따르면 이 귀신이 '온신瘟神(역병을 일으키는 귀신)'이고 진 영화는 그를 '지대인池代人'이라 칭했다고 한다.

『대만부지』, 청 고공건

신유년(1683)에 역병이 돌았다.

이보다 앞서 '천행사자'라는 귀신이 진영화의 집에 와서 묵었는데 영화가 잘 접대했다.

이로부터 정성공의 군신君臣 권속이 몰락하여 거의 사라졌다.

『대만외기臺灣外記』

영화는 은퇴하여 아무 일 없이 때때로 권태롭게 중당中堂에 앉아 있곤 했다. 좌우 사람들은 영화가 일어나 읍하고 사양하고 나아가고 물러나는 등 매우 공손하게 예의를 차리면서 마치 손님을 접대하는 듯한 모습을 보았다. 또 주객이 주고받는 말을 하며 서로 응답하는 모습도 보였다. 그러다가 천천히 잠이 들었다. 그리고 잠에서 깨어나 좌우 사람들을 부르고는 내부의 관서를 치우고 손님이 기거하게 하라고 말했다.

좌우 사람들이 그 까닭을 묻자 영화가 말했다. "온사瘟使가 그 방을 빌리려 하여 내가 허락했다."

좌우 사람들이 말했다. "온사는 무엇을 하려고 그럽니까?"

영화가 말했다. "여기 와서 일을 담당하는 여러 사람을 맞이하려고 한다는구나."

좌우 사람들이 말했다. "그들이 누구입니까?"

영화가 말했다. "형관刑官 가평柯平, 호관戶官 양영楊英 등인데 나머지는 아직 말하지 않았다." 그러고는 한숨을 쉴 뿐이었다.

며칠 지나 영화가 죽었고, 이어서 가평과 양영 등도 죽었는데 모두 영화가 한 말과 같았다.

81. 백자수白髭鬚: 신선 노인이 현몽하다

종류 : 신령

소개

청나라 때 복건 사람 진숙균陳淑均이 대만에 와서 의란 지역 카바란서원
噶瑪蘭書院에서 강의를 담당했다. 진숙균은 어려운 일을 만나 마음이 괴로울
때마다 꿈속에서 맑고 수척한 노인을 만났다. 두 사람 사이에 한바탕 대
화와 토론이 오간 뒤 진숙균이 깨어나면 바로 영감이 떠올라 난제의 해결
방법을 알아내곤 했다.

그는 신선 노인을 존경하여 '백자수白髭鬚(흰 수염의 노인)'라고 불렀지
만, 그 신령의 내력에 대해서는 상세한 내막을 알 수 없었다.

원전

『카바란청지噶瑪蘭廳志』 권8, 청 진숙균

● 「시문」

은혜로운 어명 받은 일 부끄러움 가득한데   憶承恩命感慚俱

거듭된 승진 속 그 돌봐주심이 이 몸을 감쌌네   洊歷升階眷獨紆

직책에 바쁜 30년간 걸음조차 조심했고　　　　鞅掌卅年因偶步

황상 위해 힘쓴 한마음으로 늠연히 공무 좇았네　　黽皇一念凜公趨

동쪽 바다에 인연 깊어 빈번히 건너와서　　　　緣深瀛海頻經度

꿈속에서 여읜 신선과 마음 맞아 자주 의지했네　夢契臞仙屢仗扶

그 정신에 기쁨을 느끼고 마음이 만족스러워　　差喜精神猶滿足

이 비루한 관리는 그분을 백자수라 존칭했네　　卑官雅稱白髭鬚

주註

나는 병오년에 대만으로 건너온 뒤 매번 의심스럽고 어려운 일
을 만날 때마다 곧 꿈에 맑고 여읜 노인과 함께 대화를 나누었다.

82. 석두공石頭公

종류 : 신령, 지역 : 남부

소개

석두공石頭公은 항춘반도恒春半島 해구항海口港 서남쪽 해변에 있는 산호초 암석으로 형상이 사람과 같다. 여기에 신령이 깃들어 있다고 한다.

대만 전역 각지에는 모두 석두공 전설이 있다. 이는 대만 민중이 매우 보편적으로 믿는 신령 신앙이다. 각지의 석두공에는 각각 독특한 역사와 문화 전설이 얽혀 있다.

원전

『항춘현지』, 청 도계선

석두공은 거성車城 바다 입구에 있다. 높이가 수십 척尺으로 높다랗게 우뚝 솟아 있는데 멀리서 바라보면 사람 모습과 같다.

마을 사람 중에 몸이 불편한 사람이 있을 때 석두공에게 기도하면 바로 낫는다. 또 득남得男 점괘를 얻지 못한 사람이 석두공에게 기도하면 아들을 얻을 수 있다.

이 때문에 매년 봄과 가을 길일에 그곳에 가서 절을 올리려는 남녀가 도로를 가득 메운다.

곁에 작은 사당 한 곳이 있고, '석두공묘石頭公廟'라는 편액이 걸려 있다.

83. 고낭묘姑娘廟의 선녀낭仙女娘

종류 : 신령, 지역 : 북부

소개

고낭묘姑娘廟의 정식 명칭으로는 '삼고낭마묘三姑娘媽廟' '선고낭묘仙姑娘廟' 등이 있다. 그러나 가장 자주 볼 수 있는 명칭으로는 '옥녀궁玉女宮' '청화사淸華祠' '봉선궁奉仙宮' '춘천궁春川宮' '자령궁慈玲宮' 등이 있다.

사당의 명칭이 복잡할 뿐 아니라 고낭묘에 모신 신령의 호칭도 복잡하다. 예를 들면 '선녀낭仙女娘' '고낭姑娘' '고낭재孤娘載' '선고仙姑' '성마聖媽' '춘낭낭春娘娘' 등이 그것이다.

고낭묘에 관한 상세한 연구로는 황핑잉黃萍瑛의 「대만 민간 신앙 '고낭姑娘'을 받드는 제사: 대만 사회사에 대한 한 가지 고찰臺灣民間信仰'孤娘'的奉祀: 一個臺灣社會史的考察」(中央大學 歷史硏究所 碩論, 2000)을 참고할 만하다.

매케이George Leslie Mackay(1844~1901)의 회고록에도 대만의 고낭묘 전통에 관한 내용이 기록되어 있다. 19세기에 병사한 담수 소녀를 '선고낭仙姑娘'으로 받들며 그녀의 시신을 사당 안에 안치하고 밤낮으로 배례한다고 했다.

『포르모사 기사: 매케이의 대만 회고록福爾摩沙紀事: 馬偕臺灣回憶錄』,
매케이 원저, 린완성林晩生 번역.

1878년, 담수에서 멀지 않은 곳에 사는 여자아이가 폐병에 걸려
나날이 허약해지다가 결국 사망했다.

근처에 어떤 사람이 살았는데, 다른 사람들보다 아는 것이 많은
듯, 그곳에 여자 신선이 살았다고 말했다.

이에 사망한 그 여자아이를 사람들이 모두 알게 되면서 모두들
그녀를 '선녀낭'이라 일컫고 바로 작은 사당 한 채를 세워 그녀를
숭배하는 장소로 삼았다.

그녀의 시체도 한동안 소금물에 절여둔 뒤에 긴 의자 위에 안치
하여, 그녀의 두 어깨에는 붉은 보자기를 두르고, 머리에는 신부가
쓰는 모자를 씌웠다. 유리 상자를 통해 들여다보니 검게 변한 얼굴
과 밖으로 드러난 치아가 이집트의 미라와 비슷했다.

그녀의 앞으로 와서 지전과 향을 사르고 참배하면, 담당자가 그
녀와 관련된 이야기를 들려주었다.

전설에 참배자들은 사람을 돕거나 해치거나를 막론하고 어떤
신이라도 숭배하려 하기 때문에 이 새로운 여신에 대해서도 숭배
를 시작하게 되었다고 한다.

몇 주도 지나지 않아 수백 대의 가마가 참배하러 오기 시작했는
데, 특히 여성들이 이 작은 사당에 와서 참배했으며, 한 사람이 거

듭해서 오기도 했다.

　돈이 많은 사람들은 예물을 보내 작은 사당을 장식함과 아울러 여신에게 간절히 소원을 빌었다.

　그러나 어떤 신도는 척효獬㸄를 던진 뒤에 명확한 응답을 받지 못하여, 실망하기도 했다.

카바란족^{噶瑪蘭族}

카바란족^{噶瑪蘭族(Kabalan)}은 옛날부터 의란, 나동^{羅東}, 소오^{蘇澳} 일대에 거주했고, 옛날에는 '카파란^{哈仔難} 36사^社로 일컬어졌다. 나중에 한족 무장 군인들이 둔전을 개간할 때 다른 곳으로 이주하기 시작했기 때문에 난양평원^{蘭陽平原}의 카바란족은 이미 매우 드물게 되었으므로, 화련^{花蓮} 풍빈향^{豊賓鄕}의 신사촌^{新社村}과 입덕^{立德} 부락이 현재 규모가 가장 큰 카바란족 거주지가 되었다.

카바란족 사람들은 만물에 영혼이 있다는 사실을 믿고 있으며, 부족 내에서는 무사^{巫師(metiyu)}가 각종 제사 의식을 주관함과 아울러 부족 사람들 대신 점을 쳐서 신령의 계시를 전달한다.

목사 매케이의 19세기 선교 활동을 통해 카바란족은 기독교 신앙을 받아들였다. 매케이의 회고록에도 카바란족의 문화와 풍속이 다양하게 기록되어 있다.

84. 조령 祖靈: 즐거운 사냥터로 가다

종류 : 신령

원전

『포르모사 기사: 맥케이의 대만 회고록』, 매케이 원저, 린완
성 번역.

평포족은 본래 산촌에 거주하는 일반적인 민족과 마찬가지로
자연을 숭배하기 때문에 사당, 우상, 혹은 제관이 없다. 그들에게
는 결코 사적인 신에게 전속되는 개념이 없기에 이미 존재해온 많
은 신령만 믿는다. 아울러 방법을 강구하여 이러한 신령의 사랑과
도움을 얻으려고 한다.

그들은 이미 세상을 떠난 조상의 영혼을 지극히 존경하는데 이
는 미국 인디언의 관점과 비슷해서 조상의 영혼이 이미 '즐거운 사
냥터'로 떠났다고 여긴다.

그들은 보통 원주민이 믿는 미신을 믿고 있다. 또한 아직 복종하
지 않은 몇몇 산촌 부락에서는 여전히 일련의 향연과 광란의 춤이
포함된 의식을 거행한다.

아미스족 阿美族(Amis)

아미스족은 화동종곡평원花東縱谷平原과 해안평원海岸平原에 거주하며 대만 원주민 중에서 인구가 가장 많은 민족이다.

아미스족의 종교 전통은 조상신 신앙을 위주로 하면서, '초자연적 존재Kawas' '우주의 주재자 마라토馬拉道(Marahtoo)' '마신魔神(Salo)' '악령惡靈(Kariax)' 등의 귀신을 믿는다.

아미스족의 종교 신앙에 관한 최초의 기록은 조지 테일러George Taylor에 의해 작성되었다.

조지 테일러는 청나라 세관 세무국 직원으로 1877년 팽호열도의 어옹도魚翁島에서 등대지기를 담당하다가 1882년에 대만 남부의 남갑南岬(아란비鵝鑾鼻)으로 임지를 옮겼다. 같은 해 6월, A급 2등 등대원이 된 테일러는 남갑 등대의 직원을 관리했는데, 여기에는 유럽인 둘과 청나라 해군 육전대 사병 그리고 요리사 몇 명도 포함되어 있었다. 그가 1887년 11월 직무를 그만둘 때는 이미 주임 등대원이 되어 있었다. 남갑 등대가 바로 지금도 간정墾丁에 남아 있는 아란비 등대다.

조지 테일러는 대만 거주 기간 현지의 언어를 부지런히 배워서 한족 언어와 원주민 언어에 정통했다. 그는 원주민 사회에 적극적으로 녹아들었을 뿐 아니라 남갑 인근 부락의 집회와 의식에 참가하여 아미스족, 파이완족, 피누유마족의 전설과 민담을 많이 수집했다. 그의 연구 범위에는 자연사, 역사, 언어학, 지리학 분야가 포함되어 있고, 이러한 여행 경험을 기록으로 남겼다.

중국어로 번역된『1880년대 남부 대만의 원주민: 남갑 등대지기 조지 테일러 저작 문집一八八〇年代南臺灣的原住民族: 南岬燈塔駐守員喬治·泰勒撰述文集』(셰스중謝世忠·류루이차오劉瑞超 번역, 행정원원주민위원회行政院原住民族委員會 출판, 2010)을 참고할 만하다.

85. 아미스 신의 지팡이

종류 : 신령

소개

아미스 부족의 탄생 신화는 여러 가지 버전이 있다. '신강설^{神降說}' '석생설^{石生說}' '고산홍수설^{高山洪水說}' 등이 그것이다.

조지 테일러의 조사 기록에 따르면 '죽생설^{竹生說}'과 '해상도래설^{海上渡來說}'에 관한 전설도 있다고 한다.

원전

『중국 평론 혹은 원동^{遠東} 기사와 인터뷰^{中國評論或遠東記事與詢問}』 제14기, 1886, 「포르모사의 원주민^{福爾摩莎的原住民}」, 조지 테일러 기록, 셰스중·류루이차오 번역.

아미스족은 태초에 Being이라는 신이 지팡이를 땅에 심어 대나무 열매 하나를 얻었다고 믿는다.

대나무 열매에서는 죽순 두 줄기가 나와 상당한 기간을 거친 뒤 각각 남녀 한 쌍으로 변했다. 그들의 발자국이 여전히 Arapanai(지금의 대동현臺東縣 지본향知本鄉 미화촌美和村 일대)의 큰 바위 위에 남아 있다. 이 남녀는 부부가 되어 가장 먼저 이 땅에 정착했고, 그들의 후손이 지금의 코와산𤠗仔山(Cowahsan)에 살고 있다. 바위 위에서 아직도 이들 민족이 알아볼 수 있는 각종 동물의 발자국을 발견할 수 있다. 그러나 이들의 조상이 도대체 어떻게 생활했는지에 대해서는 아무도 대답하지 못한다.

아미스족은 코와산의 큰 부족 집단을 제외하고도 다수의 다른 마을도 점유하여, 대만 동해안을 따라 내려가 남갑에 이르기까지 각지의 도드라진 지점에 자리 잡고 있다.

티푼족知本族(Ti-pun)* 거주지와 파이완족 마을은 모두 해안에서 상당한 거리를 두고 있지만 아미스족은 가능한 한 바다 가까이에 자리잡고 대부분의 시간을 고기잡이와 농사에 투입한다.

원주민의 전설을 보면 아미스족의 조상은 조난을 당해 이곳 해안에 표류해온 큰 배의 선원이었다고 한다. 그들은 현지인의 구조를 받고 새 생명을 얻었으며 현지인과 통혼할 수 있도록 허락받았다. 그러나 그들 및 후손들이 영원히 이민족임을 자인하고 진정한 원주민에게 신하로 복속한다는 조건이 붙어 있었다.

현지 비남卑南(Puyuma)의 아미스족은 이미 강력하게 성장했기에, 다른 부족 추장의 명령에 따르지는 않으며 자신들을 구속하지도

---

* 〔역주〕 티푼Ti-pun족: 카트라트리풀Katratripulr(卡大地布) 부락을 가리킨다. 피누유마족 전통을 유지하는 4대 부락의 하나다. '티푼知本'이라는 말은 'tri-phulr'의 민남어閩南語 발음을 한자로 음역한 것이다.

않는다. 하지만 여전히 허구적인 주객 관계와 군신 관계는 존재하고 있다.

아미스족은 여태까지 자신들이 다른 '원주 야만인들'과 평등한 지위에 있다고 인정하지 않았다. 모든 축제 행사에서 각 부족이 모일 때 아미스족은 반드시 다른 부족이 식사할 때까지 기다렸다가 자신들의 차례가 돌아오면 다른 식탁에서 별도로 식사한다.

종류 : 신령

소개

조지 테일러의 기록에 따르면 아미스족 원주민은 천신 신앙을 갖고 있는데 그들은 '마라토馬拉道(Marahtoo)'라는 천신을 믿는다.

이 천신은 아홉 겹九霄 하늘 밖의 우주 상공에 거주한다. 사람들은 어려운 일을 당했을 때 무녀巫女를 초청하여 천신과의 연락을 부탁하고 마라토가 행복을 내려주기를 기원하며, 신의 힘으로 인간의 고난을 해결하기를 바란다.

원전

『남부 대만 원주 민족 소기南臺灣原住民族小記』, 위컴 메이어Wickham Mayer

비남 지역에서는 마라토라고 불리는 최고신을 믿으며 시절에 맞춰 제사를 지낸다.

사람들은 이 최고신이 "인간 세상 밖의 천상"에서 생활한다고 여긴다. 궁핍하거나 곤란한 때를 만나면 이 최고신에게 도움을 요청한다.

최고신을 숭배하거나 최고신에게 기원하는 의식은 여사제나 무녀 및 몇몇 기도자가 함께 집행한다. 이 과정에서 이 여인들은 유리구슬과 돼지고기 조각을 하늘에 던진다.

「포르모사의 원주민」, 조지 테일러 기록

아미스족은 '마라토'라고 불리는 최고신을 믿으며 시절에 맞춰 경배를 드리고 이 신이 지구 밖에 존재한다고 여긴다.

아미스족은 어려운 일을 당할 때 이 최고신에게 도움을 요청한다. 무녀가 기도를 대신하며 신의 뜻을 알려준다.

남갑 근처에서는 이러한 신앙이 많이 약화되어 있는데 이는 그곳에 사는 사람들이 파이완족의 신령 숭배를 받아들였기 때문이다.

87. 아미스족의 악령

종류 : 귀매

소개

19세기 아미스족 원주민들은 사람이 죽은 뒤에 저승과 유사한 어떤 장소로 들어가서 그 영혼이 심판을 받고 공기 속을 떠돌다가 악령이 되어 인간에게 해악을 끼친다고 믿었다.

원전

「포르모사의 원주민」, 조지 테일러 기록

아미스족은 사후세계가 있으며, 인간은 그곳에서 이승의 행위를 심판받는다고 굳게 믿는다. 저승에 대한 그들의 신념은 명확하지만, 그것이 구체적인 장소라기보다는 어떤 환경이라 해야 한다고 여긴다.

인간의 영혼이 심판을 받으면 속죄해야 하기 때문에 대기 속을 떠돈다.

이러한 상태에 처해 있을 때 인간의 영혼은 악령으로 변할 수 있

기에 모두 영혼이 분노하지 않게 해야 하며 가능한 한 영혼을 피해
야 한다.

88. 해와 달과 별의 신령

종류 : 신령

19세기 아미스족 원주민은 해와 달과 별을 두 신령이 만들었고 태양은 매일 평탄한 세상을 선회하다가 밤이 되면 지하 세계로 들어간다고 믿었다.

원전

「포르모사의 원주민」, 조지 테일러 기록

아미스족 사람들은 해, 달, 별을 Dgagha와 Barrcsing이라는 두 신령이 만들었다고 말한다.

태양은 매일 평탄한 세상을 선회하다가 밤에는 지하 세계로 뚫고 들어간다고 한다.

89. 산 계곡의 회음령 回音靈

종류 : 신령

소개

회음령回音靈은 산 계곡에서 메아리를 만드는 일종의 정령으로 다른 사람의 말을 반복하기를 좋아하는 동시에 행복과 재앙을 예언하는 능력도 갖고 있다. 19세기 아미족 원주민은 계곡 속에 이런 정령이 있다고 믿었다. 계곡에서 메아리가 울리는 것은 이런 정령이 만들어내는 현상이라고 한다.

원전

「포르모사의 원주민」, 조지 테일러 기록

아미스족의 전설에서는 절벽이나 고지의 동굴에 사는 정령이 산골짜기의 메아리를 만드는 주인공이라고 한다.

메아리가 울리는 곳은 신성하게 여겨져서 사람들이 그곳에서 미신적인 의식과 마법을 진행한다. 부락에 전쟁이나 질병이 발생하는 등 중요한 때가 되면 반드시 이러한 의식을 거행한다.

여사제가 의식을 집행할 때는 마을의 노인만 가까이 다가갈 수 있다. 여사제는 자신의 몸을 비틀다가 점차 흥분하여 환각 상태에 이르고 마지막에는 까무러치거나 혼절 상태를 가장한다. 최후에는 반드시 그곳을 떠났다가 이튿날 마을로 돌아와서 정령의 뜻을 확인한다.

회음령

아미스족의
전설에서는
고지의
동굴에
정령이
있어서
산골짜기의
메아리를
만든다.

90. 뇌신雷神과 섬전신閃電神

소개

조지 테일러의 기록에서 19세기 아미스족은 천둥과 번개를 Kakring과 Kalapiet라는 부부 신령이 일으키는 현상이라고 믿었다. 아미스 언어로 천둥은 'kakereng' 번개는 'kalapiyat'이다.

원전

「포르모사의 원주민」, 조지 테일러 기록

아미스족은 번개와 천둥을 Kakring과 Kalapiet라는 두 신령의 싸움에 의해 야기된 결과이고 두 신령은 부부라고 해석한다. 번개를 일으키는 뇌신雷神이 집안의 배치에 불만을 품고 가구를 발로 차서 쓰러뜨리기 시작하는데 그때 울리는 소리가 천둥이다. 그의 아내는 방어와 공격을 위한 충분한 말을 찾지 못해서 높은 곳에 올라가 옷을 모두 벗어던지며 보복하게 되고 이 때문에 번개가 친다. 아미스족 여성들은 옷을 벗어던지며 자신의 분노, 조소, 멸시의 감정을 드러낸다. 아미족 여성이 옷을 벗고 알몸을 드러내는 것은 가장 강력한 멸시와 경멸의 감정을 나타내는 방법이다.

바람과 비도 신령이 통제하는 것으로 여기지만, 어떻게 통제하는지는 해석하지 못한다.

파이완족 排灣族(Paiwan)

파이완족은 대만 남부 산악 지역과 평원 일대에 거주한다.

조지 테일러는 일찍이 항춘반도에 거주하면서 현지 파이완족의 문화 풍속과 전설 이야기를 기록했다.

예를 들어 19세기 남부 대만의 가평佳平 부락 사람들은 높은 산에 용사가 승화하여 변한 신령이 있다고 믿었을 뿐만 아니라 샘물에도 정령이 서식한다는 사실을 믿었다. 이 밖에 파이완족에게도 '공놀이하는 천신' '삼림 정령' '거수우巨水牛(거대한 물소)' '초총소마귀草叢小魔鬼(풀숲의 작은 마귀)' '사요蛇妖(뱀 요괴)' 등의 전설에 관한 이야기가 전해지고 있다.

91. 가평 부락의 산중 신령

종류 : 신령

원전

「포르모사의 원주민」, 조지 테일러 기록

파이완족의 북쪽 변경 밖에 외로운 한 부족이 살고 있는데 바로
가평 부락佳平部落(Caviangan)이다.

그들의 거주지는 산맥의 몇몇 지대이고 이 산맥은 반쿰싱萬金莊
(Ban-cum-sing)이라고 불리는 북향 봉우리가 모인 곳에 있다.

가평 부락 사람들을 각 부문에서 살펴보면 모두가 그들이 사는
곳과 같은 야성을 갖고 있다. 그들은 다수의 산촌 사람과 마찬가지
로 높은 산 위에는 죽은 용사의 신령이 거주한다고 믿는다.

92. 천수정령泉水精靈

「포르모사의 원주민」, 조지 테일러 기록

파이완족 북쪽 변방 경계에 가평이라는 특이한 부락이 있다. 정령에 대한 그들의 관점도 상당히 특이하다.

가평 부락 사람들은 어떤 특정한 시간이 되어야만 샘으로 가서 물을 긷는다. 반드시 샘물의 정령에게 충분한 시간을 주고 물을 길어야 하며 그렇지 않으면 샘물이 흐려지거나 말라버린다고 한다.

또 그들은 산길을 갈 때 끊임없이 나뭇가지로 땅바닥을 치며 사람이 가고 있다는 사실을 알린다. 이렇게 하면 정령들이 충분한 시간을 갖고 몸을 숨길 수 있다. 이렇게 하지 않고 갑자기 산으로 들어가면 심각한 질병에 걸리거나 재난을 당할 수 있다.

382   요괴 나라 대만 1

93. 천신이 공놀이하다 天神玩球

종류 : 신령

원전

『민간 고사 간행물民間故事期刊』「포르모사 남부 원주민의 민간 고사福爾摩莎南部原住民的民間故事」, 조지 테일러 기록

　옛날이야기를 하는 사람들이 아주 좋아하는 주제 중 하나는 하늘에서 떨어진 사람의 모험기다. 이 이야기 가운데 하나를 최초의 버전에 의거하여 아래에 소개한다.

　천상에서 살던 젊은 남자가 공놀이를 하다가 불행하게도 공을 상당히 깊은 틈새에 빠뜨렸다. 그는 긴 창을 들고 그것을 꺼내려 하면서 창끝으로 그 공을 찍어 올리려 했다. 그러나 힘을 너무 많이 써서 오히려 공을 하늘로 던져버리고 말았다. 그 과정에서 자신도 균형을 잃고 공을 따라 땅으로 굴러떨어졌다.

　그때 두 소녀가 좁쌀을 땅에 널고 볕에 말리려 했다. 우당탕탕 소리를 들은 두 소녀는 곧 비가 내리겠다 여기고 곡식을 집으로 거두어들이기 위해 달려갔다. 그러나 두 소녀가 하늘을 바라보니 어떤 남자가 공과 함께 떨어지고 있었다.

이 낯선 남자는 땅에 닿은 뒤 바로 두 소녀에게 가서 공이 어디에 떨어졌는지 물었다.

두 소녀는 모른다고 말하면서 그에게 집을 짓는 목수에게 가서 물어보라고 했다. 목수도 그에게 등나무를 베는 사람에게 가서 물어보라고 했으며, 등나무를 베는 사람은 또 그를 도박하는 사람들이 있는 곳으로 떠밀었고 그들은 또 그에게 어부를 찾아가서 물어보라고 했다. 어부는 아주 성실하게 그로 하여금 다시 처음 왔던 곳으로 되돌아가라고 했다. 아울러 그에게 말하기를 이렇게 먼 곳으로 와서 공이 떨어진 곳을 찾는 것은 기실 지극히 어리석은 짓이라고 했다.

이에 그는 다시 두 소녀가 있는 곳으로 가서 다시 물었다.

두 소녀는 한바탕 깔깔 웃고는 그에게 작은 요구가 있다고 했다. 즉 그 낯선 사람이 자신들을 위해 물을 긷고, 방아를 찧고, 땔감을 해주면 그에게 공이 떨어진 곳을 알려주겠다고 했다.

그 젊은이는 이런 요구를 받아들였다.

그 공을 그처럼 중시하는 것을 보고 두 소녀는 공의 용도에 호기심이 생겨서 그에게 그 공을 가지고 어떻게 노는지 시범을 보여달라고 했다.

그는 즉시 공을 던지고 받으며 왔다 갔다 했다. 그의 공놀이 기술이 이처럼 오묘하자 사람들이 각지에서 몰려와 그의 민첩한 솜씨를 구경했다.

그가 공놀이를 할 때 다른 사람들은 여전히 당일의 노동에 종사하며, 산림의 나무를 베어내고 보리를 파종할 준비를 하고 있었다. 그런데도 그는 계속해서 5일 동안이나 공놀이 솜씨를 민첩하게 자랑하고 있었다.

다른 사람들이 나무를 베어낼 때 이 낯선 사람은 나무 꼭대기를 이리저리 뛰어다니며 나뭇가지를 한 데 묶고 있었다. 동시에 줄곧 유쾌하게 노래를 부르며 아주 즐거워했다. 사람들은 그의 이런 모습을 보고 분노했다.

사람들은 일을 마치고 돌아가서 그가 게으르고 쓸모없는 자인지라 모두 힘들게 일할 때 혼자만 놀고 있었다는 말을 퍼뜨렸다. 이에 두 소녀는 모질게 그를 꾸짖었다.

그는 조금만 참고 기다리면 자신이 맡은 땅을 가장 일찍 파종할 수 있도록 정리할 수 있다고 했다.

다음 날 이른 아침 그는 어떤 나무 위에 밧줄을 묶고 힘껏 끌어당겼다. 그러자 그 나무를 비롯하여 그 나무에 연결된 모든 나무의 뿌리가 쉽게 뽑혔다. 그런 뒤에 그는 또 강풍을 불러일으켜 땅을 모두 깨끗하게 청소했다.

그 후 그는 또 학의 부리처럼 생긴 쟁기 100개를 빌려와 보이지 않는 수단으로 땅을 갈았고, 오이씨도 이런 방식으로 심었다. 오이가 익어서 따자 그것이 굴러 창고 안으로 들어가더니 보리가 되어 창고를 가득 채웠다. 모든 오이는 또 영험함을 지니고 있어서 진짜 주인 이외에는 다른 사람의 손으로 들어가지 않았다.

사냥할 때도 그는 비록 가장 좋지 않은 장소인 산 입구로 파견되었지만, 항상 가장 큰 자루에 사냥물을 잡아왔고, 그의 집은 그가 잡은 사슴뿔로 금방 가득 찼다.

그는 또 한 글자만 외치면 물을 술로 변하게 할 수도 있었다. 그리고 통 크게 사람들을 초청하여 풍성하고 맛있는 음식을 제공했다. 그러나 여전히 이웃들은 그를 미워하면서 어떤 구실을 찾아 그를 죽이려 했다.

그는 이 사실을 알고 나서 감사할 줄 모르는 무리에서 벗어나야 할 때라고 여겼다. 그들 무리 가운데서 한 노인을 제외하고는 아무도 그를 선의로 대하지 않았다. 하지만 사람들이 공개적으로 적의를 드러내기 전에는 그도 두 소녀와의 약속을 어기고 싶지 않았다.

어느 날 그는 사람들에게 큰 잔치를 베풀며 모든 손님을 초청하여 먼저 다음과 같은 놀이를 했다.

그는 약 500마일 길이의 사슴 가죽을 땅에 깔고 그 위에 동그란 완두콩을 가득 뿌렸다. 그리고 사람들에게 미끄러지지 않고 완주할 수 있는지 도전해보라고 했다. 몇 사람이 도전했지만 완주할 수 없었다. 그러나 그는 아주 가볍게 끝까지 완주했다. 곁에서 구경하던 사람들은 크게 화를 내며 공개적으로 그를 위협하고는 어느 때 어느 장소에서 그를 죽이겠다고 했다.

그는 그들의 말을 들은 뒤 곧 모든 사슴뿔을 갖고 나와서 사다리를 만들었는데 사다리의 가장 높은 곳이 구름 속으로 모습을 감췄다.

그런 뒤 그는 사다리로 뛰어올라 상공으로 기어오르기 시작했다.

적들은 그가 도망치는 것을 보고 도끼로 사슴뿔을 찍었다. 그러나 찍을 때마다 도끼가 허공으로 튀어 올라 오히려 도끼를 잡은 사람이 부상을 당했다. 이런 광경을 보고 공격자들은 빠르게 공격할 엄두를 내지 못했다.

이 천신은 귀가했으나 하늘나라 사람들은 아무도 그를 알아보지 못하고 그를 하늘나라에 함부로 난입한 자로 여겼다.

94. 삼림 속의 정령

종류 : 신령

원전

「포르모사 남부 원주민의 민간 고사」, 조지 테일러 기록

이 이야기는 현지 원주민들이 정령이나 그와 유사한 생물의 존
재를 믿는다는 사실을 증명한다.

어떤 젊은 보탄족牧丹族(Botan)이 같은 부족 젊은 여자를 열렬하게
사랑하다가 여자의 친척에게 살해되었다. 족장은 열정을 적당한
범위 내로 제한해서 펼쳐야 한다는 사실을 부족 사람들에게 알리
기 위해 그의 형제 일곱 사람을 추방하여 경고의 뜻을 보였다.

그들은 삼림 깊은 곳으로 추방되어 한동안 새로운 땅을 지난 뒤
에 깨끗하게 정리된 작은 토지를 지나 한 소녀를 만났다. 그녀의
키는 사람의 손바닥 정도에 불과했는데 단정히 앉아서 감자 껍질
을 벗기고 있었다.

그들이 물었다. "꼬마 아가씨! 어떻게 여기까지 왔어요? 집이
어디예요?"

그녀가 대답했다. "나는 어떤 집 소속도 아니고, 어떤 부모 소속

도 아닙니다."

깜짝 놀란 질문자는 다시 그녀에게 길을 가르쳐줄 수 있는지 물었다.

그녀는 수수께끼와 같은 방식으로 대답했다. "만약 칼이 오른쪽에 매여 있음을 발견하면 그것이 바로 정확한 길입니다. 만약 왼쪽에 있다면 잘못된 길입니다."

의혹에 빠진 형제들은 머리를 흔들며 이해하지 못한 채 다시 삼림으로 들어갔다. 피그미족俾格米矮人* 사람들의 노랫소리가 그들을 따라왔다.

"너희는 내가 부모도 없고 왜소하고 양친에게서 받은 지혜도 없다고 하네. 그러나 아직 부모가 없을 때도 나는 이미 존재했고, 인류가 모두 잊힐 때도 나는 여전히 존재할 것이네."

그들은 얼마 가지 못해서 한 왜소한 남자가 사탕수수를 수확하는 것을 보았다. 오른쪽 먼 곳에는 기괴하게 보이는 집 한 채가 있었고, 그 집 앞에는 몸이 매우 작은 부인 두 사람이 앉아서 머리를 빗고 있었다. 모든 것이 너무나 기괴하게 보여서 이들은 더 가까이 가야할지 여부를 결정하지 못했지만 그래도 서둘러 통로를 찾아 삼림을 벗어나야 했다. 그들은 막다른 골목에 몰렸기에 이상한 사람에게 길을 묻기로 결정했다.

---

* 〔원주〕피그미족俾格米矮人: 키가 5피트에도 미치지 못하는 난쟁이 종족이다. 중앙아프리카, 동남아, 오스트레일리아 여러 섬 등지에 분포한다.

두 부인은 질문을 받고 급히 몸을 돌렸는데 그때 눈빛이 빨갛게 빛났다. 그러나 다시 보았을 때는 눈빛이 어둡고 멍청하게 변했다. 아울러 즉시 집안으로 뛰어 들어가자 집의 대문과 창문이 바로 사라졌다. 그곳 전역을 바라보니 광활한 너덜겅(바위 덩어리가 쌓인 지질 구조)과 같았다. 그들은 이런 광경을 보고 깜짝 놀라 서둘러 그곳을 떠났다.

다음 날 삼림 가에 도착하여 비옥한 계곡으로 들어가니, 그곳에 마음씨가 따뜻한 사람들이 살고 있었다. 그들은 마침내 그곳에 정착했다.

95. 거수우巨水牛

종류 : 요괴

원전

「포르모사 남부 원주민의 민간 고사」, 조지 테일러 기록

아주 오래 전의 한 전설에 따르면 어떤 곳에서 매우 거대한 물소가 황혼에 사방으로 돌아다니며 먹이를 찾는 듯했다고 한다.

거대한 물소를 본 사람은 자신의 머리가 점점 팽창하고 배도 통통 부어오르는 듯한 느낌을 받았으며, 그처럼 고통을 느낀 목격자는 가능한 한 빨리 그곳에서 도망쳐야 했다고 한다.

96. 섬뜩하게 웃는 천화귀天花鬼

종류 : 요괴

원전

「포르모사 남부 원주민의 민간 고사」, 조지 테일러 기록

원주민들에게는 무수한 미신이 있다. 그들은 주문呪文, 무당, 귀기가 서린 분위기 속에서 살고 있다. 이해할 수 없는 어떤 일이 발생하면 사악한 영혼이 무방비의 사람을 유혹하여 해악을 끼친 것으로 귀결시킨다.

귀신들은 삼림 속 어두운 동굴에서 튀어나와 기황, 질병, 죽음을 야기한다.

어떤 사람이 일찍이 나에게 이렇게 말했다. "분키에트潘文杰(Bunkiet)* 손위 처남의 외사촌 아우가 강황薑黃을 캘 때 섬뜩하게 웃는 작은 마귀가 사탕수수밭에서 밖을 엿보지 않겠습니까? 마침 그해에 천

---

* [원주] 분키에트潘文杰: 낭교瑯嶠 18사社의 총두목이다. [역주] 낭교 18사는 대만 항춘반도에 존재했던 부락 연맹이다. 항춘반도는 대만의 최남단에 있다.

화天花*가 이 부락 200명의 목숨을 앗아가지 않았습니까?"

---

* 〔원주〕천화天花: 전염병 천연두다. 원주민들은 '천연두 귀신天花鬼'이 이 병을 초래한
다고 믿고 있다.

낭교郎嶠 18사社의
전설에 따르면
사탕수수밭에서
섬뜩하게 웃는
귀신이 일찍이
부락민
200명의
목숨을
앗아갔다.

천화귀

종류 : 요괴

원전

「포르모사 남부 원주민의 민간 고사」, 조지 테일러 기록

동물이 낮에는 사람 모습으로 변할 수 없다. 이 신념은 서방 국가에서 말하는 "한밤중 삼경은 무당들이 출몰하는 시간이다"라는 관념과 좀 비슷하다. 현지 원주민들에게 다음과 같은 이야기가 전해온다.

담수에 사는 게와 원숭이가 결의형제를 맺고 밤에는 모두 사람 모습으로 몸을 바꿨다. 게의 변신은 완벽했지만, 원숭이는 자신의 꼬리를 없앨 방법이 없었을 뿐 아니라 꼬리를 감추기도 매우 어려웠다(포르모사의 토착 의복은 앞뒤로 짧은 앞치마만 두른다).

낮에 아직 변신하지 않았을 때 그들의 거처 부근으로 아름다운 아가씨가 늘 지나가곤 했다. 게와 원숭이는 모두 그 아가씨에게 매혹되었기에 밤에 썩썩한 젊은 남자로 변신하여 그녀를 찾아가기로 했다.

어느 날 게가 제안하기를 그 아가씨가 두 사람의 매력에 저항할

수 없도록 하기 위해 모처某處로 가서 장과漿果를* 많이 따 그것으로 머리띠를 만들어 그녀의 머리에 씌워주자고 했다. 원숭이도 동의했다.

게는 높은 곳으로 올라갈 수 없었기에 원숭이에게 나무 위로 올라가서 장과를 따 내리도록 하고 자신은 그것을 주워 모으기로 했다. 그러나 게는 이렇게 하기도 전에 탐욕이 발동하여 원숭이가 과일을 하나씩 떨어뜨릴 때마다 바로 먹어치웠다. 원숭이는 게에게 내려준 과일 수량이 많아지지 않음을 이상하게 여기고 나무에서 기어 내려왔다.

그는 바로 자기 친구의 소행을 알아차렸고, 이에 두 사람은 서로를 질책했다.

게는 자신이 원숭이의 상대가 되지 못한다는 사실을 알고 조심스럽게 물러나 작은 틈새로 들어갔다. 원숭이가 불같이 화를 내며 그를 향해 돌진해 올 때 그는 조용히 숨어서 공격자의 분노가 잦아지기를 기다렸다.

날이 어두워지자 원숭이는 급하게 사람으로 변하여 아름다운 소녀를 찾아갔다.

그들이 사랑을 찾아 소녀를 찾아갈 때마다 원숭이는 늘 벼를 찧는 연자방아 위에 앉곤 했다. 게는 이 점을 기억하고 원숭이에게 보복하기 위해 원숭이가 도착하기 전에 연자방아 자리 아래로 들

---

* [역주] 장과漿果: 과육과 수분이 많은 다육과多肉果의 과일을 가리킨다.

어가 숨어 있었다.

원숭이가 변신한 가짜 청년은 소녀에게 가서 늘 앉던 자신의 자리에 앉아서 소녀와 노닥거리기 시작했다. 그런데 숨이 있던 게가 기어 나와 숨겨놓았던 원숭이의 꼬리를 집게발로 사납게 잘랐다.

가짜 청년은 소리를 지르며 펄쩍 뛰어올랐다. 깜짝 놀란 소녀와 소녀의 가족 앞에 긴 원숭이 꼬리가 모습을 드러냈고, 그 꼬리 끝에는 아직도 게가 매달려 있었다.

원숭이는 당연히 사람들의 비웃음 속에서 쫓겨났고, 게는 매우 만족하며 천천히 옆걸음을 걸으며 자신의 거처로 돌아갔다.

98. 뱀 요괴蛇妖가 사람을 희롱하다

종류 : 요괴

원전

「포르모사 남부 원주민의 민간 고사」, 조지 테일러 기록

아름다운 외모의 젊은 용사 두 사람이 있었다. 그들은 부족 일원으로서 수행해야 할 의무보다 개인적인 꾸밈에 훨씬 더 많은 관심을 기울였다. 이 때문에 그를 편애하지 않은 사람들의 불만을 야기한 것은 당연한 일이었다.

그러나 우리의 주인공들은 자아도취에 빠져 이 점을 의식하지 못했다.

어느 날 그들은 화려한 깃털 및 술이 주렁주렁 달린 허리띠를 착용하고 길을 걸었다. 뱀 두 마리가 거들먹거리는 그들의 모습을 보고 그 기세를 꺾어주기로 결심하고 아름다운 두 여성의 모습으로 변신하여 두 용사에게 접근했다.

두 여성은 자신들이 먼 곳에 있는 부락 추장의 딸이라 소개하고 자신들의 부족 안에서는 남편이 될 만한 준수한 청년을 찾을 수 없어서 곳곳으로 다니며 마음에 드는 이상형의 남자를 찾기로 결심

했다고 했다.

두 여성은 이제 자신들의 소망을 훨씬 뛰어넘는 대상을 찾았다고 하면서 두 남자에게 함께 앉아 서로 앞날을 협의해보자고 청했다. 큰 기쁨에 젖은 두 남자는 물론 아주 즐겁게 동의했다.

두 여성은 두 남성이 도발적인 행동을 해도 싫어하지 않겠다는 뜻을 분명하게 표시했고, 두 남성도 여성들의 뜻에 즐겁게 동의했으며 이에 두 남성은 더욱 뜨겁게 사랑을 요청했다.

일은 매우 순조롭게 진행되어 그들은 마침내 여성들이 내민 매혹적인 입술에 키스하려고 했다. 그런데 그때 갑자기 그들은 똬리를 튼 뱀 두 마리를 안고 있다는 사실을 발견했다.

뱀은 재빨리 큰 바위의 틈으로 들어가버렸다. 실망하고 분노한 두 남성은 뱀을 향해 침을 뱉었다. 그러나 이 일은 이미 사람들에게 널리 알려져서 두 남성은 사람들의 놀림감이 되었다. 이후 뱀에게 속은 주인공들은 개인적인 장식을 버리고 매일 부지런히 일하는 사람들의 대열로 되돌아갔다.

「포르모사 남부 원주민의 민간 고사」, 조지 테일러 기록

보통 뱀 특히 백보사百步蛇(Deinagkistrodon acutus)에 대한 현지 원주민의 증오와, 거기에 부여된 해석 그리고 이 동물에 대한 징벌 등은 이에 관한 이야기를 자세하게 고찰하게 한다. 이런 고찰을 통해 우리는 그중에서 몇 가지 주안점을 발견할 수 있는데 이는 기이하게

도 『성경』 「창세기」 제3장의 어떤 내용과 서로 부합한다.

전설에 의하면 어떤 백보사가 젊은 여자를 사랑하여 준수한 구애자의 모습으로 그녀 앞에 나타났다.

여자 부모의 엄격한 감시를 피하기 위해 뱀은 여자의 집안으로 기어들어가서야 사람으로 변신했다.

여자는 나중에 아이를 낳았다. 아이의 상반신은 사람이었지만 하반신은 뱀이어서 사람들은 깜짝 놀랐다.

여자의 부모는 마을 남자들 속에는 딸의 애인이 없음을 알고 딸이 초자연의 힘으로 임신한 것으로 의심했다.

그때 여자의 부모는 뱀 한 마리가 일정한 시간이 되면 정원으로 기어 올라온다는 사실을 상기했다. 그러나 뱀은 사람을 해치지 않았으므로 뱀의 진로를 방해하지 않았다. 그러나 이제 여자의 부모는 주의 깊게 정원을 지키고 있다가 뱀이 나타나자 잡아서 죽였다.

이 일이 매우 불길했기에 여자의 부모는 이후로 더이상 뱀을 죽이지 않겠다고 결심했다. 그러나 더욱 나쁜 일은 인류가 이 일로 뱀들의 보복 정서를 유발하여 뱀들이 영원히 인류를 적으로 삼겠다고 맹세했다는 점이다.

여사제의 도움으로 뱀의 변신술을 박탈했고 이로 인해 사람을 해치는 뱀들의 능력이 제한받게 되었다.

그러나 이후로는 백보사에게 물리면 반드시 목숨을 잃게 되었다. 인류에게 큰 불행을 야기하는 다른 뱀도 많다.

이 대목에서 보충해야 할 점이 한 가지 있다. 어떤 사람이 백보사에게 물렸을 때 근처를 샅샅이 수색하여 첫 번째 뱀을 발견하면 그것을 물린 사람 곁에 묶어둔다. 그 사람이 죽으면(거의 죽는다) 뱀을 불로 구워서 죽인다. 그러나 뱀에게 물린 상처의 독을 빨아내어 사람이 건강을 회복하면 뱀을 풀어준다.

산속 원주민

17세기에서 19세기까지 한족 문인들도 대만 원주민의 문화와 풍속에 대해서 많은 것을 기록했다. 그러나 많은 괴담 기록에는 부족 소개가 상세하지 않기에 전설이 어느 부족 어느 집단에 속하는지 분별할 수 없다. 다만 산속에 사는 원주민 부락에서 연원했다고 판단할 수밖에 없다.

99. 산화조山火鳥 : 화산 속을 뚫고 다니다

종류 : 요괴

소개

대만 북부 깊은 산속에 황당한 전설이 전해온다. 어느 곳 원주민 부락 근처에 낮에는 많은 연기가 피어나고 밤에는 불꽃이 타오르는 화산이 있었다.

1000년 동안 화산 속에 신비한 산화조山火鳥가 서식하고 있었는데, 온몸의 깃털은 온통 붉은색이었으며, 눈은 핏빛과 같고, 영험한 능력이 있어서 화산의 불과 연기 사이를 왕래했다. 현지 부락의 전설에 의하면 만약 산화조를 목격하면 곧 목숨을 잃는다고 한다.

원전

『대만잡기』, 청 계기광

화산이 북로北路 야만인 구역에 있다. 낮에는 연기가 보이고 밤에는 불꽃이 보인다.

큰 새가 불 속에서 왕래하는데 야만인들이 그것을 보면 대부분 죽는다고 한다.

100. 오색봉五色鳳: 달이 뜨면 하늘을 날아다닌다

종류 : 요괴

소개

대만 중앙산맥의 옥산에 옥돌이 산속에서 빛을 낸다는 전설이 있다. 그 산은 까마득하게 높이 솟아서 사람들이 올라갈 수 없다.

달 밝은 밤에 옥산은 전체가 환하게 옥빛을 발하고, 산 정상에는 거대한 토란의 뿌리가 서리서리 얽혀 있으며, 무성하고 넓은 잎도 숲을 이루고 있는데 그 높이가 1장 이상이다.

옥산의 토란 꼭대기 끝에는 해가 둥지를 틀었다. 둥지 속에 깃들어 사는 신조神鳥는 깃털이 오색찬란하기에 '오색봉五色鳳'이라고 부른다.

밝은 달이 떠오르려 하면 오색봉 두 마리가 큰 날개를 부딪치며 하늘로 날아오른다.

근처의 원주민은 모두 오색봉을 두려워하기 때문에 산 아래 부족 마을로 거처를 옮겼다.

『대만잡기』, 청 계기광

옥산은 봉산 야번野番* 가운데에 있다. 산이 가장 높아서 사람이 올라갈 수 없다.

달밤에 바라보면 반짝반짝 옥빛으로 빛난다. 정상에 토란 한 포기가 있는데 뿌리가 나무들 사이에 서리서리 얽혀 있으며 넓은 잎도 이미 숲을 이루고 있다. 새가 토란 위에 둥지를 틀었다. 그 새는 깃털이 오색으로 크기가 황새보다 크다. 원주민들은 모두 그 새를 가리켜 봉황이라고 한다.

『대만부지』, 청 고공건

봉우鳳芋. 봉산현의 대려멱산大呂覓山의 정상이다. 전설에 대려멱 원주민이 원래 이 산에 거주했다고 한다. 크기가 1장이 넘는 토란 한 떨기가 있다.

달이 떠오르려 하면 봉황과 같은 두 마리 생물이 토란 아래에서 날개를 퍼덕이며 날아올라 하늘까지 솟구친다.

---

* 〔역주〕야번野番: 청나라 때 대만 지역 원주민 중에서 한족의 문화, 풍습, 예의 등을 받아들이지 않고 자신들의 고유한 삶의 방식을 유지한 채 살아가는 사람이나 그 지역을 생번生番 또는 야번野番이라고 불렀다. 반대로 한족화 또는 중국화한 부족은 숙번熟番 또는 화번化番이라고 불렀다.

야번 부족은 이 기괴한 새에 경악하며 비로소 부족 마을 속으로 옮겨왔다고 한다.

101. 낭교^{瑯嬌}의 신령한 고양이: 음양안^{陰陽眼}

종류 : 요괴

소개

'낭교^{瑯璚}' '낭교^{瑯嬌}' '낭교^{娘嬌}' '낭교^{瑯嶠}'는 항춘의 옛 지명으로, 파이완족 언어인 'Longkiauw'를 한문으로 음역한 것이며 그 뜻은 '난초 꽃^{蘭花}'이다. 항춘 일대에 호접란^{蝴蝶蘭}이 두루 자라기 때문에 이런 이름이 붙었다.

대만의 항춘현 낭교산 지역에 고대로부터 현지의 원주민들이 '일월안^{日月眼}'을 가진 기이한 고양이를 길렀다.

이 기이한 고양이는 한 눈이 벽록색이고, 다른 한 눈은 푸른색인 음양안^{陰陽眼}을 갖고 있었다. 전설에는 깊은 밤에도 귀신을 판별할 수 있다고 하며, 또한 그것이 신령한 고양이 요괴라는 소문도 있다.

낭교 고양이의 꼬리는 기린처럼 짧고, 전신의 얼룩무늬는 호랑이 가죽과 같다. 크기는 보통 고양이와 같지만 울음소리는 20리 밖에까지 들리므로 인근의 쥐들이 모두 도망간다.

항춘반도에 거주하는 원주민으로는 파이완족과 피누유마족이 있지만, 지금은 벌써 어느 부족이 신령한 낭교 고양이를 길렀는지 알아낼 방법이 없다.

낭교의
신령한
고양이
瑯嬌靈猫

자웅 안雌雄眼
기린의 꼬리,
호랑이
얼룩을
갖고 있다.
길게 울면
20리에 걸쳐
쥐들이 모두
도망간다.

『대양필기』「민해문견록」, 청 책호

대만 봉읍鳳邑의 남쪽에 낭교라는 산이 있는데 해안에서 80리 떨어져 있어서 육로로는 갈 수 없다. 그 땅은 모두 생번生番*이다.

생번 부족은 고양이를 기른다. 그 고양이는 자웅안雌雄眼,** 기린의 꼬리, 호랑이 얼룩을 갖고 있다. 크기는 보통 고양이와 같지만 길게 울면 20리 밖에서도 쥐들이 모두 도망간다. 내가 20금金으로 한 마리를 사보았더니 과연 그러했다. 뒤에 다른 고양이와 잡종이 되자 쥐를 잡을 수는 있어도 쥐를 도망가게 할 수는 없었다.

『대양견문록臺陽見聞錄』***, 청 주사개朱仕玠

낭교산 생번의 고양이 모습은 보통과 다르지 않다.

다만 엉덩이에서 꼬리 끝에 이르는 길이만 짧을 뿐 전체 크기는 똑같고 귀신처럼 쥐를 잘 잡는다. 낭교묘·번묘番貓라 하며 아주 귀하다.

---

* 〔역주〕 생번生番: 앞의 '야번野番' 각주 참조.

** 〔역주〕 자웅안雌雄眼: 위의 본문에 나오는 '일월안日月眼'과 '음양안陰陽眼'과 같은 특징의 눈으로 보인다. 위의 소개 글에 한 눈은 벽록색, 다른 한 눈은 푸른색이라고 했으므로 고양이 중에서 양쪽 눈의 색깔이 다른 오드아이를 가리키는 듯하다.

*** 〔역주〕 『대양견문록臺陽見聞錄』: 앞에서는 이 책의 저자를 청나라 당찬곤唐贊袞으로 기록했다. 중국어판 위키백과維基百科 「낭교묘」 항목에는 이 기록이 주사개朱仕玠의 『소유구만지小琉球漫志』에 나온다고 했다.

권3

일본 통치 시대
(1895~1945)

갑오전쟁甲午戰爭(1894년 청일전쟁) 이후 청나
라는 일본과 시모노세키 조약을 체결했고, 이
때문에 대만은 일본 소속의 땅이 되었다.
바다를 건너 대만으로 온 일본인들은 대만섬
의 기이한 산과 험악한 지형에 경악했다. 이와
동시에 야만의 산림 속에 잠복한 온갖 요괴들
도 도래인들을 호시탐탐 노리기 시작했다.

102. 오사서 五使嶼: 생인 生人

종류 : 요괴, 지역 : 섬·해역

소개

오사서 五使嶼는 대만섬 인근 동쪽 바다 모처의 기이한 마귀 섬으로 날씨가 맑을 때는 소오 蘇澳(대만 북동쪽 의란현 소속)의 높은 곳에서 이 섬이 멀리 바라보인다고 한다.

오사섬의 기후는 대만 본섬과 유사하고 해안에서 3리 떨어진 곳에 기와집이 있는데 집안의 물건이 오래되어서 마치 백년이나 지난 골동품 같고, 손으로 만지면 바로 부서져 가루가 된다고 한다.

또 섬에는 사람인 듯 아닌 듯한 거대한 괴물이 살고 그 이름을 '생인 生人'*이라고 한다.

일찍이 영국과 스웨덴 선박이 이 섬을 지나다니자, 중국 관리들이 이

---

* 〔역주〕 생인 生人: 처음 보는 낯선 사람이라는 뜻으로 보인다.

섬을 자신들의 소유지로 삼으려고 이 섬을 찾으려는 선발대 선박을 보냈
으나 아무 소식도 없이 돌아오지 않았으며, 그 뒤로는 이 섬의 위치를 전
혀 알 수 없게 되었다고 한다.

원전

『아당문집雅堂文集』, 일본 통치 시대 연횡連橫(1878~1936)

오사서五使嶼는 바닷물을 사이에 두고 소오와 마주 보고 있다. 하
늘이 넓게 열릴 때는 눈에 잡힐 듯 바라보인다. 기륭의 어부들도
때때로 그곳에 닿기도 했다.

오사서는 바다에 우뚝 솟아 있고 둘레는 100리에 달하며, 항만
은 다섯 곳인데 그중 두 곳에는 배를 정박할 수 있으나 나머지는
암초가 어지럽게 널려 있고 풍랑이 세차서 배를 대면 바로 파손되
기 때문에 대나무 뗏목으로만 들어갈 수 있다.

산천과 기후는 대략 대만과 같다. 그곳의 풀은 용수초龍鬚草와 같
아서 그 풀을 꼬아 자리를 만들 수 있다. 여지(리치)가 숲을 이루
고 있으며 그 열매가 크고 달다.

3~4리를 가면 기와집 몇 채를 만날 수 있다. 집안의 기물이 수
백 년 전의 물건처럼 보이는데 손으로 만지면 바로 가루가 된다.

귀로에 숲속에서 뛰어나온 괴물을 만났다. 사람인 듯 아닌 듯한
괴물이 머리를 어깨까지 풀어 헤쳤고, 거무튀튀한 얼굴이 섬뜩한
느낌을 주었다.

어부가 깜짝 놀라 도망치자 괴물이 그를 뒤쫓았다. 황급히 배를 타고 돌아와 자신이 본 것을 이야기하며 그 괴물을 '생인生人'이라고 불렀다. 이 때문에 기룽 사람들도 그 무뢰배를 오사서 생인이라고 부른다.

이보다 앞서 영국 배가 우연히 그곳으로 가서 지도를 만들며 '아미도阿美島'라고 이름을 붙였다.

이윽고 그 뒤에 스웨덴 배가 타고打鼓*에서 일본으로 항해하다가 역시 그곳을 지났다. 그들의 말도 어부의 말과 꽤 비슷했다.

광서 10년(1884), 상해의 『신보申報』에 그 일을 실으면서 또 이렇게 말했다. "그 땅은 대만과 가까우므로 속히 판도에 넣고 백성을 보내 개척하여 대만의 외부外府로 삼아야 한다. 만약 외국인이 그 땅을 얻어서 교활하게 개척할 마음을 먹고 그곳에 정박하면 마침내 대만의 우환거리가 될 것이다."

순친왕醇親王(1840~1890)이 그 기사를 보고 북양대신 이홍장李鴻章(1823~1901)에게 자문을 구한 뒤 대만순무에게 인원을 파견하여 살펴보도록 명했다. 대만순무는 자신의 부하 중에서 그곳으로 가는 사람에게는 상을 내리겠다고 알렸다.

조주潮州 사람 이금당李錦堂은 당시에 서학당西學堂의 교습을 지내며 영국인이 그린 지도를 얻자, 자신이 가겠다고 글을 올렸다.

순무는 크게 기뻐하며 그를 만나 남쪽으로 항해하도록 명했다.

---

* 〔원주〕타고打鼓: 대만 고웅시高雄市의 타고打鼓 지역이다.

이금당은 그곳으로 가기 전에 기륭으로 가서 길잡이를 구했다.

어부가 응모하여 천금을 달라고 했다. 이금당이 600금을 주겠다고 했지만, 어부는 갈 수 없다고 했다. 남쪽으로 가려고 오래 기다리다가 스스로 항해에 나섰으나 며칠이 걸려도 도달할 수 없었다. 이에 파도가 거세고 배가 작은 탓이라 해명했다. 순무는 명령을 기다리라 하고 그에게 월급으로 쌀과 은 30냥을 주었다. 그리고 북양함대의 군함을 다시 파견하였으나 어영부영 몇 년을 끌다가 결국 아무 소식도 얻지 못했다.

혹자는 말하기를 "이 섬은 송나라 때 양오사楊五使가 거주했기에 '오사서'라는 이름을 얻었다"라고 한다.

103. 치미鴟尾: 회오리바람旋風을 일으키는 용

종류 : 요괴, 지역 : 남부

소개

치미鴟尾는 회오리바람旋風을 일으키는 교룡으로 '선풍교旋風蛟' 또는 '서미풍鼠尾風'이라고도 한다. 만약 치미가 바다 위를 빙빙 돌다가 바닷물을 말아 올리면 '용오름龍柱' 현상이 일어난다.

일찍이 광서 3년(1877), 대남 안평에서 치미가 불기 시작하여 거리를 지나갔는데, 치미가 통과한 곳은 모두 세찬 회오리바람에 파괴되었고, 심지어 어부 한 명은 하늘로 말려 올라갔다가 그곳에서 100리나 떨어진 아리산 위에 떨어졌다.

원전

『아당문집』, 일본 통치 시대 연횡

회오리바람을 대만 사람들은 '치미鴟尾'라고 한다. 연해의 어부들은 늘 바다에서 그것을 목격하곤 한다. 바닷물이 곧추 솟아올라 하늘과 나란하게 되므로 '용주龍柱(용오름)'라고도 한다.

광서 3년 6월 초3일 정오 지나서 회오리바람이 안평에서 불기 시작하여 남쪽으로부터 거리를 통과하여 북쪽으로 갔다.

군민들이 고개를 들고 바라보니 지극히 빠른 어떤 것이 은빛을 번쩍이고 있었다. 이에 혹자는 그것을 용이라고 여겼다.

회오리바람이 지나간 곳에는 기와집이 모두 파괴되었다. 나루터의 고목 용수榕樹도 뽑혀서 수십 장 밖까지 날아갔다. 연무정演武亭의 지붕도 공중으로 날아가 춤을 췄다.

당시에 희수장喜樹莊 사람 아무개가 바다에서 고기를 잡다가 회오리바람에 사람과 배까지 모두 날아가버렸다.

사람들은 그가 죽었다고 여겨, 집에 신주를 모시고 아침저녁으로 제사를 올렸다. 10여 일이 지난 뒤 아무개가 홀연히 귀가했다. 사람들이 와서 내막을 물으니 아무개가 다음과 같이 말했다. "회오리바람에 휩쓸려 기절했다가 깨어나니 이미 산속에 있었습니다. 고목이 매우 무성했고 새소리만 들렸습니다. 이윽고 배가 고파서 길을 찾다가 밥 짓는 연기를 보았습니다. 기뻐서 그곳으로 가보니 원주민番人의 집이었습니다. 남녀 몇 명이 집 밖에 모여 이야기를 나누고 있었으나 내가 원주민인지 아닌지는 염두에 두지 않았습니다. 그들에게 밥을 구걸하니 원주민이 중국어를 할 줄 알아서 무슨 일로 여기까지 오게 되었는지 물었습니다. 모든 사실을 알려주자 원주민들이 경악했습니다. 그리고 이곳은 아리산이고 부府의 성에서 200여 리 떨어진 곳이라고 했습니다. 이에 그 집에 유숙하니 매우 융숭하게 대접해주었습니다. 다시 며칠 지나고 나서 마른 토란

으로 음식을 해주었고 마른 양식을 주면서 배웅했으며 이 때문에
아무 탈 없이 돌아올 수 있었습니다."

104. 오새서 吳賽嶼의 괴물

종류 : 요괴, 지역 : 섬·해역

소개

청나라 때 유명전劉銘傳(1836~1896)이 대만순무로 임명되어 중국 남부에서 상선을 탔다가 태풍을 만나 대만 동부 해역의 황량한 섬으로 표류했다.

그 섬에는 거대한 곰과 같은 식인 괴물이 있었다. 그 괴물은 속임수로 사람을 유인하여 산속 동굴로 들어가게 한 뒤 다시 기회를 엿보아 사람을 잡아먹었다.

『대만 일일신보』 1910년(메이지 43) 1월 23일, '조신경照身鏡 (몸을 비추는 거울)' 코너의 「오새서昊賽嶼」, 십팔녕형十八甯馨*

유성삼劉省三**이 대만순무로 부임할 때 남부에서 상선을 타고 태풍을 만나 대만 뒤편의 어떤 황량한 섬으로 표류했다.

배를 정박하고 해안으로 올라갔다가 갑자기 산 위에서 내려오는 어떤 괴물을 만났다. 머리와 발은 모두 사람 모양이었고 전신은 검푸른색으로 옷을 입지 않았는데 형태가 거의 곰과 유사했다.

사람을 만나고도 때리거나 물어뜯으려는 모습을 보이지 않고 손짓으로 부르며 함께 산으로 들어가자는 듯이 행동했다.

사람들은 의심하며 감히 앞으로 나아가지 않았으나 유독 선장 아무개만이 함께 가도 된다고 여겼다. 그의 말에 따르면 날마다 경건하게 천비에게 기도를 올리는데, 어젯밤에는 천비께서 현몽하여 멀지 않아 틀림없이 큰 길상을 맞이한다고 했다는 것이다. 그러고는 저것이 필시 천리안임이 의심할 바 없으니 따라가야 길하다고 했다.

사람들의 마음이 움직여서 각각 용기를 내어 앞으로 갔고 괴물도 순순히 그들을 인도했다.

---

* 〔역주〕 십팔녕형十八甯馨: 본명은 미상이다.

** 〔원주〕 유성삼劉省三: 유명전劉銘傳이다. 〔역주〕 유성삼은 자가 성삼이고, 호가 반정盤亭 또는 대잠산인大潛山人이며, 시호가 장숙壯肅이다.

1리 정도 가서 석굴에 이르렀다. 괴물은 그 옆에 멈춰 서서 사람들에게 먼저 들어가라는 듯한 모습을 보였다.

　　사람들은 공포 속에서 마음이 변하여 먼저 동굴 속으로 돌을 던져 시험해보았다. 동굴 속은 오랫동안 고요했다.

　　이에 사람들은 앞다투어 동굴로 들어갔다. 사람들이 다 들어가서 동굴을 끝까지 탐색해보자고 논의하는 중에 갑자기 동굴이 깜깜해졌다.

　　돌아보니 괴물이 큰 돌을 들어 동굴 입구를 막았다.

　　사람들은 급히 입구의 틈새로 나가려 했으나 틈새가 너무 좁아서 겨우 한 사람 정도 나갈 수 있을 뿐이었다. 사람들이 일시에 급하게 몰려들어 빠져나가려고 다투었다.

　　한 사람이 겨우 머리를 내밀다가 결국 괴물에게 잡혔고, 괴물은 동굴 밖에서 그 사람의 몸을 찢어서 먹었다.

　　사람들은 비로소 사지死地에 떨어진 것을 알고 모두 부들부들 떨었다.

　　이윽고 사람을 다 찢어 먹은 괴물은 다른 곳으로 가지 않고 그곳에 누워서 지켰다.

　　그러나 자세히 살펴보니 괴물이 심하게 취한 듯한 모습을 보였고, 얼마 지나지 않아 천둥소리를 내며 코를 골았다. 그 모습이 마치 시체와 같았다.

　　사람들은 사지에서 살아날 방법을 생각해내고, 먼저 괴물이 누워 있는 곳을 넘어가서 함께 큰 돌을 밀어다가 괴물을 눌렀다.

다행히 결과가 좋아서 괴물이 죽었다. 괴물의 피는 푸른색이 도는 보라색이었고 냄새는 매우 비렸다.

사람들은 황급히 목숨을 걸고 도망쳐서 배로 돌아왔다. 바야흐로 배에 오를 무렵 괴물 하나가 또 그들을 추격해왔고 그 모습은 앞의 괴물과 같았다.

괴물이 사람들을 불러도 이번에는 가지 않으니, 마침내 바다를 헤엄쳐서 다가왔다.

사람들이 고함을 질렀다. "우리의 생사가 이 한 번에 달려 있다. 각자 도끼를 꺼내 저 괴물을 쳐죽여야지 가만히 있어서는 안된다."

이렇게 소리를 지르는 사이에 괴물이 이미 배 가까이 다가와서 손으로 왼쪽 뱃전을 잡고 올라타려 했다. 뱃사공 하나가 급히 도끼를 들어 괴물의 손가락 하나를 잘랐다.

괴물은 고통을 느끼고 비로소 소리를 지르며 도주했다. 이후 사람들은 모두 살아서 돌아왔다.

호미滬尾(대만 담수淡水의 옛 지명) 포구로 들어오니, 안휘 사람 유劉 아무개가 당시에 방카艋舺(Báng-kah, 지금 대북臺北의 상업중심지구)의 오인보吳仁甫 무재茂才(秀才)의 이웃에 기거하고 있다가 이 소식을 듣고 매우 기이하게 여겼다. 그가 유 순무에게 이 일을 이야기하자 마침 유 순무는 뒷산을 개척하던 중이어서 해외에도 관심이 높아 그의 말을 듣고 기뻐했다.

그는 즉시 유 아무개에게 명령을 내려 병선兵船을 타고 그곳을 찾아보게 했다. 며칠이 지나 어떤 곳에 도착했는데 역시 고도孤島였다. 해안으로 올라가 몇 리를 가니 바라보이는 풍경이 앞서 뱃사람들이 말한 내용과 대략 같았으나 어떤 괴물도 보이지 않았다.

다시 작은 산으로 다가가자 악취가 매우 기괴했다. 아마도 짙은 안개가 그 원인인 듯했다.

그러나 일행은 그곳에 틀림없이 독충과 맹수가 있다고 여겨 서로 경계하며 깊이 들어가지 말라 하고 마침내 거기서 멈췄다.

유 아무개가 돌아와 사람들에게 한 말을 들어보면 그곳은 아마도 대만 뒤편에서 멀지 않은 듯하다. 이 때문에 그곳에 청색 괴물이 있다는 것은 대만 속담 '오새서의 청인吳賽嶼靑人'*이란 말로도 증명이 된다. 그곳이 혹시 오새서가 맞는지는 아직도 꽤 의심스럽다.

이 일은 오 무재가 나에게 한 말이다. 그의 말이 매우 근거가 있고 조리에 맞았으나 애석하게도 그 이후로는 다시 탐방했다는 사람이 없으므로 끝내 여산廬山의 진면목을 볼 수 없게 되었다.

---

* 〔원주〕오새서의 청인吳賽嶼靑人: 대체로 교화되지 않은 원시인처럼 앞뒤가 꽉 막힌 사람을 욕할 때 쓴다.

종류 : 요괴, 지역 : 해역

소개

일본의『아사히신문朝日新聞』1909년 기사에 괴수怪獸에 관한 괴담이 실려 있다. 영국 기선이 대만 근해를 지날 때 배 위의 사람들이 해면 위에 떠 있는 거대한 바다짐승을 보았다. 그 짐승의 등에는 한 줄기 톱니 같은 가시가 뚜렷하게 돋아 있었다. 사람들은 매우 기이한 짐승이라고 떠들썩하게 이야기를 주고받았다. 바다에서 여태껏 이런 기괴한 짐승을 본 적이 없었기 때문이다.

원전

『도쿄 아사히신문東京朝日新聞』1909년 3월 5일(메이지明治 42), 「대만 근해의 괴수臺灣近海の怪獸」

그저께 3일 날, 영국 기선 '술탄호Sultan'가 싱가포르에서 홍콩을 거쳐 요코하마橫濱로 들어와서 다음과 같은 사실을 이야기했다. 항해 도중 대만 근해를 통과하여 약 20시가 된 지 오래지 않아 해면에 불가사의한 동물 한 마리가 나타났다. 높이는 약 15피트, 길이는 약 200피트 정도로 해면 위를 헤엄치고 있었다. 모든 선원이 깜짝 놀랐다. 아울러 그 괴수의 그림을 그리면서 등 위에 톱니 같은 가시 한 줄도 그려 넣었다. 아마 모두 이와 같은 바다 괴수는 일찍이 본 적이 없는 듯했다.

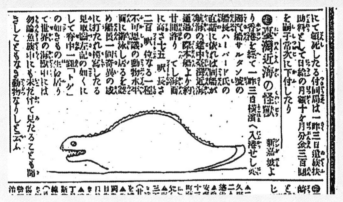

● 『도쿄 아사히신문東京朝日新聞』 1909년 3월 5일자 기사에 대만 근해에서 목격한 괴수와 그것을 스케치한 그림이 실려 있다.

106. 백원요 白猿妖

종류 : 요괴, 지역 : 남부·산야

소개

아주 이른 시기 고웅高雄의 강산岡山 사방에 모두 띠풀이 무성하게 자랐기 때문에 그곳을 '간진림竿蓁林'이라 불렀으며, 강산의 산야와 숲에도 백원요白猿妖(흰 원숭이 요괴)가 서식했다고 한다.

원전

『아당문집』, 일본 통치 시대 연횡

강산岡山 위에 흰 원숭이가 사는 것을 사람들이 본 적이 있다고 한다.

107. 사냥군蛇郎君

종류 : 요괴, 지역 : 산야

소개

사냥군蛇郎君(뱀 낭군) 전설은 자고이래로 대만에 전해오는 기이한 요정 이야기다.

전설은 다음과 같다. 어떤 마을의 늙은이가 슬하에 딸 셋을 두었다. 어느 날 높은 산의 꽃밭을 지나다가 아름다운 두견화杜鵑花를 보고 그것을 따서 딸에게 가져다주려 했다. 그런데 그 꽃밭의 주인이 미남으로 변한 뱀의 정령 사냥군일 줄 어찌 짐작이나 했겠는가?

사냥군이 늙은이에게 말했다. "어르신의 딸을 내게 시집 보내시오. 그렇지 않으면 어르신의 집을 파멸시키겠소." 늙은이는 어쩔 수 없어서 막내딸을 사냥군에게 시집보낼 수밖에 없었다.

그런데 뜻밖에도 사냥군은 뱀의 정령이 변신한 것이었지만 신부를 지극히 사랑하며 큰 집과 보옥을 선물로 주었다.

그러나 그 뒤 큰 언니가 막냇동생이 아름답고 행복하게 사는 것에 불만을 품고 그녀를 죽일 계획을 세웠다. 큰 언니는 자신의 외모가 막냇동생과 비슷한 점을 이용하여 막냇동생을 죽이고 자신이 그 자리를 차지했다.

그러나 막냇동생의 원혼이 파랑새가 되어 사냥군에게 소식을 알릴 줄

모처에 뱀이 있었고,
그것이 오래 살아
요괴가 되었다가
다시 미남으로 변하여
마을을 왕래했다.
마을 사람들은
그를
사냥꾼이라고
불렀다.

사냥꾼

생각지도 못했다. 큰 언니는 파랑새를 죽인 뒤에 그 파랑새를 묻었는데 그곳에서 파란 대나무가 자라났다. 큰 언니는 파란 대나무를 베어서 의자를 만들었다. 하지만 큰 언니는 의자에 앉으려 하다가 넘어지고 말았다. 큰 언니는 또 대나무 의자를 불태워 없앴다. 그러자 재가 된 영혼은 다시 앙꾸꾸에紅龜粿(âng-ku-kóe)*에 붙어서 이웃집 노파에 의해 노파의 집으로 돌아왔고, 노파는 이불로 그것을 덮어두었다. 그러자 그 앙꾸꾸에가 마침내 막내딸의 진짜 몸으로 변했다.

마지막에 사냥군은 이웃집 노파를 통해 사건의 진상을 알고 큰 언니를 물어 죽이고 막내딸을 되살려 행복하게 살았다.

사냥군 이야기는 대만 각지에 널리 퍼져 있을 뿐만 아니라 각종 상이한 버전이 존재한다. 일본 통치 시대에도 연횡이 기록한 사냥군 이야기 이외에도 『대만 옛날이야기臺灣むかし話』『칠낭마의 생일七娘媽生』『대만 교육臺灣教育』에도 실려 있지만 이야기 내용이 조금씩 다르다.

---

* 앙꾸꾸에紅龜粿: 송편 비슷한 거북 모양의 붉은색 과자.

『아당문집』, 일본 통치 시대 연횡

대만에 사낭군이라는 동요가 있다. 내용이 꽤 기이하므로 여기
에 대략 기록해둔다.

모처에 뱀이 있었고, 그것이 오래 살아 요괴가 되었다가 다시 미
남으로 변하여 마을을 왕래했다. 마을 사람들은 그를 사낭군이라
불렀다.

아무개 늙은이에게 세 딸이 있었고 모두 출가하지 않았다. 사낭
군은 중매쟁이를 보내 혼인을 논의하게 했다. 자신은 천금을 주어
딸을 맞아오고 싶은데 만약 늙은이가 원하지 않으면 집안을 파멸
시키겠다는 뜻을 전했다.

늙은이는 본래 이익을 탐하는 사람인 데다 사낭군의 폭력이 두
려워 맏딸에게 출가를 명령했으나 따르지 않았고, 둘째 딸도 따르
지 않았다. 17세가 된 막내딸이 부친의 마음이 다급한 것을 알고
분연히 사낭군에게 시집가겠다고 했다.

이윽고 막내딸이 시집가자, 사낭군은 그녀를 사랑하여 큰 집에
거주하게 하고 고운 수를 놓은 옷을 입히고, 진수성찬으로 밥을 먹
게 했으며, 금과 옥 등 진기한 보배를 마음대로 갖게 했다. 그리하
여 늙은이는 사람과 다른 생물과 혼인을 맺은 일로, 마침내 더이상
가난하게 살지 않게 되었다.

108. 앵가요鸚哥妖와 귀괴龜怪

종류 : 요괴, 지역 : 북부·산야

소개

　대만 북부에서 앵가석鸚哥石(앵무새를 닮은 바위) 요괴 새가 해악을 끼치며 하늘 가득 독 안개를 내뿜었다.

　정성공의 군대가 그곳을 지나며 앵가석을 향해 대포를 쏴서 요괴의 머리를 부수었다.

　앵가 요괴는 목숨을 잃었으나 그 돌에는 여전히 기이한 독이 남아 있어서 가까이 갈 수 없다.

　아울러 근처 삼협三峽의 비연산飛鳶山에도 요괴가 혼란을 조장하여 정성공이 포격한 적이 있고 지금도 포격 흔적이 남아 있다.

　앵가와 비연 전설을 제외하고도 귀산도龜山島에 거대한 요괴 거북이 있었는데, 국성야의 공격으로 사망하여 섬으로 변했다고 한다.

『아당문집』, 일본 통치 시대 연횡

앵가석은 담수의 해산보海山堡에 있다. 지금은 그곳에 기차가 왕래하는 큰길이 있다.

앵가석의 크기는 몇 장丈에 이르고 산꼭대기에 우뚝 서서 아래를 내려다보는 모습이 흡사 앵가(앵무새)와 같다.

전설에 따르면 이 바위는 독한 안개를 뿜어 하늘을 가릴 수 있다고 한다. 정성공이 군대를 일으켜 이곳에 왔다가 길을 잃었을 때이 바위를 포격하여 마침내 머리 부분을 잘랐다.

또 말하기를 "이 바위는 기이한 능력을 지니고 있어서 사람이 접촉하면 안 된다. 만약 접촉하면 역병에 걸려 가축들이 많이 죽으므로 지금도 접근하지 않도록 경계해야 한다"고 한다.

맞은편 산이 '비연산飛鳶山'이고, 삼각용三角湧*의 요충에 해당한다. 지난날에 역시 기괴한 일을 일으켰으므로 정성공이 포격했는데, 끊어진 흔적이 뚜렷이 남아 있다.

『대만풍속지』, 일본 카타오카 이와오

북부 지방에 육연산肉鳶山이 있다. 산 모양이 솔개의 부리를 닮았

---

* [원주] 삼각용三角湧: 지금의 신북시新北市 삼협三峽이다.

앵가와
거북
요괴龜怪

앵가석은
깊은 산에서
독한 안개를
뿜고,
거북 요괴는
카바란噶瑪蘭 바깥
바다에 떠 있다.
전설에 따르면
정성공 군대에
의해
격살되었다고
한다.

다. 이전에 이곳 사람들은 이 산에 가면 기괴한 새에게 쪼여 죽을 수 있다고 여겼으므로 아무도 접근하지 않았다. 나중에 정성공 소속 부대가 이곳에 왔을 때 밤마다 병졸 한 명이 사라지면서 마침내 전멸하는 지경에 이르렀다. 다시 군사를 파견했으나 한 명도 살아 돌아오지 못했으므로 정성공은 매우 화가 났다. 초혜돈草鞋墩에 대포를 안치할 때 포좌砲座를 고정할 수 없자, 장졸들에게 초혜草鞋(짚신)를 벗어서 여러 겹 쌓아 포좌를 만들게 하고, 대포를 쏘아 솔개의 아래턱을 박살냈다. 이후로는 마침내 솔개가 사망하여 더이상 사람을 해치지 못했다. 짚신을 쌓은 곳에는 뒷날 초혜돈이라는 지명을 붙였다.

「국성야가 북정할 때의 전설國姓爺北征中的傳說」, 황더스黃得時(1909~1999)

검담劍潭을 지난 국성야는 조금 휴식한 뒤에 삼초령三貂嶺을 넘어 카바란(지금의 의란 일대) 방향으로 진공했다.

마침 이때 일망무제의 태평양 위에 거대하고 검은 물체가 나타나 오만하게 안개를 뿜고 있었다. 그 곁에는 하얀 물체 두 개가 둥둥 떠서 검은 물체 뒤를 따르고 있었다.

순식간에 그 괴물은 망망한 바다에서 점점 이곳으로 다가오고 있는 듯했다.

"와! 저게 무슨 괴물이야?"

모든 군사는 영문을 모른 채 놀라서 소리를 질렀다. 그 괴물의 출현으로 인해 모든 군사는 전전긍긍하며 겁을 먹어 머리카락조차 쭈뼛 솟아올랐다.

그 괴물이 바짝 접근하고서야 사람들은 거북의 정령이고, 하얀 물체는 그것이 낳은 알이라는 사실을 알아차렸다.

"거북의 정령이네, 거대한 거북의 정령이야!" 한바탕 시끌시끌한 수군거림이 병졸들 사이에서 끓어올랐다.

이런 상황을 목격한 국성야는 말 위에 앉아서 당황하지 않고 총을 조준하여 그 거북의 정령을 향해 발사했다. "탕!" 소리가 들리고 이어서 천지를 뒤흔드는 진동이 일어나더니 거북의 정령이 바다로 가라앉았다.

얼마 지나지 않아 다시 떠올랐으나 거북의 껍질에는 이미 총에 맞은 구멍이 뚫려 있었다. 동시에 거북의 정령은 더이상 안개도 뿜지 못하고 그곳에 떠서 조용히 죽어갔다.

이후 총에 맞아 죽은 거북의 정령은 오랜 세월이 지나면서 마침내 섬이 되었고, 사람들은 그 섬을 '귀산龜山'이라고 불렀다.

총에 맞은 구멍도 작은 호수가 되었으며 그 호수에는 맑은 물이 가득 고였다.

오래지 않아 많은 사람이 이 바닷속 귀산으로 이주하여 살게 되었다.

109. 살신煞神

종류 : 요괴, 지역 : 산야

소개

대만의 캄캄한 밤에 유배된 흉신凶神은 이름이 '살煞'이다. 자기도 모르게 흉신을 건드리면 '살을 범하는犯煞' 행위가 되므로 사망, 질병, 파산에 직면할 수 있다.

『대만 일일신보』에도 살신煞神이 사람의 목숨을 빼앗은 진실한 이야기가 게재되어 있는데, 끝내 3명이 사망했다.

신문 기사에 따르면 살신이 모습을 드러낼 때는 캄캄한 연기가 몰려오는 것과 같다. 살신에게 저주를 받으면 기절하여 온몸에 흑색 반점이 나타나고 결국 온몸이 검게 변하여 죽는다고 한다.

원전

『대만어전臺灣語典』, 일본 통치 시대 연횡

살을 범하다犯煞.
살煞은 흉신이다. 살을 범하면 불길하다.

『대만 일일신보』1906년(메이지明治 39) 1월 30일, 「살신이 연달아 세 명의 목숨을 빼앗다煞神連殺三命」

본섬 사람들은 미신이 매우 심한데 특히 살기煞氣에 대해 더욱 심하다.

그중에서도 혼인할 때 살기를 범하면 반드시 죽거나 병에 걸리거나 파산하게 되므로 꼭 천문을 보는 점술사에게 길일을 받아야 한다.

계속해서 그들은 대개 혼인 행차 도중에 살기를 만나면 사람의 온몸이 불에 탄 듯이 검게 변하여 반드시 죽는다고 믿는다. 이번에

● 청나라 때 대만의 꽃가마花轎. 대중 남둔 만화궁문물관萬和宮文物館에는 청나라 광서 13년 (1887)에 만든 꽃가마를 소장하고 있다. 조각 솜씨가 지극히 정교하다.

살신이 사람을 셋이나 죽이는 대참사가 발생했는데, 본섬 사람들의 전설에 따르면 그 이유가 따로 있다고 한다. 이것도 풍속을 취재할 때 도움을 주는 한 가지 일이므로 여기에 기록한다.

지금부터 일주일 전에 석구가錫口街의 왕수재王秀才 집에서 딸을 중장中莊의 모씨某氏에게 시집을 보냈다. 관례에 따라 검은 보자기로 꽃가마를 단단히 감싼 뒤 그 위에 갖가지 장식을 하고 아무도 엿보지 못하게 하여 살기를 방비했다.

불행하게도 이날 가마가 대문으로 들어설 때 신랑이 갑자기 살기를 범하여 졸도했다. 온몸에 두루 반점이 생기더니 다음 날 바로 사망했다. 꽃가마가 왕씨 집에서 나오고 나서 도중에 아이들 몇 명

● 꽃가마 정문 양쪽에는 혼인의 기쁨을 표현하는 대련對聯이 있다.

이 여러 가지 심한 장난을 했다.

그 뒤에 또 열 살쯤 된 아이 하나가 가마 곁에서 춤을 추면서 가마 안을 엿보다가 살기를 맞고 온몸이 검게 변하여 죽었다.

또 신부가 가마를 나올 때 여자가 신부를 부축하다가 문득 가마 속에 검은 덩어리가 있는 것을 보고 깜짝 놀라 쓰러져 죽었다.

유족들은 그중 하나가 살신에 맞아 죽었다고 여겼다. 혼인 당사자 집에서는 그 불행에 책임을 지지 않을 수 없으므로 손해 배상을 요청했다고 한다.

● 꽃가마 좌우 양쪽 화창花窓은 앞뒤로 밀어서 움직일 수 있다.

● 청나라 때의 대만 꽃가마의 세밀한 장식 그림.

110. 흑구요黑狗妖

종류 : 요괴, 지역 : 북부, 산야

소개

신장新莊 지역에 다음과 같은 전설이 있다. 산 위에 '흑구요黑狗妖(검은 개 요괴)'가 사는데, 스스로 '흑산대왕黑山大王'이라 칭한다. 본성이 음란하여 아름다운 부녀를 좋아하는지라, 항상 캄캄한 밤에 부녀의 침대로 기어올라가 그 부녀와 교합을 한다.

마지막에 사람들이 산 아래에서 개의 뼈를 발굴하여 기름 솥에 삶은 뒤에야 피해를 없앨 수 있었다.

그러나 또 하나의 전설에 따르면 '흑구요'는 바로 은신술에 능한 마술사의 변신이라고도 한다.

원전

『대만 일일신보』 1911년(메이지 44) 4월 29일, '조신경' 코너의 「산 요괴山妖」, 십팔녕형

지지난해 신장 평정坪頂의 한 농가에 젊고 예쁜 부인이 있었다.

마침 남편이 외출하여 밤에 홀로 잠을 자다가 홀연히 다른 사람과 교접하는 꿈을 꿨다. 깨어나 옆을 더듬어보니 과연 한 사람이 침대 위에 누워 있어서 깜짝 놀라 사람을 부르려 했다. 그러자 그 사람이 황급히 제지하고, 자신을 '흑산대왕'이라고 하며 당신과 일찍부터 인연이 있었기에 (여기에 왔고) 만약 비밀을 발설하지 않으면 당신에게 복을 내려주겠다라고 했다.

부인은 그의 말을 믿었다.

얼마 지나지 않아 왕래가 점점 일상화되면서 왕왕 웃음소리가 문밖에까지 들렸다. 동서들이 이상한 낌새를 느끼고 몰래 가서 엿보았더니 과연 어떤 사람이 있었다. 이에 드러내지 않고 부인의 사통을 쑥덕거렸다.

시어머니가 소문을 듣고 화를 내며 힐난하니 부인은 곧이곧대로 말하며 숨기지 않았다. 사람들이 그녀의 망령된 행동을 비웃자, 부인은 수치심과 분노를 드러내며 물러갔다.

밤이 되었으나 그 남자는 갑자기 오지 않았고 부인은 이제 발길을 끊은 것이 아닐까 의심했다.

날이 밝자 부인의 동서들이 모두 피곤하다며 일어나지 못한 채 몸이 아프다고 했다. 그 남자가 밤에 또 와서 부인에게 하는 말을 듣고서야 비로소 동서들도 모두 몸을 더럽혔고 국부도 퉁퉁 부어올랐다는 사실을 알게 되었다.

시어머니가 며느리들을 힐난하자 부득이 숨은 내막을 조금 말해주었다. 이에 모두 떠들썩하게 이야기하며 그것을 요괴로 여겼다. 그리고 한편으로는 술사術士를 초청하여 요괴를 제압하고, 한편으로는 그 부인을 친정으로 보냈다.

부인의 친정 올케는 평소에 사술을 믿지 않고 상당히 냉엄하게 부인을 꾸짖었으나 역시 밤에 몸을 더럽혔다. 이로부터 밤에 감히 부인과 함께 잠을 자려는 사람이 없었다.

그 뒤 백방으로 그 재앙에서 벗어날 방법을 기원하다가 산 아래에서 털이 2촌寸 정도 자라 있는 개의 뼈 한 조각을 발굴했다.

그것을 솥에 던져넣어 삶고서야 요괴가 비로소 자취를 감췄다.

어떤 사람은 말하기를 "그것은 필시 요괴가 아니고 아마도 은신술에 능한 술사다"라고 했다. 나도 건장한 도적이라고 하는 것이 사리에 가깝다고 생각한다.

111. 섬여산蟾蜍山: 식인하는 산

종류 : 요괴, 지역 : 북부·산야

소개

대북臺北 공관公館 일대의 섬여산蟾蜍山(두꺼비 산이라는 뜻)은 일명 '내
포산內埔山'이라고도 한다. 전해 내려오는 이야기에 따르면 산속에 사는 두
꺼비蟾蜍 요괴가 항상 백성에게 해악을 끼치며 현지의 백성을 잡아먹었다
고 한다. 유해선劉海仙 옹翁이 이 산에 와서 일찍이 산 위에서 두꺼비 요괴
와 법술法術을 겨뤄 마침내 순조롭게 요괴를 죽였다고 한다.

이 밖에도 신죽 횡산향橫山鄉 관광지 내만풍경구內灣風景區 근처의 유라계
油羅溪에도 '돌 두꺼비石蟾蜍'의 요괴 이야기가 전해온다.

『신죽현 채방책』에는 다음 기록이 있다. "섬여석은 현의 동쪽 16리 유
라계 입구에 있다. 크기가 집채만 하고 앞은 솟아 있고 뒤는 낮다. 모양이
두꺼비를 닮았으며 입과 눈도 매우 흡사하다. 근래에 철도에 필요한 석재
를 대부분 이곳에서 채취했다. 비록 뚫고 깎았으나 그 형태는 아직도 대
략 남아 있다."

현지의 또 다음 전설이 전한다. "광서 연간에 채석업자가 유라계에 이
르러 석재를 찾다가 어떤 사람이 섬여석 위에서 오줌을 누었는데, 그때
섬여석이 몸을 이동하여 사람들을 깜짝 놀라게 했다. 며칠 뒤 마을의 물

소 한 마리가 실종되어 마을 사람들이 찾아다니다가 섬여석 주변까지 갔다. 그러자 섬여석이 갑자기 피가 흥건한 큰 입을 벌리고 수십 명을 삼켰고, 오직 한 사람만 도망쳤다. 그 뒤 마을 사람들은 법사를 초청하여 개의 피에다 화약을 더해서 섬여석의 턱을 폭파했다. 그때부터 섬여석이 더이상 괴변을 일으키지 못했다."

원전

『대만 일일신보』 1915년(다이쇼大正 4) 5월 21일, 「전설의 산, 식인하는 산: 섬여산傳說之山, 食人之山: 蟾蜍山」

섬여산은 대북 근처의 총독부 농사시험장 후방*에 있다. 모습이 두꺼비 같은데, 그것이 바로 사람들이 소문을 듣고도 겁을 먹는 요괴다.

---

* 〔원주〕후방: 현재 대북시의 공관公館이다.

112. 시냇가에 여자 귀신女鬼이 나타나다

종류 : 요괴, 지역 : 북부, 산야

소개

일본 통치 시대에 대만 남부 아구청阿緱廳의 농민 홍재洪在의 딸이 담수계에서 뜻밖에 익사한 뒤 그 시냇가에 여러 차례 모습을 드러냈다.

이 여자 귀신은 귀매에 속하지만 전혀 사람을 해친 적이 없어서 일반 물귀신이 다른 사람을 잡아서 자기 몸을 대체하는 행위와 부합하지 않는다. 아마도 딸의 귀신이 시냇가에 몸을 드러내고 다만 부친과 작별 인사를 하려는 듯하다.

원전

『대만 일일신보』 1906년(메이지 39년) 3월 24일. 「역시 하나의 괴물亦一怪物」

아구청 산하 두전계頭前溪 마을의 농민 홍재에게 16~17세쯤 되는 딸이 하나 있었고, 마침 아무개 마을 아무개의 아내가 되었다.

부부 사이에 다툼이 많았다. 지난해 가을 어느 날 부부는 또 반목하여 여자가 한밤중에 친정으로 돌아가려고 했다.

담수계까지 갔을 때 장맛비가 마침 개어서 시냇물이 불어 넘쳤다. 여자는 급히 친정으로 가려고 치마를 걷고 물을 건넜다. 겨우 반걸음 내디뎠는데도 바로 쓰러지며 머리가 물속으로 사라졌다. 땅은 외지고 사람은 드물어 끝내 구원해주는 사람이 없었다.

아침이 되어 시체가 떠오르자, 마을 사람들은 모두 그 여자임을 알고 급히 알려서 시신을 수습하고 깨끗이 염을 하게 했다.

그런데 뜻밖에도 여자의 괴이한 행태가 매우 심하여 낮에도 시냇가에 모습을 드러냈다.

행인들은 공포에 젖어 서로 경계하며 감히 그곳으로 지나가려 하지 않았다.

일전에 어떤 사람이 혼자 소달구지를 타고 시냇가에서 잠시 휴식했다. 그때 여자가 평소 차림으로 달구지를 잡고 올라탔다. 그리고 그 자리에서 '아버지!'라고 연이어 불렀다.

참담하게 통곡하는 가운데 바야흐로 사정을 자세히 캐물으려고 사람들이 시끄럽게 말을 하자 여자가 갑자기 종적을 감췄다.

113. 향혼여귀香魂女鬼

종류 : 귀매, 지역 : 북부

소개

황옥계黃玉階(1850~1918)는 일본 통치 시대의 저명한 한의사로 대만 사회의 현대화 추진을 위해 온 힘을 바쳤다. 그는 일찍이 1900년 대북천연족회臺北天然足會를 창립하여 대만 여성의 전족 습관을 폐지하자고 주장했다.

어느 해 황옥계는 수반각水返脚(汐止)으로 가서 강연했는데, 중추절 달밤에 친구들과 시냇가에서 향혼여귀香魂女鬼(향기를 풍기는 여자 귀신)를 만났다.

황옥계가 유령을 제도하기 위해 대비주大悲呪를 암송하자 향혼여귀가 영원히 자취를 감췄다.

원전

『대만 일일신보』 1914년(다이쇼 3) 5월 8일, 「향혼香魂」

대북의 선강사宣講社는 황옥계 선생이 임오년(1882)에 창시했다.

선생의 본적은 창화彰化로 어려서부터 몸을 깨끗이 하고 부처님께 예를 올리며 분연히 세상을 구제할 마음을 먹었다. 대북으로 와서 선사善社를 세우고 성인의 가르침과 각종 격언을 강의했다. 당시 세상의 민심이 그에게 의지하며 질서를 유지한 사례가 적지 않았다.

일찍이 수반각 천후궁에 가서 선행에 관한 책을 강연하고 거의 한밤중이 되었다. 강의를 요청한 친구 무재茂才 진시하陳時夏와 진유원陳有源 등을 맞아서 천후궁 뒤의 진陳 아무개 서재에 투숙하려고 가는 중이었다.

때는 중추절이어서 모든 소리가 잠든 밤에 둥근 달빛 아래에서 세 사람이 걸어가고 있었다.

그때 갑자기 한 줄기 향기가 코끝을 스쳤는데 난초 향기와 같았다. 모두 기이하게 여기며 "이런 곳에서 어찌 이런 향기가 난단 말인가?"라고 했다.

거의 진 아무개의 서재 가까이 이르러 그에게 캐묻자 진 아무개가 손을 가로저으며 말했다. "아무 말도 하지 마시오. 아무 말도 하지 마!" 사람들이 고집스럽게 그 까닭을 묻자 이렇게 말했다. "이 서재는 시내 가까이에 있고, 시냇가에 큰 바위가 있소. 그런데 달밤에 향기가 전해오면 바로 여자 귀신이 나타나 바위 위에 걸터앉아 행인을 유혹하거나 벽돌 조각을 던지오. 이에 사람들은 모두 그쪽 길로 가기를 두려워하오."

진 무재는 평소에 호방한 성격이라 우스갯소리를 하며 말했다.

"이같이 아름다운 밤에 좋은 인연을 맺으려 한다면 그 미인이 다시 나타날 것이오." 말을 다 마치지도 않았는데 서재 안에 향기가 스쳐오며 갈수록 더욱 짙어졌다.

진 아무개가 겁먹은 모습으로 말했다. "여러분이 내일 돌아가고 나 혼자 여기 있을 때 귀신이 나타나 소란을 피우면 어쩌하오?"

황 선생이 그가 매우 두려워하는 것을 보고 말했다. "당신이 우리를 불러서 왔는데, 귀신을 떠나가게 할 수 없겠소? 내 비록 귀신을 항복시킬 힘은 없으나 사악한 것을 물리칠 방법은 있소."

이에 가부좌를 틀고 앉아 합장하며 말했다. "어느 곳의 유령이 무슨 일로 이곳에 왔는가? 음양의 세계가 서로 길이 다르다는 사실을 알아야 하나니, 이곳에서 사람을 유혹하거나 사람에게 해를 끼쳐서는 안 된다. 그렇지 않으면 저승의 법률을 행할 것이다. 조속히 참회하고 부귀한 집에 다시 삶을 의지하여 영원히 인간 세상의 행복을 누리거라. 삼가 대비주 한 권을 암송하여 너를 제도하고자 하노라."

암송이 끝나자 음산한 바람이 한바탕 불면서 향기도 쓸어갔다. 이로부터 바위 위 미녀의 혼백은 영원히 자취를 감췄다.

진 무재가 말했다. "오늘 밤에 겪은 운치 있는 일은 시로써 기록해두지 않을 수 없소."

이에 각각 즉흥시를 읊었는데 황 선생은 다음과 같은 칠언절구 두 수를 지었다.

거룩한 경전 강의 끝내고 강단에서 내려와 宣罷聖經下講臺

좋은 벗과 달밤 거닐며 함께 배회했네 良朋步月共徘徊

그윽한 향기는 어디에서 스쳐오나 幽香陣陣飄何處

꽃 뿌리며 선녀가 내려오는 줄 의심했네 疑是散花天女來

미인의 혼이 마침내 기이한 향기로 스쳐오는데 香魂竟化異香來

고해에 빠져 미련을 두니 지극히 애처롭네 苦海沉迷劇可哀

불경을 암송하며 깨달음의 길 열어주나니 爲誦佛經開覺路

이로부터 세상을 돌아 윤회에서 벗어나라 從慈轉世脫輪廻

속해씨續諧氏는 말한다.* 귀신이 행패를 부리고 해악을 끼치는 것
은 전생에 대부분 원한을 품고 죽어, 영혼이 뭉쳐서 흩어지지 않기

---

* 〔역주〕 속해씨續諧氏는 말한다: 중국 한나라 사마천이 『사기』에서 '본기' '세가' '열전'
등의 인물 전기 한 편을 정리할 때 그 인물을 총평하는 대목에 '태사공왈太史公曰'을 붙여
자신의 의견을 피력했다. 이는 중국 역사서의 관례로 굳어져 반고는 『한서』에서 '찬왈贊曰'
이라고 했으며, 진수는 『삼국지』에서 '평왈評曰'이라고 했다. 이후 야사를 저술하는 문인들
도 이런 전통을 이어받아 명나라 송렴宋濂은 『송학사문집宋學士文集』에서 '태사씨왈太史氏
曰'이라고 했고, 청나라 포송령蒲松齡은 『요재지이聊齋志異』에서 '이사씨왈異史氏曰'이라고
했다. 『대만 일일신보』에서 당시의 민간 전설을 기록하면서 '속해씨왈續諧氏曰'이라고 한
것도 이런 전통을 계승한 것이다. '속해씨續諧氏'의 '해諧'는 '제해齊諧'의 줄임말로 『장자
莊子』「소요유逍遙遊」에 나오는 "제해라는 것은 기괴한 일을 기록한 것이다齊諧者, 志怪者
也"라는 대목에서 뜻을 취했다. 따라서 '속해씨'는 기괴한 일을 계속해서 기록하는 사람이
라는 뜻이다. 남조 송나라 동양무의東陽無疑의 『제해기齊諧記』와 남조 양梁나라 오균吳均
의 『속제해기續齊諧記』도 모두 『장자』에서 뜻을 취했고, 청나라 원매袁枚는 귀신 이야기를
모은 자신의 저작 『자불어子不語』를 『신제해新齊諧』라 부르기도 했다.

때문이다. 예를 들면 팽생彭生*이 원한을 갚은 일이나 정위精衛**가 한을 품고 바다를 메운 일이 그것이다. 여자 귀신이 의지할 데 없이 떠돌면서도 어찌하여 새로운 삶을 기탁하지 않고, 모습을 드러내어 사람들을 유혹했을까? 어쩌면 기생이 고통의 바다에 빠져서도 돌이킬 줄 모르는 것과 같은 사례인가? 황 선생의 엄중한 가르침을 받고서야 미혹의 울타리에서 벗어날 수 있었다. 이것은 평생 닦은 정기가 사악한 마귀를 감화시킨 것이다. 그렇지 않다면 비록 대비주를, 100번 1000번 암송했다 해도 아마 효과를 볼 수 없었을 것이다.

---

* 〔역주〕 팽생彭生: 춘추시대 제 양공襄公의 용사다. 양공이 자신의 누이동생 문강文姜과 사통한 음행을 숨기려고 팽생을 시켜 문강의 남편인 노 환공桓公을 살해하고, 다시 모든 죄를 팽생에게 뒤집어씌워 팽생까지 죽였다. 이후 양공이 패구貝丘에서 사냥할 때 팽생의 혼령이 돼지가 되어 나타나서 제 양공을 죽여 원한을 갚았다(『좌전』 장공 8년).

** 〔역주〕 정위精衛: 중국 전설에 의하면 염제炎帝의 어린 딸이 동해東海에서 놀다가 익사하여 정위조精衛鳥가 되었는데, 이 정위조는 자신을 죽게 한 동해에 복수하기 위하여 항상 서산西山의 나뭇가지와 돌멩이를 물어와 동해를 메운다고 한다. 흔들림 없는 복수심을 비유한다.

114. 대갑계大甲溪의 도깨비불

종류 : 귀매, 지역 : 중부

소개

대만의 시골 묘지에는 항상 인불燐火 즉 '귀화鬼火(도깨비불)'가 출현한다. 중부 지방의 전설에 의하면 매일 밤 대갑계大甲溪에 늘 번쩍이는 도깨비불이 떠다닌다고 한다.

대갑계에는 도깨비불에 관한 소문 말고도 여자 귀신에 관한 전설도 전해온다.

『동세진 객가어 고사집東勢鎭客語故事集』(胡萬川·黃晴文 엮음)에도 대갑계 여자 귀신 이야기가 한 편 실려 있다.

다음과 같은 전설이다. 청나라 때 대갑계 강바닥에 돌을 깔아 다리를 만들었다. 당시 이곳을 왕래한 상인과 여행객은 항상 어떤 아름다운 여자가 강 언덕의 멀구슬나무苦楝樹 아래에 앉아 있는 것을 보았다. 이 여자는 항상 사람들에게 자신을 업어서 강을 건너게 해달라고 요청했다.

사람들이 그 여자를 업고 물살이 센 곳에 이르면 여자는 혓바닥을 길게 빼물고 추악한 모습으로 얼굴을 바꾼다. 사람들은 깜짝 놀라 대갑계에 빠져 익사한다.

이 때문에 일단 여자 귀신을 업었다면 절대 고개를 돌려 그 여자를 봐서는 안 된다. 그 여자가 어떻게 어깨를 치든지 간에 얼굴을 돌려서는 안 된다. 그렇게 강을 건너기만 하면 여자 귀신은 관棺의 널판으로 변한다.

최후에 도사 한 분이 이 재앙을 해결하려고 먼저 동세 땅 맞은편 언덕에 기름 솥을 준비했다. 그런 뒤에 자신은 상인으로 위장하여 강을 건너려고 했다. 여자 귀신이 그에게 업어달라고 했을 때도 거절하지 않고 곧바로 강을 건너서 그 여자를 직접 펄펄 끓는 기름 솥에 던져넣었다. 그 여자는 바로 기름 찌꺼기가 되었다. 그 뒤로 대갑계에는 여자 귀신이 더이상 나타나지 않았다.

대갑계에서 여자 귀신이 사람을 물에 빠뜨린다는 전설이 생겨난 까닭은 아마도 대갑계의 물살이 급한 것과 연관이 있을 것이다. 청나라 때 오자광吳子光은 『일두피집一肚皮集』「대사기략臺事紀略」에서 대갑계의 물살이 급하다는 사실을 다음과 같이 설명했다. "대갑계. (…) 이 강은 담수와 창화 두 속현을 크게 침범한다. 매번 남풍이 세차게 불면 반드시 밤에 노호하는데, 그 소리가 몇 리 밖에까지 끊이지 않고 들린다. 바람과 햇볕이 화창한 날에도 물이 불어 글로 묘사할 수 없을 정도다. 또 혼탁하기가 황토색 같아서 열흘이 지나야 다시 원상을 회복하니 이것이 또한 하나의 기이한 현상이다. 강을 따라 물과 땅이 가장 좋지 않아 거친 모래와 큰 돌멩이가 바람과 물살에 부딪히며 정처 없이 흘러간다. 걸어서 건너는 다리나 수레로 건너는 다리도 놓을 수 없으니 아마도 이 강은 덕이 있는 물이 아니라 공포의 행로인 듯하다."

원전

『대만 일일신보』 1915년(다이쇼 4) 3월 6일, 「도깨비불이 번쩍이다鬼火燃」, 촌부자村夫子

대갑계 물가에 매일 밤 도깨비불이 번쩍인다.

115. 스님도 귀신을 무서워하다

종류 : 귀매, 지역 : 북부

소개

신장로新莊路 가에는 늘 괴담이 유행했다. 어떤 절의 스님이 그 길을 지나며 항상 아미타불을 염송하여 귀신을 내쫓았다고 했다.

원전

『대만 일일신보』 1910년(메이지 43) 9월 11일, 「부처도 귀신을 무서워한다佛亦怕鬼」

호미滬尾의 어떤 절 스님이 평소에 겁이 많았다.

일전에 신장新莊으로 가서 향불을 피우고 제사를 올린 뒤, 저녁에 돌아올 때 길에서 염불을 그치지 않았다.

어떤 농부가 앞서서 손에 횃불을 들고 가자 스님은 황급히 그를 따라왔다. 그러나 입으로는 염불을 그치지 않았다. 농부가 까닭을 묻자 스님이 말하기를 "소문을 들으니 이곳에 귀신이 있다는군요"라고 했다. 농부가 크게 웃었다.

종류 : 귀매, 지역 : 북부

소개

신죽의 뇌공비雷公埤에 여자 귀신이 사람을 유인하여 익사하게 만든다
고 한다.

전설에 의하면 어떤 현지인이 전통극을 다 보고 나서 밤에 혼자 귀가하
다가 뇌공비를 지날 때 어렴풋하게 아름다운 여인을 보았다. 온몸에서 기
이한 향기가 풍기자 그는 정에 끌려 그 여인을 좇아갔다.

그런데 뜻밖에도 그 여인은 훌쩍 몸을 날려 물 위를 걷기 시작하며 그
에게도 물로 들어오라는 모습을 보였다. 그제야 그는 여자 귀신이 자신을
유인한다는 사실을 깨닫고 황급히 달아났다.

원전

『대만 일일신보』 1897년(메이지 30) 2월 24일, 「달빛 아래
에서 귀신을 보다月下見鬼」

신죽 동관東關 밖에 큰 못이 있는데, 세속에서는 그 못을 뇌공비

雷公埤라고 부른다.

노인들에게 물어보니 모두 당시에 그곳에서 우레가 울려 그런 이름이 붙었다고 한다.

그 못의 깊이는 10~20척에 이르고 가물어도 물이 마르지 않는다. 근처에 사는 사람들이 전하는 말로는 귀신이 있다고 하는데, 귀로는 들었지만 눈으로는 보지 못했다고 한다.

한번은 그 지역에 전통극을 꽤 시끌벅적하게 공연했다. 달빛이 희미하게 비치는 가운데 아무개가 그곳을 지나다가 아름다운 여인을 어렴풋하게 목격했다. 나이는 열여섯 정도였고 얼굴은 옥과 같이 아름다워 정말 경국지색이라 할 만했다.

아무개가 앞으로 가서 자세히 살피려 하자 여인은 옷깃을 떨치며 일어났는데 향기로운 바람이 아무개의 얼굴에까지 스쳐왔다. 그러나 묻는 말에는 대답하지 않고 얼굴을 가리며 미소를 지었다.

아무개가 아주 가까이 접근하여 희롱하려 하자 여인은 펄쩍 뛰어 물 중앙으로 가서 손으로 아무개를 불렀다.

아무개는 혼비백산하여 목숨을 걸고 도망쳤다.

집으로 돌아와서도 말을 못 했고, 손발도 얼음처럼 차가웠고, 눈동자도 넋이 나간 듯했으며 완전히 나무 인형처럼 마비된 모습을 보였다. 집안사람들이 뜨거운 물을 몸에 붓고 약 반 시간 정도 지난 이후에야 온몸에 온기가 돌아왔다. 점차 신음하다가 다음 날에야 사리를 분별했다.

117. 호고파 虎姑婆

종류 : 요괴, 지역 : 산야

소개

  대만 민간에는 집집마다 누구나 다 아는 호고파虎姑婆(호랑이 대고모)
이야기가 있다. 내용은 다음과 같다. 깊은 산속의 호랑이 정령이 자상하
고 온화한 할머니로 변하여 두 자매의 대고모로 가장한 뒤 그들을 속이고
집 안으로 들어갔다. 밤중에 두 자매를 잡아먹기 위해서였다.

  '호랑이 대고모' 이야기는 중국에 널리 퍼져 있으므로 한족이 바다를
건너 대만으로 올 때 이 이야기를 가져온 듯하다.

  현재 가장 이른 시기의 호고파 이야기로 고찰할 수 있는 자료는 청나라
관리 황지준黃之雋(1668~1748)이 쓴 「호온전虎媼傳」이다. "흡현歙縣은 첩첩산
중에 자리 잡고 있는데 호랑이가 많다. 늙은 암컷 호랑이는 더러 사람으
로 변해서 사람을 해친다." 즉 흡현은 안휘성 동남쪽 산속에 위치해 있고
호랑이가 많으며, 호랑이의 암컷이 늙으면 사람으로 변해 사람을 해칠 수
있다는 것이다. 아울러 외할머니로 가장한 뒤 기회를 보아 어린아이를 잡
아먹기도 한다고 한다.

  건륭 연간 이래로 '호랑이 외할머니' 이야기는 점차 중국 각지로 퍼져
나가 상이한 지역에서 변화한 디테일을 선보이기 시작했으며(예를 들면

어린아이가 자기 집을 떠나 외할머니댁을 찾아간다는 등) 심지어 요괴의 주인공이 다른 맹수로 바뀌기도 했다. 즉 북경, 강소, 사천 등지에서는 늑대가 외할머니로 변하여 사람을 잡아먹으며, 절강 영가永嘉에서는 곰이 외할머니로 변하고, 광서廣西 장족壯族 이야기에서는 성성이(원숭이의 일종)가 외할머니로 변한다. 또 강소 남통南通에서는 추호秋狐라는 늙은 엄마가 아이를 잡아먹고, 하남에서는 살찐 고양이의 정령이 그 역할을 대신한다. 이런 요괴들은 엄마, 외할머니, 작은할머니 등으로 가장한다.

호고파 이야기는 대만에서 현지화를 거쳐 독특한 버전과 결말로 변모했다. 대만에 유행하는 이야기에서 호고파는 엄마가 집을 비운 틈에 두 자매를 한밤중에 찾아가 자신이 대고모 할머니라고 속인 뒤 아이들과 함께 밤을 보낸다.

이 밖에도 대만에는 본래 호랑이가 없기 때문에, 대만 사람들은 호랑이의 정확한 모습을 전혀 알지 못한다. 이에 이 이야기를 할 때 호랑이라는 동물의 특징(얼룩무늬가 있다거나 꼬리가 있다거나 등등)을 설명할 수 없어서 호랑이를 '귀신 할멈'이나 '사람을 잡아먹는 늙은 할멈' 등으로 이해하기도 한다. 따라서 학자들의 연구에 따르면 '호랑이'의 개념이 이미 모종의 공포스럽고 추악한 요괴로 바뀌어 원본에 나오는 '동물'로서의 특징은 생략된다고 한다.

대만 땅에는 호랑이가 없지만 이 섬사람들은 다음과 같은 두 가지 형식으로 '호랑이'의 형상을 인식해 왔다.

첫째, 사당의 기둥과 담장에 '호랑이' 채색 그림과 조각이 있어서 민간 전설에 나오는 호랑이 이야기를 전해준다. 예를 들면 『수호전水滸傳』의 무송武松이 호랑이를 잡는 그림이나 『이십사효도二十四孝圖』의 황향黃香이 호랑이를 잡고 아버지를 구하는 그림이 그것이다. 이런 그림들은 장식 기능 이외에도 생활 교육의 의도를 포함하고 있다. 이 밖에도 여러 사당에서는 '호야虎爺'*에게 제사를 올리는데 호야에게는 사당을 보호하는 능력이 있 다고 한다.

둘째, 일상생활에서 사용하는 기물에도 '호랑이' 형상이 있다. 예를 들 어 사람들이 제사에 쓰는 신탁神桌, 제상 혹은 목제 찬장 표면에도 팔선八 仙** 도안을 부조할 수 있고, 그림 속의 철괴리鐵拐李는 흔히 호랑이를 탄 모 습으로 나타난다. 이 밖에 민간 풍속 '제개祭改'***에 쓰는 외방지外方紙**** 에도 '백호白虎'라고 불리는 지전紙錢에 호랑이 흉신의 형상을 그려 넣는 다. 사람들이 만약 '백호를 범하면' 지전을 태워서 재앙과 액운을 물리쳐 야 한다. 또한 대만 민간에는 '지호紙虎'라는 미신도 있다. 가타오카 이와 오의『대만풍속지』에는 '종이 호랑이로 비밀을 알리는紙虎告密' 기묘한 방 법이 기록되어 있다. 즉 종이 위에 먼저 호랑이 한 마리를 그려놓고 그 호 랑이 그림을 도려내어 관아에 올리는 '밀고 고소장'에 끼워넣는다. 대만

---

* 〔역주〕호야虎爺: 도교에서 숭배하는 호랑이 모양의 신물로 호장군虎將軍, 하단장군下壇 將軍, 금호장군金虎將軍 등으로도 불린다. 사당, 마을, 지역, 도시를 수호하는 능력이 있다고 한다.

** 〔역주〕팔선八仙: 남·여·노·소·빈·천·부·귀를 대표하는 신선 여덟 명이다. 구체적으로 는 여동빈呂洞賓(男), 하선고何仙姑(女), 장과로張果老(老), 한상자韓湘子(少), 종리권鍾離權 (富), 조국구曹國舅(貴), 남채화藍采和(貧), 이철괴李鐵拐(賤)를 가리킨다. 각종 기물, 그림, 자 수, 도자기 등의 도안에 쓰이며 장수를 기원한다.

*** 〔역주〕제개祭改: 제해祭解, 보운補運, 개운改運이라고도 한다. 대만 지역에서 널리 행해 지는 민속 의식이다. 각종 신령을 모신 사당에 제사를 올리거나 도사와 법사를 초청하여 자신 의 나쁜 운수를 좋은 운수로 바꾸는 의식이다.

**** 〔역주〕외방지外方紙: '문밖에서 불태우는 지전'이라는 뜻이다. 나쁜 운수를 좋은 운수로 바꾸기 위해 불태우는 부적의 일종으로 108종의 외방지가 있다고 한다.

호랑이
암컷이
늙으면,
더러
사람이 되어
사람을
해친다.

호고파

사람들은 종이 호랑이가 몰래 밀고 대상을 물어뜯어 그 밀고 대상이 결국 혹독한 형벌을 받게 된다는 믿음을 갖고 있다. 이 때문에 대만 사람들은 호랑이의 진짜 모습을 한 번도 본 적이 없지만 이런 '이차 자료'나 '민간 풍습'에 의지하여 호랑이의 형상을 환상해왔다.

일본 통치 시대에 호고파 이야기는 『화려도 민화집華麗島民話集』과 『민속 대만民俗臺灣』에 수록되었다.

『화려도 민화집』은 나시카와 미쓰루의 니치코산보출판사日孝山房出版社에서 발행하여 1942년(쇼와昭和 17)에 출간했다. 다테이시 데쓰오미立石鐵臣 (1905~1980)가 삽화와 장정에 참여했으며, 대만 민담 24편을 수록했다. 니시카와 미쓰루가 대만에 거주하던 시기에 이케다 도시오池田敏雄(1923~1974) 와 함께 기획한 책이다. 1942년에 그들은 당시 대만 전도全島 학생 공모 글 중에서 출판에 적합한 민담을 선별해서 실었다. 이 책은 1999년 9월 대만의 치량출판사致良出版社에서 다시 편역하여 출판했다.

『민속 대만』은 1941년에서 1945까지 출간된 일어판 서적으로 편집 책임자는 가나세키 다케오金關丈夫(1897~1983)다. 전문적으로 대만 민속자료를 수집하여 실었다. 글을 쓴 사람에는 대만 작가와 일본 민속학자가 포함되어 있다. 이후『민속 대만』은 1990년에 임천부林川夫가 재편집하고 편역하여 무릉출판사武陵出版社에서 출판했다.

『민속 대만』의 기록을 살펴보면 누이동생은 성격이 단순하여 호고파에게 잡아먹혔으나 언니는 총명한 자질에 의지하여 기름으로 호고파를 삶아 죽인 뒤 순조롭게 악마의 손아귀에서 벗어난다. 『화려도 민화집』에 실린 이야기에는 자매 두 사람이 하늘 위 구름의 도움으로 호고파를 벗어나 칠낭마七娘媽*의 대열에 합류한다.

일본 통치 시대에 호고파 이야기를 수록한 책으로는 『대만 옛날이야기 臺灣むかし話』『대만 옛날이야기臺灣昔噺』『문예 대만文藝臺灣』『칠낭마 생일 七娘媽 生』이 있는데 이야기 줄거리가 조금씩 다르다. 예를 들어 『대만 옛날이야 기臺灣むかし話』에서는 호고파가 누이동생을 속이면서 감자를 먹는다고 말한다(사실 먹은 것은 언니의 손가락이다).

이 밖에도 파이완족의 솔망사牽芒社에도 호고파에 관한 유사한 전설이 있다. 그들은 자신의 언어로 괴물을 사리쿠沙利庫(Sariku)라 칭한다. 심지어 일본의 민담 「덴토 씨의 쇠사슬天道樣金の鎖」이란 이야기의 줄거리도 호고파 이야기와 매우 비슷하다. 다만 호고파가 '귀신おに'으로 등장할 뿐이다.

호고파에 관한 상세한 연구는 우안칭吳安淸의 논문 「호고파 이야기 연구虎姑婆故事研究」를 참고할 만하다.

---

* 〔역주〕 칠낭마 七娘媽: 직녀를 가리키는 '칠성낭낭 七星娘娘' '천선낭낭 天仙娘娘'으로 북두칠성의 배우자라고도 하고 직녀를 포함한 칠선녀 七仙女(七仙姊, 七仙姑) 집단을 가리킨다고도 한다. 대만 등지에서 어린아이를 점지하고 보호해주는 신령으로 알려져 있다.

『화려도 민화집』「호고파」, 일본 니시카와 미쓰루, 이케다 도시오 편집, 치량일어공작실致良日語工作室 편역.

산 뒤편 쓰러져가는 초가에 고아 자매가 살았다.

어느 날 호랑이가 변신한 할멈이 두 자매를 잡아먹으러 왔다.

자매는 벽을 뚫고 뒤꼍의 용수榕樹(벵골보리수) 위로 피신했다. 용수 아래에는 맑은 시냇물이 흐르고 있었다.

호고파는 시내에 비친 두 자매의 모습을 보고 힘을 다해 용수를 흔들었다. 용수가 거의 쓰러질 무렵 자매는 소리쳤다. "검은 구름은 아빠이고, 흰 구름은 엄마예요." 그러고는 울기 시작했다.

바로 그때 하늘의 검은 구름과 흰 구름이 내려와서 두 자매를 싣고 비상했다. 가련한 두 자매는 칠낭마七娘媽 대열에 합류했다.

『민속 대만』「호고파」, 일본 모리모토 준코森元淳子

옛날 어떤 깊은 산골에 모녀 세 사람이 살았다. 한 칸의 누추한 집이었지만 매일 편안하게 생활했다.

어느 날 엄마는 한 사람만 참여해야 하는 일 때문에 산을 내려갔다. 산 생활에 익숙했지만 늘 적막했기에 집에 남은 두 딸은 엄마 없는 적막감을 곱절로 느끼며 서로 몸을 바짝 기대고 앉아 있었다.

그때 희미하게 문을 두드리는 소리가 들렸다. 두 자매는 두려움에 떨며 귀를 쫑긋 세우고 들었다. 그러자 문을 두드리는 소리가 점점 더 크게 들렸다.

무서워하면서도 문을 열고 내다보니 문 앞에 백발 노파가 서 있었다.

두 자매는 겁이 났지만 노파는 웃는 얼굴로 말했다. "나는 너희의 큰어머니다." 그제야 자매는 마음을 놓았다.

특히 동생이 매우 기뻐했다. 적막감이 밀려오던 차에 마침 같이 있어 줄 사람이 왔기 때문이었다. 하지만 나이가 많은 언니는 노파가 매우 의심스러웠다.

그날 밤 노파는 언니를 불러 같이 목욕하자고 했지만, 언니는 거절하며 혼자서 목욕하겠다고 했다. 동생은 나이가 아직 어렸기에 철이 없어서 바로 노파와 함께 목욕하겠다고 대답했다. 언니가 함께 오지 않으려 하자 노파는 매우 애석하게 여겼다. 잠자리에 들 때 또 다툼이 생겼다. 동생은 한사코 노파와 함께 자려 하면서 언니가 아무리 말려도 듣지 않았다.

결국 언니도 동생의 말에 따랐다.

잠을 자다가 언니는 갑자기 어떤 소리를 듣고 잠이 깨어 의심스러운 마음에 동생 쪽을 바라보았다. 동생은 이불을 머리끝까지 덮고 있어서 몸이 보이지 않았다. 노파는 그 옆에 앉아 무엇인가 아작아작 씹고 있었다. 노파는 아무 거리낌 없이 언니에게 말했다. "생강을 먹고 있단다. 아이들은 먹을 수 없는 거지."

언니가 말했다. "그래도 나도 하나 줘요!"

언니의 고집을 꺾을 수 없었기에 노파가 하나를 건네줬다.

언니는 그것을 받아 입에 넣고 깜짝 놀랐다. 그것은 동생의 손가락이었다. 하지만 총명한 언니는 아무 일도 없는 듯이 가장하고 놀란 마음을 진정시켰다.

그런 뒤 언니는 변소에 다녀오겠다 하고 변소로 가서 몰래 병에 물을 가득 채우고 노끈으로 위쪽에 매달아 물을 방울방울 떨어뜨려 오줌 누는 소리를 내게 했다. 그리고 자신은 몰래 빠져나와 집 앞 우물가에 있는 커다란 추풍목秋楓木(茄苳樹)으로 올라갔다.

호고파는 언니가 변소에 간 지 오래되었으나 변소에서 오줌 방울 떨어지는 소리가 들렸으므로 언니가 아직도 변소에 있다 여기고 안심했다.

하지만 아무리 기다려도 언니가 나타나지 않자 마침내 참지 못하고 변소로 달려가서 어찌 된 일인지 살펴보았다.

앗! 이게 무슨 일인가? 변소 안에 사람은 없고 병 하나만 대롱대롱 매달려 있었다.

호고파는 황망하게 집안을 샅샅이 뒤졌지만 아무리 해도 언니를 찾을 수 없었다. 호고파는 틀림없이 언니가 밖에 숨어 있을 것이라 여겼으나 밖에서도 언니의 코빼기조차 찾을 수 없었다. 목이 마른 호고파는 물을 마시려고 우물을 들여다보았다.

추풍목 위로 올라간 언니의 모습이 우물 바닥에 비쳤다. 머리를 들고 올려다보니 꼼짝달싹도 하지 않는 언니가 나무 위에 숨어 있었다. 호고파는 너무나 기뻤다.

호고파는 나무로 올라가려 했지만 올라갈 수 없었고, 펄쩍펄쩍 뛰어보아도 어떻게 할 수 없었다. 결국 노파는 이빨로 나무를 갉아내기 시작했다.

나무 위의 언니는 위기가 닥치자 호고파에게 소리를 질렀다. "할머니, 할머니, 그렇게 나무를 갉지 마세요, 제가 금방 할머니의 먹거리가 되어드릴게요. 제 마지막 부탁이에요. 이제 기름을 한 솥 끓여서 제게 주세요."

호고파는 그 말을 듣고 몹시 기뻐하며 얼른 부엌으로 들어가 거친 두 손으로 기름을 끓이기 시작했다.

잠시 후 기름이 끓자 곧 그것을 나무 아래로 가져왔다. 그리고 끓는 기름 솥을 긴 대나무 장대 끝에 달아서 나무 위의 언니에게 건네줬다. 그런 뒤 노파는 위를 향해 입을 크게 벌리고 나무 위의 언니가 기름을 먹은 뒤 자신의 입으로 떨어질 때 쉽게 받아먹으려 했다.

나무 위의 언니는 기름을 마시는 척하면서 호고파의 행동을 주시했다. 때가 되자 언니는 기름 솥을 호고파의 벌린 입속으로 쏟아 부었다.

"아이고 아야!"라는 소리가 들렸다. 그러고는 산이 무너지고 땅이 갈라지는 듯한 단말마 비명을 지르더니 호고파가 그대로 땅에 쓰러졌다.

언니는 더욱 무서워서 사람이 지나가기를 학수고대했다. 마침 방울을 울리며 잡동사니를 파는 사람이 지나가자, 몽둥이로 호고파를 사정없이 때려달라고 부탁했다. 하지만 그때 이미 호고파는 숨이 끊어져서 늘어진 시체로 변해 있었다.

자매 둘 중에서 언니는 이렇게 호랑이 재난에서 벗어났지만 동생은 죽고 말았다.

뒤에 집으로 돌아와서 이런 변고를 알게 된 어머니는 비통함에 숨이 끊어질 듯했으나 언니라도 살았으므로 불행 중 다행으로 여겼다.

전설에 따르면 언니는 자라서 방울을 울리며 잡동사니를 팔던 그 사람에게 시집갔다고 한다.

118. 산 고양이: 요괴가 신령으로 변하다

종류 : 요괴, 지역 : 산야

소개

의란 두성頭城의 '천신궁天神宮'에서는 장군야將軍爺에게 제사를 올리는데, 그의 본래 신분은 '산 고양이 요괴山貓妖怪'라고 한다.

전해오는 말로는 청나라 광서 연간에 복성장福成莊(福德坑)에서 산 고양이가 괴이한 짓을 일삼으며 가축을 해치고 역병을 야기했다고 한다. 향리의 백성이 속수무책으로 당할 때 산 고양이가 신과 인간을 이어주는 무당에게 현몽하여 자신을 위해 사당을 건립하고 제사를 지내달라고 요구했다는 것이다.

그곳 백성이 광서 2년(1876)에 사당을 건립한 후 마침내 온 마을이 평화를 찾았고 요괴가 더이상 해를 끼치지 않았다고 한다.

『남영불교회 회보南瀛佛教會會報』 제13권 제11호(1935) 「고양이 숭배對貓的崇拜」

의란군 두위장頭圍莊 신흥촌新興村 신흥 38번지에 '천신궁'이라는 사당이 있다.

주신主神은 '장군야'이고, 혜장군惠將軍, 이장군二將軍, 오현제五顯帝, 상제야上帝爺, 태자야太子爺, 노대안勞大安, 조룡향朝龍香, 비신야飛神爺 등을 배향한다.

스즈키 세이치로鈴木淸一郎가 지은 『대만의 옛 관습: 관혼상제와 연중행사臺灣舊慣: 冠婚葬祭と年中行事』에 근거해 보면 주신 장군야의 몸은 본래 고양이었다고 설명하고 있다.

몇 년 전에 대만총독부 사묘寺廟 등기부를 열람해보니 천신궁의 경내 면적은 111평이고, 건평은 12평이었다. 따라서 이 사당은 규모가 작지 않았음을 알 수 있다. 1901년(메이지 34) 6월에 건립하여 매년 8월 15일에 정기적으로 제사를 올렸다. 묘축廟祝*은 유대강劉大江이고, 관리인은 소씨蕭氏다. 하지만 이 사당의 연혁을 살펴볼 때 신의 본래 몸은 고양이일 가능성도 있고, 고양이가 아닐 가능성도 있다.

1875년(메이지 8)을 전후하여 복덕갱福德坑에 산 고양이 요괴가

---

* [역주] 묘축廟祝: 사당의 향로와 향불 등 제사 의식을 주관하는 사람이다.

출몰하여 각지의 가축을 죽이고 사람들에게 악성 역병을 일으켰다. 주민들은 매우 두려워하며 각종 신에게 제사를 드렸으나 모두 효험이 없었다.

결국 주민들이 장군야를 맞아들여 담판을 벌이자, 변신한 고양이가 무당을 시켜 말을 전하게 했다. "나는 지금부터 더이상 악한 짓을 하지 않겠다. 다만 나를 위해 사당 한 칸을 지어주고 기일을 정해 제사를 올려라. 만약 이와 같이 해주면 나는 이 마을을 지키는 수호신이 되겠다." 이 때문에 마을 주민들은 서둘러 사당을 건립하고 제사를 지냈다. 그 뒤로는 더이상 재앙이 발생하지 않았다.

119. 유응공有應公: 노름꾼들이 기원하면 반드시 응답한다

정류/신령, 지역 : 산야

소개

『대만 관습 기사臺灣慣習記事』는 일본 통치 시대의 대만 민속 연구 저작으로 관방의 지원에 의지하여 편찬되었다.

고토 신페이後藤新平(1857~1929)는 1898년 3월 대만총독부 민정장관으로 부임함과 아울러 '대만 관습 연구회臺灣慣習研究會'를 만들었는데, 대만총독 고다마 겐타로兒玉源太郎(1852~1906)가 회장을 맡았고, 고토 신페이가 부회장을 맡았다. 이 조직에는 이노 가노리伊能嘉矩(1867~1925) 등 저명한 학자가 포함되어 있었으며, 1901년 처음으로『대만 관습 기사』월간을 출간했다. 정간할 때까지 모두 80기를 발행했다. 1945년 제2차 세계대전 이후 대만성 문헌위원회에서 중국어로 번역했다.

이 책에 대만의 '유응공有應公'에 관한 민간 신앙이 기록되어 있다. 즉 유응공에게 기도만 하면 많은 일을 마음먹은 대로 이룰 수 있기에 노름꾼들이 대거 숭배한다는 것이다.

대만 거주 한족들이 도박을 좋아하는 습성은 대항해시대에 이미 관련 기록이 남아 있다. 17세기에 대만에 거주한 적이 있는 헤르포르트Albrecht Herport는『대만 여행기臺灣旅行記』에서 한족의 성격을 다음과 같이 설명했다.

"중국인은 각고의 노력으로 비단을 잘 짜고 자질과 성격이 총명하여 장사, 천문, 항해에도 뛰어나다. 그들도 나침반과 자석을 쓰지만 동서남북 네 방향을 판별하는 데만 이용할 뿐이다. 그들은 아무도 필적할 수 없을 정도로 정교한 화약을 만들 수 있다. 그들은 어떤 물건이든지 한 번 보기만 하면 전부 그대로 모방해낼 수 있다. 또 그들은 특히 종이 패牌나 나무 토막으로 도박을 즐기는데, 어떤 사람은 재산과 아내까지 모두 판돈으로 걸고 심지어 자신의 머리까지 걸기도 한다. 모든 것을 잃은 뒤에는 자포자기하며 생존을 위해 왕왕 다른 사람의 노예가 되어 살기도 한다."

원전

『대만 관습 기사』 제1권 제4호, 광서 27년(메이지 34, 1901) 3월 21일 발행 「잡록: 유응공雜錄: 有應公」

다음과 같은 말이 전한다. 묘지에 오래 제사가 끊긴 분묘가 있어서 관이 썩고 묘혈도 무너져 해골이 드러나면 묘지 한구석에 설치한 작은 집에 유골을 수습한다. 그곳에서 향불을 피우고 제사를 지내면서 제사가 끊긴 혼백을 위로한다.

그 혼백의 보호 능력에 의지하면 모든 소원을 성취할 수 있다.

심지어 노름을 해도 돈을 딸 수 있고, 도둑질을 해도 눈에 띄지 않을 수 있다고 한다. 기원하는 것은 보답하지 않는 경우가 없기에 그 집의 문 위에 '구하는 것에 반드시 응답한다有求必應'라고 쓴 천을 걸어둔다.

'유응공有應公(응답이 있는 분)'이란 명칭은 대개 이런 뜻에서 나온 것이다.

120. 이매망량비 魑魅魍魎碑: 서쪽을 진압하는 귀신

종류 : 귀매, 지역 : 섬, 산야

소개

팽호도 백사향白沙鄉 후료촌後寮村에 '위령궁威靈宮'이란 건물이 있다.

위령궁은 명나라 만력 30년(1602)에 건립되었고, 건물 앞에 부적용 비석符呪碑에 속하는 석감당石敢當*이 서 있고, 석비에는 '이매망량魑魅魍魎'이라는 네 글자가 새겨져 있다.

이 비석은 도광 21년(1842)에 세워졌고 높이는 2미터를 넘으며, 비석의 대좌에는 학鶴이나 사슴과 같은 길상 동물을 조각하여 사방팔방의 요괴나 마귀를 진압한다. 이 능력은 위령궁의 보생대제가 주관한다.

전설에 의하면 청나라 때 산의 정령과 귀신들이 사방에서 인간에게 해악을 끼치며 늘 광풍으로 심한 먼지를 일으켜 하늘을 가린 탓에 농작물을 순조롭게 수확할 수 없었다고 한다. 마을 사람들은 그 난리를 감당하지 못해서 보생대제에게 좋은 방법을 지시해달라고 기도를 올렸다.

---

* 〔역주〕석감당石敢當: 거리 중에서 특히 삼거리처럼 풍수지리의 상충지에 해당하는 흉지에 '석감당'이나 '태산석감당泰山石敢當'이란 글자를 새긴 벽사용 비석을 세우는데, 비석 머리에는 사자 머리나 호랑이 머리를 얕게 부조한다. 도로의 신에게 제사를 올리고 불길한 기운을 진압하는 용도로 쓴다.

보생대제의 지시에 의하면 그곳은 풍수지리의 음혈陰穴에 속하는 분기혈畚箕穴*이기 때문에 요괴나 귀신이 기회를 틈타 혼란을 조장한다는 것이다. 따라서 보생대제는 사람들에게 부적용 비석을 세워서 사악한 기운을 진압하고 향리 백성을 보우하라 지시했다. 과연 이후로는 사악한 마귀가 자취를 감췄다.

원전

『대만 관습 기사』 제1권 제7호, 광서 27년(메이지 34, 1901) 7월 22일 발행, 일본 통치 시대 차이펑성采風生, 왕스칭王世慶 번역.

　　펑호열도의 백사도白沙島 후료향后寮鄕의 어떤 사당 앞에 석비 한 기가 있는데 높이는 대략 5척이고 정면에 도형 문자가 새겨져 있다.

　　구비口碑로 전하는 말에 의하면 도광 연간에 기괴한 귀신(서쪽의 음산한 귀신)이 후료향과 그 서쪽 인근의 통량通梁 사이의 사막을 배회하며 향리 사람들에게 재앙을 야기했다고 한다.

　　당시 사당의 신령이 해결 방법을 제시하자 모두 그 방법에 따라 비석을 세워 귀신을 진압했고, 그 이후로는 괴이한 일이 일어나지 않았다는 것이다.

---

* 〔역주〕 분기혈畚箕穴: '분기畚箕'는 키나 삼태기다. 풍수지리에서 '분기혈'은 앞이 넓고 뒤는 지나치게 좁은 지형이다. 이런 곳에 오래 거주하면 재물운이 나날이 쇠약해지고 후손도 드물게 된다고 한다.

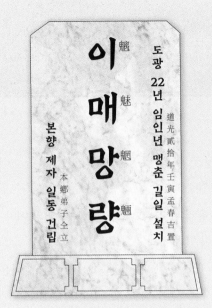

● 백사향白沙鄕의 이매망량 석비 약도

121. 보장암寶藏巖: 거북과 여자 귀신

종류 : 요괴·귀매, 지역 : 북부·산야

소개

신점계新店溪 유역의 보장암寶藏巖에 거북 요괴와 여자 귀신이 재앙을 야기한다는 전설이 있다.

여자 귀신에 관한 이야기는 『담수청지淡水廳志』에 나온다. 그 내용은 이렇다. "석벽담사石壁潭寺가 바로 보장암인데 권산보拳山堡에 있다. 강희 연간의 사람 곽치형郭治亨이 그곳 동산에 집을 짓고 살며 강공康公과 함께 건립했다. 건륭 연간에 그 일이 있었으나 구체적인 해와 달은 알 수 없다. 뒤에 치형의 아들 불구佛求가 석벽담사의 승려가 되었다. 두 부자의 묘가 모두 석벽담사 곁에 있다. 그 딸이 아홉 살 때 지진으로 죽어서 귀신이 되어 밤에 울었는데 제사를 지내자 그런 일이 사라졌다고 한다."

『대만 관습 기사』 제2권 제5호, 1900년(메이지 33) 5월 23일,
일본 대만관습연구회臺灣慣習硏究會 원저.

신점계는 서북으로 흘러 대북평원臺北平原으로 흘러든다. 신점계
가 보장암을 감아 도는 한 모퉁이에 물이 깊은 담潭이 있고, 그 담
속에 소용돌이가 있는데, 그곳을 석벽담石壁潭이라고 한다. 옛날부
터 석벽담에 들어간 자는 대부분 익사했다.

실례로 작년 국어학교 학생 1명, 금년 수포병守砲兵 2명이 모두
그곳에서 수영하다가 익사했다.

토속에 다음과 같은 이야기가 전해온다. "석벽담 속에 수백 년
묵은 거북이가 있고, 길이가 5척이 넘는다. 사람이 석벽담으로 들
어가면 거북이가 사람을 잡아 죽인다."

또 다음 이야기가 전해온다. "바위 위의 옛 절 보장암은 건륭 연
간에 곽치형이란 자가 건립했다. 뒤에 치형의 아들 불구라는 자가
승려가 되어 이 절에 주석했다. 그의 딸이 아홉 살 때 지진으로 죽
었다. 딸의 귀신이 매일 밤 슬피 우는지라 제사를 지내도 그치지
않았다. 그 유령이 석벽담 속에 머물다가 사람이 물속으로 들어가
면 바로 잡아 죽인다."

122. 문귀요 文龜妖

종류 : 요괴, 지역 : 산야·중부

소개

대만 중부의 구구봉九九峰 산허리에 '대굴담大窟潭'이라는 이름의 연못이
있다.

현지인의 전설에 의하면 대굴담의 물속에 비바람을 예측하는 능력을
가진 '문귀요文龜妖(일종의 거북 요괴)'가 있다고 한다.

원전

『대만 관습 기사』 제2권 제6호, 1902년(메이지 35) 6월 23일
발행. 일본 탐방생探訪生, 우쿤밍吳坤明 번역.

창화성彰化城 동쪽의 구십구봉九十九峰* 허리에 대굴담이라 부르는
연못이 있다.

---

* 〔원주〕구십구봉九十九峰: 현재는 '구구봉九九峰' 또는 '구십구첨봉九十九尖峰'으로 부른
다. 대만 중부 화염산 특수 지리 경관火炎山特殊地理景觀에 속해 있다.

토속의 전설에 따르면 비록 큰 가뭄이 들어도 물이 마르지 않으며, 물속에 문귀文龜가 있어서 비바람이 몰아치려 하면 수면에 모습을 드러낸다고 한다.

123. 검담시혼劍潭詩魂

종류 : 요괴, 지역 : 북부·산야

소개

　검담사劍潭寺는 원래 기륭하基隆河 오른쪽 언덕에 있었고, 지금은 검남劍
南 첩운역捷運站 근처로 옮겼으나 여전히 '검담고사劍潭古寺'로 칭한다. 관음
보살을 모시기 때문에 '관음사觀音寺'라고도 한다. 전설에 의하면 강희 연
간에 하문廈門의 승려 '영화榮華'가 바다를 건너 대만으로 와서 담수에서
뭍으로 올랐다. 기륭으로 가는 도중에 지란보芝蘭堡의 검담劍潭을 지나다가
길을 막는 붉은 뱀을 만났다. 영화는 마음에 신령한 기운이 느껴져 봉우
리 남쪽 기슭에 관음보살상을 봉안했다. 검담사 앞에는 검담劍潭이 있다.
비록 '담潭'이라는 이름이 붙었으나 기실 기륭하가 대직산大直山 기슭을 휘
감아 돌며 담수潭水와 같은 모습을 이루고 있을 뿐이다. 옛날부터 전해오
는 말에 따르면 밤이 되면 검담에 빛이 피어오르는데 검담 바닥에 국성야
가 남겨놓은 보검이 있기 때문이라고 한다. '검담이 밤에 빛을 뿜는다劍潭
夜光'는 전설 외에도 검담에는 기이한 여자 귀신 전설도 있다.

『대만 관습 기사』 제6권 제2호, 1906년(메이지 39, 광서 32) 2월 13일 발행, 일본 대만관습연구회 원저, 대만성 문헌위원회 臺灣省文獻委員會 편역.

대북의 검담고사劍潭古寺* 오른쪽 강변 산허리에 무덤이 많으나 이미 황폐한 분묘로 변했다.

봄에는 풀이 자라 사람 키를 넘을 정도이나, 아무도 벌초를 하지 않고 목동이 그곳에서 소를 먹이며 마구 밟도록 내버려둔다. 따라서 무너진 분묘가 얼마인지 그 수를 셀 수 없다.

검담고사의 승려도 모두 이곳에 매장했지만, 때때로 겨우 사람을 보내 돌볼 뿐이다.

검담고사의 서쪽 회랑은 주지가 수행하는 선실禪室이고, 일찍이 의운생倚雲生이라는 자가 그곳에 거주하며 공부했다.

어느 날 저녁 산들바람이 솔솔 불어오는 가운데 달이 대낮같이 밝았다. 그는 홀로 뜰 안을 산보했다. 사방은 적막하고 졸졸 흐르는 물소리만 들려올 뿐이었다. 그때 가까운 듯도 하고 먼 듯도 한 곳에 문득 검은 치마에 흰 저고리를 입은 어떤 여자가 모습을 드러냈다. 그 여자는 머리를 들어 밝은 달을 바라보다가 천천히 다가오

---

* 〔원주〕 검담劍潭: 대략 지금의 823포전기념공원八二三砲戰紀念公園 전방의 물을 가리킨다.

어떤 막료의
아내가 문필에
뛰어났으나,
병으로 죽어서
검담에 장사를
지냈는데,
매번 달밤이
되면 모습을
드러낸다.

검담
시혼

며 낮은 목소리로 시를 읊었다.

붉은 우수 초록 원망으로 봄날을 배웅하고　　　　紅愁綠怨送春歸

다만 무료하게 몇 날 석양을 보냈던가　　　　　徒倚無聊幾夕暉

십 년의 세월은 하룻밤 꿈과 같은데　　　　　　十載光陰如一夢

떠도는 혼은 때때로 낙화를 좇아 날아가네　　　游魂時逐落花飛

반복해서 낭송하는 소리를 자세히 들어보니 목소리가 처연하여 우수가 깊은 듯했다.

의운생은 이 같은 산간벽지에 어떻게 이처럼 운치 있고 우아한 여인이 달빛 아래에서 홀로 거닐며 시를 읊을까 하는 생각에 자못 의심이 들었다.

마침내 다가가서 사정을 물으려 하자 여인은 고개를 돌려 한 번 바라보고는 빠른 걸음으로 그곳을 떠났다.

의운생은 더욱 의아하여 검담 언덕까지 추격했으나 끝내 종적을 찾지 못했다. 그는 모골이 송연하여 급히 집으로 돌아와 잠자리에 들었다.

다음 날 이 일에 대해 토박이들에게 물으니 "이곳 부녀 중에서 글을 아는 사람은 없습니다"라고 했다.

다만 소문을 들으니 10년 전에 어떤 막료의 아내가 문필에 뛰어났으나 병으로 죽어서 이곳에 묻혔는데, 매번 달밤이 되면 모습을 드러내므로 사람들이 공포를 느껴 감히 그곳으로 지나다니지 않는다고 한다.

이에 그 여인이 바로 혼령임을 깨달았다.

124. 물귀신이 홀리다 水鬼迷惑

종류 : 귀매, 지역 : 산야

소개

대만섬에 전해오는 물귀신水鬼 이야기는 주로 물귀신이 자신을 대신할 사람을 찾아서 그 사람을 물로 끌어들여 죽인다는 내용이다.

물귀신도 변신 능력이 있어서 각종 형태로 모습을 바꾼 뒤, 사람을 유혹하여 물속에 빠뜨린다. 일본 통치 시대의 신문인『대만 일일신보』에는 물귀신에 관한 수많은 괴담이 실려 있다.

원전

『대만 일일신보』 1906년(메이지 39) 4월 19일, 「담수천의 물귀신淡水川之水鬼」

일전에 대도정大稻埕 유신가維新街 46번지에 사는 30여 세의 진립陳立이 대도정조세검사소大稻埕租稅檢查所 앞에서 물속으로 몸을 던졌다. 처음에는 사람들이 그가 미쳤다고 했다.

뒤에 조사해보니 그는 평소에 미친 증상이 없었다. 이날 아침 6시

반 무렵 갑자기 집에서 대나무 바구니 하나를 들고 나갔다.

그의 아우가 이상하게 여기고 급히 그 뒤를 따라갔으나 진립은 나는 듯이 치달려서 검사소 앞 돌계단 아래에까지 갔다. 그러나 그 곳에 가보니 사람의 모습은 벌써 사라지고 없었다.

그의 아우가 근처의 배에 수소문해보니 뱃사람이 대답하기를 "조금 전에 한 남자가 손에 대나무 바구니를 들고 마치 평지를 걷 듯이 물속으로 걸어 들어갔는데, 끝내 다시 나오지 않았소"라고 했다.

그의 아우는 형이 틀림없이 죽었을 것이라 짐작하고 대성통곡 했다. 이에 근처의 사람들에게 부탁하여 함께 형의 시체를 건져서 돌아왔다.

이 일에 대해 의론이 분분한 가운데 다시 일종의 괴소문이 퍼 졌다.

즉 다음과 같은 일이 일어났다. 그 전날 오후 1시경, 도롱이 짜 기를 생업으로 삼는 청나라 사람 이(李) 아무개가 당시에 기름병 하 나를 들고 시냇가 돌계단 아래에서 그것을 씻고 있었다.

그런데 그 병이 갑자기 저절로 둥둥 뜨더니 점점 더 멀어졌다. 이 아무개는 황급히 병을 잡으려 하다가 물의 깊이를 신경 쓰지 않 아서 거의 머리까지 빠질 지경에 이르렀다.

곁에서 그것을 본 사람이 크게 소리를 지르며 정신을 차리게 하 여 비로소 무사할 수 있었다.

어떤 사람이 말했다. "틀림없이 물귀신의 장난이다."

물귀신이 자신의 목적을 달성하려고 그다음 날 진립 사건을 일으킨 것이다. 아! 그럴까? 어찌 그렇기야 하겠는가?

『대만 일일신보』 1910년(메이지 43) 6월 9일, 「담수의 물귀신淡水河鬼」

담수하淡水河에 매년 익사자가 발생하는데 본섬 사람들은 물귀신이 자신을 대신할 사람을 찾으려고 일으키는 일이라 여긴다. 그러나 이 어리석은 사람은 의혹에 젖는다. 뜻밖에도 근래에 내지인이 강가를 거닐다가 역시 물귀신의 모습을 보았다고 한다. 눈에 헛것이 보여 착란을 일으킨 것인가? 아니면 과연 그런 일이 있는 것인가?

소문을 들으니 며칠 전 도원죽기제조소稻垣竹器製造所의 고용인 아무개가 오후(저녁) 10시를 지나 포포가布埔街 강변에서 바람을 쐬고 있었다. 그는 염무관鹽務館 앞 강변으로 가서 돌 위에 걸터앉았다. 궐련을 피워 무니 달빛 은은한 풍경이 사람의 마음을 흡족하게 했다.

아무개는 마음이 유쾌했다. 강변에는 어선 두 척이 정박해 있었고 어부 대여섯이 잡담을 나누며 밥을 먹고 있었다. 그들은 밥을 다 먹은 뒤 곰방대를 들고 담배를 피우며 뱃머리에 서 있었다. 조용하게 먼 곳을 바라보던 어떤 사람이 무엇을 보았는지 알 수 없지만 갑자기 기괴한 비명을 질렀다.

허둥지둥 그 어부와 함께 노를 저어 물결을 따라 내려갔다. 함께 일을 하던 홍두선紅頭船이 그 배가 허둥대는 모습을 보고, 뒤를 따라 搰口(원문 불분명) 갔다.

아무개는 그것을 보고 이상하게 여기며 반드시 까닭이 있으리라 짐작했다. 그때 달빛이 갑자기 어두워지며 음산한 구름이 하늘을 가득 덮는 가운데 강물 속에서 거대한 검은 물체가 솟아올랐다. 그 그림자가 큰 선박의 돛과 같았다. 처음에는 돛배가 장차 정박하려는 것으로 생각했으나 당시에는 미풍도 불지 않았다. 만약 그것이 거대한 선박이라면 무슨 연유로 바람도 불지 않는 때에 항해에 나서겠는가? 더욱 기괴한 일이었다.

자세히 살펴보던 아무개는 당시에 마음이 불안하여 콩닥콩닥 뛰었다. 그는 곧 강가의 나무에 기대서서, 다가오는 물체를 몰래 엿보았다.

검은 그림자는 직선으로 달려왔다. 알고 보니 그것은 돛배가 아니라 괴물이었다.

가까이 다가온 검은 그림자는 거대한 사람의 모습이었다.

아무개는 경악했다. 얼마 지나지 않아 어떤 나그네가 지나가기에 아무개는 다행으로 여기며 그를 불러 세우고 물었다. "저 검은 그림자는 무엇입니까?" 그 나그네는 본섬 사람인데 자못 중국어에 능통했다.

나그네가 물었다. "말씀하신 검은 그림자가 어디 있습니까?" 아무개가 강물 속을 돌아보며 손가락으로 가리키며 알려주려 했으나 검은 그림자는 이미 사라지고 없었다.

달빛이 다시 밝아지니 더욱 기괴한 일이라 할 만했다.

본섬 사람들은 이렇게 말했다. "그것은 물귀신이오. 물귀신이 나타날 때 배가 그것을 만나면 반드시 재앙이 발생하오. 이 때문에 물귀신을 본 사람은 피해야 한다는 것이 이미 관례로 굳어졌소. 당신이 그것을 아직 몰랐던 것이오."

아무개는 본섬 사람들의 말을 듣고 사실을 분명하게 알게 되었다. 아무개는 집으로 돌아가서 항상 사람들에게 이 이야기를 하며 차를 마시기 전이나 술을 마신 뒤의 한담 거리로 삼곤 했다.

『대만 일일신보』 1910년(메이지 43) 6월 9일, 「신평림 '물귀신이 서식하다'新評林'水鬼栖'」

담수하 소용돌이 안에	淡水河渦裡
물귀신이 서식한다는 소문을 들었네	嘗聞水鬼栖
모습은 검은 돛과 같고,	形如布帆黑
소리는 수리부엉이 울음과 같다네	聲共夜鴉啼
내지인이 직접 눈으로 보았더니	內地人親見
온몸에 무서운 털이 돋아 있었다네	全身毛怖凄
전해지는 말은 세상을 돌아 이어져	寄言轉世去
천국이 저 서쪽에 있다 하네	天國在其西

물귀신

물귀신이
나타날 때
배가 그것을 만나면
반드시 재앙이
발생한다.
사람을 유인하여
물에 빠뜨리는 것을
물귀신이
자신을 교체할
사람을
잡아들인다라고
한다.

『대만 일일신보』 1910년(메이지 43) 6월 22일, 「졸렬하고 잡다한 글蟬琴蛙鼓」, 견귀생見鬼生(귀신을 본 사람)

일전에 아동 몇이 검담항劍潭港에서 목욕을 하고 있었다.

한 아이가 잠수하면 다른 몇은 그를 찾는 놀이를 했다. 얼마 지나지 않아 그 아이가 물이 얕은 곳을 통해 해안으로 나왔는데, 다른 몇 명이 뜻밖에도 물속에서 사람 하나를 찾아 함께 부축하며 끌어올렸다.

수면 위로 끌어내고 보니 시커먼 덩어리여서 아이들이 깜짝 놀랐다.

황급히 물속에 버려두고 질주하여 돌아왔다.

그들은 서로 떠들며 귀신이라고 했다. 그 때문에 몸이 아파서 일어나지 못한 아이도 있다는데 사실 여부는 알지 못하겠다.

『대만 일일신보』 1910년(메이지 43) 7월 1일, 「물귀신이 사람을 홀리다水鬼惑人」

신장가新莊街의 유립劉立의 아내 황애黃愛는 나이가 38세로 지금 대도정大稻埕 영화가永和街 장아옥張阿玉을 위해 밥을 해주고 있다.

지난달 27일 한밤중이 다 되어 갈 무렵 문득 항변가港邊街 부두에 이르러 물속으로 들어갔는데 마치 스스로 물속으로 뛰어들어 자살하려는 모습과 같았다.

당시 근처에 있던 무뢰한 체포 담당 형사가 그 광경을 보고 급히 구조했다.

그녀의 정신이 매우 이상했기에 주인 장아옥에게 명하여 데리고 돌아가게 했다.

뒤에 본섬 사람이 전한 이야기에 의하면 황애는 그날 밤 틀림없이 물귀신에게 홀렸다고 한다. 세속에서 말하는 바와 같이 귀신이 자신을 대체할 사람을 잡아들였다는 것이다.

이에 미신을 믿는 사람은 모두 공포에 떨었다.

아! 그럴까? 어찌 그렇기야 하겠는가?

『대만 일일신보』 1910년(메이지 43) 12월 4일, 「남부 소식 '어찌 귀신이겠는가?'南部雁信'豈其鬼歟'」

이번 달 29일 밤이 깊어 인적이 드물 무렵 어떤 가게의 점원이 안평安平 부두로 가서 신복련新福連의 기원妓院을 구경했다.

큰길을 따라 돌아오며, 북세가北勢街 끝의 대교大橋를 지날 때 문득 온 땅이 환하게 밝아왔으며, 졸졸 흐르는 물소리도 들렸다.

경악을 금치 못하고 사방을 돌아보니 하늘도 모두 그러했다. 정신을 집중하고 바라보았다. 수레바퀴만 한 불꽃이 이글거리고 있었다.

불이 난 것으로 의심하고 큰 소리로 사람을 불렀다. 갑甲과 을乙이 달려오자, 불이 갑자기 꺼지고 캄캄해져서 앞의 사람도 보이지 않았다.

함께 놀라며 물귀신의 장난이라고 의심했다.

『대만 일일신보』 1917년(다이쇼 6) 9월 1일, 「물귀신이 자신을 대체할 사람 찾다^{水鬼求代}」

대남의 소남문^{小南門} 밖 법화사^{法華寺} 앞에 반달 모양의 연못이 있다. 옛날에 2~3년 또는 1~2년 또는 해마다 그 연못에 사람이 빠져 죽었다. 한 번은 세 사람이 죽기도 했다.

전설에 의하면 이 연못에 물귀신이 있는데 매번 참게나 연꽃으로 변하여 수면에 떠서 사람을 깊은 곳으로 유인하여 마침내 익사시키는 흉악한 짓을 저지른다고 한다.

몇 년 전 뜻있는 사람이 많은 돈을 모아 그 연못에서 죽은 10여 명을 두루 찾아 그들의 성명을 쓰고 스님과 도사를 초청하여 하루 동안 위령제를 지내며 그들의 영혼을 제도했다. 아울러 연못 가에 비석 하나를 세우고 전면에 '아미타^{阿彌陀}'라는 글자를 써서 귀신을 진압했다. 이로부터 기괴한 소문이 줄어들었다.

『대만 일일신보』 1929년(쇼와 4) 2월 19일, 「대중 전화^{臺中電話}」

이날 오전 4시경, 창화군 화미장^{和美莊} 굴지^{屈池}에 어떤 사람이 투신자살했다.

이 연못은 자고이래로 '마귀의 연못魔之池'이라는 이름으로 불리는데, 매년 반드시 투신 자살자가 한 명씩은 생긴다.

현재 경찰 당국에서 조사 중이다.

『대만 관습 기사』 제2권 제5호, 1900년(메이지 33) 5월 23일, 일본 대만관습연구회 원저.

대만 풍속에 옛날부터 물귀신이 사람을 홀린다는 전설이 있다.

최근 대북 하감장下嵌莊 작은 강변에서 어떤 사람이 걸어서 강을 건너다가 중도에 감각을 잃었다. 물살에 휩쓸릴 무렵 다행히 강 언덕에서 농사짓던 사람이 황급히 그 사람을 불러 깨워서 발걸음을 멈추게 하여 무사할 수 있었다.

까닭을 물었더니, 강물을 도로로 오인하고 걸어갔다고 했다. 전설에 의하면 물귀신에게 홀리면 그렇게 된다고 한다.

『민속 대만』「미신 몇 가지迷信數則」, 일본 통치 시대 황징황黃澄煌

전설에 의하면 의란현 나동羅東의 이결二結과 사결四結 사이에 있는 다리 아래에 귀신이 살고 매년 7월 보름날에 두세 사람이 그곳에서 살해될 수 있다고 한다.

또 전설에 의하면 매년 그때가 되면 일진광풍이 불어 사람의 눈앞을 가린다고 한다.

물귀신이나 다른 귀신을 목격했는지는 차치하고 엄지손가락을 깨물면 구제할 수 있다고 한다.

『대만 풍속지』, 일본 가타오카 이와오

대북 하감장下嵌庄의 진陳 아무개라는 사람이 어느 날 강물 속으로 걸어들어간 뒤 살려달라고 소리쳤다. 마침 강변의 농부가 그를 구조했다. 진 아무개가 말했다. "큰길인 줄 알고 계속 가다가 깊은 곳에 이르러서야 그곳이 물속인 줄 알았소." 농부가 바로 말했다. "어떤 사람이 일찍이 그곳에 익사하여 그 영혼이 물귀신으로 변하여 사람을 해칩니다."

전설에 의하면 물귀신은 또 귀선鬼船(귀신이 탄 배)으로 변할 수 있다고 한다.

125. 토신에게 씌다犯土神

종류 : 신령, 지역 : 산야

소개

토신土神은 어떤 땅의 살기나 귀기鬼氣를 범칭하는 말이다. 만약 근처 땅에 공사가 시작되면 토신을 놀라게 할 수 있고, 또 집을 새로 수리해도 토신을 놀라게 할 수 있다.

만약 토신이 몸에 들러붙으면 보통 '토신에게 씌었다犯土神'라고 한다. 특히 영아들이 가장 쉽게 토신에게 씐다.

원전

『민속 대만』「토신」, 일본 니시바야시 진신西林振聲

토신은 토목이나 건축과 관련 있는 악마다.

만약 급살을 맞아 열이 난다면 이 현상은 환자가 직접 악마를 목격하여 재앙을 당했거나 이른바 '비토신飛土神'이 먼 곳에서 날아와 재앙을 당한 두 가지 경우로 나눌 수 있다.

병의 증세는 갑자기 40도 이상의 고열이 나면서 온몸이 불편하거나 호흡 곤란 증세를 동반한다. 입으로 이상한 말을 중얼거리기도 하고 심지어 어떤 이들은 미치광이 증세를 드러내기도 하며, 아이들은 젖을 토하거나 입술이 하얗게 변하기도 한다. 이것들이 바로 이른바 토신에 썰 증상이다.

신령의 힘에 도움을 받으려면 즉 먼저 토신을 내쫓으려면 신부神符와 토장土將을 붙여야 한다.

또한 이런 증상이 나타나면 토신이 해악을 끼친 것으로 간주하여 올바른 신正神(현지의 마조, 관음보살, 지장보살 등)에게 도움을 구하고, 이들의 신상神像을 그리거나 이름을 쓴 신부神符를 정청正廳에 붙인 뒤, 신을 향해 고개를 숙이고 소통하기를 부탁하여 악마를 내쫓는다. 이어서 신령한 도사가 내려준 약(한방약이나 약초 따위)을 먹으면 된다.

126. 차야叉爺: 무주고혼으로 떠도는 야귀野鬼

종류 : 귀매, 지역 : 산야

소개

차야叉爺는 '무연불無緣佛' '오귀살신五鬼殺神' '십악신十惡鬼' '외방外方(外地)'
이라고도 한다. 사악한 신에 속하며 만약 사람에게 붙으면 각종 해악을
초래할 수 있다.

이 때문에 '차야와 작별하는 의식謝叉爺' 즉 '귀신을 보내는 의식送鬼仔'
'외지의 귀신과 작별하는 의식謝外方'을 진행하여 귀신과 관계를 끊어야 한
다. 이러한 의식을 진행하려면 음식을 대나무 바구니에 담아 집 밖에 두
고 향을 사르며 기도하는 동시에 금지와 은지와 같은 지전을 태우며 귀신
에게 제사를 올려야 한다.

원전

『민속 대만』 「차야」, 일본 야마나카 도미오山中富雄

'사차야謝叉爺'는 '사외방謝外方'이라고도 하며 고대로부터 전해
내려오는 야외 기도 의식의 하나다.

소문을 들어보니 '차야'는 일정한 거주지가 없는 무연고 부처 혹은 '오귀'라는 살신殺神이나 '십악귀'라고 한다.

차야나 천구天狗, 백호白虎(두 요괴는 하늘이나 땅을 향해 걸식한다)의 해악을 구제하려고 기도하는 것을 '차야와 작별하는 의식謝叉爺' 또는 '외지의 귀신과 작별하는 의식謝外方'이라고 한다.

사람이 어떤 때 부지불식간에 열이 나거나 어린아이가 더러 한밤중에 울면 사찰이나 사당으로 데리고 가서 점괘를 뽑으면 더러 어떤 요괴의 지시에 의한 것이거나 어떤 방위의 귀신에 의한 재앙이라고 나올 수 있으며, 더러는 천구나 백호가 야기한 재앙이라 하기도 한다.

이런 때는 환자를 일으켜 나오게 하여 의사를 찾아가기 전에 가족들이 언제나 먼저 점괘를 뽑곤 한다. 이때 팔괘로 뽑은 점괘에 "동남방에 푸른 얼굴의 악귀가 해악을 끼친다"고 하면 즉시 은지銀紙(은색 지전), 중의中衣(속옷과 겉옷 중간에 받쳐 입는 옷), 음양전陰陽錢,* 본명전本命錢,** 오귀전五鬼錢***(앞의 모든 것은 금은지金銀紙

---

* 〔역주〕음양전陰陽錢: 지전紙錢의 한 종류다. 대개 상단에 음양전陰陽錢이라는 한자를 쓰고 그 아래에 동전의 앞면과 뒷면, 또는 해와 달의 형상을 여러 줄 함께 인쇄해 넣어 음과 양을 상징하게 한다. 음양전을 불태움으로써 음양을 조화롭게 소통시켜 나쁜 운을 좋은 운으로 바꾼다고 한다.

** 〔역주〕본명전本命錢: 음양전의 다른 이름이다. 음양전과 달리 지전 상단에 본명전本命錢, 매명전買名錢 등의 제목을 써넣지만, 형태와 용도는 음양전과 거의 같다. 해액전解厄錢 또는 보운전補運錢이라도 한다.

*** 〔역주〕오귀전五鬼錢: 지전의 일종으로 상단에 오귀전五鬼錢이라는 한자를 쓰고 그 밑에 다섯 귀신의 형상을 그려 넣는다. '오귀五鬼'는 오행五行의 살煞을 의미한다. 중국이나

의 일종임) 및 환자의 몸을 대신하는 종이 사람紙人을 준비하고 아울러 '소삼생小三牲'이라 부르는 세 가지 제수를 대나무 바구니에 담는다. 세 가지 제수는 돼지고기, 달걀, 마른오징어다.

이어서 자기 집 동남방에서 출발하여 교외나 길가에서 향을 사르고 촛불을 켠 뒤 앞의 여러 금은지와 환자를 대신하는 종이 사람을 불태우며 신체의 질병이 하루빨리 낫기를 기원한다.

이런 의식은 주로 야간에 진행하지만 더러는 낮에 진행할 수도 있다.

『민속 대만』「사외방謝外方」, 일본 와다 바쿠和田漠

연고자가 없는 시신無緣孤子, 물에 빠져 죽은 사람水邊亡魂, 불에 타 죽은 사람火燒婆姊 등과 같이 비명횡사한 사람의 영혼은 구제할 수 없기에 곳곳에서 방황한다.

팔자가 험한 사람이나 부주의하게 상대의 잠자리를 밟은 사람은 액운에 걸려 열이 나거나 가위에 눌리며 잠꼬대를 한다. 이런 때 노인들은 얼른 사람에게 부탁하여 팔괘 점을 치거나 생년월일八字을 따져보고 언제 불편한 일이 시작되었는지, 아니면 '외지 귀신外方鬼'의 소행인지, 물귀신의 소행인지, 또는 북쪽으로 갈 때 북

대만 풍속에 한 해의 지지地支가 오귀와 상충되면 액운을 만나므로 오귀전을 태워서 액막이를 한다.

방의 귀신을 침범했는지를 물어보고 도사에게 보내는데 그 시각은 일반적으로 모두 황혼 무렵을 선택한다.

　도사는 불길한 방위에 쓰이는 지전 등등을 준비하여 대문 입구에 선 채 만약 북방이 불길하면 북방을 향해 큰 소리로 물귀신의 이름을 부른다. 그리고 다음과 같이 고함친다. "네가 만약 공손하게 물러나면 사흘 뒤 오후에 내가 세 가지 제수小三牲, 찻잎, 물을 음식에 넣어서 먹게 해주겠다." 그런 뒤 용 모양의 뿔피리를 불고, 포승줄로 탁탁 치며 위협한다. 그리고 사흘 뒤에 약속한 음식을 준비한다.

127. 백호白虎와 흑호黑虎: 태아를 잡아먹다

종류 : 요괴, 지역 : 산야

소개

옛날에 대만 사람들은 부인이 백호에게 해코지를 당하면 임신할 수 없어서 '석녀石女'가 된다고 여겼다. 순조롭게 임신했다 하더라도 태아가 호랑이 요괴에게 잡아먹히는 것으로 생각했다.

이 때문에 일단 여성이 백호에게 해코지를 당했다고 여겨지면 도사나 맹인 점쟁이를 초청하여 사악한 귀신을 몰아내는 의식을 거행했다.

흑호신黑虎神(烏虎神)도 마찬가지로 임신부에게 해를 끼치는 악령이지만 더욱 무서운 것은 심지어 여성을 살해할 수도 있다는 점이다.

백호신을 근절하기 위해서 민간에서는 흔히 백호와 결별하는 '사백호謝白虎'라는 기이한 풍속을 행한다. 여기서 '사謝'의 의미는 '사절하다' '결별하다'라는 뜻이다.

'사백호' 의식에는 금은지, 흰 쌀밥, 돼지고기, 종이로 만든 백호를 모두 대나무 바구니에 넣은 뒤, 그것을 강물에 띄우고 제사를 지내면서 다음과 같은 주문을 외운다. "식저육, 소눌눌, 식반거원원食豬肉, 笑吶吶, 食飯去遠遠." 그 뜻은 "돼지고기를 먹고, 껄껄 웃으며, 또 밥을 먹고 멀리멀리 떠나시오"다. 그리고 나서 금은지와 종이 백호를 함께 태운 뒤 다시 돌멩이로

백호는
태아를
해치고

흑호는
태아를
잡아
먹는다.

향을 태운 재를 눌러놓고 이렇게 주문을 외운다. "제석두, 압로두提石頭, 壓路頭!" 이는 "돌멩이를 들어서 길머리를 누른다"라는 뜻이다. 그렇게 하고 재빨리 집으로 돌아오면 백호를 멀리까지 보낼 수 있다.

원전

『민속 대만』「백호」

백호가 바로 천구天狗다. 여성이 백호를 분노하게 만들면 임신할 수 없는데 그것은 바로 태아가 백호에게 먹히기 때문이다.

그럴 때는 도사를 초청하여 방법을 강구해야 하며, 그렇게 해야 다시 임신할 수 있다.

『민속 대만』「흑호신」

임신부는 저녁에 외출하면 안 된다. 이를 지키지 않으면 흑호신의 분노를 유발할 수 있어서 태아에게 불리하다.

『민속 대만』「백호天狗에게 제사를 올리다祭白虎天狗」, 일본 와다 바쿠

종이로 호랑이와 개를 만드는데 호랑이는 흰색이고, 개는 검은색이다. 본래 이들 요괴는 하늘에서 살다가 민간으로 내려와서 나쁜 일을 자행한다.

　이들 요괴는 '외지의 귀신'과 같은 종류이기 때문에 외지 귀신에게 제사를 지낸다고 칭한다. 재앙을 없애고 액운을 바꾼다든가 운수를 보충하는 등의 방법을 쓴 뒤에도 상황이 여전히 좋아지지 않을 때, 도사는 이마를 찌푸리며 환자에게 백호(천구)에게 제사를 올리라고 건의한다. 39세, 49세처럼 아홉수(악구惡狗라고 함)의 액년에 봉착하면 천구에게 쓸 수 있기에 외지의 귀신에 대처하기 위해 은지銀紙(大銀, 小銀)나 목판으로 경문經文을 인쇄한 죽지竹紙(경의經衣라고 함) 및 당사자의 대체물, 본명전을 써야 한다.

　백호(천구)에게 말린 두부, 달걀, 돼지고기(꿰어서 소삼생小三牲으로 삼는다)를 드시게 한 뒤에야 물러나게 할 수 있다.

　도사師公는 불을 붙인 향을 받들고 그것으로 백호(천구)의 머리를 치며 다음과 같이 반복해서 말한다. "말린 두부를 드시고 당산唐山까지 가시고, 계란을 드시고 멀리멀리 가시옵소서." 그러고 나서 소삼생을 길가에 버린다. 이 동작은 '외지의 귀신과 작별하는 의식謝外方'과 같다.

128. 죽귀竹鬼

종류 : 요괴, 지역 : 북부·산야

소개

대북시 중정교中正橋의 옛 명칭은 '천단대교川端大橋'*다. 전설에 따르면 이 다리 근처 죽림竹林에 '죽귀竹鬼(대나무 귀신)'가 산다고 한다.

사람들이 죽림을 지날 때마다 죽귀가 여행객의 진로를 가로막을 수 있다는 것이다.

원전

『민속 대만』「미신 몇 가지迷信數則」, 일본 통치 시대 황징황

대북시 천단대교를 아직 건설하기 전 맞은편 죽림 속에 대나무 귀신竹鬼이 산다는 전설이 있었다.

---

* 〔원주〕천단대교川端大橋 : 지금의 대북시의 중정교다. 옛 명칭은 천단교川端橋로 신점계新店溪 위에 놓여 있다. 일본 통치 시기에 대북시 천단정川端町(지금의 수원쾌속도로水源快速道路 근처)과 인접해 있었기 때문에 이런 이름이 붙었다.

사람들이 죽림을 지날 때마다 대나무가 줄기를 굽혀 사람의 진로를 가로막았는데, 발걸음을 멈추면 바로 줄기를 꼿꼿하게 폈다.

　　이 때문에 저녁 이후로는 감히 그 죽림을 지나가는 사람이 없었다. 그러나 지금은 그 죽림을 깡그리 베어냈다.

종류 : 귀매, 지역 : 산야

소개

'조교체抓交替(교체할 사람을 잡는다는 뜻)'는 '약교체掠交替' '토교체討交替'라고도 하는데, 바로 '귀신이 자신을 대체할 사람을 잡는다抓替死鬼'는 뜻이다.

대만 민속 신앙에서는 어떤 사람이 불의의 사고로 죽으면 그 혼백이 사고 난 곳에 붙잡혀 하늘로 올라갈 수도 없고 다시 윤회하여 태어날 수도 없어서 지박귀地縛鬼(땅에 매인 귀신)가 된다고 한다.

원혼이 불의에 사망한 곳을 벗어나 윤회하여 태어나려면 반드시 사람을 잡아 자신을 대체하게 하고, 그로 하여금 사고 지점(혹은 근처)에서 같은 방식으로 사망하게 해야 그곳에서 벗어나 윤회의 세계로 진입할 수 있다는 것이다.

이 때문에 원혼은 무주고혼의 상태를 벗어나기 위해 온갖 방법을 동원하여 다른 사람의 혼백을 탈취하고 그 사람을 죽게 만든다고 한다.

대만에서 가장 흔히 들을 수 있는 '수귀水鬼(물귀신)'나 '액귀縊鬼(목매달아 죽은 귀신)'도 이런 종류의 귀신이다.

『민속 대만』「토교체討交替」

어떤 사람이 목을 매어 죽거나 다른 방법으로 자살한 곳에는 매년 반드시 그곳에서 목을 매거나 자살한 사람이 생길 수 있다.

이는 가장 먼저 자살한 사람이 지옥에 도착하면 염라대왕이 죽어서는 안 될 사람이 죽었다고 나무라며 매일 혹형을 가한다. 그러나 그가 자신을 대체할 사람을 찾을 수 있으면, 다음 귀신이 자신을 대체할 또 다른 사람을 찾게 된다.

이와 같이 계속 이어지는 것을 소위 '토교체'라고 한다. 우리가 가장 흔하게 듣는 물귀신 이야기가 바로 '토교체'의 상황을 잘 보여준다.

130. 마신자 魔神仔

종류 : 요괴, 지역 : 산야

소개

  대만 열도에서는 마신자魔神仔 요괴가 출몰하여 항상 속임수로 사람들을 유혹한다. 심지어 그들을 깊은 산속으로 유괴하는 일종의 산중 요괴도 있는데, 그것을 '모신毛神' '망신亡神' '망신芒神' '매신자魅神仔' 등으로도 칭하며, 객가인客家人들은 대부분 '망신魍神'이라고 부른다.

  유괴당한 사람들이 망연자실한 상태에 빠지면 마신자는 그들에게 개구리 다리, 풀뿌리, 사충死蟲(죽은 곤충이나 파충류 따위)을 먹이고, 그들도 아주 맛있게 먹는다. 심지어 마신자는 또 유괴해온 사람을 폭력적으로 대하며 등나무 넝쿨로 심하게 때리기까지 한다.

  묘율苗栗 지구의 객가족은 '망신'이 사람을 잡으러 오면 가족들이 '백공伯公'에게 구원을 요청하여 문제를 지적받아 재앙을 해결한다.

  또 '마신자'에게 끌려간 뒤 이레 안에 발견하지 못하면 사망할 수 있는데 이렇게 사망한 사람의 특징은 눈이 청록색을 띤다고 한다.

  대만 북부의 석지汐止와 평계平溪 산간에 청동菁桐 고도古道가 있고, 그곳에 '마신자 동굴魔神仔洞'이 있다. 옛날에 그곳을 지나 산을 넘는 사람들이 우연히 밤에 그 동굴에 묵곤 했다. 혹은 죽순을 채취하는 사람들이 산으로 올라갈 때 그 동굴을 지나면 동굴 근처에 운무가 감돌고 항상 마신자 부류의 요괴가 출몰하곤 했기에 그런 이름이 붙었다.

마신자의 외모는 원숭이와 같고, 두 눈은 붉으며, 사지에는 물갈퀴가 있다. 전신의 피부는 개구리처럼 축축하고 울음소리는 원숭이와 같다. 산야의 벌레들 예컨대 메뚜기, 지렁이 등과 청개구리, 나뭇잎 등을 먹고 산다.

만약 야외에서 나뭇잎이 꺾여서 둘러쳐져 있거나 둥그렇게 모여 있는 곳을 발견하면 그곳이 바로 마신자의 소굴이다.

산림 속으로 들어갔는데, 누군가 자신의 본명을 부르면 마신자에 홀릴 가능성이 있다.

마신자 이야기는 린메이룽林美容, 리자카이李家愷가 쓴 『마신자에 관한 인류학적 상상魔神仔的人類學想像』(五南出版社, 2014)을 참고할 만하다. 이 책은 마신자 연구에 관한 한 가장 철저한 전문 서적이다.

원전

『대만 일일신보』 1901년 12월 5일, 「마귀를 만난 기이한 이야기遇魔述異」

대만 땅에는 환상적인 환경을 만들어 사람을 미혹할 수 있는 소위 마신魔神이라는 것이 있다. 근래에 한 여행객도 마신을 만났다는 이야기가 있다.

한 여행객이 지난번에 대만을 여행하며 생계를 도모하다가 집으로 돌아와 7년 동안 집을 지켰는데 여독이 심했기 때문이다.

그의 말을 들으니 대만 땅이 오늘날 완전히 새롭게 바뀌었지만 엄연히 선경仙境이고, 재주와 지혜가 뛰어난 선비는 대부분 대만에서 부자가 될 수 있다고 한다. 그는 부러워서 힘써 동쪽 바다를 건너기로 했다.

대만에 상륙한 뒤 마침 날이 어두워져서 길을 잃고 궁벽한 곳으로 잘못 들어가게 되었다. 그런데 갑자기 길 옆으로 화려한 집이 보였고 어떤 건장한 남자가 문 옆에 서 있었으며 서로 구면이 있는 듯했다.

읍을 하고 앞길을 물으니 건장한 남자가 말하기를 "날이 저물었습니다. 우리 집에서 쉬시지요"라고 했다. 여행객이 기쁘게 허락했다.

문을 들어서자 동자 둘이 길을 인도했다. 복도와 회랑을 굽이굽이 돌아서 대청으로 들어갔다. 그곳에서 보따리와 우산을 수습하여 낮은 탑상 위에 놓았다. 다시 인도를 받아 누각으로 올라가니 그윽한 자리가 마련되어 있었고, 먼저 온 비단옷 입은 남자 몇 명과 두 배수의 미인이 그곳에 앉아 시시덕거리고 있었다.

여행객은 그곳으로 들어가 말석에 앉아서 동자에게 몰래 물었다. "주인께서 손님에게 연회를 베푸시려는 것이냐?" 잠시 후 건장한 남자가 한 늙은이를 모시고 나왔다. 모습이 부자 같았는데 그가 좌정하자 연회가 마침내 시작되었다.

여행객도 함께 연회에 참여하여 술이 반쯤 취했다. 건장한 남자가 그에게 동쪽 바다를 건너온 뜻을 묻자 여행객은 막료 자리를 구한다고 말했다.

건장한 남자가 늙은이를 돌아보며 말했다. "공께서 문서 담당 막료를 맞아들이려 하시는데, 이 사람이면 가능할 듯합니다."

그러자 늙은이가 물었다. "1년에 생활 자금 1000금을 드리면 생활할 수 있겠소?" 여행객을 놀라 기뻐하며 대답했다. "생활할 수 있습니다."

연회가 끝나자 금전 100원圓을 가져와서 미리 초빙 의례금으로 주었다. 이윽고 비단옷 입은 남자들과 미인들이 모두 흩어졌다. 건장한 남자가 하인에게 여행객을 인도하여 별관에서 묵게 하라고 명령을 내렸다.

여행객은 생각지도 않은 돈을 받았기에 기루妓樓에 가고 싶은 마음이 생겨서 하인에게 말했다.

하인은 그를 가까운 청루靑樓로 안내했다. 방으로 들어서자 기녀들이 여러 남자와 어울려 바야흐로 골패로 도박을 하며 즐기고 있었다. 여행객은 백금을 모두 도박에 걸고 마침내 거액을 땄다. 그는 더욱 기뻐하며 한 어린 기녀를 골라 끌어안고 비단 이불 위에서 아편을 피웠다.

등불이 갑자기 꺼지더니 눈 한 번 깜박할 사이에 날이 밝아오는 것이 보였다. 그때 그는 자신이 홀로 황폐한 잡초 위에 누워 있는 것을 발견했다. 보따리와 우산은 산언덕 아래 연못 가에 버려져 있었다.

『대만 일일신보』 1908년 2월 29일, 「산의 마귀^{山魔}」[*]

길을 가다가 우연히 어떤 사람을 만났다. 그가 말하기를 자신의 집에 상등품 차茶가 있으니 나에게 팔고 싶다고 했다.

나는 그렇게 하겠다 하고 뒤를 따라 그의 집으로 들어간 후 갑자기 생기가 사라지고 멍한 상태가 되었다.

그는 여러 번 음식을 제공했는데 모두 돼지고기, 닭고기, 곱창 등이어서 배가 고프지는 않았다.

품속에 가져온 것이 생각나서 더듬어 꺼내보니 모두 말린 개구리, 사마귀 다리, 지렁이 등의 부스러기였다.

『대만 일일신보』 1909년 5월 11일, 「갈팡질팡하며 어디로 가겠는가^{倀倀何之}」

신기가新起街 1정목丁目^{**}에 사는 사타케 사타로佐竹佐太郎 집에 히로세 효조廣瀨兵藏라는 점원이 있었다. 그가 외출한 뒤 돌아오지 않아서 관가에 수색을 요청했다.

---

* 〔원주〕이 이야기의 발생지 해산海山은 지금의 신북시 토성土城 지구다.

** 〔원주〕신기가新起街 1정목一丁目: 일본 통치 시대 신기정新起町(町은 일본 행정 명칭 まち)에 있었다. 지금의 대북시 서문정西門町 일부 지역과 만화구萬華區, 서문홍루西門紅樓 근처를 포함하는 일대다. '정목丁目은 일본식 행정 구역 초메ちょうめ로 번지보다 큰 구역이다.

일곱 번째 되는 밤에 갑자기 같은 가街의 시장 뒤에서 그를 발견했다.

그는 망연히 밭 가운데 서 있다가 관리들에게 수색을 해제해달라고 요청했다.

어떤 사람이 말하기를 "아마도 여우 귀신에게 홀린 것 같습니다. 그런데 대만에는 여우가 있다는 말을 못 들었으므로 그들의 풍속에서 말하는 풀이 우거진 소택지의 마신魔神에게 홀린 듯합니다"라고 했다.

『대만 일일신보』 1909년 7월 15일, 「마신이 해코지를 하다魔神作祟」*

일전에 하녀가 갑자기 외출했다가 돌아오지 않았다.

집안사람들이 힘을 다해 수색하여 단애斷崖 가운데서 그녀를 찾았으나 정신이 이미 오락가락했다. 집에 데려온 뒤에도 여러 번 광분하여 뛰쳐나가려 했다.

집안사람들이 귀를 잡고 일깨우며 말했다. "여기가 네 집인데, 어디로 가려느냐?"

하녀가 시끄럽게 변명했다. "얼마 전에 앉아 있던 곳이 바로 내 집입니다. 어떻게 이곳으로 왔습니까?"

---

* [원주] 이 이야기의 발생지는 대만 북부 대과감大嵙崁 지구다.

집안사람들이 도사를 불러와서 푸닥거리를 했지만 조금도 효과를 보지 못했다.

이에 공공보건의를 맞아와서 마취약을 투여했다. 죽은 듯이 마취되어 있다가 오래 지나 깨어나서는 초상을 당한 것처럼 실의하여 슬퍼했다.

어쩌하여 단애 가운데 숨어 있었느냐고 물으니 "어떤 남자가 자꾸 손짓하며 나를 불렀어요"라고 대답했다.

그 사이에 암흑을 만났다던가 배가 고프지는 않았는지 묻자 대답하기를 저 자신도 잘 모르는 사이에 저를 부르는 소리를 들었어요. 마음으로는 분명하게 알아챘으나 입으로 끝내 대답할 수가 없었어요."

『대만 일일신보』 1914년 9월 9일, 「잠시 망언을 하다姑妄言之」*

눈을 부릅뜨고 구레나룻이 덥수룩한 어떤 사람을 만났더니, 손을 흔들며 사람을 부르는 모습을 보였다.

겁이 나서 감히 가고 싶지 않았지만 따라가지 않으면 틀림없이 화를 낼 것 같아서 억지로 따라갔다.

그를 따라가며, 구절양장의 좁은 길에서 온갖 고통을 당한 뒤 비

* 〔원주〕이 이야기의 발생지는 파가擺街 남세각장南勢角莊 198번지로 지금의 신북시 중화中和 지구다.

로소 남세각南勢角 산 정상에 이르렀다.

그곳에 이르자 두 발이 피로하여 앞으로 가고 싶어도 갈 수 없었다.

구레나룻을 기른 자가 즉시 가시나무를 꺾어서 온몸을 구타했다. 이에 온몸에 상처가 났고 아직도 역력히 남아 있다.

어쩔 수 없어서 뱀처럼 기어서 그를 따라가려 했지만, 한 치도 전진할 수 없었다. 그는 또 눈을 부릅뜨고 소리를 지르며 내 옷을 모두 벗기고 다시 심하게 때렸다.

고통을 참기 어려워서 큰 소리로 울며 아버지께서 나를 구원해 주시기를 기원했다.

얼마 지나지 않아 떠들썩한 소리가 가까워지더니 문득 이웃 사람이 다가왔고 그 요괴는 달아났다.

종류 : 요괴, 지역 : 산야

소개

민남閩南(복건성 남부)과 대만 지역에서는 뱀의 정령이 늘 성인成人으로 변하여 길 입구에 매복해 있다가 길 가는 사람의 이름을 부른다. 길 가는 사람이 대답하면 뱀의 정령蛇精이 바로 그의 집으로 가서 해코지를 한다.

뱀 정령의 해코지를 방지하려면 베개맡에 지네를 놓아두면 된다는 민간 전설이 있다. 뱀의 정령이 문으로 들어오면 지네가 뱀의 정령을 물어 죽일 수 있다고 한다.

원전

『대만 풍속지』, 일본 가타오카 이와오

남방에는 뱀의 정령이 많아서 항상 사람으로 변하여 길 가는 사람의 이름을 부른다. 만약 길 가는 사람이 대답하면 그날 밤에 뱀의 정령이 그 사람 집으로 가서 그를 해친다.

따라서 현지인들은 매우 두려워하며 저녁에 잠을 잘 때 모두 베

개맡에 지네 한 마리를 놓아둔다. 뱀의 정령이 들어올 때마다 지네
를 풀어놓으면 지네가 바로 즉석에서 뱀을 물어 죽인다고 한다.

132. 뇌공조雷公鳥

종류 : 신령, 지역 : 산야

소개

대만 전설에 뇌신雷神(雷公) 이외에도 '뇌공조雷公鳥'에 관한 이야기가 전해온다.

'뇌공조'의 능력은 뇌신과 유사하여 번개를 끌어당길 수 있다.

원전

『대만 풍속지』, 일본 가타오카 이와오

전설에 따르면 높은 산의 큰 나무 아래에 뇌공조(뇌조雷鳥라고도 함)가 있는데 모습이 닭과 아주 비슷하다고 한다.

이 기괴한 새는 높은 나무로 기어 올라가, 구름을 일으켜서 하늘로 승천한 뒤 우레와 번개를 치게 만든다고 한다.

133. 저가석 豬哥石

종류 : 신령, 지역 : 산야

소개

저가기교豬哥崎橋는 담수와 금산金山 사이에 자리 잡고 있는데, 지금의 담금공로淡金公路 근처다.

저가기교 다리 아래에 저가豬哥*를 매우 닮은 바위가 하나 있다. 두 눈, 돼지코, 큰 귀를 분명하게 알아볼 수 있다. 현지인들은 이 바위를 '석두공石頭公'이라 부른다. 매년 음력 8월 15일이 바로 석두공의 생일이다.

현지의 풍속에 따르면 집안에 울보 아이가 있으면 가장이 아이를 석두공에게 데려가서 '양자'를 맺는다. 만약 아이가 순조롭게 16세까지 성장하면 가장이 육류 제수를 준비하여 석두공에게 절을 올리며 제사를 지낸다.

---

* 〔역주〕 저가豬哥 : 『서유기西遊記』에 나오는 '저팔계豬八戒'의 별명이다.

『대만 풍속지』, 일본 가타오카 이와오

담수가淡水街에서 멀지 않은 곳에 임자가장林仔街莊이 있고, 그 마을 안에 '저가기교豬哥崎橋(혹은 저가교豬哥橋라고도 함)'교량이 있다.

이 다리에서 400~500미터 떨어진 밭 속에 돼지를 닮은 바위가 있어서 사람들이 '저가석'이라고 부른다.

이전에 이 바위는 항상 연기를 뿜고 있었는데, 행인이 그 연기를 맡으면 즉시 신비하게 실종되었다. 전설에 의하면 바위 돼지에게 잡아먹히는 것이라고 한다. 이 때문에 아무도 그곳을 지나다니려 하지 않는다.

그러나 그 바위 돼지가 어떤 일로 천신天神을 화나게 하자 천신이 뇌신을 파견하여 바위 돼지를 깨뜨렸다. 이 일로 저가석의 뺨 부분이 떨어져 나가서 더이상 사람을 해치지 못하게 되었다고 한다.

그 뒤 사람들은 바위 돼지를 신령으로 여기고 제사를 지낸다. 다음 전설이 전한다. 저가석을 믿을 경우 재물을 잃었을 때 기도를 올리면 바로 찾을 수 있고, 환자는 기도를 올린 뒤 몸이 완치될 수 있는 등 갖가지 불가사의하고 신비한 힘을 갖고 있다. 이에 매일 참배하러 오는 사람들이 끊이지 않고 향불을 피워 올린다. 그러나 지금(60년 전)은 바윗덩어리 하나만 길가에 방치되어 있고 더이상 아무도 향불을 피우며 절을 올리지 않는다.

134. 지우地牛의 꼬리

종류 : 신령, 지역 : 산야

소개

대만 사람들의 믿음에 따르면 지진은 지우地牛가 지하에서 몸을 뒤집을 때 일어난다고 한다.

전설을 살펴보면 지우가 사는 곳은 대남시 동산구東山區 수운촌水雲村 우육기牛肉崎의 지하라고 한다. 1906년에 가의의 매자강梅仔坑에서 대지진이 발생했을 때 어떤 사람이 산이 무너진 틈새로 지우의 큰 꼬리를 목격했다고 한다.

이러한 전설을 종합해보면 아마도 대만섬의 지우는 그 등이 대남에 있으며, 꼬리는 가의에 있다고 추측할 수 있다.

『대만 일일신보』1930년(쇼와 5) 12월 13일, 「대남에 강진이 발생했을 때 갈라진 땅에서 소의 등뼈를 발굴했다고 한다^臺南強震, 謂掘傷地牛背」

앞에서 대남 지방에 강진이 발생한 원인을 아직도 밝혀내지 못하고 있음을 보도했다.

본섬 사람들은 신영군新營郡 번사장番社莊 우육기牛肉崎에서 닛세키 석유日石石油가 시추할 때 너무 깊이 파서 지하의 소 등을 건드렸고, 이 때문에 지우가 분노하여 대지진이 발생했다고 믿는다.

『대만 풍속지』, 일본 가타오카 이와오

가의 지방에 대지진이 발생했을 때 산 계곡 갈라진 틈에서 지우의 꼬리를 발견했다는 유언비어가 떠돌았다.

135. 석연石燕이 태풍을 야기하다

종류 : 요괴, 지역 : 산야

소개

석연石燕은 큰바람을 불러일으키는 기괴한 새로 떼를 지어 날기 좋아하며, 깊은 산과 도서에 산다.

원전

『대만 풍속지』, 일본 카타오카 이와오

석연은 깊은 산이나 도서에 살며, 비상할 때 큰바람을 불러일으킨다.

136. 창화彰化의 괴담: 여자 귀신이 원통함을 호소하다

종류 : 귀매, 지역 : 중부

소개

도광 7년(1827), 창화(당시의 행정구역은 지금보다 넓었음)의 오씨吳氏 여인이 한씨韓氏 집에 동양식童養媳*으로 팔렸으나 한씨 집의 모친이 강제로 그녀를 창기娼妓로 만들려고 했다.

오씨 여인은 따르지 않았고, 그녀의 생모 유씨劉氏가 이 일을 관가에 고발했다. 그러나 관가에서는 오씨 여인에게 다시 한씨 집으로 돌아가라고 판결했다. 결국 한씨 집에서는 오수吳水라는 남자와 함께 잔인하게 오씨 여인을 살해했다.

오씨 여인이 비참하게 살해된 당일 밤에 그녀의 모친 유씨는 귀신이 된 딸이 머리를 풀어 헤치고 슬피 울며 하소연하는 꿈을 꿨다. 유씨는 서둘

---

* 〔역주〕 동양식童養媳: 어린 나이에 매매혼으로 팔려서 다른 집의 며느리가 된 여성이다.

러 관가에 고발했다. 관가에서는 자세히 조사하여 진상을 밝히고 흉악한
범인 두 명을 잡아서 법으로 처리했다.

원전

『대만 통사』, 일본 통치 시대 연횡

오씨 여인은 창화 사람으로 한씨 집 계승자 강론_{康論}의 동양식이
되었다.

한씨 집의 모친은 옛날에 창기 업소를 운영했는데, 미모의 동양
식을 얻자 장차 그녀를 밑천으로 돈을 벌려고 했다. 오씨 여인이
따르지 않자 갑자기 매질을 했다. 오씨 여인이 친정으로 돌아가 울
며 사실을 알렸다.

오씨 여인의 모친 유씨_{劉氏}는 딸을 개가시키려고, 마침내 (한씨
집 모친이) 딸을 핍박하여 창기로 만들려는 일을 관가에 알리게 했
다. 한씨 집 모친은 유씨가 가난을 벗어나기 위해 파혼을 한 뒤 다
시 딸을 팔려 한다고 고소했다.

관가에서는 쌍방을 모아 사건을 심리하여 오씨 여인을 한씨 집
에 돌아가게 했고 이에 한씨 집 모친은 더욱 거리낌 없이 오씨 여
인을 학대했다. 한씨 집 심부름꾼 오수라는 자가 한씨 집 모친과
사통하며 때때로 그 집에 묵었다. 그는 오씨 여인의 어리고 예쁜
모습을 보고 자주 유혹했으나 오씨 여인은 따르지 않았다.

어느 날 저녁 그는 오씨 여인의 방으로 침입했고, 여인이 사람

살리라고 외쳐서 사람들이 달려와 비로소 무사할 수 있었다. 그때부터 오수는 한을 품고 한씨 집 모친과 공모하여 오씨 여인을 학대할 방법을 강구했다.

밤에 형벌 도구를 갖고 가서 오씨 여인의 손을 차꼬로 채운 뒤 바지를 벗기고 나무 말뚝에다 머리카락을 묶었다. 그리고 각각 방망이로 그녀를 때렸다.

오씨 여인은 죽어도 따르지 않았다. 오수는 화를 내며 나무 막대를 그녀의 음부에 집어넣고 또 칼로 그녀의 복부를 찔렀다. 그녀는 결국 죽었다.

당시는 도광 7년 정월 21일 해시亥時였다.

그날 밤 유씨는 딸이 산발한 채 피를 흘리며 집으로 와서 하소연하는 꿈을 꿨다. 유씨는 꿈에서 깨어 이상하게 생각했다. 날이 밝을 무렵 달려가서 살펴보니 과연 딸의 시체가 있어서 관가에 현장 검증을 해달라고 요청했다. 나무 막대를 뽑으니 피가 수 척이나 솟아올랐다. 사람들은 그 광경을 차마 보지 못했다.

일이 알려지자 지부知府 등전안鄧傳安이 원통함을 밝히고 정려문을 내려 달라고 조정에 요청했다.

오수는 저잣거리에서 참수되었으며, 한씨 집 모친은 교수형에 처해졌다. 이 판결을 들은 사람들은 모두 시원하다고 말했다.

137. 인면우人面牛: 삼각용三角湧에서 일어난 기괴한 일

종류 : 요괴, 지역 : 북부·향리

소개

일찍이 『대만 일일신보』에 도원청桃園廳 산하 삼각용三角湧(현 신북시의 삼협구三峽區) 지구에서 몸은 소이고 얼굴은 사람인 괴물 기사가 실렸다. 아울러 인면우人面牛가 입을 열고 말을 했는데, 1914년(다이쇼 3)에 전란이 발생할 것이라고 예언했다.

한 해 지나서 과연 육갑六甲에서 봉기가 일어났다. 결국 이 봉기의 지도자 나취두羅臭頭(?~1915)는 자살했고, 100여 명이 체포되었다. 일본 경찰의 체포를 피해서 도주한 나사羅獅와 이송李松 등은 서래암西來庵 봉기에 가담했다.

기이한 인면우는 일본에서도 나타난 적이 있다. 전하는 말에 따르면 일본 덴포天保 7년(1836), 민간에 인면우 요괴가 나타났다는 소문이 파다했으며 그것을 '구단〈だん(인면우 요괴)'이라고 칭했다.

『대만 풍속지』, 일본 가타오카 이와오

러일전쟁 때 대북 우거포장牛車埔莊에 사람 말을 하는 소가 이렇게 말했다. "5월 초5일은 있지만 7월 15일은 없다." 이에 민심이 흉흉해졌다.

『대만 일일신보』 1913년(다이쇼 2) 12월 9일, 「사람 얼굴에 소의 몸을 한 기형우人面牛身之畸形牛」

도원청 산하 삼각용이란 곳에서 지난달 물소가 사람 얼굴에 소의 몸을 한 새끼를 낳았다. 이 기형 송아지가 갑자기 말을 하면서 1914년(다이쇼 3) 윤5월에 큰 전란이 발생할 것이라고 예언했다.

138. 대남의 풍류귀 風流鬼

종류 : 귀매, 지역 : 남부·향리

소개

대만의 일본 통치 시대에 아무개가 대남의 거리 시장에서 산보하다가 등 뒤에 한 무리를 거느린 어떤 자를 만났는데, 사람들 무리 속에는 일찍이 세상을 떠난 곽郭 아무개라는 사람도 있었다.

아무개는 곽씨의 뒤를 따라가서 그가 기생집으로 들어가는 것을 발견했다.

아무개는 곽씨가 귀신이 된 뒤에도 여전히 풍류남아의 기질을 바꾸지 못해서 명실상부한 '풍류귀風流鬼'가 되었다고 추측했다.

원전

『대만 일일신보』 1908년(메이지 41) 8월 6일, 「남부의 자질구레한 사건 '귀신도 생시의 사람과 같다'南部瑣事'鬼亦猶人'」

대만은 본래 열대 지방이고, 혹서기에는 유독 남부 지방이 다른 곳에 비해 덥다.

어느 날 대남시에 사는 아무개가 더위를 식히려 했다.

황혼이 가까워올 무렵 혼자 천천히 걸어서 서쪽 행랑 밖을 산보하다가 마침 같은 시의 왕궁항가王宮港街까지 갔다.

갑자기 등 뒤에서 발자국 소리가 나더니 서너 명씩 무리를 지은 사람들이 따라왔다.

아무개는 몸을 돌려 뒤를 흘깃 보았다. 맨 앞에 선 사람은 바로 지난날 타종가打棕街에 살던 곽수청郭壽靑 씨였으나 나머지는 모두 모르는 사람이었다.

아무개는 돌이켜 생각해보았다. 곽수청은 지금 세상을 떠난 지 1년에 가까워 오는데 세상에 어떻게 저 사람이 살아 있을 수 있는가?

매우 의심스러워서 급히 그 뒤를 추격하자 곽이 아무개 기루妓樓로 들어가는 모습이 보였다.

아! 곽은 평소에 풍류남아였는데 죽어서도 마침내 풍류귀가 되었다. 이 말을 들은 사람들은 모두 깜짝 놀라면서 기이하게 여겼다. 이에 이 일을 기록하여 요괴 박사에게 묻고자 한다.

종류 : 요괴, 지역 : 북부·향리

소개

신죽청新竹廳의 시골 사람 뇌용초賴用招의 집안에 요괴가 여러 해 동안 해악을 조장했다. 어느 해 7월 우란분회盂蘭盆會가 열릴 때 악대가 뇌용초 집 앞을 지나가자 그 요괴가 깜짝 놀라며 갑자기 흰토끼, 흰 원숭이로 변했다가, 다시 몸은 여우, 머리는 고양이, 꼬리는 호랑이, 눈은 사람인 요괴로 변한 뒤 울었는데 마치 사람이 말을 하는 것 같았다.

뇌용초의 아내가 그 모습을 보고 곤봉으로 요괴를 구타하여 죽였다.

원전

『대만 일일신보』 1909년(메이지 42) 9월 14일, 「매미가 울고 개구리가 울다」, 자불어子不語

신죽청 죽북일보竹北一堡 구궁림장九芎林莊 뇌용초의 집에 요괴가 해코지를 한 지 여러 해가 되었다. 술사術士를 초청하여 방법을 강구했으나 끝내 어떻게 할 수 없었다.

근래 이 지역에서 우란분회를 열 때 악대가 뇌용초의 집 앞에 도착하자 그 요괴가 홀연히 흰토끼, 흰 원숭이로 변했다가 창졸지간에 또 몸은 여우, 머리는 고양이, 꼬리는 호랑이, 눈은 사람인 요괴로 변했다.

뇌용초의 아내가 그것을 보고 재빨리 푸른색 곤봉으로 요괴를 구타했다.

그 요괴의 목소리는 사람과 비슷했으나 갑자기 죽었다. 이 또한 한 가지 기이한 일인 듯하다.

140. 귀신이 돌멩이를 가옥에 던지다

종류 : 요괴, 지역 : 향리

소개

대만섬 주민의 가옥에는 마치 요괴가 해코지를 하는 것처럼 '귀석鬼石 (기괴한 돌멩이)'이 출현하곤 한다. 요괴는 돌멩이 던지기를 좋아하여 돌 멩이가 어지럽게 날아다니는 괴이한 현상을 야기한다고 한다.

대둔군大屯郡의 남둔장南屯莊(지금의 대중시 남둔구)에서는 심지어 귀석 鬼石을 던지는 요괴 둘이 나타나기도 했다.

원전

『대만 일일신보』 1909년(메이지 42) 5월 21일, 「타구*의 견 문 : '귀신이 돌을 날려 해코지를 하다'打狗見聞 : '鬼祟飛石'」

봉산청鳳山廳 산하 구곡당장九曲堂莊 오다방吳多芳의 집에 지난 12일 에 화재가 발생하고 나서 많은 돌멩이가 하늘에서 날아왔다.

---

* 〔역주〕 타구 : '타구打狗'는 대만 고웅高雄의 옛 명칭이다.

큰 것은 3~4근이었고, 작은 것은 동전 1~2개 크기였다. 돌멩이는 모두 지붕에서 어지럽게 떨어졌다.

집안사람들이 매우 두려워했다.

매일 오전 6시부터 시작되어 오후 6시에 비로소 멈췄다.

그 지역 파출소에서 사실을 알고 나서 순사巡査 아무개를 그 집으로 보내 살펴보게 했는데 마침 돌멩이가 무수히 그의 몸 주변에 떨어졌다. 다시 전후좌우로 다니며 다양하게 조사해봤으나 아무 이상이 없었다.

돌멩이만 어지럽게 날아오는 것을 보고 바로 이 사실을 봉산청 경무과에 보고하니 다시 형사 2명을 파견하여 현지 조사를 실시하게 했다.

지금도 여전히 날마다 이와 같은 일이 벌어지고 있지만 계책을 세울 수 없다고 한다.

『대만 일일신보』1916년(다이쇼 5) 9월 19일, 「귀신이 돌멩이를 가옥에 던지다鬼石擲屋」

남시南市 악제묘岳帝廟의 약종상藥種商 진령陳嶺과 그의 이웃 임임추林任秋의 집에 12일 밤 10시에서 13일 새벽 4시에 이르기까지 그리고 13일 낮 4시에서 밤 12시에 이르기까지 그 집 뒤 공터에 갑자기 돌멩이와 벽돌 조각이 날아와 지붕의 기와 여러 곳을 파손했다. 이 때문에 집안사람들이 전전긍긍했다.

근처에서 그 괴이한 사건 소식을 듣고 수백 명이 구경하러 와서 말하기를 "마귀가 해코지를 한 것이다"라고 했다.

또 어떤 사람은 말하기를 중국인 중에 술법을 부리는 도사가 있다고 했다.

그러나 옛날에도 이르기를 귀신이 돌멩이를 가옥에 던지는 일이 중국 어느 시대에나 늘 있었다고 했다.

경무과에서 누구의 소행인지 알기 위해 현재 엄정하게 조사 중이다.

『대만 일일신보』 1925년(다이쇼 14) 12월 10일, 「잡귀가 해코지를 하다 小鬼作祟」

대둔군 남둔장 마자포廱糍埔의 유금도劉金塗가 4~5일 전 저녁에 밭에서 귀가할 때 집의 곡식더미 위에 어떤 두 사람이 앉아 있었다. 포대를 옷처럼 입었고 모습은 괴이했다.

유금도는 도둑으로 의심하고 근처 사람들을 급히 불러 모아 잡으려고 했으나 순식간에 사라져버렸다.

급히 근처의 풀숲을 뒤졌지만 종적이 묘연했다. 혹자는 시내 바닥으로 도주했다 했고, 혹자는 마귀가 모습을 드러낸 것이라고 했다.

의견이 분분하여 어느 것이 옳다고 확정할 수 없었다.

귀신이
돌멩이를
가옥에
던지다

잠시 후 문득 시내 바닥에서 돌을 던지는 소리가 들렸다.

가서 살펴보니 돌멩이가 비처럼 분분히 쏟아지고 있었다. 돌멩이에 맞은 사람은 보통과 다른 기이한 통증을 느꼈다.

사람들은 모두 간담이 서늘해졌는데, 일시에 돌멩이가 새나 짐승이 되어 흩어졌다.

다음 날 그 두 귀신이 여전히 곡식더미 위에 모습을 드러냈다. 눈을 부릅뜨고 머리카락이 곤추선 모양이 분노를 드러내는 것 같았다.

유금도는 대경실색하며 다시 마을 사람들을 불러 모아 풀을 태워 죽이려 했으나 두 귀신은 동분서주하다가 잠시 후 또 종적을 감췄다.

밤이 되자 유씨 집 창문이 열지 않았는데도 저절로 열리고 잠시 후 저절로 닫혔다. 유씨는 더욱 경악했다.

유씨 자신은 물리칠 방법이 없어서 남둔 파출소에 신고하고 순사를 보내 잡아달라고 했다. 그런데 귀신의 소리만 들리고 모습은 보이지 않았다.

지금도 두 귀신이 유씨 집에 출몰하므로 이웃 동네 남녀노소들이 구경하러 오느라 도로에 행렬이 끊이지 않고 있다.

『대만 풍속지』, 일본 가타오카 이와오

전설에 따르면 일찍이 대북 대도정大稻埕과 이전 창화청彰化廳 숙소에 귀신이 나타나 대낮에도 돌을 던진다고 한다.

141. 팽호도의 여자 요괴

종류 : 귀매, 지넉/섬, 향리

소개

대만의 일본 통치 시대에 팽호도 사람 장건張騫의 아우 집에 여자 요괴
가 나타난다는 전설이 있었다.

원전

『대만 일일신보』 1907년(메이지 40) 11월 2일, 「요괴 소식
이 자주 들리다妖異頻傳」

팽호도 대적감향大赤崁鄉에 사는 장건張騫의 집은 태자묘太子廟 뒤
에 위치해 있다.

그의 아우 아무개는 두 눈을 실명하여 침실에 기거하며 사람들
과 자주 왕래하지 않았다.

근래에 그의 집에 요괴가 나타나 그와 함께 자고 일어난다는 소
문이 시끌벅적하게 퍼졌다. 한낮에도 나타나 장건의 일곱 살 먹은
딸과 가장 친밀하게 지낸다고 한다.

그 광경을 엿본 자가 바로 벽돌을 던지니 더러 문밖으로 나가기도 했다.

담이 약한 사람들은 그 이야기를 듣고 얼굴이 하얗게 질리며 감히 그의 집을 방문하지 않았다.

후임 지청장支廳長이 그 사실을 알고 나서 순사 스즈키鈴木와 함께 그곳으로 가서 조사했더니 요괴의 이상한 흔적이 매우 많았다. 마을 사람들도 진실이라고 말했다.

이 때문에 100금의 현상금을 걸고 귀신을 다스릴 수 있는 사람을 모집했다. 마침 대창향大倉鄕의 정품鄭品이 부적과 주술을 믿고 용감하게 응모했다.

그러나 바야흐로 그의 집으로 안내되었을 때 벽돌에 맞아 쓰러졌다. 한 번 쓰러진 뒤 거의 일어나지 못하고 가까스로 비틀거리며 달아났다. 소문을 들은 사람들은 실소를 금치 못했다.

그러나 귀신이 있는지 없는지, 귀신인지 요괴인지 또 그 뒤의 결과가 어떻게 되었는지는 알지 못한다. 계속 탐색하여 관련 소식을 알려주기를 기대한다.

142. 다리 일곱인 거미가 사악한 귀신이 되다

종류 : 요괴, 지역 : 향리

소개

벽 위에서 사는 거미를 속칭 '벽해^{壁蟹}'라고 한다.

대만 사람들은 다리 일곱인 벽해는 일종의 요괴 곤충인데 꿈속에서 사람을 해칠 수 있다고 믿는다.

원전

『대만 일일신보』 1910년(메이지 43) 4월 10일, '조신경' 코너의 「거미가 장난을 치다^{壁蟹作劇}」, 십팔녕형

대만 풍속에 다리 일곱인 거미는 사악한 귀신이 되어 꿈속에서 사람을 해칠 수 있다고 한다.

어떤 선비가 항상 가위눌리는 악몽을 꾸곤 했다. 그날 밤에도 홀로 누워서 비몽사몽간에 이상한 냄새가 풍겨오며 손가락으로 두드리는 소리가 들렸다.

깜짝 놀라 잠에서 깨어 주의 깊게 들어보니 그 소리가 분명하게

들렸다. 촛불을 켜고 일어나 살펴보다가 이윽고 침대머리 병풍 뒤에 엎드려 있는 거미 한 마리를 발견했다.

처음에는 사람을 보지 못하고 입으로는 줄을 뽑고 발로는 병풍을 두드렸다. 그러다가 불빛이 다가오는 것을 보고 재빨리 달아났다.

종류 : 귀매, 지역 : 동부

소개

의란에서 귀매鬼魅가 해코지를 하자 영매가 신을 청하여 살펴보게 하고서야 본래 지하의 해골이 사람에게 해코지했다는 사실을 발견했다.

또 한 가지는 해골 요괴에 관한 전설이 있다. 이 전설은 두륙斗六의 우도만牛桃灣(鎭北里)에서 발생했다.

그곳에 어떤 할머니가 혼자 살았는데, 매일 한밤중 삼경이 되면 "소금이 너무 짜!鹽太鹹!"라는 소리가 들려왔다. 할머니는 기괴하게 생각했지만 크게 신경 쓰지는 않았다. 그 뒤 할머니 댁에 어떤 남자가 왔다가 귀신의 울부짖는 소리를 들었다. 할머니는 그제야 집안을 샅샅이 뒤져 소금단지 속에서 사람의 해골을 발견했다. 해골을 매장하고 제사를 지내준 뒤로는 집안에서 기괴한 소리가 들리지 않았다.

『대만 일일신보』 1905년(메이지 38) 8월 15일, 「기괴한 소문이 잦다怪聞頻頻」

열흘 전, 의란청 산하 원산보員山堡 결두분장結頭份莊의 보정保正 진좌우陳左右가 스스로 말하기를 "집안에 자주 귀신이 나타나는데 몸에 붉은 옷을 입었으며 모습이 매우 흉악합니다. 이 때문에 집안의 남녀노소가 병에 걸려 하루도 편안한 날이 없습니다"라고 했다.

어떤 사람이 이렇게 말했다. "본 성안 북가北街 포목상 이유李裕의 집에서도 항상 귀신이 출몰하여 집안사람들에게 해코지를 한 탓으로 모두 병에 걸려 편안한 날이 없다. 뒤에 어린아이들이 제사 지내는 관제關帝의 토상土像을 집으로 받들고 와서 영매에게 부란扶鸞* 점을 치게 하여 귀신을 피할 방법을 물었다. 영매는 칙령을 담은 부적을 이유에게 뒷방에 잘 붙이게 했다. 또 호미와 가래를 잘 준비하고 영매를 따라 안방으로 들어가서 귀신의 해골을 파내게 했다. 이유는 처음에 믿지 않았으나 방을 파보니 과연 해골이 있었다. 이에 파낸 해골을 묘지에 이장했다. 이로부터 집안에 아무 탈이 없게 되었다. 지금도 사방에서 풍문을 듣고 그 효과를 신봉하면

---

* [역주] 부란扶鸞: 중간에 나무 막대를 단 틀을 들고 모래판 위에 서 있으면 그 나무 막대가 자연스럽게 흔들리며 모래판에 그림이나 글자 같은 형상이 나타난다. 이것을 보고 길흉을 점치는 방법이다. 부계扶乩, 부기扶箕, 강필降筆이라고도 한다.

서 부적을 구하며 해결책을 묻는 사람들이 매일 발걸음을 잇고 있다. 당신의 집에 귀신의 해코지가 있다면 어찌 그 신상을 모셔 와서 한번 시험해보지 않으시는가?"

진좌우는 그의 말을 듣고 그대로 했다.

영매가 또 큰 글씨를 써주며 말하기를 "진씨의 집 앞 조릿대 아래에 여자 해골이 묻혀 있고, 집안에 해코지를 하는 것은 바로 그 귀신 때문입니다"라고 했다.

이에 명령을 내려 발굴하게 하니 과연 해골이 있었다.

이로부터 신상과 영매를 신봉하는 사람이 나날이 더욱 많아졌다.

며칠 지나지 않아 또 서문가西門街의 진록陳祿이라는 사람이 역시 그 신상을 집으로 모셔와서 영매에게 방법을 물었다.

대개 진록 또한 가족이 병을 앓아 편안한 날이 없었는데, 매일 심야에 기괴한 물체가 나타나곤 했다. 이 때문에 앞의 두 가지 소문을 듣고 반신반의하면서도 신상을 모셔와 해코지를 다스리려 한 것이다.

영매가 또 앞의 사례처럼 글을 써서 주고 말하기를 "병풍 아래에 시신이 묻혀 있습니다"라고 했다.

진록이 마침내 영매를 초청하고 날을 받아 발굴하여 과연 인골 여러 마디를 발견했는데 그 색깔이 불꽃처럼 붉었다. 이 일로 인해 구경하러 온 이웃 사람들이 빽빽하게 모여들었다. 그들은 모두 기괴한 일이라고 한 마디씩 하지 않는 사람이 없었다.

『대만 풍속지』, 일본 가타오카 이와오

두륙의 우도만에 한 노파가 살았다. 그런데 한밤중 삼경이면 집 안에서 "소금이 너무 짜다. 소금이 너무 짜!"라는 기괴한 소리가 들렸다.

노파는 놀랍고도 기괴하여 등불을 켜고 찾아보았으나 소리가 어디서 나는지 알 수 없었다.

어떤 호사가가 노파의 집에 왔으나 역시 기괴한 소리에 놀라 달아났다.

그 뒤 노파는 집안에서 소금 항아리 하나를 발견했고, 그 항아리 속에 사람의 해골이 있었다. 이에 노파는 그 낡은 항아리를 가져다 매장했고 이후로는 집안에서 기괴한 소리가 끊어졌다.

144. 판교板橋의 비로요飛顱妖

종류 : 요괴, 지역 : 북부, 향리

소개

　방교枋橋 지구(지금의 판교板橋)에 사는 진수영陳樹盈은 기녀 서쾌徐快와 사이가 벌어지자 서쾌에게 보복하기 위해 동문의 고분에서 어떤 사람의 해골을 훔쳐와 그것을 몰래 서쾌의 이불 속에 넣었다.

　서쾌는 잠자리에 들었다가 이불 속에서 갑자기 나타난 해골을 보고 경악했다. 그러나 해골을 다시 고분에 갖다놓고 제사를 지내며 기도를 올렸다.

　몇 달 뒤 진수영은 악질에 걸렸고, 수많은 시체의 해골이 날아오는 꿈을 꿨다. 그는 두려움이 밀려와 얼른 고분으로 가서 참회했다. 그러자 병이 씻은 듯이 나았다.

　전설에 따르면 죽은 사람의 시체를 존중하지 않거나 해골을 훔치면 비로요飛顱妖(날아다니는 해골 요괴)가 해코지를 함과 아울러 꿈에 나타나 재앙을 야기한다고 한다.

『대만 일일신보』 1908년(메이지 41) 2월 29일. 「기이한 이 야기 '귀신의 해코지'逃異'鬼祟'」, 제해齊諧

방교坊橋에 사는 진수영陳樹盈은 청나라 때 교통아문交通衙門 관리로 자못 위세를 떨쳤다. ㅁ(원문 불명확)가街의 기녀 서쾌徐快와 무슨 까닭인지도 모르게 사이가 벌어졌다. 진수영은 반드시 해골로 보복하여 한을 풀겠다고 했다.

얼마 지나지 않아 과연 동문 밖 고분에서 부패한 시체의 해골을 가져왔다.

원래 자루를 이용하여 그것을 옷 속에 품고 서쾌의 문 앞으로 가니 안에서 검은 개 한 마리가 포효하며 달려 나와 으르렁거렸다. 그 모습을 마치 전에 본 적이 있는 듯하여 진수영은 머리카락이 곤두섰다.

두려운 마음이 들어 잠시 물러 나왔다. 다음 날 밤 바깥 문을 닫지 않은 틈에 서쾌의 이불 속에 해골을 넣었다.

서쾌가 침상으로 올라가 잠을 자려고 이불을 끌어당겨 몸을 덮다가 갑자기 어떤 물건이 뒹구는 듯한 느낌을 받았다.

촛불을 켜보니 바로 해골이었다. 서쾌는 대경실색하여 거의 뒤로 자빠질 지경에 이르렀다.

그러나 그것이 진수영의 장난임을 짐작하고 크게 소리를 내지 않았다. 그리고 해골을 단단히 잘 수습하여 고분으로 돌려보내고는 음식과 지전 등으로 감사 제사를 지냈다. 다행히 아무 일도 일어나지 않았다.

몇 달도 되지 않아 진수영이 학질에 걸렸다. 비몽사몽간에 사람의 해골이 장막 앞에 매달린 모습이 보였다.

베개를 집어던지자 무수한 해골로 변했는데 각각 눈알을 굴리면서 혀를 세 자나 빼물었다.

진수영은 귀신이 나타났다고 미친 듯이 소리 지르며 손을 마구 휘저어 모기장을 여러 군데 찢었다. 그러나 집안사람들은 고요한 상태로 아무것도 보지 못했다.

그리고 이렇게 말했다. "환자가 고열로 광증이 발생해 마음이 어지러운 가운데 헛것이 보인 듯하다." 그러나 진수영이 이전의 잘못을 말없이 후회할지는 알 수 없었다. 친구에게 그 일을 이야기하고 동문 고분에 기도를 올려달라고 부탁했다.

친구가 그의 말과 같이 그곳에 가서 빌자 과연 그때부터 점차 재앙이 잦아들었고 꿈속에도 더이상 나타나지 않았다.

비몽사몽간에
사람의 해골이
장막 앞에
매달린
모습이
보였다.
베개를
집어 던지자
무수한
해골로
변했다.

날아
다니는
해골

145. 영험한 요첨정廖添丁의 무덤

종류 : 신령, 지역 : 북부·향리

소개

요첨정廖添丁(1883~1909)이 죽은 뒤 그의 무덤은 그 마을 사람들이 제사를 올리며 신령함을 구하는 장소가 되었다.

원전

『대만 일일신보』 1910년(메이지 43) 2월 22일, 「사나운 귀신이 위력을 발휘하다雄鬼爲厲」

흉적 요첨정廖添丁이 사망하자 호사가들이 그가 죽은 곳에 기둥을 세우고 '요첨정의 무덤廖添丁之墓'이라고 썼다.

뒤에 기도를 올리고 영험함을 얻은 사람이 많이 생기고 나서 향불을 피우고 제사 지내는 사람이 끊이지 않았고, 열흘 동안 참배를 계속하는 사람도 거의 수백 명이나 되었다.

소문에 따르면 마을의 어떤 사람들이 병이 나서 기도를 올리고 치유된 뒤 사례를 하지 않자 요첨정이 어느 날 밤 꿈에 나타나 그

의 배은망덕을 꾸짖으며 다시 또 그러면 벌을 받을 것이라 했다고
한다.

마을 사람들은 겁이 나서 마침내 돼지를 잡고 양을 끌고 가서 감
사 제사를 올리면서 연희演戲도 베풀었다. 이에 마을 사람들은 더욱
놀라며 그를 신으로 여겼다.

남쪽 사람들의 귀신 숭배를 여기에서도 알 수 있다. 그러나 그들
이 본 것이 얼마나 불명확한가?

146. 종자^{粽子}를 산 여자 귀신

종류 : 귀매, 지역 : 향리

소개

대만의 일본 통치 시대에 종자^{粽子}를 파는 사람이 밤에 종자를 사는 귀신을 만났다고 하는데, 이 일이 거리의 기이한 소문으로 퍼졌다. 대만 민간 전설에 나오는 임투저도 지전으로 종자를 산 적이 있다.

원전

『대만 일일신보』 1910년(메이지 43) 4월 27일, 「좋은 봄날의 이야기^{鶯啼燕語}」, 의신생^{疑信生}

동문 밖 석교자두^{石橋仔頭}*에서 며칠 전에 종자를 파는 사람이 밤에 그곳을 지나다가 어떤 젊은 부인을 만났다. 그녀는 외모가 무척 아름다웠으며 그를 불러서 종자를 사겠다고 했다.

---

* 〔원주〕석교자두^{石橋仔頭}: 대북 대도정^{大稻埕} 적화가^{迪化街} 지역에 '석교자두'라는 옛 지명이 있지만 유사한 지명이 대만 각지에 존재한다. 이 때문에 이 전설의 원천이 어느 곳인지는 확정할 방법이 없다.

종자를 파는 사람이 가까이 가서 네 개를 팔고, 8전錢을 내라고 했다. 그러자 1원圓짜리 금전을 내고 거스름돈 92전을 받아 갔다.

　종자를 파는 사람은 금전을 받아서 자신이 갖고 있던 금전 3매와 합쳐서 주머니 속에 넣어두었다.

　다음 날 아침 주머니 속에서 쌀을 꺼낼 때 문득 금전 한 매가 은전으로 바뀐 것을 발견하고 자신의 아들이 훔쳐간 것으로 여겨 엄하게 꾸짖었다.

　그의 아들은 평소에 정직했으므로 억울함을 이기지 못하고 지난밤 그곳으로 찾아갔다. 그랬더니 종자는 못 가에 그대로 있었고, 92전은 연잎으로 덮여 있었다.

　소문을 들은 사람들은 모두 귀신의 장난으로 여겼다. 이 일의 사실 여부는 전혀 알지 못한다.

147. 귀구鬼口: 귀신 소리가 으스스하게 울리다

종류 : 귀매, 지역 : 중부·북부·향리

소개

대만의 일본 통치 시대, 가의현 증문계曾文溪 옆 홍화원紅花園(大埔)의 시골 사람 남씨藍氏의 거주지 근처에 항상 시끌벅적한 귀신 소리가 났다.

대북 도강稻江의 인제의원仁濟醫院은 대북의 벼슬아치 임대춘林大春이 1897년에 설립했고, 매년 7월 중생 제도 행사를 거행했다. 그런데 어느 해 무슨 사고로 이 행사를 거행하지 않았을 때 의원 근처에서 늘 귀신 소리가 으스스하게 울려 퍼졌다.

원전

『대만 일일신보』 1910년(메이지 43) 7월 8일, 「졸렬하고 잡다한 글」, 광원구狂院口

제라현諸羅縣의 홍화원紅花園 근처에 남씨藍氏 성을 가진 사람이 길옆에 집을 지었다.

그런데 거의 며칠 밤 12시가 지난 뒤 문득 문밖에서 누군가 우는 소리가 들려왔다.

집안사람들이 문을 열고 살피면 다시 적막해졌다.

『대만 일일신보』 1910년(메이지 43) 9월 11일, 「가을날의 스산한 이야기楓葉荻花」

도강의 인제의원에서는 연례행사로 음력 7월이 되면 반드시 중생 제도 보시 행사를 연다.

올해는 아직 거행하지 않았는데, 근처의 여인들이 귀신 소리가 으스스하게 밤새도록 그치지 않아서 잠을 못 잘 정도라고 했다.

148. 시귀屍鬼가 해코지를 하다

종류 : 요괴, 지역 : 중부·북부·향리

소개

대만의 민속에 따르면 만약 눈물이 시체에 떨어지면 사자死者의 영혼이 육신을 떠날 수 없어서 심지어 사자가 '시변屍變'*이나 '시귀屍鬼'**가 될 수 있다고 한다. 혹은 시체에 눈물을 맞은 사자는 저승으로 들어갈 때 심하게 고난을 당한다는 전설도 있다.

대만의 일본 통치 시대에 기륭 사람 아무개가 갑자기 죽었다. 그의 첩이 아무개의 시신 위에 눈물을 떨궜다. 대만 사람들은 그의 혼백이 해코지하러 온다고 믿었다.

과연 그의 첩은 늘 아무개가 나타나는 꿈을 꿨다. 어느 날 밤에 심지어 그의 첩은 잠에서 깨어 아무개가 시체 냄새를 피우며 자신의 팔 아래 엎어져 있는 것을 발견했다.

그의 첩이 경악하여 허둥지둥 달아나자 그 시신도 그녀의 뒤를 따라왔다.

---

* 〔역주〕 시변屍變 : 사자의 시체가 활동할 수 있는 어떤 물체로 변하는 것이다.
** 〔역주〕 시귀屍鬼 : 강시僵尸나 흡혈귀처럼 사자의 시체가 귀신으로 활동하는 것이다.

대만 민속의 여러 설들에 따르면 만약 강시와 대결하려면 푸른 대나무 회초리로 강시를 때려야 하며 그렇게 하면 사자가 비로소 편안한 상태로 돌아간다고 한다.

원전

『대만 일일신보』 1910년(메이지 43) 7월 16일, 「사나운 귀신이 해코지를 하다厲鬼爲祟」

기륭의 아무개는 첩을 하나 두었으나 그 첩은 그를 떠나 맹갑艋舺에 거주한 지 이미 몇 년이 지났다. 아무개가 죽자 다시 돌아와 곡을 하다가 눈물을 아무개의 수의에 떨어뜨렸다. 세속의 여러 경우에 따르면 사자가 이와 같은 일을 당하면 그 혼이 반드시 돌아와 해코지를 한다고 한다. 첩은 그런 이야기를 믿었다.

맹갑으로 돌아가서 밤에 그가 나타나는 꿈을 꾸었으나 오랫동안 놀라지 않았다.

어느 날 밤 잠자리에 들었을 때 갑자기 악취가 풍겼다. 더듬어보니 어떤 사람이 팔 아래에 엎드려 있었고, 살펴보니 바로 옛 낭군이었다.

깜짝 놀라 달아나자 낭군도 일어나 뒤쫓아왔다.

여인이 달아나며 비틀거리자 온 집안사람들이 모두 놀라 일어났다. 그제야 비로소 귀신이 보이지 않았고 이로부터 괴이한 일도 사라졌다.

몇 달 뒤, 또 사자가 옛날처럼 나타났다. 이틀도 되지 않아 여인이 마침내 자신의 정부 허^許 아무개와 함께 독약을 먹고 죽었다.

『대만 풍속지』, 일본 가타오카 이와오

사자가 소생하여 강시가 될 때, 푸른 대나무 회초리로 때리면 사자가 비로소 편안하게 된다.

149. 대북 폭죽회사^{爆竹會社}의 괴담

종류 : 귀매·요괴, 지역 : 북부

소개

대북 폭죽회사에서 화재가 발생한 이후 화재에 희생된 여공의 유령이 항상 모습을 드러내곤 하여, 공장에 수많은 괴담이 발생했다. 심지어 머리는 개, 몸은 사람인 요괴가 나타나기도 했다.

원전

『대만 일일신보』 1926년(다이쇼 15) 1월 14일, 「폭죽회사의 귀신 소동^{爆竹會社鬧鬼}」

대북 폭죽회사에서 지지난해 여러 번 화재가 발생하여 여직공 여러 명이 불에 타서 사망했다. 그러나 근래에는 더이상 사고가 발생하지 않고 고요한 상황을 유지하고 있다.

뜻밖에도 지난 12일 갑자기 폭죽 심지 제작실에서 화재가 발생했다는 잘못된 신고가 대룡동^{大龍峒} 파출소에 들어왔다. 이에 파출소에서는 즉시 북서^{北署}에 알렸다.

불에 타서
사망한
여자 귀신이
등에
갓난아이를
업고,
옥상에서
왔다 갔다
했다.

폭죽
회사
괴담

일시에 소방대원들이 급히 수도의 호수로 불을 끄려 했으나 현장에 도착해보니 아무 동정이 없었다. 그제야 잘못된 신고임을 알았다. 그러나 이 때문에 이 폭죽 심지 제작실 여공 17명이 감히 다시 일을 하려 하지 않고 모두 퇴근했다.

이 제작실에는 근래 때때로 아무 이유 없이 연기가 발생하는 등 화재의 조짐이 있었다고 한다.

또 전하기를 어느 날 여명에 어떤 여공이 일을 하러 가서 이 제작실 옥상에 올라가니 전에 불타 죽은 여공의 귀신이 갓난아이를 업은 채 옥상에서 왔다 갔다 하고 있었다고 한다(이 여성은 전에 친정으로 와서 우연히 작업을 살펴보러 갔다가 모자가 함께 사고를 당했다).

또 공장 감독 아무개가 밤에 이 작업실을 순시하다가 작업실 안에서 여자들의 목소리를 들리기에 창문을 열고 살펴보았다. 그곳에서 여자 몇이 모여서 이야기를 나누고 있었는데 그중 한 여자는 갓난아이를 업었고, 한 여자는 소복을 했고, 한 여자는 연파란색 옷을 입었고, 한 여자는 전족을 하고 있었다. 이들은 모두 이전에 화재로 사망한 여자들이었으며, 그 모습을 하나하나 분명하게 알아볼 수 있다.

또 아무개 직원이 공장에서 숙직할 때 창밖에서 무언가 두드리는 소리를 들었다. 창을 열고 살펴보니 개의 머리가 있었다.

개에게 욕설을 퍼부었다. "망할 놈의 개새끼, 저리 가! 여기서 뭐해?"

그러자 개가 갑자기 사람의 목소리로 말을 했다. "망할 놈의 개 새끼인지는 며칠 뒤에 바로 알 수 있을 거다."

아무개 직원이 깜짝 놀라 다시 자세히 살펴보니 머리는 개이고 몸은 사람이었다. 그는 두려움에 떨며 물러났다.

150. 대남의 오색귀 五色鬼

종류 : 귀매, 지역 : 남부

소개

오색귀五色鬼는 인체에 침입하여 오장五臟에 병을 일으킬 수 있는 요괴다.

전설에 따르면 대남의 불두항佛頭港 지구에 일찍이 오색 여자 귀신이 나타났는데 이 여자 귀신 곁에도 아이 귀신 하나가 딸려 있었다고 한다.

원전

『대만 일일신보』1912년(다이쇼 원년) 8월 23일, 「어찌 진실로 귀신이 있겠는가?豈眞有鬼」

대남 불두항가佛頭港街 북쪽 교외에 평소 '오색귀'가 나타난다는 전설이 있다. 현재는 애생당愛生堂이 세를 내어 제약소를 운영하고 있다.

이 제약소는 오진사합원五進四合院* 건물로 내지인이 가장 뒤채에 세를 내어 살고 있다.

지난 17일 오전 5시에 우유를 배달하는 본섬의 어떤 사람이 셋째 건물 마당으로 들어갔을 때 갑자기 무슨 소리를 들었다.

이때 밖은 새벽빛이 비치고 있었지만 안쪽은 아직 어둑어둑했다. 눈을 들어 바라보니 한 여인이 어린아이의 손을 잡고 병장屛障 뒤에서 나왔다. 두 눈은 샛별처럼 밝았고 얼굴은 푸르딩딩했으며 더듬는 목소리로 웃으며 말했다.

우유 배달원이 몸을 돌려 달아나자 그 여인이 마치 뒤에서 추격하는 것처럼 느껴졌다.

바깥 문에 이르러 다가오는 행인 몇 사람을 만나서 말했다. "귀신이요! 귀신!"

---

* 〔역주〕오진사합원五進四合院: 중국 전통식 사합원 중에서 가장 규모가 큰 주택이다. 정문에서 모두 다섯 번 진입하는 구조를 이루며 각각 진입하는 곳마다 마당을 두고 독립된 건물을 배치하여 복합식 생활 공간을 이룬다. 줄여서 오진원五進院이라고도 한다.

151. 씨름 마귀角力魔

종류 : 요괴, 지역 : 북부, 향리

소개

씨름 마귀角力魔는 씨름하기 좋아하여 붙잡고 힘을 겨룰 때는 늘 사람을 놀라게 하지만 기실 사람들에게 그리 큰 피해를 끼치지는 않는다.

전하는 말에 대만의 일본 통치 시대 담수에 기녀 두 명이 씨름 마귀를 본 적이 있다고 한다.

심야에 두 기녀가 가마를 타고 집으로 돌아가다가 뜻밖에도 씨름을 하고 있는 기괴한 모습의 요괴를 만났다. 하늘에서 몸을 비틀며 땅으로 내려왔다가 다시 물속으로 뛰어들어 세찬 바람을 불러 일으켰다. 두 기녀는 미모가 일그러질 정도로 대경실색했다.

원전

『대만 일일신보』 1897년(메이지 30) 10월 12일, 「두 기녀가 귀신을 만나다二嬌遇鬼」

하보옥何寶玉, 요온옥廖韞玉이라는 두 기녀는 담수 맹갑 기루妓樓

에서 최정상급 미녀에 속한다.

어젯밤 대도정의 외국 회사 덕기리시德記利時*에서 연회를 개최하며 미녀 손님을 초청하여 배석하게 했다. 한밤중 2시에 이르러 손님들이 모두 흩어질 때 두 기녀도 작별 인사를 하고 귀가하기 위해 각각 가마를 탔다.

군계국軍械局 앞 수관水關이 있는 곳에 이르렀을 때 갑자기 일진 광풍이 번개처럼 사납게 일어나 마침내 횃불을 꺼서 사방을 캄캄하게 만들었다.

두 마귀가 맨몸으로 길에서 씨름을 하다가 하천으로 뛰어들어 물을 튀기니 그 물방울이 가마에까지 가득 튀었다.

가마꾼은 이런 기괴한 모습을 보고 가마를 메고 종종걸음으로 달려서 기녀의 집에까지 이르렀다.

가련한 두 기녀는 기겁을 하여 옥 같은 용모가 흙빛이 되었다. 또 온몸에는 땀이 흥건했고 손발도 모두 차갑게 식었다. 가족들이 한동안 진정시키고서야 정신을 차렸다.

---

* 〔원주〕덕기리시德記利時: 영국 상회 더글라스 양행Douglas Lapraik & Co.을 가리킨다. 담수의 중정로中正路 끝에 자리 잡고 있었으며 1871년에 창건했다. 근래에 수리하여 담수의 유명한 유적이 되었다.

● 19세기의 가마. 대만의 일본 통치 시대 초기에 여전히 유행했다.(네덜란드 국립박물관, 1880)

152. 대중의 여아 귀신 女童鬼

종류 : 귀매, 지역 : 중부·향리

소개

대중의 어떤 부잣집에 여아가 갑자기 죽었다. 죽은 뒤 몇 달 지나고 여아의 혼백이 유모의 꿈에 나타나 젖꼭지를 물어서 흔적을 남겼다.

원전

『대만 일일신보』1900년(메이지 33) 2월 23일, 「진실로 귀신이 있는가?眞有鬼乎」

대중의 아무개는 간동揀東의 아무개 마을의 부자로 8~9세 된 딸이 지지난해에 요절했다.

그 딸은 살아 있을 때 매일 밤 유모 옆에서 잠이 들었다.

딸이 죽은 뒤 몇 달이 흘렀다. 어느 날 밤 유모가 달콤한 잠에 빠져 있을 때 비몽사몽간에 그 딸이 자신의 젖을 오래도록 빨다가 젖꼭지를 깨물었다.

유모가 깜짝 놀라 꿈에서 깨어보니 그 딸이 침대에서 내려가 종

576   요괴 나라 대만 1

적을 감췄다.

마침내 일어나 사람들에게 이야기하고 젖꼭지를 살펴보니 과연 물린 흔적이 남아 있었다.

종류 : 귀매, 지역 : 북부·향리

소개

대만의 일본 통치 시대에 석지汐止의 공립학교 기숙사에 귀신 소동이
있었다는 전설이 전해온다.

전설에 따르면 그 일은 지주의 죽은 혼령이 해코지를 한 것인데, 건물
을 지을 때 죽은 지주에게 제사를 잘 지내지 않았기 때문이라고 한다.

원전

『대만 일일신보』 1934년(쇼와 9) 4월 13일, 「널리 소문이 퍼
지기를 귀신이 해코지를 하여 교사들이 거주지를 옮겨 피난했
다고 한다盛傳鬼作祟, 敎員徙居避之」

칠성군七星郡 석지공학교汐止公學校 교사 기숙사에 최근 매일 밤 등
불을 켠 뒤 나이가 14~15세 된 한 소녀가 나타나곤 한다. 소녀는
전등을 끄기도 하고 옷을 이곳저곳으로 옮기기도 한다.

갖가지 해코지를 하여 교사 모자母子가 편안히 잠을 이룰 수 없

을 정도라고 한다.

아무개 교사는 대처할 방법이 없어서 어쩔 수 없이 거주지를 옮겨 소란을 피했다고 한다.

154. 집안의 소요마騷擾魔

종류 : 요괴, 지역 : 중부, 향리

소개

소요마騷擾魔는 집안에서 소란을 일으키기 좋아하는 요괴다. 이 요괴는 집안의 물건을 어지럽게 하거나 방안의 가구를 파괴하기도 한다. 정도가 심하면 심지어 건물을 흔들거나 모든 건물을 격렬하게 요동치게 만들기도 하고, 아무 이유도 없이 집에 화재가 발생하게 한다. 이 악령은 유럽의 시끄러운 유령인 폴터가이스트Poltergeist와 비슷하다.

전해오는 말에 일본 통치 시대, 가의의 산자정山仔頂 지구에 귀신이 나오는 집이 있었는데, 그 집의 소요마가 집안의 물건을 어지럽게 옮기기 좋아하여 사람들에게 불안감을 안겨주었다고 한다.

가의 시두항보柴頭港堡에 있는 나보지羅步智의 신축 가옥 소요마는 심하게 파괴하기를 좋아하여 심지어 가옥을 비틀어서 변형시키기도 했다.

『대만 일일신보』 1910년(메이지 43) 6월 26일, 「졸렬하고 잡다한 글」, 돌돌생咄咄生

가의 산자정 마을의 임자권林子權은 선친이 건축한, 오래된 집 한 채를 갖고 있었다.

집안에 화초와 과일나무를 심어서 그늘이 매우 짙은데, 건축 후에 겨우 몇 달 지난 뒤, 집안사람들이 귀신이 있다고 떠들었다. 이에 황급히 거주지를 옮겨서 마침내 폐가가 되었다.

뒤에 그곳으로 이사 온 몇 사람이 있었으나 모두 한 달을 넘기지 못하고 다른 곳으로 떠났다.

근래에 또 강철 같은 담력을 지닌 아무개가 그의 모친과 함께 그곳에 살았는데 전후 여섯 달 사는 동안에는 조금도 이상한 조짐이 없었다.

근래에 아무개가 외출하고 나서 그의 모친이 주방에서 밥을 했다. 밥이 다 되자 퍼서 식탁 위에 놓고 다시 주방에 들어가 일을 했다. 그런데 주방에서 나오니 밥을 퍼놓은 바구니가 어디 갔는지 보이지 않았다.

집안에는 전혀 사람이 없었다. 한참이나 찾아 싱크대 아래에서 발견했으며, 며칠 동안 계속 그런 일이 일어났다.

이에 매우 두려운 마음이 들어 아들과 함께 거처를 옮겼다.

『대만 일일신보』 1912년(메이지 45) 5월 13일, 「가의 통신, 요괴인가? 귀신인가?^{嘉義通信, 妖耶鬼耶}」

가의청 산하 시두항보 하도구장^{下塗溝莊} 107번지에 사는 나보지^{羅步智}는 근면하고 검소한 성품을 지녔고 집안의 재산도 꽤 많다.

지난해 12월에 마을 서쪽 구석에 터를 잡아 집 한 채를 지었다. 규모가 크고 건물도 화려했다.

사흘도 지나지 않아 잠을 자려 할 때 홀연히 어떤 사람이 나타났다. 그는 키가 9척이나 되고 흰옷을 입었으며 얼굴은 검고 눈은 붉었다. 그러다가 순식간에 사라졌다.

그는 하늘의 신령이 강림하여 집안을 번창케 하는 조짐으로 여기고 이상하게 생각하지 않았다.

잠이 든 뒤 침상이 심하게 흔들려서 그는 또 지진이 난 것으로 여기고 밖으로 도망치려 했으나, 아무리 해도 탈출할 길이 없었다. 그는 깜짝 놀라 살려달라고 고함을 질렀다.

집안사람들이 영문을 몰라서 등불을 들고 살펴보니 그가 침상 앞 벽에 기대 있어서 서로 경악했다.

또 방문이 갑자기 열렸다가 닫히기도 했지만 소리만 들리고 사람의 모습은 보이지 않았다. 바닥이나 바닥에 깐 벽돌이 갈라지기도 하며 거의 안전한 곳이 없었다. 갖가지 기괴한 현상이 나타났다.

155. 남향南鄕의 괴우怪牛

종류 : 요괴, 지역 : 남부, 향리

소개

대만의 일본 통치 시대에 남향의 하가장何家庄에서 괴우怪牛(기괴한 소)가 나타났다.

원전

『대만 일일신보』 1923년(다이쇼 12) 7월 27일, 「소인 듯 소 아닌 듯한 괴물似牛非牛怪物」

남향 하가장 주치화周致和의 집은 강가에 있다.

일전에 큰비가 내린 뒤 어느 날 정오 무렵 갑자기 물이 붙어 솟구칠 때 한 아가씨가 마침 밭에서 보리를 베고 있었다. 그녀가 바라보니 소와 비슷한 동물이 물속에서 헤엄치고 있었다. 그녀는 소가 물에 빠진 것으로 여기고 집안사람들을 불러 건지려 했다.

그런데 자세히 살펴보니 자기 집 소가 아니었고 이웃집 소도 아니었다. 일시에 온 마을 수백 명의 사람이 강 양쪽에 나와 서서 그 광경을 구경했다. 사람들은 모두 '용왕 대장龍王大將'이라 여기며 아무도 감히 끌어내려 하지 않았다.

호濠 아무개 씨가 장검으로 그 동물을 찔렀으나 가죽이 견고하여 들어가지 않았다.

얼마 지나지 않아 물속으로 가라앉아 다시는 모습이 보이지 않았다. 사람들은 의아하게 생각하면서도 아무도 의문을 풀지 못했다.

종류 : 요괴, 지역 : 중부·향리

소개

가의의 모처 저습지 물속에 홍사정紅蛇精(붉은 뱀의 정령)이 숨어 있다가 사람들에게 혼란을 조성했다. 마침내 성황신의 영험함에 의지하여 요괴를 항복시켰다.

원전

『대만 일일신보』 1912년(메이지 45) 7월 20일, 「가의의 요괴 정령 미신嘉義妖精迷信」

가의청 산하 녹자초보鹿仔草堡 중료장中寮莊에 약 0.5리 규모의 저습지가 있다.

지난달 하순에 궂은비가 연일 내려 저습지의 물이 불어올랐다. 같은 마을의 아무개 씨가 그곳에 그물을 쳐서 붉은 고기 한 마리를 잡았다. 두 귀는 하늘을 가렸고, 몸 길이는 2척 정도였으며, 두께는 5촌 내외였고, 배 아래에 두 날개가 돋아 있었다. 사람들과 노닥거리다가 펄쩍 뛰어 다시 저습지 바닥으로 들어갔다.

어부는 그 물고기를 잡을 수 없게 되자 통발만 가지고 귀가하여 물고기를 잡았던 전말을 처자식에게 들려줬다.

얼마 지나지 않아 어부는 정신이 갑자기 이상해지며 미친 듯이 행동했다. 입으로 무엇인가를 계속 중얼거리며 항상 저습지 바닥을 드나들었다. 그를 본 사람들은 놀라서 피하지 않는 이가 없었다.

가족들은 남몰래 근심하며 의사를 모셔와서 진찰했지만, 전혀 효과가 없었다. 법사와 도사들도 아무 대책을 내놓지 못했다.

어쩔 수 없이 신령을 청하여 사태를 수습하게 했다. 그러자 영매가 다음과 같이 말했다. "마을의 저습지 바닥에 홍사정(붉은 뱀의 정령)이 살고 있소. 며칠 전 홍사정을 범하여 이 사람의 정신이 홍사정에게 이미 박탈당했기에 미쳐서 헛소리를 중얼거리는 것이오. 믿지 못하겠으면 석양이 지는 가을에 사람들을 모아서 가보도록 하시오."

그의 말과 같이 하자, 시간이 지나 과연 큰 물고기가 뛰어나오는 모습이 보이더니 광풍 폭우가 몰아쳤다.

마을 사람들은 두려움에 떨며, 홍사정이 저습지 바닥에서 출몰했으므로 거대한 참화가 멀지 않을 것이라 여겼다.

다음 날 징을 쳐서 사람들을 모아 서로 협의하기를 사흘 동안 목욕재계하고 다시 같은 마을의 성황야城隍爺를 초청하여 요괴를 잡자고 했다.

신령을 모신 가마가 세차게 흔들리니 가마꾼들이 정신이 나가서 어쩔 줄 모르다가 가마를 따라 저습지 바닥에 처박혔다가 한참 지나서야 일어났다. 그곳에는 어떤 요괴도 보이지 않았고 한 줄기 백골만 드러나 있었다. 백골은 사람의 뼈인지 짐승의 뼈인지 분별할 수 없었고 백골 위에 붉은 힘줄 몇 가닥만 남아 있을 뿐이었다.

　기름 솥에 넣어 삶아 그 기름으로 미친 사람을 씻어주자 비로소 정신이 돌아왔다. 원근의 남녀노소가 모두 성황신이 영험하다고 칭송했다. 그리고 온갖 놀이로 감사의 제사를 올리며 사자 진을 펼치고 징과 북을 치면서 시끌벅적하게 한때를 즐겼다.

종류 : 요괴, 지역 : 북부·향리

소개

대만의 일본 통치 시대에 고수림高樹林이란 사람이 자동차를 몰고 대만
신사臺灣神社*를 지나가다가 길옆에 있는 기이한 괴물을 만났다. 그 괴물은
곰 모양의 검은 개로 변하여 차량에 부딪히며 공포를 조성했고, 계속 일
련의 괴이한 일을 야기했다.

원전

『대만 일일신보』 1923년(다이쇼 11) 8월 30일, 「자동차가
귀신을 만났는가?自動車遇鬼耶」

지난 27일 오후 10시경에 대도정大稻埕의 법륜대자동업法輪貸自動
業 운전수 고수림이 북투北投에서 승객 몇 명을 싣고 돌아오는 과정
에서 대만신사 근처 도로에 이르렀을 때 갑자기 앞에 어떤 사람이

---

* 〔원주〕대만신사臺灣神社: 지금의 대북 원산반점圓山飯店 근처다.

나타났다.

연일 비가 내렸기 때문에 이날 밤은 은하수에 침침한 어둠이 드리웠고 또 거리도 너무 멀어서 분명한 모습을 볼 수 없었다.

고수림은 행인이라 생각하고 즉시 경적을 울려서 그에게 피하게 하려고 했다.

그런데 뜻밖에도 가까이 다가갔을 때도 여전히 그 자리에 그대로 서 있었다. 결국 운전을 멈추고 전조등을 켜서 상황을 살펴보았다.

한순간 사람은 보이지 않고 검은 개 한 마리만 웅크린 채 앉아 있었다.

다시 운전을 하려고 하자 그 개가 갑자기 나는 듯이 달려왔다. 고 아무개가 차를 돌려 피하려 하는 순간 차체가 갑자기 기울며 승객들이 떨어졌으나 다행히 상처를 입지는 않았다.

개를 돌아보니 역시 종적도 없이 사라졌다.

그 사람과 그 개의 모습이 승객들의 마음에 역력하게 남아 있었으나, 모두들 귀신을 만났다 여기며 자신도 모르게 몸을 부들부들 떨었다.

대체로 그곳은 일찍부터 귀신이 출몰한다는 소문이 있었고, 귀신을 본 행인도 드물지 않았다.

이 때문에 사람이 많았지만 경악하지 않을 수 없었다.

당시에 자동차 한 대가 뒤따라왔는데, 고 아무개가 불러 세워서 승객을 그 차로 돌아가게 하고, 자신은 근처 파출소에 가서 상황을

곤지마

신고했다.

차체는 이미 크게 파손되었기에 운전을 할 수 없어서 자신의 고용인 아무개에게 그 차를 지키게 했다.

고용인의 말에 따르면 사람들이 떠난 뒤 그가 혼자서 파손된 차를 지키고 있을 때 조금 지나서 갑자기 어떤 노인이 와서 이렇게 물었다고 한다. "이 자동차의 운전수는 내지인이요? 아니면 본섬 사람이오?" 이렇게 말을 마치고는 자동차 안으로 들어가 앉았다.

고용인이 질책했다. "차체가 파손되었는데 어떻게 타고 갈 수 있겠습니까?" 그때 그 노인의 모습도 갑자기 보이지 않아서 고용인은 자신도 모르게 모발이 쭈뼛 솟았다.

마침 내지 출신 한 동자가 등불을 들고 구경하러 오자 급히 그 등불을 빼앗아 도주했는데 그 동자도 뒤따라왔으므로 비로소 천천히 걸어서 귀가했다.

전해진 이야기는 이와 같으나 생각해보면 황당무계한 이야기인 듯하다.

158. 대북대교臺北大橋: 악마의 다리

종류 : 요괴, 지역 : 북부·향리

소개

대북대교臺北大橋는 속칭 대북교라고 하며 담수하에 건설한 다리다. 일본 통치 시대에는 '악마의 다리魔之橋'로 불렸다.

원전

『대만 일일신보』1930년(쇼와 5) 8월 22일, 「악마의 다리魔之橋」

담수하 위에 놓인 대북대교에 7월 이래로 이미 수십 명의 자살자가 강물에 뛰어들었으나 시체가 어디론가 사라져 흔적도 발견하지 못했다. 이 때문에 모두 이 다리를 '악마의 다리'라고 부른다.

21일 낮 10시 반 경 17~18세 정도 되는 본섬의 미인이 다리의 중앙에 서 있다가 강물 깊은 곳으로 떨어졌다.

북서北署에서는 신고를 받고 조사하러 갔으나 아직도 시체를 발견하지 못했다.

159. 팔조도八罩島의 고양이 정령

종류 : 요괴, 지역 : 섬·향리

소개

팽호의 팔조도八罩島(지금은 망안도望安島라고 칭함)는 팽호도 남쪽 해역에 있다. 이노 가노리는 일찍이 섬 위의 고양이 요괴가 찬전纂殿한 전설을 기록했다. 소위 '찬전'이란 요괴가 신령이 없는 틈을 타서 신령의 지위를 독점하고 가짜로 신령 노릇을 하는 것이다.

이노 가노리는 일본 통치 시대의 저명한 인류학자로 평생토록 대만의 원주민과 인류학 조사 연구에 진력했다. 이노 가노리는 1895년 11월 대만에 온 뒤 대만총독부 식산부殖産部에 재직 중인 다시로 안테이田代安定(1857~1928)와 함께 '대만인류학회'를 조직하고 대만 민속과 원주민 세계를 조사했다.

이 밖에 팔조도에는 고양이 요괴가 찬전한 이야기를 제외하고도 팽호의 서계촌西溪村에 태마太媽가 찬전한 전설이 전해온다.

『대만 답사 일기臺灣踏査日記』 1901년(메이지 34) 1월 5일. 일본 이노 가노리. 역주: 양난쥔楊南郡

팔조도 향리 밖에 오자서伍子胥(?~기원전 484)에게 제사를 올리는 선사궁仙史宮이 있다.

이 사당의 신령에 관해서 다음과 같은 전설이 있다. "옛날에 야생 고양이 정령이 있었다. 사당의 신령이 외출한 틈에 이 고양이 정령이 마음대로 사당으로 진입하여 신령의 모습으로 변신하고 영매를 통해 신의 뜻을 계시하면서 마을 사람들의 존경을 받았다. 신령은 외지에서 이 일을 알아채고 즉시 돌아와서 고양이 정령을 잡아서 펄펄 끓는 기름 솥에 넣어서 죽였다."

160. 금매 金魅: 마귀가 사람을 잡아먹다

종류 : 요괴, 지역 : 향리

소개

주인에게 학대받아 죽은 하녀의 혼백이 '금매金魅'라는 요괴로 변했다.

금매는 마귀의 일종으로 만약 매년 금매에게 산 사람 1명을 식사로 제공하면 금매가 사람 대신 일을 할 수 있다고 한다.

원전

『민속 대만』「금매」, 일본 미야야마 지부치宮山智淵

금매金魅는 마귀의 일종이다.

전설에 따르면 일본이 대만을 점령하기 이전 도처에 이 마귀에게 제사를 올리는 사당이 있었다고 하는데, 지금 젊은 사람들은 이 금매라는 말을 거의 들어본 적이 없을 것이다.

70~80세 이상 노인들은 아마 아직도 금매를 기억하는 사람이 있을 것이며 금매에 대해서 말하면 다음과 같은 생각을 떠올릴 것이다. "아! 대신 일을 해주는 금매, 사람을 잡아먹는 금매!"

필자가 어렸을 때 들은 금매 관련 이야기를 최근 친구 황등등
黃騰藤이 대계진大溪鎭 오료五寮의 이야기꾼 소치기 노인에게서 들은
것과 비교해보면 상당히 다른 부분이 있다.

이 노인은 금매를 금총金銃(金聳, 金燕)이라고 말하는데 이는 이 노
인이 흥미를 높이기 위해 마음대로 이와 같이 글자를 덧붙여 넣었
다는 느낌을 지우기 어렵다.

지금 필자는 다만 문산군文山郡에서 들은 이야기를 아래에 소개
하고자 한다.

어떤 부잣집에 금주金綢라는 이름의 하녀가 있었다. 그녀는 깨끗
하고 부지런하게 주인집에 충성을 다하는 하녀였다.

그러나 이 부잣집 안주인은 사납고도 잔학한 여자였다. 금주가
온종일 쉬지 않고 일을 해도 안주인을 만족시킬 수 없어서, 그 안
주인은 늘 빌미를 찾아 금주를 때렸다.

어느 날 방안에 먼지가 있다고 말하며 사납게 금주를 때려서 죽
음에 이르게 했다.

이전 시대에 하녀는 물품을 구매하듯 돈을 써서 마음대로 살 수
있는 물건과 같았으므로 죽인다 해도 죄가 될 것이 없었다.

안주인은 하녀의 시체를 산 위로 옮겨다가 간단하게 매장한 뒤
대체 하녀를 빠른 시일 안에 사서 구색을 맞추려 했다.

그러나 어찌 된 일인지 집 안을 청소할 하녀가 없는데도 이전에
비해 더욱 깨끗하게 집 안 청소가 끝나 있곤 했다.

안주인은 불가사의한 생각에 젖어 매일 이른 아침에 일어나서

살펴보았다. 그런데 바닥은 말할 것도 없고 모든 가재도구가 매우 깨끗하게 닦여 있었다. 매일 이와 같았기 때문에 안주인은 서늘한 공포를 느꼈다.

이에 다음과 같이 생각했다. "금주라는 년이 처녀의 몸으로 죽어서 윤회할 방법이 없기에 평상시처럼 이 집에 거주하며 계속 일을 하는구나."

한 달이 넘어서야 가까스로 금주를 대신할 하녀를 사올 수 있었다.

그날 밤 새로 사온 하녀를 이전에 금주가 자던 방에서 자게 했다. 그러나 그다음 날 늦게서야 그녀가 종적을 감춘 것을 발견했다. 다만 그녀의 머리카락 한 묶음과 어제 차고 있었던 귀고리 한 쌍이 방바닥 중간에 놓여 있을 뿐이었다.

부잣집 안주인은 경악하면서 틀림없이 귀신이 된 금주가 새 하녀를 잡아먹은 것으로 여겼다.

이에 즉시 향을 가져와서 금주에게 기도를 올렸다. "금주야! 너는 이미 죽었지만 여전히 이곳에서 살고 싶다면 이전처럼 이곳에서 살도록 하렴. 만약 이전처럼 나를 위해 일한다면 내가 위패를 만들어 네게 제사를 올려주마. 네가 사람을 잡아먹고 싶으면 내가 1년에 한 명씩 먹게 해주마. 하지만 절대 우리 가족에게 해코지를 해서는 안 된다." 말을 마친 뒤 점술로 금주의 뜻을 물어서 허락을 얻어냈다. 안주인은 즉시 위패를 설치하고 금주에게 제사를 지냈다.

비록 본래 이름은 금주였지만 죽은 뒤에는 귀신이 되었으므로 금매 金魅라고 개칭했다.

집안은 사시사철 그렇게 깨끗했다. 안주인은 곳곳을 다니며 소경, 벙어리, 절름발이 등을 값싸게 사서 매년 한 번씩 금매에게 제사를 지내는 방에 넣어주었다.

소문에 다음 날 아침에는 반드시 머리카락만 남아 있고 다른 물건은 모두 없어진다고 했다.

나중에 소문을 듣고 이 일을 모방하는 사람이 많아지게 되었다.

처음에는 여관을 운영하는 사람들이 금매에게 제사를 올리며 청소 일에 도움을 받으려 했지만 점차 영역이 확대되어 각종 업무에 응용하게 되었다. 심지어 농가에서조차 금매에게 제사를 올리며 모심기, 김매기, 수확 등의 농사 업무에 응용했다.

금매에게 일을 부탁하려 할 때는 위패를 향해 향을 사르고 아뢰기만 하면 된다.

금매에게 모심기 일을 시킬 때는 논에 모 한 포기를 꽂으며 시범을 보이기만 하면 된다.

금매는 밤에만 일을 하므로, 다음 날 새벽이 되어 어제처럼 시범을 보이면 일을 깔끔하게 완수하며, 일이 더 많다 해도 하룻밤 사이에 모두 완벽하게 끝낸다고 한다.

때때로 사람들의 악작극을 만나면 매우 비참한 결과를 맞기도 한다. 예컨대 소문에 의하면 모심기 시범을 보일 때 모가 뽑혀 쓰러지게 되면 금매도 똑같이 모방하여 모든 모를 쓰러지게 심는다.

금매에게 제사를 지낼 때는 인신 공양을 하는 것을 절대로 빠뜨려서는 안 된다.

산 사람을 금매의 방에 보내주는 방법 이외에도 사람의 혼백을 바치는 방법도 있다. 이 방법은 제사를 지내는 사람이 금매의 제사에 사용한 적이 있는 제기에 사탕 등의 음식을 담아서 올리는 방법이다.

그 제기에는 금매의 침이 묻어 있으므로 사탕 등이 제기에 닿으면 침이 묻을 수 있다. 소문에 따르면 금매의 침이 묻은 음식을 먹은 사람은 열흘을 넘기지 못하고 안색이 누렇게 변하고 골수가 마른 장작처럼 변하여 죽게 된다고 한다.

다른 사람의 집을 방문할 때 그 집이 금매에게 제사를 지내는 집이라면 그 집으로 들어갈 때 침을 한번 뱉어보면 알 수 있다. 그 집에서 금매에게 제사를 지낸다면 뱉은 침이 즉시 사라질 것이다. 혹은 집 안의 청소가 지나치게 깨끗하여 거미줄 하나도 없다면 금매에게 제사지내는 집이라 할 수 있다.

이 때문에 소문에 따르면 다른 사람의 집에서 음식을 먹을 때 음식을 한 차례 머리카락에 가까이 대고 문지르거나 음식을 바지 아래로 지나게 하여 먹으면 금매에게 영혼을 빼앗기는 일을 피할 수 있다고 한다. 그 이유는 금매에게는 결벽증이 있어서 더러운 곳에 조금이라도 가까이 가면 금매 스스로 도망치기 때문이라고 한다.

금매는 일종의 마귀이기 때문에 어떻게 생겼는지 아무도 모르지만 때때로 어떤 것에 부딪혀서 다른 모습으로 변하기도 한다. 어떤 사람은 변한 모습이 뱀과 같다고 말하기도 한다. 소문에 따르면 금매에게 제사를 지내려면 금매의 위패를 강물 속에 놓고 흘러가게 하는데, 그 뒤에 그 위패가 어느 곳에 걸려 있는지 살펴보면 금매가 그곳에서 땅으로 올라가 그 일대의 화초와 수목을 모두 먹어 치운 사실을 알 수 있다고 한다.

금매에게 제사를 지내는 것은 부도덕한 일이다. 한 번은 금매에게 제사를 지내고도 일가족이 모두 죽었는데, 아마도 이와 같았기 때문에 비로소 이 일이 널리 퍼져 나가지 않았을 것이라고 한다.

161. 오리 귀신 鴨鬼

종류 : 요괴, 지역 : 향리

소개

사육하던 오리 떼에 역병이 발생했다면 '압귀鴨鬼' 즉 '오리 귀신'의 해 코지일 수 있다.

이런 때는 반드시 도사를 초청하여 사악한 귀신을 진압해야 한다. 즉 부적이나 주술을 이용하여 오리 귀신을 내쫓아야 한다.

원전

『민속 대만』「오리 귀신鴨鬼」, 일본 통치 시대 양석楊石

가금家禽(특히 오리)이 전염병, 예를 들어 곽란이나 기타 돌림병 에 걸리면 사육자는 오리 귀신이 해코지를 한다고 생각한다.

이에 풍성한 제수를 장만하여 오리 귀신을 물러가게 한다.

혹은 도사를 초청하여 경전을 읽게 하여 역병을 내쫓기도 한다.

경전을 다 읽은 뒤에는 오리 막사 문 앞에 가로 2촌, 세로 1촌 크기의 홍색 종이나 황색 종이에 주문을 써서 붙인다.

종류 : 귀매, 지역 : 남부·향리

소개

대만인들은 사람이 죽은 뒤 7일 동안에는 아직 자신이 죽었는지 알지 못한다고 생각한다.

이럴 때 토지공土地公이 사자를 데리고 시냇가로 가서 손발을 씻게 한다. 사자의 영혼이 토지공에게 왜 저의 손발이 검게 변했느냐고 물으면 토지공은 이렇게 대답한다. "너는 이미 죽었으니 이 사실을 받아들여야 한다." 사자가 믿지 못하면 다시 그를 자신이 살던 집으로 데리고 간다. 그는 자신의 빈소를 지키는 자손들을 보고서야 자신이 이미 죽었다는 사실을 이해하고 향을 태운 재 위에 자신의 발자국을 남긴다.

『민속 대만』이라는 책에는 죽었다가 부활한 어떤 사람이 심지어 천주泉州에서 아내를 얻어 자식을 낳았다는 매우 기이한 이야기가 실려 있다.

『민속 대만』「사령死靈」

옛날에 대남의 하何 아무개가 중병으로 사망했지만 그의 영혼은
마침 생기와 감응하여 다시 살아났다.

그는 사방을 유랑한 뒤에 천주로 가서 먼저 소자본으로 장사를
했다. 그는 매우 근검했기에 천천히 부를 쌓았다. 그리고 다른 사
람에게 중매를 부탁하여 아내를 얻고 아들 하나를 낳았다.

15년이 지난 뒤에 그는 대만의 가족이 생각나서 행장을 꾸려 대
남의 집으로 가보았다. 그의 본처는 이미 개가하여 아들을 둘이나
뒀다.

그는 매우 화가 나서 본처와 새 남편을 질책했다. 본처의 새 남
편은 영문을 몰라 하며 그와 싸우다가 화가 나서 그를 때려죽였다.

관가에서 그 사실을 알고 본처와 새 남편을 체포하여 살인 혐의
로 고발했다.

그러나 본처와 새 남편은 증인을 데려와서 하 아무개가 15년 전
에 이미 죽었으므로 자신들은 살인 혐의가 없다고 주장했다. 그런
데 천주에서 달려온 하 아무개의 아내도 그가 정말 15년간 생존했
고 아이까지 낳았다는 사실을 증명했다.

쌍방이 자신의 주장을 굽히지 않았으므로 관가에서도 사건을
판결할 수 없었다.

이때 점술에 뛰어난 어떤 노인이 있다는 소문이 돌았다. 관가에

서 그를 초청해 점을 치게 했다. 노인은 하 아무개의 영혼이 생기와 감응하여 다시 살아난 것이라 지적했다. 이 일을 증명하려면 천주에서 낳은 아들의 피를 검사하여 그 피가 청색인지 여부를 살펴보면 된다고 했다. 만약 청색이라면 그 아이는 영혼과 산 사람이 관계하여 낳은 자식이라는 것이다.

관가에서 사람을 보내 검사해보니 그 아이의 피가 과연 청색이어서 천주의 하 아무개는 영혼이었다는 사실이 증명되었다.

이렇게 이 사건의 진상이 확실하게 밝혀졌으므로 관가에서는 대남의 본처와 새 남편에게 무죄를 선고했다.

163. 죽은 영아^{嬰兒}가 사악한 귀신이 되다

종류 : 귀매, 지역 : 향리

소개

대만의 민속에는 영아가 태아의 상태로 사망하면 사악한 귀신이 되어 어머니에게 해코지를 한다는 미신이 있다.

원전

『대만 풍속지』, 일본 가타오카 이와오

영아가 태아의 상태로 사망하거나 태어난 지 오래지 않아 사망 하면 물속에 버려야 한다.

그렇지 않으면 사악한 귀신으로 변하여 해코지를 하거나, 이후 에 어머니가 다시 임신할 수 없게 한다는 전설이 있다.

164. 불새火鳥와 화왕야火王爺

종류 : 신령, 지역 : 향리

소개

일단 향리의 가옥에 화재가 발생했다면 '불새火鳥'가 지붕에 날아와 재앙을 야기했을 가능성이 있다. 불새가 화재를 초래하는 것 외에도 화왕야火王爺도 항상 불새와 함께 나타난다는 전설이 있다. 화왕야가 가옥 처마에 불 깃발火旗을 꽂으면 그 집 사람들이 화재를 당한다고 한다.

만약 지붕에 새가 날아와 짝을 찾으며 울거나 개가 이유 없이 지붕으로 기어오르면 화재가 발생할 조짐일 가능성이 있다. 이때는 홍두사공紅頭司公(道士)을 청하여 진화해야 한다.

도사가 진화하는 방법은 탁자에 다섯 가지 희생물을 받들어 올리고 주문을 외우며 수덕성군水德星君 신령에게 하강을 요청하는 것이다. 도사는 진화부鎮火符를 불사른 뒤 그 재를 나무통에 넣고 물과 잘 섞는다. 그리고 손으로 용수榕樹의 작은 가지를 잡고 물을 찍어서 각 주택의 문 앞에 뿌리는 동시에 사발의 백미와 소금도 문 앞에 뿌리며 입으로 진화 주문을 외워 화신火神에게 물러가기를 청한다. 대만섬에 전해오는 진화주鎮火呪(雪山呪)는 다음과 같다.

"근청설산성자설문개謹請雪山聖者雪門開. 설산대성강설래雪山大聖降雪來. 유월염염천강설六月炎炎天降雪, 칠월염설강상七月炎雪降霜. 대상대설락재삼강구大霜大雪落在三江口. 소상소설락재화유중小霜小雪落在火油中. 두재천년상頭載千年霜. 각답만년설脚踏萬年雪. 청신천일령우피請身穿一領牛皮. 설가파雪加婆! 청상지시상편도請霜之時霜便到. 청설지시설편래請雪之時雪便來. 상상설설혹강락림霜霜雪雪速降落臨. 오봉태상노군칙신병화급여율령吾奉太上老君敕神兵火急如律令!"

뜻을 풀면 이렇다.

"삼가 설산의 성자聖者께 청하노니 설산의 문을 열어주소서. 설산대성雪山大聖이시여! 눈을 내려주소서. 6월 염천에 하늘에서 눈을 내려주소서. 7월 염천에 눈과 서리를 내려주소서. 많은 서리와 많은 눈을 삼강三江 입구에 내려주소서. 적은 서리와 적은 눈을 불 위의 기름에 내려주소서. 머리로는 1000년의 서리를 이고, 발로는 1만 년의 눈을 밟으소서. 몸에는 소가죽을 걸치소서. 설가파雪加婆여! 서리를 청하면 서리를 내려주시고, 눈을 청하면 눈을 내려주소서. 서리와 눈을 조속히 내려주소서. 제가 태상노군太上老君을 받들며 신병神兵에게 명령을 내리노니, 율령을 집행하듯 화급하게 시행하소서!"

불새와
화왕야

불새가 날갯짓을
멈춘 곳,
화왕야가
깃발을 꽂은
곳에는
그 집에 반드시
화재가
발생한다.

『대만 풍속지』, 일본 카타오카 이와오

대만에는 불새가 있다. 전설에 따르면 불새는 어둠 속에서 날아오는데, 불새가 날갯짓을 멈춘 곳에 화재가 발생한다고 한다.

『대만 풍속지』, 일본 가타오카 이와오

법화사法華寺에서는 화덕성군火德星君에게 제사를 올린다. 세속에서는 화덕성군을 화왕야火王爺라고 부른다.

전해오는 말에 따르면 화왕야가 깃발을 지붕에 꽂으면 그 집에 반드시 화재가 발생한다고 한다.

고승들과 도사들은 불새와 불 깃발을 볼 수 있지만 속인들은 볼 수 없다고 한다.

165. 머리 없는 귀신 無頭鬼

종류 : 귀매, 지역 : 향리

소개

목이 잘려서 죽은 사람은 사후에 '무두귀無頭鬼' 즉 '머리 없는 귀신'이 된다. 전설에 따르면 원주민의 '출초出草'*에 의해 목숨을 잃은 한족의 유령도 이에 해당한다고 한다.

원전

『대만 풍속지』, 일본 카타오카 이와오

무두귀無頭鬼는 목이 잘려서 죽었기에 두개골을 잃어버린 유령이다.

---

* 〔역주〕출초出草: 대만 원주민이 사람을 사냥한 뒤 목을 잘라 제사의 희생으로 쓰는 습속이다.

166. 액귀 縊鬼: 목매달아 죽은 귀신 吊頭鬼

종류 : 귀매, 지역 : 향리

소개

대만인들의 믿음에 따르면 목매달아 죽은 자는 '액귀 縊鬼'가 될 뿐 아니라 '체사귀 替死鬼'*를 찾아다닌다고 한다.

전설에 액귀가 임산부가 아이를 낳을 때의 피에 오염되면 귀매의 본모습으로 돌아간다고 한다.

야호선실주 野狐禪室主(본명은 홍곤익 洪坤益으로 대남의 시인)가 『369소보』에서 기술한 액귀는 체사귀를 찾으려 하다가 오히려 성격이 대담한 인척 아무개에 의해 자신의 계획을 망치고 말았다.

이 기록에서 인척 아무개는 거리에서 뜻밖에 겉만 봐도 귀신인 액귀를 발견하고도 전혀 겁을 먹지 않고 오히려 추격하여 마침내 거의 체사귀가 될 뻔한 부인을 순조롭게 구해냈다.

---

* 〔역주〕체사귀 替死鬼: 체신 替身 또는 교체 交替라고도 한다. 중국 도교 신앙과 민간 신앙에 따르면 억울하게 죽은 사람의 혼령은 윤회하여 다시 태어날 때 반드시 자신을 대신할 사람을 죽여서 귀신을 만든 뒤에 다른 여인의 태胎 속으로 들어갈 수 있다고 한다. 그 귀신을 '체사귀'라고 한다.

『대만 일일신보』1910년(메이지 43) 6월 28일, 「가의 통신, '작은 일에 크게 놀라다大驚小怪'」

근래 가의의 남문에 한 가지 황당한 이야기가 퍼졌다. 즉 이전 여러 날 밤에 소복을 입은 액귀가 산발을 하고 두 손으로 삼나무 기둥을 받쳐 든 채 남문 타석가打石街를 배회했다는 이야기가 그것이다.

여성들은 대부분 그 기괴한 이야기에 경악하고 당황하여 어찌할 바를 몰라 했다.

회동가會同街의 이발사 방법方法의 아내가 대들보에 목매달아 죽고, 얼마 지나지 않아 또 어떤 과부도 침대 기둥에 비단으로 목을 매어 자살했다.

이에 민심이 더욱 공포에 떨며 도처에서 소란이 일어나고 있다.

『대만 일일신보』1910년(메이지 43) 8월 11일, 「가을날의 스산한 이야기」

본섬에서 근래에 목을 매어 죽은 사람에 관한 소식이 때때로 들려온다.

액귀가 자신을 대신할 사람을 찾기 때문이라는 와전된 소식을 진실로 여기는 사람이 많다.

예컨대 기륭 사료장社寮莊 오명해吳明海의 민며느리 진씨陳氏는 나이가 15세로 어렸는데, 집안에 자주 풍파가 일어나 마침내 세상을 싫어하는 마음이 싹텄다.

이에 지난 8월에 침상 기둥에 스스로 목을 매어 죽었다. 혹자가 말하기를 며칠 전에 빙의한 귀신을 보았다고 했다.

이와 같은 사람들의 말이 믿을 만한 것인가?

『대만 일일신보』 1921년(다이쇼 10) 4월 22일, 「액귀가 나타났다는 유언비어가 떠돌다謠言縊鬼出現」

며칠 전 오후 대략 3시 넘은 시각, 신죽가新竹街에 갑자기 다음과 같은 유언비어가 떠돌았다. "서문 밖 세민촌細民村의 아무개 씨 집에 임신한 여인이 분만할 무렵이 되었는데, 무슨 까닭인지 대들보에 목을 매달아 스스로 목숨을 끊으려고 했다. 그런데 뜻밖에도 줄이 끊어져 땅에 떨어지면서 마침내 아이를 출산했다. 그런데 액귀가 임산부 곁에 있다가 피를 덮어써서 다시는 다른 모습으로 변할 수 없게 되었다."

일시에 이 소식이 떠들썩하게 전해지자 호사가들이 다투어 구경하러 오느라 도로에 사람이 끊이지 않았다. 이 때문에 경찰이 놀라서 상황을 조사하러 갔다.

『대만 풍속지』, 일본 가타오카 이와오

목을 매어 죽거나 교사 당한 사람의 유령이 조두귀弔頭鬼다. 길을 걸을 때 머리를 앞으로 숙이고 간다.

『369소보』 1931년(쇼와 6) 5월 29일, 「속요재續聊齋」, 야호선실주野狐禪室主

내가 어린아이 때 지금은 돌아가신 할머니의 이야기를 들은 적이 있다. 내용은 다음과 같다. 할머니의 인척 아무개 씨가 담이 지극히 컸는데, 등짐장수로 살아가면서 항상 촌락 사이를 왕래했다.

어느 날 밤 달빛이 희미하게 비치는 가운데 해동구海東口에서 친구를 방문하고 돌아오며 자시子時가 교차하는 시각에 중항中巷을 지나다가 어떤 부인을 보았다. 옷은 모두 소복을 입고 어깨에는 삼나무 기둥을 진 채 서서히 맞은편에서 다가오고 있었다.

거리가 멀지 않았기에 모습이 매우 분명하게 보였다. 그는 그녀가 인간이 아님을 짐작하고 발걸음을 멈춘 채 기다리다가 사람과 다르다는 사실을 알아챘다.

그런데 그 부인은 담장 아래에 이르러 갑자기 모습을 감췄다. 마치 담장 안으로 들어간 듯 전혀 기척이 없었다.

그는 급히 담장 아래로 달려가 살펴보았으나 사립문은 단단히 잠겨 있었다. 문을 두드려보았지만 아무 소리도 없이 적막했다.

그 문으로 들어갈 수 없어서 담장을 따라 앞으로 나아가며 동정을 살펴보려 했다.

그 집에 이르니 바야흐로 환갑잔치가 진행 중이어서 누대 위에는 연희 공연이 아직 끝나지 않은 상태였다. 아무개 씨는 사람들 속으로부터 월초대月初臺 앞으로 가서 기다렸다.

약 한 시간 정도 지나자 환갑잔치가 끝나고 손님들이 흩어졌으며 공연도 종료되었다. 그러자 어떤 젊은 부인이 대청 위에서 술잔과 상을 치우는 모습이 보였다. 그녀는 문밖으로 나오다가 갑자기 실수하여 술잔을 모두 깨뜨리고 말았다.

젊은 부인의 시어머니인 듯한 노파가 안에서 나와 큰소리로 끝도 없이 꾸짖으며 질책했다.

젊은 부인은 아무 말도 하지 못하고 두 눈에서 눈물을 주르르 흘렸다. 그리고 몸을 돌려 들어가서 오랫동안 나오지 않았다. 노파는 대청에서 아직도 날카로운 목소리로 욕설을 퍼붓고 있었다.

아무개 씨는 이상한 낌새를 느끼고 바로 노파에게 그가 후문에서 젊은 부인을 본 상황을 말했다. 노파는 깜짝 놀랐다.

젊은 부인의 방으로 다가가자 과연 그 부인의 방문이 잠겨 있었다. 아무개 씨가 노파를 대신해서 방문을 열고 들어가니 젊은 부인은 이미 목을 맨 채 침상 앞으로 몸이 떨어져 있었다.

아무개 씨는 황급히 부인을 풀어내려 구급 처방을 했다. 시간이 한참 지나서야 비로소 부인이 깨어났다.

액귀

아무개 씨가 그들과 헤어져 집으로 돌아가는 길에 중항 입구에 이르렀을 때 젊은 부인이 귀신의 모습으로 나타났다. 두 눈은 동그랗게 뜨고 혀는 입술 밖으로 빼문 채 길을 가로막고 그가 지나가지 못하게 했다. 아마도 아무개 씨가 자신의 일을 망쳤다고 원한을 품은 듯했다.

아무개 씨는 불같이 화를 내고 주먹으로 부인을 치면서 꾸짖었다. "너는 사람을 죽이지만 나는 사람을 구한다. 옳은 이치에서 어그러짐이 없는데 무슨 까닭으로 나를 지나가지 못하게 하느냐?"

다시 때리자 귀신도 주먹으로 반격해왔다. 주먹을 서로 주고받으며 양보하지 않았다.

꼬끼오 하고 닭이 우는 소리가 들리자 귀신이 비로소 손을 놓고 잔뜩 화가 난 모습으로 몇 걸음 물러나더니 종적을 감췄다.

아무개 씨는 집으로 돌아왔으나 전신에 종기가 났고 몇 달 뒤에야 완치되었다.

167. 저승의 귀신이 살아갈 길이 없어지다

종류 : 귀매, 지역 : 향리

소개

청나라 때는 사람들이 제사를 풍성하게 지냈기 때문에 귀신들이 이승에서도 유유자적하게 지낼 수 있었다. 그러나 일본이 대만을 통치한 이후로는 대만의 습속이 제사를 중시하지 않는 방향으로 바뀌기 시작하여 귀신들도 점차 제사를 받아먹을 수 없게 되었다.

아울러 기차, 자동차의 경적 소리나 심지어 기선의 고동 소리가 모두 도사들의 법라法螺* 소리와 비슷하여 귀신들이 경악하며 어쩔 줄 몰라했다.

이 때문에 저승의 귀신이 비로소 인간 세상에서 점점 사라져서 목격한 사람이 드물게 되었다.

---

* 〔역주〕법라法螺: 소라 껍데기로 만든 일종의 나팔이다. 군악기로 쓰거나 도교나 불교에서 여러 가지 의식을 집행할 때 쓰였으나 이후 시장 상인들이 호객 행위를 할 때도 법라를 불기도 했다.

『369소보』 1930년(쇼와 5) 10월 19일, 「저승의 귀신이 살아
갈 길이 없어지다陰鬼走無路」, 고원古圓

아무개 도사는 나이가 이미 70여 세나 되었는데, 20여 세 때부
터 선천의 직무를 이어받아 중존中尊*이 되었다. 그는 음양의 이치
를 꿰뚫는 안목을 갖추어 오시午時가 지나면 귀신들을 볼 수 있었
다. 그는 40여 년간 귀신의 진상을 모두 보았다.

며칠 전 그는 자손들에게 귀신에 관한 이야기를 매우 상세하게
했다. 이에 그 대강을 기록하여 독자들에게 한 가지 우스갯거리로
제공하고자 한다. 도사는 이렇게 말했다.

"청나라 시대의 귀신은 지극히 사치스럽고 호화롭게 살아서 기
생집 출입, 도박, 음주 등 못하는 것이 없었다. 또 이승에서 제사
를 올릴 때 어른으로 받들고 풍성하게 모셨으며, 맛있는 고기와 아
름다운 음악으로 환영했다. 귀신을 제도할 때는 고기 위에 고기를
쌓고 술 위에 술을 더 부어주었으므로 아무리 먹어도 다 먹지 못
했다.

대만 땅의 소속이 일본으로 바뀐 이래로 대만의 경기가 나날이
나빠져서 이승에서도 근검절약하는 기풍이 점점 보급되었다. 그러
나 귀신들은 여전히 잘 지낼 수 있었다.

---

* 〔원주〕 중존中尊: 도사를 높여 부르는 말이다.

그러나 몇 년이 지나자 이승에서 굶어 죽은 시체가 자주 나타났다. 이 때문에 마침내 귀신 공양에 신경 쓸 겨를이 없게 되었다.

또한 설립된 공공기관들이 귀신을 축출하자 귀신들은 편안하게 살 곳이 없어졌다. 예컨대 시장의 정육점에서는 돼지고기를 앞에 내놓고 호객 행위를 할 때 법라法螺를 크게 분다. 또 장거리 교통으로는 기차가 경적 소리를 울리고, 단거리 교통으로는 자동차가 경적 소리를 울리며, 기타 소음도 모두 도사들이 평소에 귀신을 퇴치할 때 쓰는 방법을 배워서 응용한다. 이 때문에 크고 작은 귀신들은 모두 지극한 두려움에 휩싸이게 되었다.

심지어 강이나 바다로 도망친 귀신들은 기선의 고동 소리에 놀라 지옥으로 돌아가서 그곳의 고통을 감수할 수밖에 없게 되었다.

이러한 까닭에 현재는 이승에서 귀신의 자취가 거의 사라졌다."

168. 전신청면파纏身靑面婆

종류 : 요괴, 지역 : 향리

소개

전신청면파纏身靑面婆는 밤에 모습을 드러내는 푸른 얼굴의 노파 귀신으로 사람의 몸에 들러붙기를 좋아한다.

원전

『대만 풍속지』, 일본 가타오카 이와오

전신청면파는 얼굴이 푸른색인데 사람에게 해코지 하기를 좋아한다.

169. 금은귀 金銀鬼

종류 : 요괴, 지역 : 향리

소개

일단 금과 은을 여러 해 방치해두고 전혀 쓰지 않으면 '금은귀'라는 요괴로 변할 가능성이 있다.

금은귀는 강렬한 집념을 갖고 금과 은을 보호하면서 어떤 사람도 이 보물에 접근하지 못하게 한다.

원전

『대만 풍속지』, 일본 가타오카 이와오

금과 은을 산처럼 쌓아놓고 한 푼도 쓰려하지 않으면 수십 년 뒤에 그것이 '금은귀'로 변한다.

170. 백마 요괴: 보물을 수호하다

종류 : 요괴, 지역 : 향리

소개

　금과 은을 여러 해 동안 쓰지 않으면 '금은귀'가 생길 수 있고, 심지어 '백마 요괴'를 태어나게 하여 보물을 지키는 책임을 지울 수 있다. 예를 들면 기륭항 바깥 바다의 사료도社寮島(和平島) 성곽 폐허에 일찍이 스페인 백마의 환영이 나타난다든가 병동현屛東縣 동항진東港鎭의 윤자정崙仔頂과 진해리鎭海里의 진해궁鎭海宮 근처에도 모두 '백마혈白馬穴' 전설이 있는 등의 사례가 그러하다. 밤에 만약 따각따각 하는 말발굽 소리가 들린다면 그것은 바로 백마가 치달리는 소리로, 땅 밑에 백은白銀이 여러 항아리 묻혀 있음을 암시한다. 대중의 호로돈葫蘆墩에도 백마 요괴가 나타났다는 이야기가 전해온다.

　호로돈은 형상이 표주박과 같은 구덩이로 이곳에서 항상 화재가 발생하므로 노인들은 모두 표주박이 살아 있기에 불을 뿜을 수 있다고 말한다. 표주박 안에는 불씨 외에도 금과 은 같은 보물이 묻혀 있다.

　대중의 민간 전설에 따르면 흰말과 흰토끼가 호로돈 지하의 보물을 지키는 책임을 맡아 밤낮으로 순회하는데, 품성이 고상한 사람만이 흰말과 흰토끼를 따라가서 보물이 묻힌 지점을 알아내는 기회를 잡을 수 있다.

대중의 호로돈 외에도 대만 각지에는 모두 백마가 금과 은 같은 보물을 수호한다는 기이한 전설이 전해온다.

팽호도 망안望安 사각산四角山의 전설에는 흰토끼가 보물을 수호한다. 전설에 따르면 소녀 셋이 사각산으로 가서 유람할 때 뜻밖에도 흰토끼를 발견했다고 한다. 그들은 흰토끼를 쫓아 산 위로 올라갔는데 그곳에서 토끼가 종적을 감췄다. 이때 소녀들은 보물 전설을 상기하고 땅을 파기 시작했으나 하산하는 길이 결국 무너지고 말았다. 세 소녀는 보물을 발견했지만 산을 내려와 귀가할 방법이 없어서 산 위에서 굶어 죽었다.

따라서 만약 사각산 아래까지 내려와 돌멩이에 맞았다면 그것은 소녀와 흰토끼의 악작극이라는 시골 마을의 전설도 있다.

원전

『대만 민간문학집臺灣民間文學集』「호로돈葫蘆墩」, 일본 통치 시대 임월봉林越峰

동녘이 아직 밝아오지 않고 주위에 아침노을이 덮인 호로저葫蘆底(호로돈은 표주박 형태의 구덩이다. 작은 성채에 세 개의 흙 언덕이 있다. 하나는 호로저, 또 하나는 호로신葫蘆身, 다른 하나는 호로두葫蘆頭다)라는 흙 언덕 아래에 백마 한 필이 빙글빙글 돌고 있는 듯했다.

백마의 온몸은 백설과 같은 털로 덮여 있었고, 긴 사지는 높다란 몸을 지탱하고 있었으며, 콧마루의 은빛 털은 백마가 달릴 때 좌우로 바람에 나부꼈다. 백마의 발굽 소리도 희미하게 들리는 것 같았다.

백마 외에도 토끼 한 마리가 있었는데, 보통 토끼보다 비대했으며 역시 온몸이 흰색이었다. 두 눈에는 민감하게 은색 털이 비쳐서 그것을 배경으로 한 눈동자가 더욱 선홍색으로 느껴졌다.

토끼는 백마와 함께 흙 언덕 아래에서 달리지 않고 흙 언덕 위의 풀덤불 속에서 펄쩍펄쩍 뛰어다니고 있었다. 이곳저곳 풀덤불을 뛰어다니며 한 번에 4~5척 밖 멀리까지 뛰었다. 그러나 사람이 토끼를 추격하자 순식간에 모습을 감췄다.

그렇게 되자 토끼를 아무리 찾으려 해도 간 곳을 알 수 없었다.

이 때문에 사람들은 모두 토끼가 백은白銀의 신이라고 말했다. 그리고 흰토끼 한 마리는 1000냥을 관장하고, 흰말 한 마리는 1만 냥을 관장한다고 했다. 하지만 복이 없는 사람은 끝끝내 토끼를 잡을 수 없다고 했다.

한번은 어떤 간식 상점의 주인이 이른 아침에 세수할 때 문득 백마가 흙 언덕을 따라 뛰어다니는 광경을 목격했다. 그는 급히 손에 들고 있던 수건으로 백마를 겨냥하고 타격했다.

공교롭게도 수건이 말 등을 쓸며 지나가자, 백마는 깜짝 놀라 펄쩍 뛰며 돌연 흙 언덕을 향해 달려 올라갔다.

그도 그 뒤를 따라 달려 올라갔다. 하지만 그가 흙 언덕으로 달려 올라갈 때 백마는 이미 종적을 감추고 수건만 흙 언덕 꼭대기에 남아 있었다.

그는 은이 묻힌 곳이 바로 그곳이라고 짐작했다. 이에 그 표면을 파내려갔다.

그는 아마도 복이 없는 사람이었던 듯하다. 한나절을 파고서야 겨우 은 두 덩이를 파냈다. 이것은 그에게 주는 노임으로 간주할 수 있지만, 그가 이 은 두 덩이조차 얻을 복이 없을 줄 누가 생각이나 했겠는가? 그는 귀가하여 병으로 쓰러진 뒤, 은 두 덩이를 모두 쓰고서야 안정을 되찾았다.

이후로 더이상 감히 그곳을 발굴하는 사람은 없어졌으나 흰말과 흰토끼가 여전히 그곳에 나타나는 것을 목도한 사람이 있다.

나중에 1899년(메이지 32)에 이르러 시가지가 점점 확장되어 호로저와 호로신이 연결되는 곳에 수많은 상점을 건축했고 호로저의 흙 언덕 아래에도 한 줄기 수로를 굴착했다.

이에 호로혈의 지리적 특징이 파괴되었고 흰말과 흰토끼도 더이상 볼 수 없게 되었다.

『민속 대만』 「미신 몇 가지迷信數則」, 일본 통치 시대 황징황

송산松山*의 어떤 행상이 어느 날 밤에 백마 한 필을 따라 어떤 소나무 아래에 이르러 마침내 많은 금은보화를 발견했다.

---

* [원주] 송산松山: 대북의 송산이다.

171. 주성周成이 대만을 거쳐 가다

종류 : 귀매, 지역 : 향리

소개

「주성이 대만을 거쳐 가다周成過臺灣」는 '대만의 4대 기이한 사건臺灣四大奇案'*에 열거된 매우 통속적인 민담이다.

이 이야기의 최초 기록은 1927년 '대북의 기이한 사건臺北奇案'으로 명명되어 가자희歌仔戲**로 공연된 대본이다. 즉 '주성朱成'이란 사람이 아내의 도움으로 사업에 성공했으나 따로 첩을 얻어 본처를 살해했고, 그 뒤 본처의 영혼이 그에게 복수한다는 내용이다.

최초의 일어日語 문헌에는 '주성周成'을 '주성朱成'으로 적었다. 왕자오펀王釗芬이 『'주성이 대만을 거쳐 가다'라는 이야기의 전래周成過臺灣的傳述』(里仁書局, 2007)라는 책에서 행한 연구에 따르면 일어에서 '周'의 발음은 '쇼우しょう' '朱'의 발음은 '쇼しょ'로 두 발음이 거의 같기 때문에 일본인들이 기록할 때 오류가 생겼다고 한다.

이 밖에도 주성의 출발지를 대남으로 설정한 경우도 있는데 이는 아마

---

* 〔역주〕앞의 '67. 원혼 진수낭陳守娘'에 소개되어 있다.

** 〔역주〕가자희歌仔戲: 중국 복건성福建省 남부 즉 민남閩南 지방에서 그곳 방언과 민요로 공연하는 전통극의 한 가지다. 흔히 향극鄕劇이라고도 칭한다.

도 일본인들이 대만인과 중국의 연관성을 약화시키기 위해 고쳐 쓴 것으로 추정된다.

주성이 대만을 거쳐간 이야기는 상이한 시대의 구술을 거치면서 내용과 구조가 점점 고정되었다. 특히 제2차 세계대전 이후 설창說唱, 가자희, 영화, 녹음테이프의 전파를 통해 매우 저명한 대만 민간 전설이 되었다.

각 판본에 기록된 주성 이야기는 약간씩 차이점을 보이지만, 상세한 내용은 왕자오펀의 전문 서적을 참고할 만하다. 아래에서는 죽림서국竹林書局에서 출판한 『주성이 대만을 거쳐 가다周成過臺灣』(1989) 가자희 판본의 내용을 간략히 소개한다.

주성周成은 천주 안계安溪 용하촌龍河村 사람으로 어린 아내童養媳 월리月裡를 얻고 나서 생계가 곤란하여 아내의 금붙이를 저당 잡히고 자금을 받아 대만으로 돈을 벌러 갔다.

주성은 담수에서 대만에 상륙한 뒤 동향 아륙阿六과 함께 대북에 거주하며 잡화를 판매했다. 당시에 주성은 기생집의 명기 곽자면郭仔麵을 알게 되면서 고향으로 돌아갈 생각을 잊었다. 주성은 돈을 다 쓴 뒤 가족을 만날 면목이 없었다.

주성은 본래 자살하려고 했으나 당시에 똑같은 생각으로 자살하려고 하는 왕근王根을 만나 동병상련의 정을 느끼고 자살하려는 마음을 접은 뒤 결의형제를 맺고 다시 분발하여 더 나은 생활을 도모하기로 결심했다. 그 후 두 사람은 조양가朝陽街에서 함께 찻잎 상점을 열었고 마침내 동산東山에서 재기했다. 주성은 곽자면을 기적妓籍에서 빼내고 첩으로 맞아들였다.

그의 고향에서는 주성의 소식을 듣지 못했기에 주성의 처 월리는 홀로 시부모와 어린 아들을 부양했다. 월리는 주아륙周阿六이 가져온 주성의 소식을 듣고 나서 그가 대만에서 따로 첩을 얻었다는 사실을 알게 되었다. 이에 곧바로 아들을 데리고 대만으로 가서 주성을 찾았다. 그런데 뜻밖에도 주성은 본처를 알아보지 못하고 대문 밖으로 내쫓았다. 곽자면도 주성을 사주하여 독을 탄 연밥 국으로 월리를 독살하게 했다. 월리는 임종 전에 어린 아들에게 자신이 악귀가 되어 복수하겠다고 말했다.

월리를 살해한 뒤 곽자면은 사악한 하인에게 명령하여 월리의 시신을 우물 속에 던져넣게 했다. 월리의 영혼은 저승으로 가서 염라대왕에게 고발했다. 이 때문에 염라대왕은 야유순夜遊巡을 파견하여 월리의 영혼을 데리고 가서 복수하게 했다. 그러나 주성의 문 앞에 도착했을 때 그곳 문신門神에게 가로막혔다. 귀차鬼叉의 설명을 듣고 나서야 문신은 이들 귀신의 진입을 허락했다.

마지막에 월리의 영혼은 주성의 몸에 붙어 곽자면과 사악한 하인을 죽인 뒤 주성으로 하여금 유서를 남기고 자살하게 했다. 왕근은 피로 쓴 유서를 발견한 뒤 월리의 고아를 길러주겠다고 승낙했다.

원전

『대만의 중국어 연극 및 대만 연극 곡조臺灣的支那演劇及臺灣演劇調』
「대북의 기이한 사건臺北奇案」, 원저, 대만총독부 문교국 사회과
臺灣總督府文教局社會科, 번역, 류수친柳書琴

청나라 때 대륙 사람 주성朱成은 집안 형편이 빈궁했기 때문에 아내의 금붙이를 전당 잡히고 장사 자금을 마련했다. 그는 대남에

서 대북으로 가서 장사를 하여 다행히 1000여 원을 벌었다.

그러나 주성은 이전의 곤궁한 상황 및 집안에서 자신의 귀가를 기다리는 아내를 망각하고 화류계에서 방탕한 생활을 하며 돈을 전부 소진했다.

주성은 진퇴양난의 곤경에 빠져 자살하러 가는 도중에 신죽 사람 정흥鄭興을 만났다. 정흥도 대북으로 일하러 가는 길에서 휴대한 돈 2000원을 분실하여 고민 끝에 자살하러 가는 중이었다.

두 사람은 우연히 만나 동병상련의 정을 느끼고 자살하려는 마음을 내려놓은 뒤 결의형제를 맺었다.

두 사람은 서로 의지한 채 대북에서 함께 장사를 했다. 3년을 분투한 끝에 마침내 3만 원을 벌었다.

주성이 다시 첩을 얻었는데, 본처는 그 사실을 알고 나서 질투와 원한에 사로잡혀 남편을 찾으러 왔으나 무정한 남편은 결국 그녀를 독살했다.

이로부터 본처의 원혼이 주성의 집에서 해코지를 하여 주성의 첩 모자를 살해했다.

복수한 뒤 본처의 영혼은 저승으로 가서 부처님에게 사면받은 뒤 극락왕생했다.

172. 임투저 林投姐

종류 : 귀매, 지역 : 남부

'임투저 林投姐'는 대남에 전해 내려오는 여자 귀신 전설이다.

일본 통치 시대의 문헌에는 모두 임투저와 남자 주인공의 성명이 분명하게 기록되어 있지 않다. 다만 임투저가 임투 林投*라는 나무에 목을 매어 죽었고, 남자 주인공은 천주(혹은 신분이 관가의 사병이라고도 함) 출신이라는 사실 정도만 알려져 있다. 중국 전통 연극 대본에서는 임투저가 돈 많은 과부로 등장하고 더러 그 성을 호씨 姒氏로 기록한 곳도 있다.

『369소보』에 기록된 임투저 전설에서는 임투저가 한 부자 영감의 여종으로 천주 사람 갑甲 아무개와 사통했다. 나중에 갑이 여종을 시켜서 돈과 비단을 훔쳐 자신에게 가져다주게 하고 자신은 마지막에 도주했다. 사기를 당한 여종은 임투라는 나무에 목을 매어 죽었다. 그 뒤 천주 사람 을乙 아무개가 길에서 기예를 공연하다가 임투저의 영혼을 만났다. 임투저는 그가 갑 아무개를 아는지 물었고, 을 아무개는 갑이 이웃 사람이므로 안다고 대답했다. 임투저는 금을 을에게 주고 자신을 천주로 데려다달라고

---

* 〔역주〕임투 林投: 라틴 학명은 'Pandanus tectorius Parkinson'이다. 열대수의 일종이다.

부탁했다. 그런데 음과 양의 세계가 서로 다른데 어떻게 동행할 수 있을까? 임투저는 을에게 우산을 펴서 받들고 가면 그것에 의지하여 함께 갈 수 있다고 말했다. 최후에 임투저는 순조롭게 복수를 수행하고 갑과 그의 두 아들을 죽였다.

제2차 세계대전 이후 임투저 이야기는 문인들의 윤색을 거쳐 남녀 주인공이 이름을 갖게 되었으며, 원래의 전설 구조가 확대되고 완전해져서 고귀한 사람과 저속한 사람이 함께 즐기고 남녀노소가 모두 아는 대만의 유명한 괴담이 되었다.

1970년대에 출판된 『대만의 4대 기이한 사건』에는 랴오한천廖漢臣의 「임투저」가 수록되어 있다. 이 이야기 속 인물과 줄거리는 더욱 완전한 모습을 보여주는데, 이에 이 「임투저」 스토리가 목전에 가장 통속적으로 유행하는 판본이 되었다. 그 내용을 간략하게 소개하면 다음과 같다.

청나라 때 대남에 이초낭李招娘이라는 아름다운 여인이 살고 있었다. 그녀는 남편 진명통陳明通과 서로 사랑하며 아들 셋을 낳았다. 그 뒤 무역상이었던 진명통이 병사하자 이초낭은 혼자 힘으로 세 아들을 길렀다.

진명통의 친한 친구 주아사周阿司는 산두汕頭에서 온 상인으로 과부가 된 이초낭을 매우 동정했다. 두 사람은 날마다 함께 지내다가 사랑의 감정이 싹텄다.

그러나 주아사는 이초낭에게 접근하면서 불순한 마음을 품었다. 그는 진명통이 남겨놓은 재산을 가로채려고 했다. 이초낭은 의심하지 않고 그에게 돈을 주고 무역 자금으로 삼게 했다. 주아사는 이를 빌미로 바다를 건너 장사에 나서서 대남에서 다량의 장뇌樟腦를 구입하고 홍콩으로 가서 판매한 뒤 그대로 배를 타고 자신의 고향 산두로 돌아갔다. 그는 그곳으로 간 뒤에 돌아오지 않고 소식조차 완전히 끊었다.

오랫동안 이초낭은 밤낮으로 자신의 연인이 돌아오기를 기다렸다. 모든 돈을 다 쓸 때까지도 연인이 돌아오지 않자 이초낭은 결국 광증에 걸려 세 아이를 직접 목 졸라 죽이고 자신도 임투 나무에 목을 매고 죽었다. 이후 원혼이 된 이초낭은 늘 임투 나무 근처에 나타나 지전紙錢으로 거리의 상인에게 종자粽子를 샀다.

대남 지방의 벼슬아치는 향리의 안정을 위해 이초낭의 사당을 짓고 향불을 피우고 제사를 올리며 그 여자 귀신을 '임투저'라고 존칭했다.

이 이야기의 결말에서 임투저는 풍수의 대가 '주천도周天道'의 도움으로 우산 아래에 몸을 숨기고 비로소 풍수사와 함께 배를 타고 산두로 간다. 주아사도 임투저의 혼령이 나타난 것을 보고 미쳐서, 재혼한 아내와 자신의 아들을 직접 칼로 베어 죽이고 자신도 임투저의 귀신에게 목이 졸린 채 땅에 쓰러져 숨이 끊어진다.

만약 임투저 이야기의 변화 과정에 관심이 있다면 황수칭黃淑卿의 「임투저 이야기 연구林投姐故事研究」(成功大學 中文所 석사논문, 2006)를 참고하면 된다.

『369소보』 1931년(쇼와 6) 6월 13일, 「원한을 품은 혼령이 복수하다冤魂顯報」, 기운畸雲

노인들이 전하는 이야기에 따르면 임투자林投姊*의 혼령이 나타나 원한을 갚는 일은 거의 남녀노소가 모두 알고 있다고 한다. 광대들이 전통극으로 공연하여 일시를 진동했다. 이에 황당무계한 이야기가 아님을 알 수 있다.

일찍이 어떤 노인에게서 이야기를 들었는데 그 노인은 올해 83세가 되었다. 그가 말하기를 이 일은 감성嵌城에서 일어났으며, 지금부터 거의 100년 전 사건이라고 했다.

그곳이 바로 현재 대남역臺南驛 맞은편 맹아학교 근처다.

옛날에 그곳은 광야로 임투나무가 숲을 이뤄서 행인이 드물었다. 임투자는 아마 그곳에서 목을 매어 죽은 듯하다.

원혼이 나타나자 사람들은 임투자라고 불렀다.

임투자는 근처 아무개 대가의 여종이었는데 어느 시기인지는 알지 못하지만, 천주 사람 아무개와 사통했다.

아무개는 배를 타고 다니며 장사를 했고, 여종은 그와 사통하며 감정이 애틋해지자 다른 곳으로 달아나 살기로 비밀리에 모의했으나 기회를 잡지 못했다.

---

* 〔원주〕 자姊: 저姐와 같다.

마침 대가의 환갑잔치가 열려 전통극을 공연하고 술잔이 오고 갔다. 빈객들도 구름처럼 모였고 친척들도 모두 모여 며칠 밤 동안 눈코 뜰 새 없이 바빴다.

여종은 본래 스스로 모아 둔 돈이 있었으나 기회를 보아 주인의 금과 비단 및 귀중한 장식물까지 훔쳐서 아무개에게 주었다.

약속한 날짜에 여종은 몰래 대갓집을 빠져나와 임투 숲 깊은 곳에 몸을 숨기고 아무개를 기다렸다.

그녀는 아무개가 자신을 맞아 배를 타고 함께 달아나 그의 고향으로 가서 흰머리가 되도록 부부가 되어 살며 부귀를 누릴 것으로 여겼다.

그러나 아무개가 본래 유부남이란 사실을 어찌 알 수 있었겠는가? 재물의 이익을 향유하는 일에 대해서도 그는 모호하게 대답할 뿐이었다. 그는 재물을 손에 넣자 결국 큰 기러기가 날아가듯 자취를 감췄다. 그는 여종을 버려두고 홀로 귀향하여 얼굴에 퉁퉁하게 살이 오른 부자가 되었다. 여종은 멍청하게 며칠을 기다리며 굶주림과 추위에 지쳤다. 아무개가 오지 않자 자신이 속은 것을 알고 분노와 원한에 몸을 떨었다. 그녀는 마침내 임투나무에 목을 매고 외로운 원앙이 되어 황천으로 날아갔다.

그리하여 원한을 품은 혼백이 흩어지지 않고 오래지 않아 항상 그곳에 모습을 드러냈다.

임투저

『대만 풍속지』, 일본 가타오카 이와오

대남의 어떤 여자가 근검절약하여 수백 금을 모아 뒤에 어떤 천주 상인과 함께 살았다. 그 천주 상인은 교활하고 무정하여 그녀와 함께 천주로 가서 장사를 하자 속이고 그녀의 돈을 갖고 가서 돌아오지 않았다.

여자는 몇 년 동안 기다리다가 자신이 속았다는 사실을 깨닫고 분노 끝에 결국 자결하고 말았다. 여자의 유령은 죽어서도 눈을 감지 못하고 매일 저녁 임투 나무 아래에 출몰했다.

여자 귀신은 항상 지전으로 종자粽子 상인에게 종자를 샀다.

그 뒤 사람들은 그 여자가 유령임을 알고 아무도 그쪽 길로 가지 않았다.

대남의 관리들은 이 일에 대해 상의하고 자금을 모아 작은 사당을 세워 제사를 올렸고 그제야 유령이 다시는 나타나지 않았다.

이 작은 사당은 대남 기차역 근처 이견의원里見醫院 일대의 우묵한 곳에 있는데 지난해에 도로를 닦은 뒤 임투나무를 베어냈다.

『대만 습속臺灣習俗』, 일본 히가시카타 다카요시東方孝義

이전에 어떤 대남 여자가 중국 복건성 천주의 상인과 부부가 되었다. 두 사람은 부지런히 일을 하여 수백 원을 저축했지만 뜻밖에도 남편이 돈을 갖고 달아났다.

아내는 절개를 지키며 남편이 돌아오기를 기다렸다. 그러나 몇 년이 지나도 남편은 여전히 돌아오지 않았다. 아내는 결국 자신이 버림받은 것을 알고 분노 끝에 죽었다.

그러나 그 여자는 죽어서도 눈을 감지 못하고 매일 저녁이 되면 나타나 임투나무 아래에 앉아 있다가 때때로 종자粽子 상인을 불러 종자를 샀다. 그러나 그 여자가 지불한 돈은 모두 지전이었다. 사람들은 마침내 귀신을 만난 것을 알고 임투나무 아래에 사당을 세워 그 여자에게 제사를 지냈다. 이후로는 그 여자가 다시 나타나지 않았다.

그곳이 바로 지금의 대남 정류장 근처의 우묵한 곳이다.

173. 유령원幽靈園과 유령옥幽靈屋

종류 : 귀매, 지역 : 남부

소개

사람이 죽기 전에 상당히 강한 집념을 가지면 사후에도 유령이 되어 생전에 연연한 곳을 배회하기 때문에 그곳에서 벗어나 다시 태어날 방법이 없다.

『대만 풍속지』에 기록된 유령원과 유령옥 이야기가 이런 종류의 귀매를 서술한 것이다.

원전

『대만 풍속지』, 일본 가타오카 이와오

봉산지청鳳山支廳 관내 전금장前金莊*에 왕공王拱이라는 사람의 정원이 있었다. 왕공이 죽은 뒤 그의 아내가 계속 관리했으나 그의 아내가 죽은 뒤에는 결국 명맥이 끊겼다. 이 정원은 뒤에 친척 왕

---

* 〔원주〕전금장前金莊 : 지금의 고웅시高雄市 서남쪽 전금구前金區다.

반王盤이 이어받았다.

그러나 저승에 간 왕공의 아내는 자신의 정원을 다른 사람이 가져가는 것을 원하지 않았던 듯하다. 전설에 따르면 매일 황혼에 봉두난발하고 깡마른 유령이 나타나 정원 안에 서 있곤 했다고 한다.

사람들은 경악하며 감히 그 정원을 가꾸려 하지 않았다.

『대만 풍속지』, 일본 가타오카 이와오

대남의 미시가米市街의 한 가옥은 원래 어떤 여자의 소유였는데 나중에 다른 사람에게 빼앗겼다.

전설에 따르면 여자가 죽은 뒤 편히 눈을 감지 못하고 매일 밤 그 가옥에 나타났기에 사람들이 경악하며 감히 그 가옥에 거주하려 하지 않았다고 한다.

또 마공묘가馬公廟街와 부구가府口街에도 유령옥이 있다고 한다.

174. 생매장당해서 만들어진 신령活埋神

종류 : 신령, 지역 : 향리

소개

　대만의 민간 신앙에서는 여귀勵鬼*를 무서워한다. 특히 원한을 품고 죽은 사람의 유령은 강한 힘을 지니고 있어서 이승을 교란시킬 수 있다고 여긴다. 백성들은 자연사하지 않는 영혼에 대해서 공포심을 가지며 심지어 그 영혼들을 신격화하고 제사를 올려 위로한다. 예컨대 왕야王爺 신앙의 기원을 살펴보면 진시황이 유생 265명을 생매장하자 민간에서는 그들의 참혹한 죽음을 동정하여 왕야王爺로 모시며 제사를 올린다는 전설이 있다(류창보劉昌博, 『대만 수신기臺灣搜神記』, 1981). 대만에서 만약 어떤 사람이 생매장당했다면 사람들이 두려움에 사로잡힌 나머지 심지어 망자의 혼을 신격화하여 사당을 세우고 제사를 올리곤 한다. 펑호열도의 전설에 따르면 나병에 걸린 사람을 생매장해도 신령이 될 수 있다고 한다.

---

* 〔역주〕여귀勵鬼 : 역병으로 죽은 귀신이나 억울하게 죽은 귀신을 가리킨다.

『대만 풍속지』, 일본 가타오카 이와오

옛날 안평로安平路의 어떤 사람이 부녀를 강간했다. 그 범인이 마을 사람들에게 잡혀 길가에서 생매장당했다. 그런데 나중에 뜻밖에도 사람들이 숭배하는 대상이 되었는데 전설에 따르면 이 망령을 숭배하면 도박할 때 돈을 딸 수 있기에 제사를 올리는 향불 연기가 한때 끊이지 않았다고 한다.

종류 : 귀매, 지역 : 향리

소개

대만 민속에 죽은 고양이는 나무 꼭대기에 걸어두어야 하고, 죽은 개는 강물에 띄워 보내야 한다고 한다.

청나라 때 유가모劉家謀는 「해음시海音詩」에서 '고양이 귀신'을 제사 지내는 민간 풍속을 묘사했다.

대바구니를 은밀하게 덮개로 가려놓았고	筠籃隱約蓋微遮
달빛이 희미한 곳에 길은 몇 갈래인가	月影朦朧路幾叉
마치 지전紙錢으로 고양이 귀신을 전송하는 듯	恰似紙錢送貓鬼
사람을 등지고 남몰래 길가의 꽃에 걸어놓네	背人偸挂路旁花

이 시에 덧붙여놓은 주석은 다음과 같다. "고양이와 개의 해골이 오줌을 맞으면 털이 나서 해코지를 할 수 있다. 이 때문에 고양이가 죽으면 나무에 걸어놓고, 개가 죽으면 강물에 던지면서 반드시 지전으로 전송해야 한다."

전설에 따르면 만약 죽은 고양이를 땅에 묻으면 빗물에 젖고 햇볕에 건조되면서 '고양이 귀신'이 될 수 있다. 죽은 고양이가 귀신이 되면 사람을 해칠 수 있고 특히 갓난아기에게 해를 끼칠 수 있다. 이 때문에 반드시 죽은 고양이는 나무 끝에 걸어두어야 한다. 49일이 지난 이후 죽은 고양이 시신이 마르고 혼백이 흩어진 이후에야 다시 윤회의 길로 들어설 수 있다. 죽은 개의 시신을 땅에 묻으면 땅의 기운을 흡수하고 '개 요괴'가 되어 사람에게 해코지를 할 수 있다. 따라서 강물에 던져서 흘러가게 해야 성불하거나 윤회하여 인간이 될 수 있다.

원전

『대만 관습 기사』 제1권 제11호, 1901년(메이지 34) 11월 23일 발행, 일본 대만관습연구회 원저, 대만성 문헌위원회 편역.

죽은 고양이는 나무 꼭대기에 걸고, 죽은 개는 강물에 흘려보낸다.
만약 죽은 고양이를 땅속에 묻으면 해와 달 정령의 빛을 받아 요괴로 변해 인간 세상에 소란을 일으킬 수 있다. 이 때문에 나무 꼭대기에 걸어두고 건조시켜야 한다.
개는 전생에 악한 인과因果가 만 겁에 이르도록 해소되지 않아서 개로 태어났다. 만약 개의 시체를 땅속에 묻으면 그 사지가 영원히 보존되므로 다시 출생해도 개가 된다. 이 때문에 개를 가련하게 여겨 다음 세상에는 사람으로 태어나게 하려면 시체를 물속에 던져 사지가 모두 썩어 없어지게 해야 한다.

176. 여러 사악한 귀신 衆邪鬼

종류 : 귀매, 지역 : 향리

소개

대만 사람들은 일단 사람이 아프거나 여러 가지 일이 잘 안 풀릴 때 그 것이 요괴나 마귀 또는 여러 도깨비가 사람에게 해코지를 하기 때문이라 고 믿는다. 이런 때는 부적을 잘 쓰는 법사를 초청하여 '구사부驅邪符(사악 한 귀신을 쫓는 부적)'로 사악한 기운을 몰아내야 한다.

하지만 구사부를 쓰기 전에 어떤 요괴가 몸에 붙어 있는지 알고 대응 하는 요괴를 구사부에 그려넣어야 그 부적과 주문이 효과를 발휘할 수 있다.

『대만 풍속지』에서 가타오카 이와오는 일찍이 여러 가지 요괴와 마귀 의 특색을 소개했다.

『대만 풍속지』, 일본 가타오카 이와오

사람에게 병이 났을 때 접촉했을 가능성이 있는 사악한 귀신은 아래와 같다.

전신포두가신纏身抱頭家神 : 집안에서 두통을 일으키는 귀신.

동북방충두화소여혼東北方沖肚火燒女魂 : 동북방을 점령하고 사람에게 고열을 일으키는 여자 귀신.

동남방충심파두부인東南方沖心把肚夫人 : 동남방을 점령하고 사람에게 복통을 일으키는 여자 귀신.

남방화소수화장군南方火燒水火將軍 : 남방을 점령하고 사람에게 고열을 일으키는 귀신.

전골음혼纏骨陰魂 : 뼛속에 얽혀들어 사람에게 게으름을 일으키게 하는 귀신.

충심화소파두야沖心火燒把肚爺 : 사람에게 고열을 일으켜 음식을 먹고 싶지 않게 하는 귀신.

동방충심파두화소귀東方沖心把肚火燒鬼 : 동방을 점령하고 사람에게 고열을 일으켜 식욕을 없애는 귀신.

서방충심파두사귀西方沖心把肚邪鬼 : 서방을 점령하고 사람에게 고열을 일으켜 음식을 먹고 싶지 않게 하는 귀신.

서북방전신배면부인西北方纏身背面夫人 : 서북방을 점령하고 사람의 등에 고통을 느끼게 하는 여자 귀신.

전신유로상희살纏身遊路喪喜煞: 길에서 배회하다가 장례 참석자나 결혼 참석자를 액운에 빠뜨리는 귀신.

서방충두화소장군西方沖肚火燒將軍: 서방을 점령하고 사람에게 고열을 일으키게 하는 귀신.

전골화소여혼纏骨火燒女魂: 뼛속에 얽혀들어 사람에게 고열을 일으키게 하는 여자 귀신.

동방전골화소비살東方纏骨火燒飛煞: 동방을 점령하고 이리저리 날아다니며 사람에게 고열을 일으키게 하는 귀신.

압운비살壓運飛煞: 이리저리 날아다니며 사람을 액운에 빠뜨리는 귀신.

화소포두발살火燒抱頭發煞: 이리저리 날아다니며 사람에게 두통과 고열을 야기하는 귀신.

노살전골음부인路煞纏骨陰夫人: 길가를 점령하고 사람에게 병이 떠나가지 않게 하는 귀신.

『대만 풍속지』, 일본 가타오카 이와오

무조가신無厝家神: 무조가신은 연고가 없는 외로운 혼령으로 사람에게 해코지하기를 가장 좋아한다.

파자모婆姊母: 백발이 헝클어진 노파 귀신이다.

우산귀雨傘鬼: 발이 하나뿐이며 밤에 비가 내릴 때 출현한다.

모생자毛生仔: 머리카락이 없는 어린아이 같으며, 아이들에게 해코지하기를 좋아한다.

소두귀小頭鬼: 머리는 작고 몸이 큰 귀신을 소두귀라고 부른다.

객사귀客死鬼: 먼 곳에서 객사한 사람의 유령을 객사귀라고 한다.

가친노귀家親老鬼: 사망한 지 오래된 친척이 변한 귀신으로 오랜 세월을 경과한 귀신을 가리킨다.

석류귀石榴鬼: 석류 열매가 갈라진 것처럼 입을 벌린 귀신을 석류 귀라고 한다.

황사부인귀枉死婦人鬼: 원한을 품고 죽은 여인의 귀신이다.

화상귀和尚鬼: 모습이 승려와 비슷하고 신체가 비대한 귀신이다.

소남불합귀少男不合鬼: 미혼으로 사망한 남자의 귀신이다.

곡귀哭鬼: 비단을 찢는 것과 같은 소리를 내므로 매우 공포스럽 다. 곡귀는 일정한 시간이 되면 우는데 그 시간이 바로 매월 술일戌 日이다. 전설에 이날은 어떤 기쁜 일도 거행하지 않는다고 한다.

177. 오귀부五鬼符

종류 : 귀매, 지역 : 향리

원전

『대만 풍속지』, 일본 가타오카 이와오

이 부적은 사람의 생일과 다른 축일祝日에 불사른다. 전설에 첫 번째 그림의 다섯 귀신이 두 번째 그림의 금전과 복을 가져올 수 있다고 한다.

● 오귀부(『대만 풍속지』, 1921)

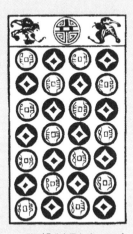

● 오귀부(『대만 풍속지』, 1921)

한인, 일본인, 서양인이 남긴 기이한 기록

신계 神界之章

178. 의자고 椅仔姑

종류 : 신령, 지역 : 천계

소개

중추절 밤에 젊은 여인들은 어떤 비법을 실행하여 '의자고椅仔姑(紫姑神)'와 신령한 기운을 소통하고 하늘의 비법 얻기를 좋아한다.

두 사람이 대나무 의자 하나를 지탱하고, 의자 위에 여자 옷, 거울, 화장대, 지분脂粉 등과 같은 여성용품을 올려놓는다. 다시 여자 한 사람을 초청하여 지전을 불사르고 향을 피우면서 경건하게 제사를 올리게 하면 의자고라는 신령을 맞이할 수 있다.

이때 의자고는 어떤 문제에도 대답할 수 있고, 질문을 하면 반드시 대답하지만, 올케의 고함 소리를 들으면 바로 떠난다.

전설에 따르면 의자고는 고대에 올케에게 학대당한 어린 시누이로 돼지우리에서 살해된 뒤 신령으로 변했다고 한다.

이 밖에도 '남자고籃仔姑'라는 풍속이 있는데 이는 대나무 의자를 이용하여 신령을 강림하게 하는 것이 아니라 '신부용 바구니新婦仔籃'를 사용하여 신령을 강림하게 한다. 먼저 여자아이의 옷을 대나무 바구니의 손잡이에 걸쳐놓고 '남자고'의 몸으로 삼고, 그 뒤에 손수건을 손잡이에 동여매어 머리로 삼는다. 아울러 손수건에 여자의 오관五官을 그린다. 대나무 바구니에는 역시 연지, 꽃분, 과일 등의 물품을 담는다. 그 뒤 검은 헝겊으로 눈을 가린 소녀 두 명에게 두 손으로 함께 손바구니를 받쳐 들게 하고 다른 소녀들은 주위에 둘러앉아 다음과 같은 주문을 외우게 한다.

"남자고籃仔姑, 남자이籃仔姨, 경화지牽花枝, 소년시少年時, 현시야미가現時也未嫁, 금년고자재삼세今年姑仔才三歲."

뜻은 대략 이렇다.

"바구니 고모여! 바구니 이모여! 꽃가지를 잡은 것은 어린 시절이었네. 지금도 시집을 못 갔는데, 지금 소녀의 나이 겨우 세 살이네."*

바구니를 받든 소녀가 정신이 황홀해지기 시작하면서 두 손을 떨고 심지어 큰 소리로 울면 바로 남자고가 강림했음을 알아차리고 그 신령에게 각종 문제를 자문할 수 있다. 남자고는 바구니가 흔들리는 횟수로 해답을 알린다.

---

* 〔역주〕 대만 전설에 올케에게 학대받은 어린 시누이가 죽을 때 나이가 세 살이었고, 그렇게 죽은 시누이가 신령이 되어 '의자고椅仔姑' '남자고籃仔姑' 등으로 불린다고 한다.

이러한 점술 이외에도 대만에서는 '소추신掃帚神'* '편담신扁擔神'** '와고신蛙古神'***과 같은 강신 의식도 전해오고 있다. 이러한 것들은 모두 특수한 의식으로 사방의 신령을 초빙하여 신령에게 문제의 해결 방안을 묻는 방법이다.

원전

『아당문집』, 일본 통치 시대 연횡

중추절 밤에 여자아이들은 마당에 모여 두 사람이 대나무 의자 하나를 잡으면 그 위에 여자 옷 한 벌을 놓고 가발을 씌운다. 그리고 화장대, 꽃분, 가위, 자와 같은 물건을 놓고 향과 지전을 사르며 자고紫姑를 영접한다.

자고가 이르러 의자가 흔들릴 때 길흉을 물으면 바로 대답한다. 만약 올케의 목소리를 들으면 신령이 문득 사라진다.

혹자는 이렇게 말한다. "자고는 아무개의 딸로 올케에게 학대당해 죽어 돼지우리에 묻혔다. 이 때문에 그곳에서 영접하는데 올케

---

* 〔역주〕 소추신掃帚神: 남자아이들이 대나무 빗자루로 신령을 맞이하여 점을 치는 방법이다.
** 〔역주〕 편담신扁擔神: 남자 둘이 양쪽에서 하나의 멜대를 메고 신령을 맞이하여 점을 치는 방법이다.
*** 〔역주〕 와고신蛙古神: 청개구리가 울면 파종할 때가 되고, 청개구리가 울면 비가 오기 때문에 청개구리를 신령화하여 섬기고 점을 치는 풍속이다.

의 목소리를 들으면 놀라 달아난다."

『민속 대만』「호자고」, 일본 게다 도시오

　이 점술 놀이는 미혼 여성에 한정해서 참가가 허용되고, 기혼 여성이나 아직 성년이 되지 않은 여자아이는 참가할 수 없다.

　그중에는 부모 동반으로 참가하는 여자아이도 있다. 의식을 진행할 때 여자아이들의 부모는 입으로 낭랑하게 '몸에 강림하소서! 來附身啊!'라는 주문을 외운다.

　이 놀이는 정월 15일 대보름날上元節과 8월 15일 중추절에만 거행할 수 있다. 북부보다 남부에서 더욱 성행하고 방식도 지역에 따라 차이를 보인다.

　여기에 실린 이야기는 약 50년 전 녹항鹿港에서 만화萬華로 시집온 노부인의 구술로 알게 된 것이다.

　먼저 돗자리 하나를 오래된 사각형 대나무 의자에 깐다. 그 위에 밥주걱을 놓는데 그것을 의자고의 얼굴로 삼는다. 이 때문에 밥주걱의 표면에 눈, 코, 입을 그리고 그 위에 꽃비녀를 꽂는다. 이 밖에도 의자 등받이 좌우에 붉은색 소매를 걸치고 그 속에는 죽편으로 만든 통 두 개를 채워넣은 뒤 다시 붉은 꽃을 꽂는다. 곁에서 보면 아가씨들의 모습을 좀 닮았다.

　의자고가 출현하면 전면의 수통을 뒤집고 솥뚜껑을 덮어서 그 위에 연지, 분, 세 가지 과일과 채소, 가위, 쌀 등의 공물을 진설

한다.

모든 것을 정리하여 배치한 뒤 두 아가씨가 각각 의자 다리를 하나씩 잡는다. 이때 모든 사람이 노래를 부르며 의자고 신령의 강림을 요청한다.

……의자고여! 의자자椅仔姊여! 내려오시어 의자에 앉으소서!

……의자에 좌정하시면 의자의 성령께 묻겠습니다. 만약 성령이 계시면 물통을 세 번 두드리시어 성령을 보이소서.

오래지 않아 의자고의 신령이 강림하면 의자가 매우 무겁게 느껴진다고 한다.

이어서 아가씨들이 각종 문제를 질문하고 의자고는 밥주걱의 머리를 앞뒤로 흔들거나 물통의 바닥을 두드려 문제의 해답을 제시한다. 예를 들어 "내일 날씨가 어떻겠습니까?"라고 묻고, "내일 날씨가 좋으면 바닥을 세 번 두드려주십시오"라고 했을 때, 내일 날씨가 좋으면 수통을 두드리는 소리가 '똑똑똑' 세 번 들릴 수 있다.

소문에 따르면 만약 의자고에게 당신의 나이를 물으면 바로 당신의 나이를 말하고, 또 젓가락 하나를 들고 몇 개인지 물으면 물통을 쳐서 숫자를 제시할 수 있다고 한다.

의자고에 관해서는 다음과 같은 불행한 전설이 전해온다.

옛날에 어려서 어머니를 여읜 여자아이가 있었는데, 그 아이에게는 매우 악독한 올케가 있었다. 그 올케는 겨우 세 살에 불과한 여자아이를 노예처럼 간주했다. 옛날에 가정에서 밥을 할 때는 늘

의자고여!
의자자여!

내려오시어
의자에 앉으소서!
하늘은 맑고 맑으며,
땅은 영험하고
영험합니다. 그대
셋째 아가씨三姑가
단상 앞에
강림하심을
보고싶습니다.

왕겨를 연료로 삼았고 불이 꺼지는 것을 방비하기 위해 끊임없이 연료를 보충해줘야 했다. 보통 가정에서는 시누이가 아래에서 불을 때면, 올케는 부뚜막 위에서 밥을 돌보곤 했다. 그러나 이 냉혹한 올케는 매일 어린 시누이에게 대나무 의자에 앉아 불을 때라고 명령했고 저녁에는 부뚜막 위에서 잠을 자라고 하면서 음식도 주지 않았다. 여자아이는 사람 모습을 유지할 수 없을 정도로 야위었다.

어느 날 아침 잠에서 깨어난 올케는 대나무 의자 위에서 차갑게 죽어간 여자아이를 발견했다. 그러나 이 올케는 조금도 마음 아파하지 않고 제대로 된 장례 의식도 마련하지 않았다.

그 뒤 둘째 올케가 채소를 사서 돌아왔다가 여자아이가 죽은 상태로 대나무 의자에 앉아서 왕겨를 아궁이에 넣는 모습을 발견하고는 대경실색했다.

이것이 의자고의 기원이다.

이 불행한 세 살 아이의 영혼을 위로하기 위해 당시 아가씨들이 모두 의자를 향해 절을 올렸다.

미혼 여성만 의자고 의식에 참가할 수 있는 이유는 대체로 이 세 살 여자아이가 올케에게 학대당해 죽어서 결혼한 여자는 의자고에게 환영받지 못하기 때문이라고 한다. 이런 연유로 결혼한 여자는 참가하지 못하게 한다.

만약 어떤 사람이 의자고를 속이려고 결혼한 여자를 초청해오면 의자고는 즉시 의자를 흔드는 행동을 중지하고 완전히 정적 상태로 들어간다.

『남둔 향토 조사南屯鄕土調査』, 일본 통치 시대 남둔공학교南屯公學校 편집, 쉬스룽許世融 번역.

의자고에 관한 민요 가사

의자고여! 강림하시어 땅에 앉으소서. 땅은 당신과 이어져 있습니다. 빈랑檳榔은 씨앗만 주고, 썩은 낙엽만 펼쳐놓고, 좋은 음식은 나눠주지도 않았지요. 셋째 아가씨인 당신은 진정 친척이건만. 의자고여 좌정하시고, 의자고여 성령을 발휘하소서. 의자고께서 먼저 강림하시니 명성이 자자하네요. 큰길은 성큼성큼 오시고, 작은 길은 잘 골라 오소서. 하늘은 맑고 맑으며, 땅은 영험하고 영험합니다. 그대 셋째 아가씨가 단상 앞에 강림하심을 보고 싶어요椅仔姑!

觀汝來坐土. 土連汝. 檳榔心, 老葉陳, 好食不分. 汝三姑着是親. 姑仔定, 姑仔聖, 姑仔頭來, 有名聲. 大路大波波, 小路好桃. 天淸淸, 地靈靈. 觀汝三姑, 來出壇前.

종류 : 신령, 지역 : 천계

소개

임수부인臨水夫人은 당나라 말기와 오대五代 시대에 살았던 진정고陳靖姑의 생전 봉호다.

대만에서는 임수부인이 여성과 아동을 보호하는 신으로 부녀의 출산을 돕는다고 믿는다. 그러나 임수부인은 아들을 낳게 해줄 수 있을 뿐만 아니라 아들을 거두어 갈 수도 있다.

가타오카 이와오의 『대만 풍속지』 기록에 따르면 1913년(다이쇼 2) 남재항가楠梓坑街의 어떤 젊은 부인이 대남의 임수부인 사당에 와서 기도를 올리고 열 달 뒤에 아들을 순산하여 온 가족이 기뻐했다. 그런데 아이가 두 살이 되던 어느 날 갑자기 땅에 쓰러져 일어나지 못한 채 숨이 끊어져 사망했다. 온 가족은 비통함에 가슴이 찢어질 지경이었다.

이후 점쟁이가 이렇게 해설했다. "이 아이는 임수부인이 점지했는데 귀한 아들을 얻은 뒤 사당으로 돌아가 사례를 하지 않아 부인의 분노를 야기했기에 아이를 다시 데려간 것이오."

아이의 가족들은 경악과 공포의 감정을 금치 못하고 즉시 제물을 갖고 임수부인의 사당으로 가서 제사를 올렸다.

대남군 경내에 임수부인 사당이 있고 숭배 제사가 성황을 이룬다. 정월 대보름과 중추절에는 사당에 들어가 향불을 피우는 여성들이 많다. 아들 출산을 바라는 사람이 신위를 설치하고 제사를 올려 기도하면 바로 감응한다.

양신림梁愼林의 『퇴암수필退庵隨筆』에 따르면 부인의 성은 진씨陳氏, 이름은 정고靖姑로 고전현古田縣 임수향臨水鄕 사람이라고 한다.

민왕閩王 왕린王璘 시절에 부인의 오빠 진수원陳守元이 사교邪敎에 종사하며 산속에 은거했는데, 부인이 항상 음식을 대접하다가 마침내 비록秘錄과 부적을 받아 귀신을 부릴 수 있게 되었다. 일쩍이 영복永福에 가서 백사白蛇 요괴를 주살했다. 왕린이 그녀를 순의부인順懿夫人으로 봉했다. 뒤에 도주하여 바닷가에서 살았으나 마지막 행적은 알지 못한다.

사금란謝金鸞의 『대만현지臺灣縣志』에도 부인의 이름은 진고進姑이고, 복주福州 사람이며, 진창陳昌의 딸로 당나라 대력大曆 2년에 태어난 것으로 기록되어 있다. 또 유기劉杞에게 시집가서 임신 몇 달만에 큰 가뭄이 들자 자신의 태아를 유산시키고 오직 기우제에 모든 힘을 다 쏟아부었다. 얼마 지나지 않아 세상을 떠나니 향년 24세였다. 세상을 떠날 때 유언을 남기기를 "나는 죽은 뒤에 반드시 신령이 되어 난산하는 여인을 구하겠다"라고 했다.

건녕^{建寧}의 진청수^{陳淸叟}의 며느리가 임신한 지 17개월이 지나도록 아이를 낳지 못했는데, 부인이 나타나 치료하자 뱀 몇 말을 낳았다. 고전현 임수향에 백사가 사는 동굴이 있어서 독기를 뿜어내며 역병을 퍼뜨렸다. 어느 날 고을 사람들은 붉은 옷을 입은 사람이 칼을 들고 뱀을 베는 것을 보았다. 그 사람이 말했다. "나는 강남에서 건너온 진창의 딸이다." 말을 마치자 모습이 보이지 않았다. 이에 동굴 곁에 사당을 세웠다. 이후로 영험한 자취가 매우 뚜렷하게 나타났다.

송나라 순우^{淳佑}(남송 이종^{理宗}의 연호, 1241~1252) 연간에 숭복소혜자제부인^{崇福昭惠慈濟夫人}으로 봉하고 황제가 직접 '순의^{順懿}'라는 편액을 내렸다. 뒤에 또 천선성모청령보화벽하원군^{天仙聖母青靈普化碧霞元君}이란 봉호를 더해줬다.

180. 성황신 城隍神

종류 : 신령, 지역 : 천계

대만섬 사람들은 모두 성황야城隍爺가 선행에 상을 주고 악행에 벌을 내린다고 믿으면서 성황묘城隍廟에서 성황야를 받든다.

성황야는 지방의 수호신이기에, 현지의 지방관이 새로 부임하면 셋째 날에서 다섯째 날 사이에 반드시 성황묘로 가서 성황야에게 제사를 올리는데, 이것이 바로 '성황재숙城隍齋宿'이다. 지방관은 이승의 일을 관장하므로 양관陽官에 속하고, 성황신은 음관陰官이므로 저승의 일을 관장한다.

전설에서는 만약 관리가 정직하고 청렴하여 백성을 보호하며 선행을 행하면 사후에 신령의 호적에 편입되어 성황신이 된다고 한다. 예를 들어 임호는 『동영기사』「총담叢談」에서 다음과 같이 말했다. "담수동지淡水同知 조사계曹士桂(복당馥堂, 운남雲南 문산文山의 거인擧人)는 백성을 부지런히 보살피고 옥사를 신중하게 처리했다. 피로가 누적되어 임지에서 세상을 떠났는데 전하는 말로 담수의 성황이 되었다고 한다."

이 밖에 대만에도 '물귀신水鬼이 성황으로 변한 이야기'가 전해오고 있는데, 특히 객가족客家族 마을에 널리 퍼져 있다. 가장 널리 알려진 이야기의 줄거리는 다음과 같다.

선량한 물귀신이 어부를 도와서 고기를 잡다가 결국 어부를 물에 빠뜨려 '자신의 대체자'로 삼을 수 있는 시기에 어부에게 알리기를 이 일을 막아야 한다고 했다. 물귀신은 순조롭게 윤회하여 사람이 될 방법은 없지만 사람을 죽이는 것도 자신의 뜻이 아니므로, 오히려 자신을 희생하기를 바랐다. 결과적으로 그의 선한 마음은 선한 보답을 받아 염라대왕에 의해 성황야로 승진했다.

비교적 특별한 것으로는 대중의 동세진^{東勢鎮}과 병동^{屏東}의 내포^{內埔}에 전해오는 물귀신 이야기인데, 이 이야기는 마지막 결말에서 물귀신이 '백공^{伯公}(객가족 신앙의 토지신)'으로 변한다. 고웅의 미농^{美濃} 객가 마을 미농하^{美濃河} 가에서는 매년 음력 2월에 '이월제^{二月祭}'라는 이름의 제전을 거행하고, 묘율공관^{苗栗公館} 복기하^{福基河}에서는 음력 7월 1일에 '장제하강^{賬祭河江}'이란 행사를 열어 제도^{濟度} 활동을 한다. 이런 행사는 모두 '하두백공^{河頭伯公}(강머리의 토지신)'이 강변 주민의 안전을 보호할 수 있도록 기원하고 또 원통하게 죽은 수중고혼이 더이상 사람의 목숨을 빼앗지 말도록 기원하는 행사다.

원전

『아언』, 일본 통치 시대 연횡

대남 사당의 기둥에 붙인 대련^{對聯}에 가작이 꽤 많았으나 전쟁을 겪은 뒤에 남김없이 사라졌다.

부^府의 성황묘^{城隍廟} 대련은 누가 지었는지 알 수 없지만 지금까지도 기록되어 남아 있다.

성황이란 이른바 선행을 장려하고 악행을 미워하는 신이기 때문에 언어에 위엄이 있고, 어투의 엄격함이 가혹한 관리와 같다. 그 대련은 다음과 같다.

네 평생을 물어보건대	問爾平生
무슨 일을 했나	所干何事
다른 사람이 재물을 얻게 모의해주었나	謀人財
다른 사람의 목숨을 해쳤나	害人命
다른 사람의 부인을 간음했나	奸淫人婦女
다른 사람의 윤리를 파괴했나	敗壞人綱常
이전의 사악한 음모와 계책을 따져보면	算從前邪謀詭計
누가 한 짓이 아니라 자신이 한 짓이다	那一條孰非自作
이곳에 오면	到我這裏
죄가 있으면 반드시 벌을 받는다	有罪必誅
너의 계략을 없애고	殲汝算
너의 몸을 죽이리라	殺汝身
너의 자손을 끊고	殄滅汝子孫
너에게 재앙을 내리리라	降罰汝禍殃
오늘의 흉악한 화염을 보라	看今日凶烽惡焰
몇 명이나 여기 왔다가 도망칠 수 있겠나	有幾個至此能逃

이것은 진실로 악인에게 주는 설법이다.

세상에는 도덕을 준수하지 않고 법률을 두려워하지 않으면서도 유독 귀신을 두려워하는 자들이 있다. 빚도 갚지 않고 도둑질도 인정하지 않는 상황에서, 그를 성황묘로 불러와 닭을 잡고 진실을 맹세하라 하면 깜짝 놀라 안색이 변하며 저승에서 거울로 비춰보는 이가 있는 것처럼 여긴다.

『아언』, 일본 통치 시대 연횡

전설에 따르면 물귀신이 3년을 경과한 이후에 자신의 대체자를 찾을 수 있으면 성황*으로 변할 수 있다고 한다.

영덕묘靈德廟의 성황은 청나라의 어질고 후덕한 관리가 사후에 모습을 바꾼 신령이라고 한다.

---

* 〔원주〕 성황: 대만의 민속 신앙에서 성황은 두 가지 종류가 있다. 하나는 물귀신이 덕을 베푼 경우이고, 다른 하나는 관리가 생전에 백성에게 선정을 베풀어 사후에 성황야가 된 경우다.

181. 수수야 水手爺

종류 : 신령, 지역 : 천계

소개

수수야水手爺는 창기들이 숭배하는 사랑의 신령으로 남녀 사이의 애정을 관장한다.

원전

『아언』, 일본 통치 시대 연혁

대남의 기원妓院에서는 종이 인형紙偶에게 제사를 지내며 이를 '수수야水手爺'라고 부르는데 바로 남곤신왕南鯤鯓王의 뱃사공이다.

기둥서방과 기녀는 매일 저녁 반드시 수수야에게 향불을 피우고 다음과 같이 축원한다.

"뱃사공 나으리! 발은 높이 들고, 얼굴은 친근하게 하고, 큰 돼지*를 보호하여 많은 돈을 들여보내게 하소서. 올 때는 머리를 멍청하게 하고, 갈 때는 몸을 텅 비게 하소서. 허리춤에는 돈 자루를 차고 어두운 길을 용감하게 오게 하소서. 친구가 말려도 듣지 말고, 부모가 꾸짖어도 놀라지 말게 하고, 먹을 것을 다투며 서로 싸우게 하소서."

이것은 일종의 주문呪文으로 야만인들이 매번 이용한다.

지금 기원妓院에서는 기녀와 노는 손님을 큰 돼지라 부르고 밤을 보낼 때 돈이 없으면 억류하고 내보내지 않는데 이를 '조후弔猴(원숭이를 매단다는 뜻)'라고 한다.

---

* [원주] 큰 돼지: 원문은 '대저大豬'로 기생집을 출입하는 오입쟁이를 비유한다.

182. 수신水神이 꿈에 나타나다

종류 : 신령, 지역 : 천계

소개

대만의 일본 통치 시대에 가의의 염수항청鹽水港廳에서 일찍이 어떤 사람의 꿈에 수신水神이 나타나 취죽림翠竹林 속 연못의 물로 온갖 병을 치료할 수 있다고 알려줬다.

원전

『대만 일일신보』 1905년(메이지 38) 12월 28일. 「믿을 만한가其信然耶?」

염수항청 산하 가동남보茄苳南堡 붕비장崩埤莊 근처에 취죽림이 있다.

대숲 아래에 둘레가 수십 보에 불과한 작은 연못이 있고 그곳 깊은 곳에서 샘물이 솟아나오는데 물맛이 매우 좋다.

이 마을의 노인 아무개는 한 달 전에 검은 얼굴의 장군이 나타나는 꿈을 꿨다. 그 장군은 생김새가 매우 우람했고, 몸에는 검은 도

포를 입었으며 손에는 채찍을 들었다. 그 모습이 마치 배우들이 연기하는 서초패왕西楚霸王과 같았는데, 스스로 '수덕성군水德星君'이라고 불렀다. 연못의 물로 온갖 병을 치료할 수 있다고 알려주면서, 원근 사람들에게 그 물을 길어서 마시도록 두루 알리라 하고 그렇게 하면 페스트를 피해갈 수 있을 것이라 했다. 그는 신신당부하고 떠났다.

아무개는 깜짝 놀라 꿈에서 깨어 처음에는 요괴의 꿈이라 여기고 믿지 않았다.

다음 날 밤에도 전날과 같은 꿈을 꾸고 이상하게 생각했다.

마을 사람들에게 말하고 함께 가서 살펴보니 연못에 무슨 기이한 점은 없었고 물만 매우 맑았다.

마침 마을에 열병에 걸린 사람이 있어서 연못 물을 길어서 마시게 했더니 병이 바로 나았다. 사람들은 경이롭게 생각하며 향과 지전을 태워 공경심을 보였다.

일시에 원근으로 그 이야기가 퍼져 나가자 화려한 옷을 갖춰 입은 남녀들이 노인과 아이들을 부축하고 수덕성군에게 가서 절을 올렸다. 맑은 물을 길어서 집안에 비축하고 불의의 병에 대비했다. 날마다 수백 명의 사람이 몰려왔다.

근래에 가의 백성은 자동차를 타고 물을 뜨러 오는데 실로 그 숫자가 적지 않다. 거의 산음도山陰道의 길처럼 붐벼서 서로 응대할 겨를도 없었으나 모두 말하기를 수덕성군께서 세상에 임하여 환자를 구하신다라고 했다.

그것이 꿈인가? 생시인가? 아니면 어떤 술법으로 이런 경지에
까지 이르렀나? 이 일을 기록하여 고명한 분들에게 질문하고자
한다.

종류 : 신령, 지역 : 천계

소개

음력 정월 초9일이 바로 '천공생天公生'인데, 옥황대제玉皇大帝의 생일
이다.

천공은 신으로서의 품격이 매우 숭고하기 때문에, 민남 지역 사람들
은 정월 초9일 '천공생'에 참배할 때 매우 신중한 모습을 보인다. 즉 제상
祭床 위에 고운 꽃, 촛불, 국수, 과일, 앙꾸꾸에 紅龜粿(거북 모양의 붉은 과
자)…… 등등을 차리고 또 돼지와 양을 잡아 천공의 성탄을 축하한다.

원전

『화려도 민화집華麗島民話集』「천공 그리고 산양과 돼지天公與山羊
和豬」, 일본 니시카와 미쓰루, 이케다 도시오 기록, 치량일어공
작실致良日語工作室 편역.

천공에게 제사를 올리는 축전이 진행될 때 산양과 돼지가 나타
나서 사람들에게 말했다. "이런 짓이 무슨 소용이 있나? 그만두는

것이 좋을 것이다."

이듬해 봄, 천공의 성탄절이 돌아왔지만 사람들은 축제를 열러 가지 않았다.

천공은 이상하게 생각하고 수행한 신에게 물었다. "왜 사람들이 나에게 제사를 올리지 않는가?"

수행한 신이 대답했다. "왜냐하면 속세에 사는 악독한 산양과 돼지가 사람들을 속였기 때문입니다."

천공은 매우 분노하여 즉시 산양과 돼지를 속세에서 소환하여 사납게 꾸짖었다.

그런데 4~5년이 지나자 또 똑같은 일이 발생했다. 이에 천공은 산양과 돼지의 입에 굵은 귤을 집어넣고 입을 막은 뒤 말을 하지 못하게 했다.

그 뒤로 오늘날까지 경축 행사가 있을 때마다 민간에서는 아직도 돼지와 양을 잡아서 그 입에 귤을 집어넣는 일이 이어져 오고 있다. 그 습속이 바로 여기에서 유래했다.

184. 주생낭낭 註生娘娘

종류 : 신령, 지역 : 천계

소개

주생낭낭^{註生娘娘}(생명을 점지하는 여신)은 '주생낭마^{註生娘媽}'라고도 칭한다. 아이가 수태할 때부터 탄생할 때까지 보호해주는 여신이다. 아울러임신한 부인의 평안을 지켜주는 책임을 지고 있다.

원전

『대만 관습 기사』제2권 제8호, 1902년(메이지 35) 8월 23일발행, 일본 대만관습연구회 원저

주생낭낭: 아이를 점지해주는 여신으로 존경하며 제사를 올린다.

일찍이 맹갑의 용산사^{龍山寺}에 갔더니, 대룡동^{大龍峒}의 보안궁^{保安宮} 등 사당에 참배하는 사람들이 그 궁묘의 한구석에 나타났는데, 그곳에는 중앙에 한 여신이 모셔져 있었고, 양측에 또 열두 분의여신이 설치되어 있었다. 그 여신들은 각각 영아 한 명씩을 안고중앙의 여신을 모시고 있었다.

이 중앙의 여신은 주생낭낭이라 불리고, 양측 열두 분의 여신은 파자婆姊라 불린다. 전언에 따르면 열두 분의 여신 중에서 절반은 영아를 안고 여성의 몸 안에 깃들게 하는 직무를 담당하고, 다른 절반은 이미 점지한 영아를 여성의 몸 안에서 다시 찾아오는 직무를 담당한다고 한다.

『민속 대만』 「주생낭낭註生娘娘」, 일본 통치 시대 여아창呂阿昌

만화萬華의 용산사 뒤 전각 왼쪽에 귀여운 어린아이를 데리고 있는 열두 분의 할머니가 안치되어 있는데 이분들이 바로 주생낭낭이다. 아래에 그들의 상이한 임무와 성명 및 출신지를 열거한다.

01. 주생註生(생명 점지)--진사낭陳四娘, 복주부福州府 고전현古田縣

02. 주태註胎(태아 점지)--갈사낭葛四娘, 연평부延平府 남평현南平縣

03. 감생監生(생명 감독)--완삼낭阮三娘, 복주부 장영현長榮縣

04. 포송抱送(생명 전송)--증오낭曾五娘, 건녕부建寧府 강녕현江寧縣

05. 수태守胎(태아 수호)--임구낭林九娘, 건녕부 구녕현歐寧縣

06. 전생轉生(생명 윤회)--이대낭李大娘, 복주부 해구진海口鎮

07. 호산護産(출산 보호)--허대낭許大娘, 복주부 후관현侯官縣

08. 주남註南/여女(아들, 딸 점지)--유칠낭劉七娘, 복주부 영총현寧總縣

09. 송자送子(아들 전송)--마오낭馬五娘, 온주부溫州府 서안현瑞安縣

10. 안태^{安胎}(태반 안착)--임일낭^{林一娘}, 소무부^{邵武府} 건녕현^{建寧縣}

11. 양생^{養生}(생명 양육)--고사낭^{高四娘}, 연평부 장사현^{長沙縣}

12. 포자^{抱子}(아들 보호)--탁오낭^{卓五娘}, 건녕부 포성현^{浦城縣}

185. 영아 수호신: 태신胎神

종류 : 신령, 지역 : 천계

소개

  전설에 일단 여성의 몸에 태아가 생기면 그 태아는 '태신胎神'에 의해 보호받는다고 한다. 태신의 분노를 촉발하지 않기 위해 임신한 여성은 각종 금기를 지켜야 한다. 예를 들어 실내의 각종 기물을 마음대로 옮겨서는 안 되는데 기물에 태신이 깃들어 있을 수 있기 때문이다. 임신한 여성은 또 꼭두각시 연극을 봐서는 안 된다. 이를 어기면 뼈가 없는 아이를 낳을 수 있다고 한다.

  임산부가 난산이라면 태신이 해코지하는 경우일 가능성이 있으므로 이때는 도사를 모셔와서 '최생술催生術(출산을 재촉하는 술법)'을 베풀거나 가족들이 집 밖에서 쟁기를 이용하여 땅을 갈면서 안전한 출산을 도와야 한다.

『대만 관습 기사』제2권 제8호, 1902년(메이지 35) 8월 23일 발행, 일본 대만관습연구회 원저, 대만성문헌위원회 편역

임신한 여성이 집안에서 기거할 때 '태신'이 태아를 보호한다.

임신한 여성은 물론이고 그 가족들도 항상 주의하여 태신의 분노를 유발하지 않도록 해야 한다. 임신한 여성의 '침대'는 말할 필요가 없고, 창문을 수리한다든가 기둥에 못을 박거나 빼는 일을 해서는 안 된다. 만약 이런 행동을 하여 태신의 분노를 유발하면 얼굴에 해코지를 당하거나 유산하거나 역산逆産하거나 태아의 몸에 칼자국이나 못자국이 생기는 등의 일이 발생할 수 있다.

『민속 대만』「안태부安胎符」, 일본 통치 시대 전대웅田大熊

만약 부주의하게 '동토動土(땅을 팜)하여' 태신의 분노를 유발했다면, 태신의 화를 가라앉히기 위해 반드시 '안태부'를 이용해야 한다.

'안태부'는 글자의 뜻처럼 태아를 편안하고 무사하게 보호하는 부적이다.

본섬 사람들은 여성이 임신하면 태신이 존재하게 된다고 인식한다. 따라서 임신한 여성의 방은 말할 필요도 없고, 내부의 기물에까지 월별로 태신이 존재하게 되는데, 만약 태신이 깃든 물건을

옮기거나 거기에 못을 박을 경우 태신의 분노를 촉발하게 되어 태아에 이상이 생기거나 임신한 여성에게 복통을 일으켜 유산하게 하거나 심지어 기형아를 출산하게 할 수도 있다. 이때는 반드시 안태부로 태신을 진압해야 한다.

태신은 태아를 출산한 뒤 4개월까지는 떠나지 않으므로 이 기간에 태신의 분노를 촉발할 경우에도 안태부를 써야 한다.

이 밖에도 이른바 '동토'할 때는 4개월 넘은 영아나 성인에게까지 안태부를 써야 한다. 이때는 '태신'이 아니라 '토지신'이 야기하는 불안 때문이다. 토지신과 태신은 성격이 유사하기 때문에 안태부로 진압하는 것이다.

부적은 도사나 역술가 혹은 기타 '술수'를 행하는 사람이 있는 곳에 가서 사야 한다. 같은 안태부라도 쓰고 그리는 방법이 각각 상이하다. 아래에 가장 간단한 부적을 소개한다.

부적은 보통 '황고자지黃古仔紙'에 쓰는데, '황고자지'는 금은지金銀紙와 비슷하지만 금은지보다 좀더 좋은 황색 종이로 대략 편지 봉투 크기다. 이 '황고자지'는 '경의更衣'*나 '고전篙錢'**으로 제작하고, 부적을 쓸 때 종이를 세로로 절반 접어서 동시에 너무 긴 부분은

---

* 〔역주〕경의更衣: 경의經衣나 건의巾衣라고도 한다. 지전紙錢의 일종으로 겉면에 의복이나 의복과 관련된 도구를 그린다. 조상을 제도하는 의식을 행하거나 조상 산소에서 성묘할 때, 돌아가신 조상들을 위해 사른다.

** 〔역주〕고전篙錢: 역시 지전의 일종으로 황색 종이에 물결(톱니) 같은 문양을 그린다. 마조媽祖, 불조佛祖, 태자야太子爺 등의 신령에게 복을 빌며 악을 제거해달라고 요청할 때 쓴다.

상파와
태신

잘라 버린다. 대략 길이는 5촌, 넓이는 1촌 2~3분 정도다. 필묵을 써서 단숨에 일필휘지하여 완성한다.

부적을 쓸 때는 태도를 성실하게 유지하고 정신을 집중하여 두 눈으로 종이를 응시하면서 두 발로 땅을 탄탄하게 딛고 선다.

'동토動土' '토살土煞' '토부土符'의 '토土'는 토지의 뜻이다. 험악한 얼굴도 대만 말로 '토土'라고 한다. 이 부적을 쓸 때는 반드시 토지신을 대하는 태도를 경건하게 유지해야 한다는 뜻도 담겨 있다.

동시에 부적을 쓸 때 반드시 단숨에 완성해야 한다. 만약 붓의 먹이 모자라도 다시 먹을 찍어서 쓸 수 없다. 다 쓴 뒤에는 수정할 수 없으며, 쓸 때 또 다른 사람과 말을 해서도 안 된다. 그렇게 하지 않으면 이 부적은 효력을 잃는다. 다음에 첨부한 그림과 같다.

● 안태부安胎符　　● 압살부押煞符

186. 팽호의 조사묘^{祖師廟}

종류 : 신령, 지역 : 천계

소개

　팽호도 서문^{西文}의 조사묘에서는 주신^{主神} 청수조사^{淸水祖師}에게 제사를 올린다. 여기에 모신 부신^{副神}은 현천상제^{玄天上帝}, 부덕정신^{福德正神}, 주생낭낭^{註生娘娘}이다.

　전설에 따르면 옛날에 천주의 승려 한 분이 서문 지역에 와서 사람들의 병을 치료했는데, 그의 진짜 신분은 흑면조사야^{黑面祖師爺}였다. 이 때문에 그 지방 사람들은 조사야를 위해 사당을 짓고 조사야의 은덕에 사례했다.

원전

『대만 관습 기사』 제3권 제2호, 1903년(메이지 36, 광서 29) 2월 23일 발행, 일본 사이후세, 황원신^{黃文新} 번역

　팽호 본섬 마궁^{媽宮} 서쪽 멀지 않은 곳에 조사묘가 있으며, 그곳은 천주의 청수암조사^{淸水巖祖師}에게 제사를 올리는 곳이다.

　전해오는 말에 따르면 강희 연간에 어떤 승려가 청수암에서 이

곳으로 와서 사람들의 병을 치료했는데 신묘한 효험을 보였다고 한다. 그런데도 약값도 받지 않고 돈을 보내줘도 받지 않은 채 떠났으며, 이에 나중에 고을 사람들이 사당을 세우고 제사를 지내게 되었다고 한다.

187. 벽산암성왕 碧山巖聖王

종류 : 신령, 지역 : 천계

소개

벽산암碧山巖의 개장성왕묘開漳聖王廟는 자고이래로 제사를 올리는 향불이 가장 성황을 이루어왔는데 지금은 대북시 내호구內湖區에 자리하고 있으며 첨정개장성왕묘尖頂開漳聖王廟라고도 칭한다.

전설에 따르면 이 사당은 강희 연간에 어떤 장주漳州 출신 사람이 개장성왕의 신위를 받들고 바다를 건너 대만으로 와서 벽산碧山 꼭대기에 이르렀는데, 그때 근처 바위 동굴에서 흘러나오는 웅웅거리는 소리를 들었다. 그는 문득 영험한 기운을 느끼고 이곳이 개장성왕을 안치하기에 적합한 길지임을 알게 되었다. 이에 몸에 지니고 온 향로를 동굴에 걸고 절을 올렸다.

건륭 연간에 산 위에 비적들이 모여서 범행을 모의할 때 산꼭대기에서 갑자기 금빛이 솟아오르며 성왕의 향로를 걸어둔 바위가 삽시간에 갈라졌다. 그것은 바로 개장성왕의 성령이 드러난 것으로 혼비백산한 비적들은 사방으로 달아나 숨었다. 이로부터 근처 주민들이 이곳에 와서 제사를 올리니 그 향불이 날이 갈수록 더욱 많아지게 되었다.

『대만 관습 기사』제5권 제4호, 1905년(메이지 38, 광서 31)
4월 13일 발행, 일본 바이인세에梅陰生(伊能嘉矩의 필명), 정루이밍鄭瑞
明 번역

지란芝蘭은 백석호白石湖 벽산암碧山巖 내호內湖의 조산祖山이다.

배산임수의 지형으로 높은 봉우리가 둘러싸고 있으며 기암괴석
이 삐죽삐죽 솟아 있다. 그곳 작은 바위 동굴에 자연이 만든 신상
神像이 있어서 영험하기가 이를 데 없는지라 많은 사람이 와서 숭배
한다.

청나라 때부터 이곳 유지와 백성이 의연금을 내어 땅을 넓히고
사당을 건축하여 개장성왕을 받들며 제사를 지낸다.

사당에 올라 멀리 바라보면 산은 삼면으로 옥 봉오리처럼 연결
되고, 물은 아홉 구비로 비단 돛을 휘감아 떠워 보낸다. 사계절 내
내 향불이 감돌며 상서로운 구름을 만들고, 일만 가구에서는 제사
음식을 차려놓고 향불을 피운다. 진실로 신령한 빛이 붉게 비치고
산수의 정령이 깃든 곳이다.

188. 마조媽祖의 혼사

종류 : 신령, 지역 : 천계

소개

대만 지역에 전해오는 이야기에 "마조 할머니는 비를 내리고, 대도 할 아버지는 바람을 불게 한다媽祖婆雨, 大道公風"라는 말이 있다. 즉 마조는 음력 3월 23일 생일에 쉽게 비를 내리고, 대도공大道公(保生大帝)은 3월 15일 생일에 쉽게 바람을 일으킨다는 뜻이다.

전설에 의하면 이러한 현상이 생기는 까닭은 마조와 대도공 사이의 러브스토리 때문이라고 한다.

원전

『민속 대만』, 일본 통치 시대 장문환張文環(1909~1978)

(내가 열 살 때 집으로 돌아오는 길에서 표자表姊*가 나에게 이야

---

* [역주] 표자表姊: 중국에서는 고종사촌, 이종사촌, 외사촌 손위 누이를 모두 표자라고 한다.

기하기를 마조媽祖가 일찍이 야생 양의 출산을 돌보느라 자신의 혼사를 거절했다고 한다.)

마조에게 결혼을 요청한 사람은 유명한 대도공大道公이다.

그 누나의 이야기는 다음과 같다.

대도공은 현명하고 단정한 마조를 한 번 보고 바로 반해서 마조에게 여러 번 결혼을 제의했고 모두 거절당했지만 계속해서 인내심을 갖고 결혼을 요청했다. 마조는 마침내 마음이 움직여서 그에게 황도黃道의 길일을 선택하여 맞이해달라고 했다.

당시에 마조는 우연히 들판을 산보하다가 야생 양이 새끼를 낳는 광경을 목격했다. 이후 마조는 결혼을 단호히 거절할 마음을 먹고 특별히 대도공에게 혼인 취소를 바란다고 말했다.

대도공은 물론 매우 화를 내며 마조에게 이의를 제기했으나 마조는 여전히 자신의 견해를 고집했다. 대도공은 불같이 진노하여 음력 3월 23일 마조의 생일에 큰비를 내리고 마조의 향기로운 분가루를 사람들의 몸에 뿌렸다. 그리고 음력 3월 15일 대도공 생일에는 마조가 바람을 불러일으켜 사람들의 모자를 벗기고 땅바닥에 내동댕이치고서야 멈췄다.

이 때문에 사람들이 전하는 이야기에 따르면 마조에게 제사를 올릴 때는 비가 내리고, 대도공에게 제사를 올릴 때는 세찬 바람이 분다고 한다.

『민속 대만』「보생대제 전기保生大帝傳奇」, 일본 통치 시대 황더스黃得時

자고이래로 보생대제는 의료의 신으로 인정받으며 광범위한 숭배 대상이 되어, 섬 전역에 보생대제에게 제사를 올리는 사당이 112곳이나 세워져 있다.

애초에 대만에는 무슨 의료 시설이 거의 없었기 때문에, 대륙에서 온 이민자들이 보생대제의 신령을 모시고 대만에 사당을 건립하자 섬 주민들이 의사들에게 치료받는 대신 그 신령을 향해 질병의 완치를 기원하게 되었다.

보생대제는 복건성 천주부 동안현同安縣 백초白樵 사람으로 성은 오吳, 본명은 본本, 자는 화기華基, 호는 운충雲衷이다.

보생대제는 어려서부터 총명하고 비범하여 신동으로 일컬어졌고, 자라서도 소식素食을 하며 아내도 맞지 않았다.

북송 지도至道(북송 태종太宗의 마지막 연호, 995~997) 원년, 보생대제의 나이 17세 되던 해 중추절 밤에 은동銀同 해변에 대나무 뗏목을 탄 이인異人이 나타났다. 보생대제는 그를 맞아들인 뒤 대나무 뗏목을 수행하고 요지瑤池로 가서 서왕모를 알현했다. 그곳에서 의학 서적을 공부했으며, 요괴를 죽이고 마귀를 항복시키는 술법斬妖伏魔術을 배워서 돌아왔다. 이로부터 "몸을 닦고, 성품을 선하게 기르고, 약초를 캐고, 단약을 만드는" 수행에 전념하면서 의술로 세상을 구하겠다고 결심했다. 보생대제의 집 옆에 샘물이 있었는데 환자들이 샘물을 마시면 즉시 병이 완치되었고 이 때문에 명성이 자자했다. 이 밖에도 황의관黄醫官, 정진인程眞人, 은선고鄞仙姑, 소응영왕昭應靈王 등이 모두 보생대제에게 의술을 배웠다.

(보생대제와 마조의 관계는 매우 미묘하다.) 대만에서 보생대제와 마조에게 함께 제사 지내는 광경은 본 적이 없는 듯하다. 이는 마조가 양이 새끼 낳는 고통스러운 광경을 목격하고 보생대제의 청혼을 거절했기 때문이다. 보생대제는 매우 화가 나서 이렇게 말했다고 한다. "지금부터 당신의 생일(3월 23일)에는 반드시 비를 내려 당신의 분가루를 인간 세상에 떨어뜨릴 것이오."

마조도 지지 않고 다음과 같이 말했다고 한다. "당신이 이처럼 고집을 부리며 내 분가루를 떨어뜨린다면 나도 세찬 바람을 불러 일으켜 당신의 두건을 떨어뜨릴 것이오." 전설에 따르면 쌍방이 이와 같이 서로 맹세했다고 한다.

189. 송신送神과 접신接神: 등후燈猴 거짓말을 하다

종류 : 신령, 지역 : 천계

소개

동지가 되면 탕원湯圓을 실내의 각종 물건에 붙이고 그 물건을 향해 감사의 마음을 표시한다.

지난날에 등후燈猴라는 이름의 조명 기구가 있었다. 대나무로 만든 소형 초롱으로 유채 기름을 연료로 쓴다. 이에 이 등롱은 항상 검은 기름때가 묻어 미끌미끌하기에 탕원을 붙일 수가 없다.

등후는 3년만 경과하면 날이 오래 지날수록 영험함이 생겨서 등후정燈猴精이 만들어진다. 등후정은 자신이 탕원을 먹지 못하자 매우 화가 나서 옥황대제에게 사람들이 음식을 낭비하며 탕원을 함부로 여기저기 붙이고 마음대로 내버린다고 고발했다. 이 때문에 옥황대제는 천둥 번개를 일으켜 1월 1일에 대만섬을 바닷속으로 침몰시키기로 결정했다.

나중에 여러 신들이 옥황대제에게 구해달라고 간청하자 옥황대제가 그제야 등후가 거짓말을 했다는 진상을 알고 대만섬을 침몰시키겠다는 결정을 취소했다. 세상 사람들이 1월 1일에 서로 축하 인사를 하는 것은 대만섬이 결코 침몰하지 않는다는 사실을 축하하는 것이다. 따라서 사람들은 편안하게 제야를 보내며 새로운 1년을 맞이한다.

이로부터 사람들은 모두 등후가 요괴로 변해 사람을 해친다 인식하고 새해를 맞을 때면 헌 등후를 불태우고 새 등후로 바꾼다.

제야에 등후를 불태우는 행위에는 점술의 기능도 들어 있다. 예컨대 『창화현지彰化縣志』에는 다음 기록이 있다. "낡은 대나무 초롱을 불태우며, 아직 다 타지 않았을 때 재를 열두 무더기로 나누어 열두 달을 상징하게 한다. 그리고 어떤 재 무더기가 밝고 어두운지를 살펴 다음 해 열두 달의 맑음, 흐림, 홍수, 가뭄 등을 점친다."

원전

『민속 대만』 「송신과 접신送神與接神」, 일본 통치 시대 우화이吳槐

대만의 음력 12월 24일은 집 안에 머물던 신령들이 하늘나라로 돌아가는 날이다. 이 때문에 각종 제수를 마련하여 환송 행사를 하는데 이를 '송신送神'이라고 칭한다.

정월 4일에는 또 신령들이 하늘에서 돌아와 부임하는 날이기에 마찬가지로 제수를 마련하여 환영 행사를 한다. 이를 '접신接神'이라고 칭한다.

민간 전설에 따르면 옛날에 어떤 낡은 등후가 정령이 되어 연말에 하늘로 올라가 천제天帝에게 고자질을 하면서 인간 세상의 중생들이 악행을 심하게 자행하여 대지가 그 죄악 때문에 곧 침몰할 것이라고 했다.

천제는 그 말을 듣고 경악하며 즉시 지상에 주재하고 있는 신들을 소환한 뒤 별도로 천신^{天神}들을 파견하여 시찰하게 하고서야 등후의 보고가 완전히 거짓말임을 알게 되었다. 이에 마음을 놓은 천제는 신령들을 천상의 본래 직무로 복귀시켰다.

하지만 이 일은 이후 관례가 되었고 이에 매년 12월 24일 신령들은 하늘로 돌아가 자신의 직무를 보고한 뒤, 이듬해 1월 4일 다시 지상으로 돌아오는데, 이들이 자리를 비운 사이에는 천신이 하늘에서 내려와 이들의 직무를 대신한다고 한다.

190. 곤신왕야묘 鯤鯓王爺廟

종류 : 신령, 지역 : 천계

남곤신묘南鯤鯓廟는 바로 남곤신대천부南鯤鯓代天府다. 대남 북문향北門鄉 곤강촌鯤江村 가료蚵寮에 자리한 유서 깊은 고묘古廟다.

전설에 따르면 명나라 때 어떤 어부가 사산沙汕에서 고기를 잡다가 종고鍾鼓와 관현管絃으로 연주하는 '신주악神奏樂'을 들었다. 고개를 들어 바라보니 큰 범선이 남곤신만南鯤鯓灣으로 들어오고 있었다. 배 위에는 대왕이부천세人王李府千歲, 이왕지부천세二王池府千歲, 삼왕오부천세三王吳府千歲, 사왕주부천세四王朱府千歲, 오왕범부천세五王范府千歲, 중군부中軍府 등 모두 여섯 신상神像이 실려 있었고, 또 '대왕순수代王巡狩'라고 쓴 깃발이 펄럭이고 있었다. 이에 어부들이 이 신상들에게 제사를 올리기 시작했다.

『민속 대만』「남곤신묘지南鯤鯓廟誌」, 일본 통치 시대 귀수이탄

郭水潭(1908~1995)

남곤신묘에는 아래와 같은 전설이 있다.

지금부터 약 280년 전 북문군北門郡이 아직도 사산沙汕이라고 불릴 때, 어느 날 밤에 어부들이 배를 가료蚵寮 근처에 정박했다. 그때 홀연히 매우 기괴한 소리가 들려왔다. 이에 그들은 그곳에서 조용히 귀를 기울이고 소리를 듣느라 귀가할 시간도 잊었는데, 그때 신상神像을 싣고 작은 배가 다가오는 것이 보였다.

다음 날 아침 어부들이 다시 그곳으로 갔을 때는 아무 일도 발생하지 않은 것처럼 보였다. 어부들은 자신들이 목도한 것이 평범한 일이 아니라 여기고 그 작은 배와 신상을 그곳에 안치했다.

뜻밖에도 그곳에 안치한 신상은 매우 영험해서 열 사람이 백 사람에게 소문내고, 백 사람이 천 사람에게 소문내서 참배객이 날이 갈수록 많아졌다.

또 다른 이야기도 있다. 즉 왕야王爺가 남곤신왕으로 선정되어 그곳을 진무하러 가기 전에 이미 소추정掃帚精이라고 불리는 요정이 그곳에 거주하고 있었다.

소추정은 그곳 땅의 영기를 얻고 사악한 귀신이 되어 상당한 세력을 갖추고 있었다.

왕야와 사악한 신령은 서로 치열하게 싸웠기에 곳곳에서 무기 부딪치는 소리가 울렸다. 그러나 쌍방은 우열을 가리기가 어려웠다.

결국 관음보살이 조정에 나서 "태묘太廟에 와서 분향할 때 소묘小廟에도 반드시 공경을 표시하라"고 중재했다. 즉 어떤 사람이 태묘에 참배하러 오는 경우 소묘에도 함께 제사를 올려야 한다는 뜻이다.

이 때문에 현재도 태묘 뒤에 소묘를 설치하여 백성의 제사를 받고 있다. 참배자들은 왕야를 참배한 뒤에 소묘에도 가서 분향하고 은지銀紙를 사른다.

그날 밤 전투로 세 왕야의 이마에 상처가 나서 지금도 흔적이 남아 있다. 뒤에 명의를 초청하여 치료했으나 원상을 회복할 수 없었다. 기괴한 것은 이 상처조차도 뒤에 신앙의 상징이 되었다는 것이다.

가경 말년에 왕야가 관례에 따라 지방을 순시할 때는 순시 지역에 동부 대만과 팽호 등지까지 포함되었다.

왕야가 대만 남부 가의 지역을 순시할 때 공교롭게도 도중에 도야道爺(현령)를 만났다. 왕야의 지위가 도야보다 높았기 때문에 도야가 왕야에게 길을 양보해야 했다.

그러나 도야는 왕야에게 길을 양보하려 하지 않았다. 쌍방이 다투고 있을 때 왕야는 곁에서 구경하는 농부에게 쟁기로 땅에 다음과 같은 말을 쓰라고 눈짓으로 지시했다. "대천부代天府는 음양을 다스리므로 다만 사악한 정치를 선하게 바꾸기를 원한다. 한편으로 마음을 참되게 닦아 말세를 구하라."

도야는 그제야 신령의 뜻을 깨닫고 즉시 길옆으로 비켜서서 왕야가 먼저 통과하도록 양보했다.

또 한 번은 도야가 왕야의 실력이 도대체 얼마나 대단한지 실험하려고 왕야를 광야로 유인하여 매우 단단한 세 개의 삼나무 기둥에 묶었다.

도야가 말했다. "만약 왕야께서 사흘 안에 이 삼나무 기둥 세 개를 뽑아버린다면 제가 영원히 왕야를 받들겠습니다."

하루가 지나가도 아무런 움직임이 없자 도야는 남몰래 기쁨에 젖었다.

사흘째 되던 날 일진광풍이 불더니 검은 개 두 마리가 나타났다. 두 마리 검은 개는 서로 격렬하게 싸우고 물어뜯었다. 그때 다른 곳을 바라보니 갑자기 쿵 하는 소리와 함께 삼나무 기둥 세 개가 동시에 땅에 쓰러졌다.

이에 도야는 자신의 약속을 지키며 영원히 왕야를 높이 받들었다.

종류 : 신령, 지역 : 천계

소개

어린아이가 밤에 급하게 경기를 일으키며 전신에 열이 오르고 손발이 뻣뻣해지는 현상을 '주마천공走馬天公'이라고 한다. 그것은 천신天神이 순시를 나왔다가 어린아이의 혼백을 잡아가는 현상이라고 한다.

원전

『민속 대만』「주마천공」, 일본 나가이 노리아키長井記秋

한밤중에 어린아이가 갑자기 경기를 일으키는 것을 이전에는 '주마천공走馬天公'이라고 했다.

'주마천공'은 천신이 순시를 나왔다가 어린아이의 혼백을 잡아간다는 뜻이다. 이런 때 어린아이는 크게 울음을 터뜨리며 손발이 뻣뻣해진다. 아이의 엄마가 즉시 아이를 안고 탁자 밑으로 들어가면 고기잡이 그물로 두 사람을 덮어야 한다. 우리는 그것을 하늘과 땅을 덮는 그물천羅地網이라 부른다. 이것은 아이의 혼백이 잡혀

가지 않게 하기 위한 방법이다. 이 밖에도 한 사람은 검은 옷을 대나무 장대 끝에 묶은 뒤, 또 징을 들고 지붕 위로 올라가서 한편으로 대나무 장대를 휘두르고 한편으로는 징을 치며 아이의 이름을 부른다. 이렇게 세 번 반복하면 아이가 본래의 정기를 회복할 수 있다.

그리고 날이 밝을 무렵 지렁이 한 마리를 잡아서 두 토막으로 자른 뒤 탕을 끓여서 아이에게 마시게 하면 아이의 증상이 완치된다.

192. 월신月神: 남녀 간의 인연을 관장하다

종류 : 신령, 지역 : 천계

소개

월신月神이 바로 '월하노인月下老人'으로 인간 세상에서 남녀 간의 인연을 관장한다.

원전

『민속 대만』「월신」

월신이 바로 월하노인으로 이승에서 남녀 간의 인연을 관장한다. 통상적으로 월신묘月神廟에 제사를 올리러 오는 사람들은 청춘 남녀가 대부분이다.

193. 정신 井神

종류 : 신령, 지역 : 천계

소개

　중국의 정신井神(우물의 신)은 대부분 여신이나 동자신이다. 그러나 대만 지역에 전해오는 우물의 신은 남신男神일 뿐만 아니라 성격이 낭만적이고 사람의 대퇴부를 훔쳐보기 좋아한다. 이 때문에 옥황상제가 그를 파견하여 정공井公으로 삼고 속세의 오래된 우물古井을 관리하게 했다.

원전

『민속 대만』「정신」

　전설에 따르면 정신 즉 우물의 신은 사람들의 대퇴부를 훔쳐보기 좋아하는 신이어서 옥황상제가 그를 파견하여 우물의 신으로 삼았다고 한다.

194. 노야왜야 賑爺矮爺

종류 : 신령

소개

노야왜야賑爺矮爺는 '고야왜야高爺矮爺' '범사상군范謝將軍' '칠야팔야七爺八爺'라고도 부르는데, 사필안謝必安 장군과 범무구范無救 장군을 합쳐서 부르는 말이다.

사 장군은 키가 크고 야위었으며 안색이 창백하고 혀를 밖으로 빼물었기에 '장야賑爺' 또는 '고야高爺'라고 부른다. 범 장군은 키가 작고 뚱뚱하며 안색이 검기에 '왜야矮爺'라고 부른다. 이 두 신장神將은 대만 민간에서 유명한 귀신 사자鬼差로 손에 수갑과 차꼬를 들고 사악한 마귀를 잡아들이면서 주신主神인 성황야城隍爺나 염라대왕을 호위한다.

『민속 대만』「노야왜야」

노야魖爺*의 다른 이름은 사필안謝必安으로 머리에 3척尺 넘는 검은 모자를 쓰고 혀를 입 밖으로 빼물었으며, 눈썹도 1척이 넘는다. 왜야矮爺의 다른 이름은 범무구范無救(范無咎)로 얼굴은 검고 몸은 뚱뚱하다. 성황묘나 악제묘岳帝廟의 대문 양쪽에 이 두 신상이 있어서 인간의 범죄를 관장한다. 만약 어떤 사람의 범죄를 발견하면 바로 신명에게 보고하여 재난, 질병, 불행 등의 처벌을 받게 한다. 범인이 사망하면 보고서를 속보사速報司에게 올려서 염라대왕이 직접 혼백을 징벌하게 한다.

---

* 〔원주〕魖: 발음은 'lao'이고 키가 크다는 뜻이다. 〔역주〕魖(로)와 통용하며 『강희자전康熙字典』에 따르면 발음이 '랑도절郞到切' '로澇'이다.

195. 우야마야牛爺馬爺

종류 : 신령

소개

우야마야牛爺馬爺는 '우장군牛將軍' '마장군馬將軍'이라고도 부르며 합쳐서 '우두마면牛頭馬面'이라고도 부른다. 이 밖에도 불경에서는 우야를 '아방阿傍', 마야를 '마두나찰馬頭羅刹'이라고도 칭한다. 전설에 따르면 우장군은 얼굴이 퉁퉁하면서 검고, 마장군은 얼굴이 수척하면서 창백하다고 한다.

이 두 신령은 모두 염왕閻王의 직속으로 도망친 범죄자를 추격하여 체포하는 책임을 맡고 있다. 또 명계冥界의 내하교奈何橋라는 교량 양쪽에서 호위병으로 근무하며 다리를 건너는 사람을 감시하는데, 만약 악인이 지나가면 바로 밀어서 다리 아래로 떨어뜨린다.

원전

『민속 대만』 「우야마야牛爺馬爺」

우야마야는 염왕의 직속 신령으로 염왕의 사당에서 함께 제사를 받는다.

이 두 신령은 키가 커서 1장이 넘는다. 하나는 소 대가리의 모습이고 하나는 말 대가리 모습이다. 인간의 혼백을 염왕의 전각으로 잡아들여 심판을 받게 하고 형벌의 집행을 관장하기에 사람들이 매우 두려워한다.

대남의 악제묘岳帝廟, 중경사重慶寺, 개원사開元寺에 이 신령이 모셔져 있다.

196. 속보사速報司와 공고사功告司

종류 : 신령

소개

속보사速報司와 공고사功告司도 염라왕의 직속이기에 염라왕에게 제사를 올리는 사당에 이 두 신명도 함께 배향한다.

속보사는 악행에 대한 응징을 관장하고, 공고사는 선행에 대한 보답을 관장한다. 우야와 마야가 범인을 압송할 때 속보사와 공고사는 염라왕에게 그들의 죄상을 보고한다. 염라왕은 선악과 공과의 정도에 따라 상벌을 내린다. 만약 범죄가 엄중하면 중형을 내리고, 선행이 많으면 서방 정토로 보낸다.

원전

『민속 대만』「속보사와 공고사速報司與功告司」

속보사와 공고사는 염왕의 직속 비서관으로 염왕에게 제사를 올리는 사당에 반드시 이 두 신령을 배향한다. 대남의 중경사, 서래암西來庵, 개원사에도 모두 이 두 신령이 봉안되어 있다.

속보사는 악행에 대한 응징을 관장하기에 노야왜야가 압송해온 범인의 죄상을 염왕에게 보고한다. 공고사는 선행에 대한 보답을 관장하기에 범인이 국가에 공헌한 점을 염왕에게 보고하여 공과를 비교하게 한다. 염왕은 공과 과를 따져본 뒤 다시 심의하여 형벌을 결정한다.

197. 염왕閻王

종류 : 신령, 지역 : 천계

소개

염왕閻王이 바로 염라왕으로, '십전염왕十殿閻王'이라고도 하는데 모두 10
명의 신령이다.

이들은 속보사, 공고사, 노야왜야, 우야마야가 보고한 내용에 근거하여
범인을 심판한다. 선행을 많이 한 사람은 서방정토로 보내고, 악행을 저
지른 사람은 형벌에 처한다.

염라는 범어梵語 Yama를 음역한 것이다. 또 '정식靜息'이라고 번역하기도
하는데 "사람이 염왕의 지시를 들으면 곧 자신의 죄를 알고 멈춘다"는 뜻
이다.

원전

『민속 대만』「염왕」

제1전第一殿 진광왕秦廣王

생전에 선행한 사람을 보호하여 금교金橋를 건너게 하고 서방정

토로 안내한다.

제2전 초강왕楚江王

① 할설지옥剔舌地獄: 타인을 사주하여 남의 소송에 해를 끼친 자는 혀를 자른다.

② 전도지옥剪刀地獄: 타인의 아내를 사주하여 재가시킨 자는 손가락을 자른다.

③ 조철수지옥吊鐵樹地獄: 타인의 부자와 형제를 이간시켜 혈친간에 불화를 조장한 자는 쇠나무에 매달아 말려 죽인다.

제3전 송제왕宋帝王

① 얼경대지옥孼鏡臺地獄: 범인이 거짓말을 하며 자신의 죄를 인정하지 않을 때 이 거울에 비추면 생전의 악행이 모두 드러난다.

② 증롱지옥蒸籠地獄: 이간질을 잘하는 여자나 말로 사람을 해친 자는 찜통에 넣어 형벌을 받게 한다.

제4전 오관왕五官王

① 동주지옥銅柱地獄: 불을 질렀거나 사람을 죽였거나 생명을 해친 자는 숯불 위에 얹은 쇠기둥을 안고 불에 타죽는 고통을 가한다.

② 검산지옥劍山地獄: 신이나 부처를 공경하지 않고 가축을 함부로 죽인 자는 나체로 칼산에 올라가게 한다.

③ 한빙지옥寒氷地獄: 남편을 죽였거나, 간통을 했거나, 낙태를 했거나, 타인으로 하여금 도박에 빠지게 하여 부모의 굶주림과 추위를 돌보지 않게 한 자는 나체로 얼음 속에 들어가는 형벌에 처

한다.

제5전 염라왕閻羅王

유정지옥油鼎地獄: 강도짓을 했거나 파당을 지어 사람을 죽였거나, 사람을 헐뜯었거나, 사람을 속였거나, 재산 탈취와 약탈에 공모한 자는 기름이 펄펄 끓는 솥에 넣어 튀겨지는 고통을 겪게 한다.

제6전 변성왕卞城王

① 우갱지옥牛坑地獄: 인명을 해쳤거나 금수를 죽인 자는 구덩이 속에 던져 넣어 소의 발굽에 밟히게 한다.

② 석압지옥石壓地獄: 사람을 목 졸라 죽였거나 어린아이를 살해한 자는 돌 위에 얹어놓고 큰 돌로 눌러 죽인다.

③ 용구지옥舂臼地獄: 오곡과 양식을 함부로 짓밟은 자는 절구 속에 넣어 절굿공이로 찧어 죽인다.

제7전 태산왕泰山王

① 침혈지지옥浸血池地獄: 난산한 여인, 조왕신을 공경하지 않은 자, 시부모에게 불효한 여인, 남의 자녀를 사서 창기로 만든 자, 전처의 자식을 학대한 자, 부녀를 유괴한 자는 피 연못血池에 빠뜨려 고통을 받게 한다.

② 왕사성지옥枉死城地獄: 혀를 물고 자결했거나 목을 매어 죽는 등 자살한 사람들은 감옥에 넣어 형벌을 받게 한다.

③ 책지옥磔地獄: 남의 묘를 도굴했거나 사자를 공경하지 않은 자는 몸을 찢어 죽이는 형벌에 처한다.

제8전 평등왕平等王

① 화산지옥火山地獄: 술을 마신 승려나 도사, 공공 기물과 공금을 훔친 자, 산에 불을 지른 자는 모두 화산에 던져 고통을 받게 한다.

② 낙마지옥落磨地獄: 승려, 도사, 오곡을 경시한 자 및 육식을 한 승려는 맷돌에 넣어 갈아죽인다.

제9전 도시왕都市王

도거지옥刀鋸地獄: 남의 자제나 부녀를 유괴한 자, 장사할 때 저울의 눈금을 속인 자는 톱으로 몸을 잘라 죽인다.

제10전 전륜왕轉輪王

죄를 심판한 뒤 선인은 다시 사람으로 태어나게 하고, 금수를 학대한 자는 금수로 태어나게 하고, 살인한 자는 지옥에 넣어 다시 환생할 수 없게 한다. 선행을 많이 한 사람은 서방정토로 보내 성불하게 한다.

타알족 泰雅族

타알족은 중앙산맥 양쪽에 거주한다. 그 부족의 명칭 'Tayal'(Dayan)* 은 '진인眞人' '용감한 사람'이라는 뜻이다.

신령에 대한 관념에서 타알족은 '초자연적 존재rutux'를 믿는다. 일본 인 모리 라시노스케森丑之助(1877~1926)는 'rutux'를 '영혼, 신, 요괴'의 뜻으 로 해석했으나 이 말에는 그것 말고도 '조상의 영혼' '귀신' '악령' '과거 의 용감한 영도자' '모든 초자연적 전체' '우주의 최고 주재자'의 뜻도 포 함되어 있으므로 그 포괄 범위가 매우 넓다.

타알족은 '초자연적 귀신' '초자연적 존재'가 자손의 수호자이고, 자손 의 품성이 좋으냐 나쁘냐에 따라 이에 상응하는 은혜나 징벌을 내린다고 믿는다. 따라서 타알족 사람들은 규칙을 준수하고 부족의 금기를 어기지 않아야 복을 받을 수 있다고 여긴다.

일본 통치 시대의 타알족 종교와 신앙에 관한 기록은 사야마 유키치佐山 融吉(1879~?) 편저『원주민 부족 조사 보고서蕃族調査報告書』, 대만총독부 출판

---

* 〔역주〕 Tayal : 아타얄Atayal 또는 타이얄Taiyal로도 표기한다.

『원주민 부족 관습 조사 보고서蕃族慣習調査報告書』를 참고할 만하다. 제2차 세계대전 뒤의 관련 연구는 리이위안李亦園 등의 저작『남오의 타얄인南澳的泰雅人』(1963)과 리이위안의 단독 저서『대만 토착 민족의 사회와 문화臺灣土著民族的社會與文化』(1982)를 읽어볼 만하다.

리이위안은 일찍이 남오향南澳郷에서 타얄족의 전설과 신앙을 많이 채집하고 'rutux'를 '귀신'으로 귀결했다. 예를 들어「귀화鬼禍(kiapun rutux)」라는 전설을 간단하게 소개하면 다음과 같다.

일행이 lejoxen산에 가서 사냥하다가 밤에 노숙할 때 그중 어떤 부자父子 두 사람은 많은 사람이 달려오는 소리를 듣고 서둘러 도망쳤다. 날이 밝아오고서야 사람들은 두 부자의 모습이 보이지 않는다는 사실을 발견했고 자취도 찾을 수 없었다. 몇 달이 지난 뒤에 사람들은 산 위에서 그들을 발견했는데 두 부자가 시종일관 하산 길을 찾지 못했다고 했다. 사람들은 모두 이들이 '귀신rutux'에게 홀렸다고 말했다.

일본 통치 시대의『원주민 부족 조사 보고서』에는「사람 머리를 한 요괴人頭妖怪」(角板山社)에 관한 전설이 실려 있다. 다른 전설과 상이한 것은 주인공이 결코 '귀신鬼怪'에게 홀리지 않고 용감하게 도전한다는 점이다.

이 밖에도 사토 하루오佐藤春夫(1892~1964)는 1920년(다이쇼 9) 6월 말에 대만으로 왔다가 10월에 떠났다. 사토 하루오는 일본으로 돌아간 뒤 자신의 대만 여행 경험을 여러 편의 글로 남겼다. 그가『중앙공론中央公論』(제38권 제11호, 1923년 10월)에 발표한「마조魔鳥」가 바로 무사霧社에서 능고能高까지 여행할 때 자신을 수행한 원주민 짐꾼과 나눈 이야기다. 짐꾼은 수행 경관의 통역을 통해 그에게「화복조禍伏鳥」와「마조사魔鳥使」이야기를 들려줬다. 어느 부족 이야기인지 설명이 없으나 타얄족「Huni」의 마조魔鳥 신앙에 근거해보면 이 이야기가 타얄족으로부터 왔음을 짐작할 수 있다.

「마조」는 글이 매우 길고 구절구절 아름다운 수식이 가득하므로 여기에서는 작은 단락만을 뽑아서 기록했다. 흥미를 가진 독자들께서는 추뤄산邱若山이 번역한 『식민지 여행殖民地之旅』(前衛出版社, 2016)을 참고하시기 바란다. 이 책에는 또 인구에 회자되고 있는 사토 하루오의 다른 글 「여계선 기담女誡扇綺譚」도 실려 있다. 그는 이 글에서 낭만적이고 미스터리한 필법으로 대남 안평安平 고택의 유령 이야기를 그려내고 있다.

198. 인두人頭 이야기

종류 : 요괴

원전

『원주민 부족 조사 보고서』「인두 이야기人頭的故事」(타얄족),
대만총독부 임시 대만 옛 습관 조사회臺灣總督府臨時臺灣舊慣調查會 원
저, 중앙연구원 민족학연구소中央研究院民族學研究所 번역

옛날에 어떤 사람이 산속으로 갔다가 날이 저물자 마침내 산속
의 작은 집에서 묵게 되었다.

그날 밤 꿈결에 어떤 사람이 걸어오는 듯한 소리를 듣고 놀라 깨
어나니 몸이 없고 머리만 있는 괴물이 다가오는 것이 보였다.

그는 큰소리로 꾸짖었다. "너는 대체 무엇이기에 감히 여기까지
왔느냐? 내가 본 사람 머리만도 100개나 되는데 너 따위에 겁을
먹겠느냐? 어서 꺼져라!"

그러고 나서 몸에 지니고 있던 담배를 집어 던지자 사람 머리는
순식간에 종적을 감췄다.

(대과감번大料崁蕃, 보도한 사람: 각판산사角板山社의 ban Pruna/
Syat Pruna)

199. 요괴의 손

『생번 전설집』「요괴의 손^{妖怪的手}」(타얄족), 사야마 유키치, 오니시 요시히사 기록, 천완춘^{陳萬春} 번역

태고 시대에 어떤 여자아이가 살았다.

어느 날 저녁 갑자기 불이 꺼져서 땔감을 가지러 집 밖으로 나갔다. 그런데 어둠 속에서 갑자기 요괴의 검은 손이 나타나 그녀를 알 수 없는 곳으로 끌고 갔다.

시간이 오래 지나도 돌아오지 않자 가족들이 이상하게 생각하고 밖으로 나가서 불렀으나 대답이 없었다.

사람들은 그제야 요란을 떨며 사방으로 찾으러 나섰다. 그들은 여자아이가 집에서 멀리 떨어진 큰 나무 위에 걸려 있는 것을 발견했다.

사람들은 기뻐하며 얼른 나무 위에서 아이를 구하여 집으로 돌아왔으나 아이는 벙어리로 변했다.(타얄족, 백모사^{白毛社})

종류 : 신령

원전

『대만 답사 일기』 1897년(메이지 30) 7월 16일, 일본 이노 가노리, 양난쥔 역주

오늘은 번자성^{番仔城}*에 머물며 원주민 상황을 조사했다.

번자성에 구전으로 다음 이야기가 전해온다.

가장 오래된 선조 Magyawas는 하늘에서 강림한 천신^{天神}이다.

그의 후예는 한 쌍의 부부로 남편의 이름은 Vanakaisi이고 아내의 이름은 Savogakaisi다.

당시에 대만섬에 대홍수가 발생하여 친족들이 모두 익사했는데, 이 한 쌍의 부부만 대홍수가 닥칠 것을 예측하고 대갑계^{大甲溪} 근원인 Toopodararya산 꼭대기로 피난갔다(아마 대만 거주 한족들이 가리키는 관음산 방향인 듯하다. 깎아지른 절벽이 하늘 높이

---

* 〔원주〕번자성^{番仔城}: 이노 가노리가 방문한 번자성은 치라곡계^{哆囉嘓溪} 동북쪽에 있다. 번자성은 지금의 묘율현^{苗栗縣} 삼의향^{三義鄉} 이어촌^{鯉魚村}이다.

솟아서 신령한 곳으로 보인다). 홍수가 지나간 뒤에야 하산하여 산 아래에서 두 아이를 낳았다. 나중에 자손이 번성하여 호로둔胡蘆墩 북쪽 10리 되는 곳의 고지인 내포內埔로 옮겨가서 Hahao사社를 이루었다. 그 뒤에 그들은 또 호로둔 서쪽의 하루 거리 되는 곳으로 옮겨 가서 Tooratoru사를 이루었다. 그 뒤에 또 호로돈 동쪽의 하루 거리 되는 곳으로 옮겨 가서 현재 기자각岐仔脚이라 불리는 곳에 거주하면서 Paiten사를 이루었다. 이때 청나라 사람들이 들어와서 우리는 Taran 땅으로 쫓겨나 Taran사를 이루었다.

종류 : 요괴

『식민지 여행』 「마조魔鳥」, 일본 사토 하루오 지음, 추뤄산 번역

그들의 생활에는 불가사의한 새가 존재한다. 그들은 그 새를 화복조禍伏鳥(Ha Fu Ne)라고 부른다.

화복조는 어떤 새인가? 그들의 말에 따르면 비둘기처럼 생겼고, 흰색이며 다리는 붉다고 한다. 더욱 자세한 내막을 아는 사람은 이 새가 이 세상에는 존재하지 않는다고 한다. 이 때문에 화복조를 본 적이 있는 사람은 이 세상에 한 사람도 없다고 한다. 이 새를 본 사람은 반드시 죽을 운명이기 때문이라는 것이다.

물론 죽지 않고 이 새를 볼 수 있는 사람이 더러 있기는 하다. 다만 화복조를 부릴 수 있는 사람 화복조사禍伏鳥使에 한정된다.

이 새를 자유자재로 부릴 수 있는 사람을 그들은 '마화복조魔禍伏鳥(Ma Ha Fu Ne)'라고 부른다.

일반적으로 말해서 이 야만족의 명사 앞에 M 발음을 붙이면 명사가 동사화된다. 동사화된 말 뒤에 오는 말은 그런 행위를 하는

사람을 의미한다. 하지만 이러한 언어에 대한 고증이나 해석은 나도 그리 분명하게 알지 못한다. 또한 이 이야기와도 아무 관계가 없으므로 마조魔鳥와 마조사魔鳥使라는 말을 기록하는 것으로 그치려 한다.

(…)

이 때문에 마조를 자유롭게 부리며 인간을 곤혹스럽게 하는 마조사를 그들은 인류에 대한 저주이자 인류 최대의 적으로 간주한다. 이 새가 실제로 존재한다고 믿으면 그것은 지극히 당연한 일이 된다.

따라서 마조사를 발견하면 한순간도 늦추지 말고 마조사를 제거해야 한다.

마조사 본인뿐만 아니라 전 가족까지 하나도 남김없이 죽여야 한다. 왜냐하면 마조사의 능력은 유전되는 것이어서 가족 중 한 사람이 마조사가 되면 그 가족 모든 이가 어느 때인지 어떤 기회인지도 모르게 다시 공포의 능력을 발휘할 수도 있기 때문이다.

게다가 이러한 상황에서는 아무리 많은 은덕을 받은 사람이라 해도, 만약 그가 마조사 일가에게 어떤 조력이나 조언을 했다면 그 사람도 마조사로 활동한 것이기에 그 일족도 모두 죽이지 않으면 안 된다. 이것이 그들의 정의이기 때문이다.

따라서 그들 사회에서 마조사가 되는 것은 가장 큰 죄악이다. 마조사로 지목되는 것은 일반인들이 마조를 보는 것보다 훨씬 전율할 만한 일이다.

보통 사람이 마조를 본다면 가장 나쁜 일이 일어난다 해도 개인의 죽음에 그칠 뿐이다. 그러나 자신이 마조사로 지목된다면 본인뿐만 아니라 전 가족의 참사를 의미한다. 하물며 이 야만족처럼 가족을 극진히 사랑하는 종족에 있어서랴?

그럼 왜 이런 막대한 위험을 감수하고서도 사람들이 마조사가 되려 할까? 이 점은 나도 지금까지 분명하게 알지 못한다. 이 때문에 나는 그 야만족이 사는 곳을 여행하는 기간에 그들에게 항상 어쩌 된 일이냐고 묻곤 했다. 그들의 대답은 대략 다음과 같이 동일했다.

"그건 알 수 없습니다. 우리는 마조사가 아니기 때문입니다. 하지만 아마도 Ya Kai Ot To Fu의 사주 탓일 겁니다."

'Ya Kai Ot To Fu'는 선조의 영혼 중에서 사악한 구성원으로 악령이라는 뜻이다.

'Ya Kai Ot To Fu'가 사주했다는 말은 지극히 간단하지만 모든 악이 전통적이고 신비한 기원을 갖고 있다고 인식하는 이러한 심사는 의외로 매우 암시성이 강하다.

만약 정말 자연을 초월할 뿐 아니라 독창적이고 특별한 능력을 지닌 존재가 있다면 우리는 그 존재에 직면했을 때 모두 선악적인 판단이나 지고의 희생 등의 관념을 망각하고 아마도 그런 특이한 능력을 얻기 위한 유혹에 빠져들지도 모른다.

이것은 예상할 만한 일이다. 인간에게는 확실히 이러한 경향이 있고, 어떤 부류의 사람은 특히 이런 성향이 강하다. 다음 경우를 생각해보자.

착용하면 몸을 보이지 않게 해주는 '투명 망토'나 '투명 모자'에 관한 전설은 옛날부터 존재해왔고, 아이들은 또 얼마나 솔깃한 마음으로 그런 이야기를 경청하는가?

이렇게 생각해보면 사람들이 마조사가 되고 싶어하는 심정도 그렇게 불가사의한 일이라고 할 수 없다.

(…)

아직 본격적인 주제로 들어가지도 못한 이런 이야기는 우리의 짐꾼 두 사람이 여행길에서 교대로 말해준 것을 동반한 경관이 통역하여 나에게 들려준 것이다.

이것은 아마도 마조사 일족이 멸문지화를 당한 사실 중에서 가장 최근의 사례일 것이다. 하지만 아마 무수한 사람의 구전을 거쳤기에 내가 들을 때는 다소 전설적인 느낌이 들기도 했다. 두루뭉술한 구술이지만 전체를 관통하는 줄거리는 있다고 할 만하다. 아래에 소개한다.

피라碧拉(Pi La)*는 사산沙三(Sa San)의 딸이고, 코레이科磊(Ko Lei)**는 피라의 남동생이다.

사산에게는 다른 딸들이 있었지만 전부 피살되었다고 한다. 당시에 생존한 사람은 큰딸 피라와 막내아들 코레이뿐이다.

---

* 〔원주〕피라碧拉: Pi La: '은銀'의 뜻이다.
** 〔원주〕코레이科磊: Ko Lei: '물고기魚'의 뜻이다.

(…)

　원주민들은 전혀 모르는 사이에 긴 뱀과 같은 어떤 문명국 군대가 언제인지도 모르게 이미 그들의 영토 안으로 진입하여 원주민의 땅을 관통하며 대행군을 강행하고 있었다. 원주민들이 상상할 수도 없을 정도로 군인이 많았다. 원주민들은 평지에 이렇게 많은 사람이 모인 광경을 보고 깜짝 놀랐다.*

(…)

　사산이 거주한 원주민 부락은 불에 탄 부락은 아니었지만 그다음에 자리한 부락이었다. 비록 80여 명에 달하지는 않았지만 3~5명 정도는 피살되었다. 저들 군대의 행군이 통과한 원주민 부락은 모든 곳에서 적어도 3~5명의 개인이 희생되었다. 이 때문에 원주민들은 자신의 가족에게 닥친 이런 갑작스러운 재난을 목격하고 틀림없이 마조사의 주술이 작동했다고 여겼다.

　더욱 치명적인 것은 그 군대의 뒤를 따라 피라가 걸어가는 것을 본 사람이 있다는 전언이었다.

　당시에 피라는 대략 16세였기에 애초에는 그 허무맹랑한 유언비어를 아무도 믿지 않았다. 그러나 그 뒤에 피라나 그 일족의 행동거지를 보고 사람들은 당시에 들었던 피라에 관한 유언비어를 다시 상기하게 되었다.

　그러나 소녀가 왜 포악한 군대의 뒤를 따라 걸었는지 아무도 이

---

* 〔원주〕 일본군이 삼림과 원주민 부락으로 침입한 사실을 가리킨다.

유를 알지 못했다. 어떤 사람이 말하기를 "피라가 그 군대의 사병에게 침탈당하여 그렇게 되었다"고 했다. 그들이 말하기를 바로 이와 같기 때문에 피라가 이마 앞이 아니라 뺨에다 자청刺靑*을 했다고 했다. 설령 자청을 했다 해도 이미 다른 종족과 교접한 여인을 아내로 맞을 사람은 아무도 없을 터였다.

또 자청을 하려고 생각했다면 당사자 여인은 반드시 지금까지 자신의 신상에 발생한 모든 일을 자청할 때 조금도 숨김없이 말해야 했다. 왜냐하면 그것은 그 부족의 규칙이었기 때문이다.

피라에 관한 일을 소수의 사람은 이렇게 해석했지만 대부분은 이 여자아이의 가족이 마조사라고 인정했다.

어떤 사람이 사산의 작은 집에 불을 질렀다.

집을 포위한 사람들은 집에서 도망쳐나오는 그의 가족을 잡아서 참살했다.

잡아죽인 사람 속에 피라와 코레이는 없었다. 틀림없이 피라가 가장 어린 남동생 코레이를 안고 도망쳤을 것이다.

그들이 도대체 어디서 어떤 방법으로 도망쳤을까? 아직도 분명하게 알지 못한다. 그러나 도망친 사실은 확실했다.

(…)

요행으로 목숨을 건진 피라는 다시 코레이를 업고 깊은 산속으로 들어갔다. 피라는 산속에서 몇 년 동안 코레이를 길렀다. 두 남

---

* 〔역주〕 자청刺靑: 얼굴이나 팔뚝 등에 먹물로 죄명을 새겨 넣는 일.

매는 서로 의지하며 목숨을 이어갔다.

부락 사람들이 먼 곳으로 사냥 나갔을 때 두 남매의 작은 집을 보았을 것이다. 집이라기보다는 동굴이라고 말하는 편이 비교적 타당할 것이다. 그러나 그들은 못 본 척 그곳을 지나갔다.

피라는 코레이에게 이렇게 알려줬다.

"우리는 마조사가 아니야. 우리 아빠와 엄마는 모두 피살되었어. 하지만 아무도 마조사가 아니야. 이 때문에 모든 사람의 오토푸歐多福(Ot To Fu)는 한고 오토푸竿格 歐多福(Han Go Ot To Fu)를 건너서 포켄波墘(Po Ken)에 당도해. 야자워押家窩(Ya Zya Wo)에 있는 게 아냐. 우리는 불행을 만났을 뿐이야. 우리에게 불행을 가져다준 것이 누구인지는 몰라. 하지만 우리는 반드시 우리를 불행하게 한 사람을 찾아서 복수해야 해. 코레이! 초승달이 뜰 때 너는 반드시 저쪽을 향해 화살을 쏴야 해. 그렇지 않으면 우리는 지조가 없는 사람으로 변할 거야. 그럼 우리는 한고 오토푸에게 질책당할 거야."

이 때문에 피라는 코레이를 위해 활과 같은 도구를 만들어주었다. 코레이는 나뭇가지로 화살을 만들어 초승달이 떠오른 방향으로 쏘았다. 초승달은 언제나 서쪽 즉 그들이 추방된 고향 쪽에서 떠올랐다.

(이른바 오토푸는 영혼이라는 뜻이다. 또 자신의 그림자, 맥박도 그들은 똑같이 오토푸라고 부른다. 이 말을 통해 생명에 대한 이 원주민 부족의 철학을 이해할 수 있다. 다음으로 한고 오토푸는 영혼의 다리橋라는 뜻이다. 오토푸는 그곳을 건너 포켄에 도착하는

데, 포켄은 극락세계라는 뜻이다. 포켄이라는 단어에는 근원이라는 뜻도 있고 고향이라는 뜻도 있다. 포켄으로 갈 수 있는 것은 오직 선량한 영혼 즉 Ba Lak Ku Ot To Fu 巴拉庫 惡多伏이고, 사악한 영혼 즉 Yak Kai Ot To Fu 亞凱 歐多福는 야자워로 가지 않으면 안 된다. 영혼의 다리가 바로 무지개와 같은 것이다. 사악한 영혼이 그 위를 넘어가려 하면 다리가 사라지므로 사악한 영혼은 야자워 속으로 추락한다.

야자워가 바로 지옥이다. 그곳에는 추락한 자들을 처리하기 위해 상상 속에 등장하는 수많은 방게가 산다고 한다.

그리고 복수는 그들 사회의 도덕적 의무다. 이 때문에 어떻게 해도 이룰 수 없는 복수심을 품고 있을 때는 적어도 선조의 영혼에게 자신이 아직 복수의 의지를 상실하지 않았음을 알리기 위해 보통 초승달이 떠오를 때, 신성한 초승달을 향해 자신의 굳은 맹세를 상징하는 화살을 쏜다.)

사이시야트족賽夏族

사이시야트족賽夏族(Saysiyat)은 신죽과 묘율 경계의 산악 지구에 거주하며 이른 시기에는 농경과 수렵에 종사했다. 홍수 같은 역사의 흐름 속에서 주위의 강력한 문화의 압박을 받아왔지만 여전히 전통적 제사 의식을 많이 보유하고 있다. 예를 들면 용신제龍神祭가 그것인데 사이시야트족 축제 중에서 매우 독특한 제전祭典이다.

용신제는 '사미제전蛇尾祭典' '카란제卡蘭祭(Karang)'라고도 부른다. 여름에 비가 오래 내리며 그치지 않을 때 이 제전에서는 날씨를 맑게 하여 농경에 유리하게 해달라고 기원할 수 있다. 이 제전의 제사 대상은 '사룡蛇龍(靈蛇)'이고, 지금도 사이시야트족 사람들은 여전히 '사룡'의 꼬리뼈 재를 받들고 있다.

202. 요망한 뱀 카랑 Karang

종류 : 신령

원전

『원주민 부족 관습 보사 보고서』「요망한 뱀 카랑 Karang 이야기(사이시야트족)妖蛇'卡蘭'Karang的故事(賽夏族)」

옛날 모처의 바위 동굴에 뱀 한 마리가 살았다. 이 뱀은 맹독이 있어서 뱀을 보는 것만으로도 사람이 죽었다. 이 때문에 사람들은 뱀에 접근하는 것조차 두려워했다.

그러나 하씨夏氏 성을 가진 어떤 할머니가 뱀을 보러 가자 뱀이 슈욱슈욱 하고 울었다. 할머니는 뱀의 독을 무서워하지 않고 뱀을 대바구니에 잡아넣어 집으로 데려와서 길렀다. 이 뱀은 네 발이 달려 있어서 개처럼 걸을 수도 있었다. 할머니는 늘 뱀을 데리고 나가서 농사를 지었다.

어느 날 농사를 짓다가 돌아오는 도중에 시내를 건널 때 뱀이 물에 빠져서 죽었다. 할머니는 집에 돌아온 뒤에야 뱀이 보이지 않는다는 사실을 발견했으나 향방을 알 수 없었다. 그런데 뱀의 시체가 물결에 흘러서 월미장月眉莊(가족 마을)에 닿았다. 이 마을에는 늘 대나무 바구니를 갖고 시내에 가서 게를 잡는 사람이 있었다. 그는 뱀의 시체를 보자마자 갑자기 사망했고, 뱀을 본 다른 사람들도 모두 독기에 중독되어 죽었다.

　마을 사람 중에는 같은 부족 중에 요망한 뱀을 기르는 사람이 있다는 소문을 들은 이가 있었다. 그는 이 뱀의 시체가 요망한 뱀일 가능성이 있다 여기고 같은 부족 사람들에게 두루 알렸다. 하씨 할머니가 월미 마을에 가서 살펴보니 과연 자신이 기르던 뱀이었다. 이에 뱀의 뼈를 거두어 집으로 돌아와 제사를 지냈다. 이 뱀의 뼈가 아주 영험하여 비가 오래 그치지 않을 때 뱀의 뼈를 향해 기도하면 바로 날이 개었다. 나중에 하씨 할머니 집에 화재가 발생하여 뱀의 뼈가 재가 되었다. 그들은 그 재를 수습하여 보자기로 잘 싼 뒤 바구니에 넣어서 제사를 지냈다. 뒤에 이 재를 같은 성씨의 분파인 해씨蟹氏에게 나눠줬다. 이후로 이 두 성씨는 같은 부족에서 날씨가 맑기를 기원하는 사제가 되었다.

트루쿠족 太魯閣族(Truku)

트루쿠족은 남투南投 지역에서 기원했다. 이 부족 사람들은 선조의 유훈Gaya을 아주 존중한다. 아울러 사람이 죽은 뒤에 영혼은 무지개다리彩虹橋(Hakautux)를 지나 조상이 허락한 땅으로 가서 진정한 안식을 얻는다고 믿는다.

영혼은 무지개다리를 건너기 전에 반드시 먼저 손을 씻어야 한다. 손 씻은 물이 핏빛을 드러내면 Gaya를 준수했으므로 무지개다리를 통과할 자격이 있다.

목전의 트루쿠족의 주류 신앙은 서구 종교다. 즉 천주교, 기독교, 참예수교회와 같은 종교를 신앙 대상으로 삼고 있다.

203. 신령한 신앙

종류 : 신령

원전

『원주민 부족 조사 보고서』「신령〔트루쿠족〕神靈[太魯閣族]」, 대만총독부 임시 대만 옛 습관 조사회 원저, 중앙연구원 민족학 연구소 편역

내트루쿠번內太魯閣蕃(Dgiyaq Truku)의 보도자報導者 Sukay Pagan의 설명은 다음과 같다.

신령Utux에는 선신善神(Utux malu)과 악신惡神(Utux naqih)의 구분이 있다.

선신은 부족 마을을 수호하며 꿈을 통해 당일의 운세와 길흉을 미리 알려준다.

악신은 또 비명횡사한 자의 망령, 임종 때 간호해준 사람이 없는 망령, 나쁜 사람의 망령으로 나뉜다. 망령은 꿈에 가위를 누르거나 왕래하는 도중에 길 가는 사람에게 해를 끼친다.

이 밖에 보도자 Untin Lawsin도 아래와 같이 설명했다.

① 사람이 죽은 후 사망자의 영혼Utux은 Tuxan(祖靈界)으로 가서

선신이 된다. 마을에서 제사를 거행할 때 모두 와서 제사를 받고
또 항상 사람의 꿈에 나타나 사냥감이 어디 있는지 알려준다.

② 비명횡사한 자의 망령은 Tuxan으로 가지 못하고 사방을 유
랑한다. 절벽을 지나가는 사람을 만나면 그곳으로 가서 그 사람을
해치기도 한다. 목이 베인 자의 망령은 목을 벤 자가 죽은 뒤에 그
를 인도하여 Tuxan으로 갈 수 있다.

원주민 세계

아미스족阿美族(Amis)

대만 원주민에게는 보편적으로 거인에 관한 이야기가 전해온다. 아미스족과 사키자야족撒奇萊雅族(Sakizaya) 사이에 널리 전해오는 거인족은 아리카카이로 불리는 거인 이민족이다. 전설에 따르면 이 거인 이민족은 원주민들에 의해 격퇴된 뒤 남세南勢와 마태안馬太鞍 등의 부락에 피부가 희고 신체가 건장한 후손을 남겼고, 아울러 이 후손들은 특히 그네뛰기를 좋아하면서 인근 여러 마을과 왕래한다고 한다.

황자메이黃嘉眉의 「화련 지구 사키자야족 전설 연구花蓮地區撒奇萊雅族傳說研究」(화련교육대학 석사논문, 2008)에 따르면 지금도 아미스족과 사키자야족 부모들은 늘 아리카카이를 거론하며 다음과 같이 아이들에게 겁을 준다고 한다. "말 안 들으면 아리카카이가 잡아갈 거야!" "자꾸 울면 아리카카이가 잡아먹는단다!"

이 밖에도 사람이 죽어서 귀신이 된다는 아미스족의 관념은 『원주민 관습 조사서蕃族慣習調查書』에도 몇 가지 기록되어 있다.

204. 거인 이민족 아리카카이 阿里嘎蓋

종류 : 요괴

원전

『원주민 부족 관습 조사 보고서』「식인족의 전설食人族之傳說」
(아미스족), 대만총독부 임시 대만 옛 습관 조사회 편찬, 중앙
연구원 민족학연구소 편역

남세번南勢番 이민족 왕래 관련 전설.

전설에 따르면 그 선조들이 기래평원奇萊平原에서 만난 이민족에
'아리카카이족阿里嘎蓋族(Alikakay)'이 있었다고 한다. 아래에 그 개요
를 서술한다.

남세번 Naloma'an에 아직 부락이 하나도 건설되지 않았을 때
'아리카카이'라는 이민족이 미륜산美崙山(화련花蓮 서쪽) 기슭에 혈
거하고 있었다.

그들은 피부가 백색이고, 눈알은 고양이와 같았고, 머리카락은
길었고, 수염은 헝클어져 가슴을 가렸으며, 가슴털은 길게 배꼽까지
늘어졌고, 손발의 털은 빽빽하고 길어서 1촌에 달했고, 키는 1장(약
3미터)에 달할 정도로 컸다. 그러나 그들이 언제 어디서 이주해왔

734   요괴 나라 대만 1

아리카카이|Alikakay

는지 알지 못했고 인원은 겨우 5명뿐이었다. 부락 사람들은 그들을 각각 Hofhof, Takuy, Alafukes, Doec, Pato'an이라고 불렀다.

그들은 질풍처럼 치달렸고, 변신술에 뛰어났다. 손등의 털을 뽑아 불어서 자신이 바라는 인물을 만들 수도 있었다. 이에 사병 1000명을 만들기도 하고, 영아의 모친을 만들기도 하고, 부족 여인의 남편을 만들기도 했다. 이렇게 늘 부족 마을에 출몰하면서 부녀를 범하거나 영아를 잡아먹어서 부족 사람들이 이 때문에 근심이 그치지 않았다고 한다.

그 개요를 서술하면 아래와 같다.

첫째, Hofhof가 악작극을 벌이다가 손을 잃은 사건.

키가 큰 Hofhof는 늘 부락으로 와서 악작극을 벌였다. 어느 날 그는 부락으로 와서 늘 하던 대로 한 발을 민가로 집어넣으며 지붕을 부수려 하고, 또 손을 집안으로 집어넣어 사람들에게 담뱃불을 붙이라고 명령했다.

집을 지키던 노파는 이런 일이 일어나리라 예상하고 한편으로는 근처 수십 명의 소년들을 집안으로 숨기고, 다른 한편으로는 담뱃불을 붙여줄 테니 잠시 기다리라고 했다. 그들은 미리 꼬아놓은 등나무 밧줄로 Hofhof의 한 손을 꽁꽁 묶은 뒤 수십 명의 소년들에게 함께 당기라고 했다. 이 때문에 Hofhof는 한 손이 뽑혀 나가는 낭패를 당하고 달아났다.

둘째, 영아의 심장을 먹은 사건.

어느 날 한 소녀가 아기를 업고 앞에서 밭을 가는 엄마를 따라

다니고 있었다. 소녀가 걸음을 멈추고 길가의 풀을 뽑으려고 할 때 아리카카이족 한 명이 그 모습을 보고 즉시 자기 손등의 털을 뽑아 주문을 외우며 엄마의 모습으로 변하게 했다. 그리고 소녀의 등에서 아기를 받아서 젖을 먹이는 것처럼 가장하고 아기의 가슴을 갈라 내장을 파낸 뒤 이렇게 말했다. "아기가 달콤하게 자고 있으니 잘 돌보도록 해라." 그는 아기를 소녀의 등에 다시 업혀주고 종적을 감췄다. 시간이 한참 지난 뒤 엄마가 젖을 먹이려 할 때가 되어서야 아기의 참혹한 모습을 발견하고 미친 듯이 울었다.

이런 피해 사건이 한두 번이 아니어서 마을 사람들은 요괴의 소행으로 여기거나 마을의 어떤 사람이 신령의 금기를 범하여 벌을 받는 것이라 여기고 놀라며 두려워했다. 그러나 피해 사건이 연이어 발생하자 마침내 아리카카이족의 소행으로 의심하게 되었다.

205. 사자死者의 영혼

종류 : 귀매

원전

『원주민 부족 관습 조사 보고서』「사자의 영혼死者的靈魂」(아미스족), 대만총독부 임시 대만 옛 습관 조사회 편찬, 중앙연구원 민족학연구소 편역

본 지역 내의 아미스족은 사망을 Mapatay라고 부른다. Mapatay는 사람의 사망만을 가리키는 것이 아니라 모든 생물의 사망을 의미한다. 산 사람의 영혼은 Adingo라 부르고, 죽은 사람의 혼령은 Kawas라 부른다.

그들의 인식에 따르면 사람의 육체는 죽은 뒤에 진흙으로 변하고 영혼은 육체에서 이탈하여 조상의 영혼이 있는 곳으로 가며 시체는 목석木石과 같이 된다고 한다. 또 그들은 장례식을 거행하지 않은 사람의 영혼은 개, 돼지, 삵, 뱀 등 동물의 몸속으로 들어갈 수 있다고 믿는다. 이 때문에 그들에게는 무덤을 숭배하는 풍속이 없다. 비록 생전에 어른들에게 효도하고 봉양해야 한다는 사실은 알고 있지만 사후에 모시는 일에 대해서는 꿈에 조상을 만난 경우

에만 공양을 행한다. 그들은 꿈에 조상이 나타나는 것을 조상이 음식을 먹고 싶기 때문에 나타난 것이라고 여긴다. 따라서 꿈의 종류가 무엇이든 상관없이 술, 떡, 고기 등을 바치고 함께 기도를 올리면서 자신의 신앙을 만족시킨다. 그러나 조상이 금방 사망한 때에는 음식을 바치는 행동을 하지 않는다. 그들은 죽은 사람들의 세계도 산 사람들의 세계와 마찬가지로 사자들이 모이는 사회가 있다고 여긴다. 그것이 바로 영계靈界인데 그 사회는 산 사람들의 사회와 마찬가지로 춤과 같은 오락이 성행하고, 생전에 Patingdah(사교계에 입문하는 의식)를 받지 못한 사람은 사후에도 영계의 무도회에 참가할 수 없다.

206. 죽은 영혼의 종류

종류 : 귀매

원전

『원주민 부족 관습 조사 보고서』「죽은 영혼의 종류^{死靈的種類}」(아미스족), 대만총독부 임시 대만 옛 습관 조사회 편찬, 중앙연구원 민족학연구소 편역

죽은 영혼의 종류는 다음과 같다.

(1) 마라토^{馬拉圖}(Malataw)

이 신령은 부락의 역대 두령 중에서 뛰어난 사람, 출초^{出草}를 나갈 때마다 특별한 공을 세운 사람. silisinay^{祭主} 및 부락민 중에서 영웅의 행적을 남긴 영혼을 가리킨다. 사람들은 그들을 전투와 출초의 수호신으로 간주하고 출정하거나 출초할 때마다 반드시 이들 신령을 향해 소원을 빈다.

(2) 하다이^{海德}(Haday)

하다이는 물고기왕^{魚王}의 영혼으로 강 속에 산다.

일찍이 이를 직접 체험한 부족민이 다음과 같이 서술했다. "나는 일찍이 기래계^{奇萊溪}로 물고기를 잡으러 가기 전에 육식을 하지

말라는 금기를 범했으나 멍청하게 깨닫지 못했다. 강가에 이르렀을 때 물고기 떼가 활발하게 노는 것을 보고 한꺼번에 수천 마리를 잡을 수 있으리라 여기고 즉시 온 힘을 다해 그물을 던졌다. 그러나 그물을 끌어올려 보니 살아 있는 물고기는 보이지 않고 산 사람의 잘린 머리가 들어 있었다. 온몸이 얼음물을 덮어쓴 것처럼 느껴져 손에 든 그물을 잘라낼 겨를도 없이 뒤돌아서 도망쳤다. 비록 그물은 찢어져 떨어졌으나 잘린 머리는 여전히 그물 속에서 매우 공포스럽게 입을 벌린 채 눈을 부릅뜨고 있었다. 뒤에서 추격해오는 악마의 거대한 손길이 내 등에 닿는 것을 느끼며 이제 나는 죽었구나 하고 목숨을 포기하려는 순간 육식의 금기를 어겼다는 사실이 기억나서 서둘러 하다이에게 기도를 올리자 악마의 기운이 점차 사라지며 원기가 회복되었다."

(3) 펭기우費悡(Fengiw)

역병의 신령이다. 역병으로 죽은 사람의 영혼이다. 역병이 유행하는 것은 바로 이 악령의 소행이다.

이 악령은 전혀 절제하지 않고 화살로 사람을 쏘기 때문에 많은 사람이 화살에 맞아 병사한다.

원주민 세계

부눈족 布農族(Bunun)

부눈족을 청나라 때는 '무륜족武崙族'이라 불렸고, 중앙산맥 양쪽에 거주한다. 현재 부눈족 사람들은 남투, 고웅, 화동花東 일대에 살고 있으며, 여기에는 탁사군卓社群, 군사군郡社群, 잡사군卡社群, 단사군丹社群, 만사군巒社群, 난사군蘭社群이 포함된다.

부눈족은 전통 신앙을 믿고 '천신天神(Dihanin)'을 존경하면서 천신을 만물의 지존으로 인식한다. 그들도 만물에 영혼이 있다고 믿으며 자연계의 만사와 만물에 대해 존경의 마음을 품고, 자연계의 금기를 범하여 악령의 재난을 초래할까봐 매우 두려워한다.

207. 해골만 남은 사람 이야기

종류 : 요괴

원전

『원주민 부족 관습 조사 보고서』「해골만 남은 사람 이야기
骷髏人的故事」(부눈족), 대만총독부 임시 대만 옛 습관 조사회 편
찬, 중앙연구원 민족학연구소 편역

전에 살점은 하나 없고 해골처럼 뼈만 앙상하게 남은 사람이 있
었다. 전투를 할 때마다 적이 쏜 화살이 늘 뼈 사이로 지나갔기에
아무리 격렬한 전투를 치르더라도 온전한 몸으로 돌아왔다.

이 밖에 또 키가 겨우 2척밖에 안 되는 Tsalutsu라는 난쟁이가
있었다.

그러나 이들을 모두 우리의 선조로 치지 않는다.

이는 달계멱가번達啓覓加蕃 이야기로 이 일을 알려준 사람은 잡사
卡社의 Tiang Matl laian이다.

208. 요괴가 청혼하다

종류 : 요괴

원전

『생번 전설집』「요괴가 청혼하다^{妖怪求婚}」, 일본 사야마 유키치, 오니시 요시히사 기록, 천완춘 번역

옛날에 어떤 부부가 딸을 집 안에 남겨두고 채소밭에 갔는데, '하니토^{哈尼托}(요괴)'가 나타나 딸을 유괴해 갔다.

부부는 그 일을 알아챈 뒤 당황하여 각지를 찾아다니고서야 마침내 딸을 찾아서 집으로 돌아왔다.

다시 5~6일이 지나고 나서 '하니토'가 술과 고기를 갖고 와서 딸을 자신에게 시집보내라고 요구했다. 자세히 살펴보니 준수한 청년이었지만 등에 아이를 업고 있었다.

"하니토! 아이를 업고 있군! 아이가 있다면 틀림없이 아내도 있겠지. 그러니 이 청혼은 받아들일 수 없네."

그런데 다시 등에 업은 아이를 자세히 살펴보니 아이는 본래 나무를 태운 잿가루였으며, 가져온 고기는 나뭇잎이었고, 술은 검은 폐수였다.

아이의 양친은 공포를 느끼고 아이를 단단히 보호했다. 그러나 순식간에 모든 사람이 연기처럼 사라졌다. '하니토'에게 유괴당한 것이다.

　(부눈족, 군번郡蕃 동포사東埔社)

초우족 鄒族(Cou)

초우족을 옛날에는 '차오족曹族(Cao)'이라고 불렀다. 현재 가의현 아리산향阿里山鄉, 남투현 신의향信義鄉 등지에 거주한다.

초우족은 하모哈黙(Hamo) 천신이 세계 만물을 창조하면서 옥산玉山(Patungkuonu) 위에서 '인류Tsou'도 창조했다고 믿는다. 따라서 상고시대에 인류는 야수 등 만물과 함께 모두 옥산에서 함께 살았다고 한다.

초우족의 종교와 사상은 범신론에 속한다. 이 종족은 우주 만물에 모두 신령이 있으므로 사람들은 반드시 자연의 법칙에 따라야지, 그렇지 않으면 악운에 얽힌다고 여긴다.

209. 영계靈界

종류 : 신령

원전

『원주민 부족 관습 조사 보고서』「영계靈界」(초우족), 대만총
독부 임시 대만 옛 습관 조사회 편찬, 중앙연구원 민족학연구
소 편역

이 종족 사람들은 영계에 대해 다음과 같은 관념을 갖고 있다.

① 북^{Cou}번: 사람이 죽을 때 Hzoo(가슴에 깃들어 있는 혼魄)는
Hicu(영靈)가 되어 정수리로 탈출한 뒤 '탑산塔山'으로 간다. 자고
이래로 선조들은 모두 그곳에 모여서 산 사람과 마찬가지로 부락
을 이루어 산다. 하지만 위인의 영靈은 하늘로 올라가 Hamo(天神)
곁에 머문다. 이러한 영들은 모두 다시 본래 살던 마을로 돌아오지
않는다. 종족 사람들은 또 더러는 사람이 죽은 뒤에 모습을 보이며
목소리를 내고 산 사람들과 농담을 주고받기도 한다고 한다.

② Takopulan번: 그들은 또 말하기를 비명횡사한 사자의 혼은
영계로 가지 못하고 사망한 현지에 남아 사람들을 해치기도 하고,
때로는 이러한 영들이 모습을 드러내 말을 한다고도 한다.

210. 우신雨神

종류 : 신령

원전

『원주민 부족 관습 조사 보고서』「우신雨神」(초우족), 대만총 독부 임시 대만 옛 습관 조사회 편찬, 중앙연구원 민족학연구 소 편역

비는 우신雨神(Ak'enguca)이 내려준다. 따라서 가물 때 원숭이 머리 와 마타리꽃Tubuhu(黃花龍芽草) 몇 송이를 가지고 시냇가로 가서 우신 을 부른 뒤에 물을 떠서 밖을 향해 다섯 차례 뿌리면 반드시 비가 온다.

무지개는 우신의 머리 장식이므로 Hioyu(채색 띠)라 부른다. 이 슬은 Sifu no congeoha라 부르며 구름은 영혼의 집이다.

종류 : 요괴

원전

『원주민 부족 관습 조사 보고서』「소녀와 청개구리가 인연을 맺은 이야기少女與靑蛙露水情緣的故事」(초우족), 대만총독부 임시 대만 옛 습관 조사회 편찬, 중앙연구원 민족학연구소 편역

옛날 어떤 집에 딸이 하나 있었다. 어느 날 밤 준수한 남자가 몰래 침실로 들어와 아무 거리낌 없이 소녀 곁에 누웠다. 소녀도 싫지 않아서 남자가 하는 대로 몸을 맡겼다. 남자는 이렇게 며칠 동안 계속 왔다.

어느 날 저녁 남자가 말했다. "최근 며칠 동안 친구들이 나를 무도회에 초청했고, 나는 몇 가지 물건을 가져가야 하오. 그대의 허리띠를 내게 빌려줄 수 있겠소?"

소녀는 옛날부터 춤을 좋아했고, 심지어 춤을 추기 위해 잠자는 것과 밥 먹는 것도 잊을 정도였다. 그래서 즉시 기뻐하며 물었다. "언제? 어디서? 친구들과 춤을 춰요?" 남자는 소녀가 춤을 좋아한다는 사실을 알고 기뻐하며 시간과 장소를 알려주고는 소녀의 허

리띠를 빌려 갔다.

이렇게 하여 소녀는 날마다 손꼽으며 약속한 날짜가 오기를 기다렸다. 소녀가 사는 곳이 깊은 산 깊은 숲이었지만 날짜는 여전히 끊임없이 흘러 하루하루 시간이 지난 뒤 마침내 남자와 약속한 날짜가 되었다.

이날 소녀는 혼자서 몰래 남자가 알려준 곳으로 갔다. 그러나 눈을 들어 평지를 바라보니 청개구리만 울고 있을 뿐이었다. 소녀는 매우 화가 났고 자신이 속은 것이 한스러웠지만 마음의 고통을 하소연할 사람도 없었다. 이에 나무 밑에 앉아 두건에 끼워놓은 곰방대를 빼내서 담배를 피우며 마음속 고통을 위로했다. 아울러 다음에 그 남자가 다시 오면 한바탕 화를 풀며 뼈가 부서질 정도로 때려주어야겠다고 결심했다. 이렇게 마음을 달랜 뒤에 소녀는 몸을 일으켜 집으로 돌아가려고 했다.

이때 소녀는 멀지 않은 곳에 청개구리 떼가 모여 있는 것을 발견했다. 청개구리들은 소녀가 남자에게 빌려준 허리띠를 잡고 길게 끄는 동시에 큰소리로 노래를 부르고 있었다. 소녀는 이런 광경을 보고 깜짝 놀라 가까이 가서 허리띠를 들고 힘껏 휘둘렀다. 청개구리들도 깜짝 놀라 분주하게 풀숲으로 도망쳤다. 그런데 그중에 몸집이 특히 큰 청개구리는 허리띠를 단단히 움켜쥐고 놓지 않았다. 소녀는 그런 모습을 보고 더욱 화가 나서 있는 힘을 다해 허리띠를 바위 위에 내려쳤다. 마침내 청개구리의 머리가 바위에 부딪혀 기절한 채 일어나지 못하고 사지도 끊임없이 부들부들 떨었다. 소녀는 그 틈에 허리띠를 갖고 얼른 집으로 돌아왔다.

그날 밤 그 남자가 또 왔다. 소녀의 침실로 들어서며 말했다. "나는 오늘 정말 참혹했소! 원래 그대가 우리가 춤추는 것을 보고 싶다고 해서 시간과 장소를 알려준 것이오. 그런데 뜻밖에도 그대가 그처럼 심하게 나를 바위에 내동댕이칠 줄 생각지도 못했소. 정말 무슨 마음인지 모르겠소?" 남자는 아직도 자신의 머리를 만지며 신음했다. "아야! 머리가 깨질 것 같고 어지러워! 아무것도 분명하게 보이지 않아."

소녀는 그 말을 듣고 경악을 금치 못했다. 소녀는 그제야 매일 밤 자신을 찾아온 사람이 뜻밖에도 청개구리임을 알았다. 자신이 결국 청개구리에게 희롱당했다는데 생각이 미치자 매우 불쾌하여 욕설을 퍼부었다. "이 나쁜 청개구리 새끼야!" 동시에 한 발로 남자를 차니, 남자는 침대 아래로 굴러떨어지며 본래 청개구리 모습으로 변하여 하늘을 향해 네 발을 뻗었다. 그런 뒤에 사지를 버둥거리며 도망쳤다.

(아리산번阿里山蕃)

212. 사슴 왕 鹿王

종류 : 요괴

원전

『원주민 부족 관습 조사 보고서』「괴수를 사냥하려다가 오히려 살해당한 이야기獵怪獸反遭殺害的故事」(초우족), 대만총독부 임시 대만 옛 습관 조사회 편찬, 중앙연구원 민족학연구소 편역

옛날 어떤 부락에 두 형제가 살았다.

어느 날 형은 사냥을 하기 위해 Nsoana산에 이르렀다. 산꼭대기에 맑은 샘이 있었는데 샘 주위에 사슴 발자국이 가득했다. 다음 날 형은 샘물 가에 숨어서 사슴을 노렸다. 과연 많은 사슴이 물을 마시러 왔다. 이후 형은 매일 샘물 가로 가서 많은 사슴을 잡았다.

사슴 떼 가운데는 사슴 왕처럼 보이는 괴상한 사슴이 있었다. 겉모습은 보통 사슴과 다름이 없었으나 일단 창을 들어 조준하면 즉시 구름까지 닿는 큰 사슴으로 변했다.

그런 광경을 보고 형은 그것이 마음대로 사살할 수 없는 괴상한 짐승임을 알고 매번 그 짐승만 보면 바로 공격을 중지했다.

어느 날 아우가 혼자서 Nsoana산 꼭대기로 갔다. 그는 샘물 가

에 사슴 몇 마리가 있는 것을 발견하고 너무나 기뻤다. 그는 창을 들어 그중에서 가장 큰 사슴을 겨냥했다. 그러자 그 사슴은 몸을 바꾸기 시작하더니 꼬리 길이만도 몇 심尋(일본의 재래식 도량형으로 1심尋은 대략 1.8미터에 해당한다)에 이르는 큰 사슴으로 변했다. 이때 아우는 형이 일찍이 그에게 그 사슴은 잡아서는 안 된다고 한 말을 상기했다.

그러나 목표는 이미 정해졌고 창도 잘 준비되었다. 게다가 아우는 여태껏 남에게 지기를 싫어하는 사람이었다. 그가 심호흡을 한 번 하고 긴 창을 던지자 괴상한 사슴은 바로 창을 맞고 쓰러졌다.

하지만 그는 사슴 고기를 베어낼 용기가 없어서 허둥지둥 집으로 돌아와 일의 시말을 형에게 이야기했다.

형은 아우가 큰 참화를 야기했을 가능성이 있다고 생각했지만 일이 이렇게 된 이상 돌이킬 수 없으므로 아우를 따라 Nsoana산에 가보기로 했다.

그러나 아우가 괴상한 사슴을 처치했다는 곳에 도착했을 때는 선혈만 가득했다. 형은 모골이 송연해져서 감히 더이상 전진하지 못하고 얼른 도망치듯 집으로 돌아왔다.

아우는 도대체 어찌 된 일인지 살펴보기 위해 계속 앞으로 나아갔다. 길에는 사슴 살덩이가 떨어져 있었다. 아우는 괴상한 사슴이 근처에 있음을 느끼고 고개를 들어 사방을 둘러보았다. 저쪽 풀숲 속에 거인 남자 한 명이 우뚝 서 있었다.

거인의 머리는 나무 꼭대기보다 더 컸고 눈은 해와 달처럼 번쩍였다.

아우가 깜짝 놀라 허둥대며 도망치려 할 때 거인이 소리를 질렀다. "어딜 도망치려고! 이 가증스러운 놈!" 그러고는 아우의 목을 틀어쥐고 고양이가 쥐를 팽개치듯 두 번 세 번 팽개친 뒤 바로 아우를 나뭇가지에 걸쳐 놓았다. 아우의 몸은 먼지처럼 가닥가닥 찢어지며 목숨도 끊어졌다.

(아리산번)

『원주민 부족 관습 조사 보고서』「가죽을 무두질하는 방법의 유래縣皮法之由來**」(초우족), 대만총독부 임시 대만 옛 습관 조사회 편찬, 중앙연구원 민족학연구소 편역**

태고 시대에 사람들은 산신에게 제사를 지내지 않았다.

당시의 짐승들은 변화막측하여 때때로 사람으로 변하기도 했다.

어느 날 어떤 남자가 사슴을 잡으려고 산 위로 올라가 물가에서 기다렸다.

시간이 오래 지나고 나서 사슴 한 마리가 달려왔다. 얻기 어려운 기회라 여기고 얼른 활을 들어 사슴을 쏘려고 했다. 그런데 갑자기 사슴의 몸이 팽창하더니 무엇과도 비교할 수 없을 정도로 거대하게 변했다. 머리는 거의 하늘에 닿았고 눈빛도 해와 달처럼 번쩍였다. 사냥꾼은 눈앞이 어질어질해져서 활을 쏠 용기조차 잃어버렸다. 그는 그 사슴이 도망치는 걸 멀거니 바라볼 수밖에 없었다.

이 밖에도 어떤 남자가 똑같은 경험을 했다. 그러나 그는 앞에 서술한 남자보다 용감했다.

전설에 따르면 그는 마침내 변화막측하고 괴상한 짐승을 쏘아 맞혔다. 괴상한 짐승은 화살에 맞은 뒤 즉시 도망쳐 흔적도 없이 사라졌다. 남자는 사슴을 찾기 위해 사방을 둘러보다가 문득 땅 위에 천 조각 같은 것을 발견했다. 그는 이상하게 생각하고 머리를 들어 바라보니 나무 옆에서 어떤 사람이 천 조각으로 발을 싸매고 있었다. 남자는 그 모습을 보고 그에게 달려갔다. 남자가 가까이 다가가자 나무 옆에 있던 사람이 달아났다. 남자가 다시 추격하니 그 사람이 갑자기 몸을 돌려 남자를 잡아채고 나무줄기에 패대기 쳤다. 남자는 즉시 목숨이 끊어졌다.

그 사람은 남자의 시체를 나뭇가지에 걸었다. 뒤에 부락 사람들이 그 나무 곁을 지나가다가 나뭇가지에 걸려 있는 어떤 사람의 가죽을 보았다. 이후로 부락 사람들은 가죽을 무두질해서 말리는 방법을 알게 되었다.

(아리산번)

『원주민 부족 관습 조사 보고서』「괴상한 짐승의 가죽 이야기怪獸皮的故事」(초우족), 대만총독부 임시 대만 옛 습관 조사회 편찬, 중앙연구원 민족학연구소 편역

옛날에 어떤 남자가 산 위에서 사슴 한 마리를 쏘아 잡았다.

그가 사슴 가죽을 벗기고 사슴 고기를 발라낸 뒤 사슴의 쓸개를 자르려 할 때 쓸개 속에서 이상한 소리가 흘러나왔다. "부디 내 쓸개를 자르지 마라!"

그는 이상하게 생각했지만 상관하지 않고 단칼에 쓸개를 잘라냈다.

이후 쓸개 속에서 아무 소리도 들리지 않았다.

이에 남자는 사슴 가죽을 가지고 집으로 돌아와 고리에 매달아두려고 했다.

그러나 사슴 가죽을 매달기는 했지만 금방 또 미끄러져 떨어졌다. 그 뒤로는 어떻게 해도 다시 매달 수 없었다. 그는 머리끝까지 화가 나서 소리를 지르며 고리를 향해 사슴 가죽을 내던졌다.

전설에 따르면 그 사슴 가죽이 즉시 튕기듯 다시 돌아와 그 사람을 휘감은 뒤 꽉 조여서 죽였다고 한다.

(아리산번)

213. 머리 없는 요괴

종류 : 요괴

원전

『원주민 부족 관습 조사 보고서』「요괴에게 추격당한 이야기 遭妖追趕的故事」(초우족), 대만총독부 임시 대만 옛 습관 조사회 편찬, 중앙연구원 민족학연구소 편역

옛날에 두 형제가 살았다.

어느 날 그들은 함께 Yayungana산으로 사냥을 갔다. 날이 저물 무렵 아우는 저녁을 준비하기 위해 먼저 형을 떠나 사냥용 움막으로 돌아왔다.

형은 혼자서 계속 산속에서 사냥감을 찾아다녔다. 한 바퀴 돈 뒤 대략 저녁때가 되어 움막으로 돌아왔다.

형은 금방 움막 근처에 핏자국이 뚝뚝 떨어져 있는 광경을 발견했다. 그는 아마도 흉악한 부족이 아우를 살해했다 여기고 조급하게 움막으로 갔다.

그러나 움막 근처에 이르렀을 때 사람이 밥 짓는 소리를 듣고 아우가 무사하구나라고 생각하며 안심했다.

그런데 아우의 머리가 없어졌을 줄은 꿈에도 생각하지 못했다.

형이 어떻게 해야 좋을지 몰라 하는 사이에 머리 없는 아우의 몸이 움직이기 시작하더니 숟가락을 들고 밥을 퍼서 머리가 잘린 목구멍으로 떠넣었다.

형은 이 광경을 보고 혼비백산하여 방향도 분간하지 못한 채 구르듯이 도망쳤다. 그러다가 갑자기 난로 가의 땔감에 걸려 넘어져 소리를 질렀다.

머리 없는 요괴는 그 소리를 듣고 한편으로 "기다려! 기다려!"라고 고함을 지르며 다른 한편으로는 두 손을 높이 들어 휘저으며 추격해왔다.

형은 목숨을 걸고 달아났지만 요괴는 이미 한 걸음 한 걸음 가까이 다가왔다. 형은 다리를 걸어 넘어뜨리고 죽어라고 달아날 생각이었으나 감히 요괴에게 일격을 가하지 못했다.

그때 다행히 숲의 나무들 사이로 사냥꾼들이 사냥을 해서 돌아오는 모습이 보였다. 그는 갑자기 몸속의 혈기가 솟아오르며 있는 힘을 다해 달렸다. 이승과 저승의 경계가 바로 자신의 두 걸음에 달렸다 여기고 다시 오장육부가 다 찢어질 듯한 목소리로 "사람 살려!"라고 소리를 질렀다.

요괴는 많은 사람의 모습을 보고는 깜짝 놀라 감히 다가오지 못하고 즉시 종적을 감췄다.

(아리산번)

214. 머리가 잘린 유령

종류 : 귀매

원전

『원주민 부족 관습 조사 보고서』「머리가 잘린 유령被砍頭者的幽靈」(초우족), 대만총독부 임시 대만 옛 습관 조사회 편찬, 중앙연구원 민족학연구소 편역

옛날에 친구 두 사람이 Mumuyatu산으로 가서 사냥을 했다.

그중 한 사람은 움막에 남았고, 다른 한 사람은 달빛에 의지하여 사슴이 물을 마시는 곳으로 찾아갔다.

움막에 남은 친구는 사냥 간 친구가 돌아오기를 기다렸으나 낮의 일이 너무 피곤했던 나머지 자신도 모르게 누워서 잠이 들었다.

한밤중 삼경이 되어 갑자기 깨어난 그는 어떤 사람이 걸어오는 소리를 들었다. 그는 친구가 돌아오는 것으로 생각하고 얼른 일어나 문 앞으로 마중하러 나갔다. 그런데 뜻밖에도 문 앞에는 어떤 낯선 사람이 서 있었다. 그런데 그 사람은 목이 잘려서 전체 머리통이 앞으로 떨어져 있었고 단지 손가락 두 개 두께 정도의 가죽만 몸에 붙어 있었다.

움막에 남아 있던 사람은 이 광경을 보고 갑자기 전신이 마비되면서 땅에 넘어졌다. 그가 깜짝 놀라 소리를 지르자 요괴는 모습을 감췄다.

사람들은 그것이 머리 잘린 유령이라고 전한다.

흘라아루아족 拉阿魯哇族(Hla'alua)

흘라아루아족은 고웅의 도원구桃源區, 나마하구那瑪夏區 등지에 살고 있으며, 집단 부락으로는 Paiciana排剪, Vilanganu美瓏, Talicia塔蠟, Hlihlara雁爾가 포함된다.

흘라아루아족은 자신들이 본래 동방에 거주하며, 왜인矮人들과 함께 살았다고 믿는다. 또 그들은 만물에 영靈이 있다고 믿으며 사람의 영과 만물의 영 그리고 신령 등 초자연적인 힘을 신앙한다. 그리고 그들은 '성패聖貝'*를 그들 태조太祖의 신령이 머무는 곳으로 여기기 때문에 제전을 거행하여 평화로운 풍년과 종족의 창성을 기원하면서 태조의 신령을 위해 향연을 벌인다.

흘라아루아족의 가장 중요한 의식으로는 세시 제의歲時祭儀(조 재배 제의, 벼 재배 제의)와 성패제聖貝祭(Miatungusu) 및 적수제敵首祭가 있다.

---

* 〔역주〕성패聖貝: '패신貝神'이라고도 하며 대만 흘라아루아족 원어로는 '타키아루Takiaru'라고 한다. 조상의 신령이 깃든 12개의 조개껍질로 평소에는 두령이 항아리에 넣어서 밀봉한 후 후원에 묻어두었다가 '성패제聖貝祭' 기간에 갖고 나와 제사를 올린다. 열두 성패는 다음과 같다. 용맹신勇猛神, 수렵신狩獵神, 건강신健康神, 식물신食物神, 구마신驅魔神, 근로신勤勞神, 평안신平安神, 구라신驅懶神, 장원신狀元神, 수호신守護神, 총명신聰明神, 풍우신風雨神.

215. 사망에 관한 관념

종류 : 신령

원전

『원주민 부족 관습 조사 보고서』「사망관死亡觀」(네 곳의 원주민 부락), 대만총독부 임시 대만 옛 습관 조사회 편찬, 중앙연구원 민족학연구소 편역

사람은 죽은 뒤에 좋은 사람이나 나쁜 사람이나 막론하고 모든 영혼은 Tavula산으로 날아가서 근처의 드넓은 구릉지대에 머문다. 그러나 도중에 가느다란 선과 같은 다리가 놓여 있다.

산 위에서 비명횡사한 자의 영혼은 죽은 곳에 머물며 다른 곳으로 갈 수 없다.(Paiciana社)

사람이 죽는 까닭은 Tangukapatu(惡神)가 인간에게 드리운 생명선을 끊었기 때문이다.(Paiciana社)

사람의 죽음은 악신의 해코지에 의한 것이다. 이 밖에도 강의 신河神이 때때로 사람을 죽음에 이르게 한다.(Hlihlara社)

216. 죽은 사람이 모찌를 만든 이야기

종류 : 귀매

원전

『원주민 부족 관습 조사 보고서』「죽은 사람이 모찌를 만든 이야기^{亡者搗麻糬的故事}」(네 곳의 원주민 부락), 대만총독부 임시 대만 옛 습관 조사회 편찬, 중앙연구원 민족학연구소 편역

옛날에 어떤 민가 사람들이 새벽에 밭으로 일을 나갔다가 저녁에 돌아와서 집안 시렁에 모찌가 놓여 있는 것을 발견하고 집안사람들에게 누가 만들었는지 물었으나 아무도 당사자를 알지 못했다. 사람들은 이상하게 생각하고 다음 날 일하러 나갈 때 어린아이 하나를 시렁 위에 얹어서 머물게 했다.

집안사람들이 모두 밖으로 나간 뒤에 땅속에 묻혀 있던 사자^{死者}가 걸어 나와서 불로 자신의 팔뚝을 지져서 기름이 나오게 한 뒤 다시 이 기름을 모찌 위에 바르며 온 힘을 다해 모찌를 만들었다. 시렁에 앉아 있던 아이는 이 광경을 목격하고 겁이 나서 소리 내어 울기 시작했다.

사자는 아이의 울음소리를 듣고 깜짝 놀라 아이에게 가까이 다

가가서 말했다. "울지 마라! 오늘부터 다시는 나타나지 않겠다."
그러고는 몸을 돌려 떠났다. 이후로는 어떤 사람도 사자를 다시 목
격하지 못했다.

옛날에는 사람들이 썩은 나무나 모래 또는 돌멩이를 먹고 살았
다. 그러나 어떤 사람이 땅속으로 들어가서 좁쌀, 감자, 콩 등을 가
져온 뒤로는 사람들이 오늘날과 같은 곡식을 식용으로 쓰기 시작
했다.

(보도한 사람: Hlihlara[社]의 Ulunganu)

피누유마족 卑南族(Pinuyumayan)

피누유마족은 중앙산맥 동쪽, 피누유마계^{卑南溪} 남쪽 해안 지역에 거주한다. 그들의 종교 관념에 따르면 하늘과 땅 사이에 조상의 혼령과 자연신, 그리고 'Viroa'라고 칭하는 신령이 존재한다는데 그것을 '신^神, 정령^{精靈}, 사령 ^{死靈}'으로 지칭할 수 있다. Tumaramao^(巫醫)와 Ragan^(司祭)은 사람과 신 사이를 연결하는 신기한 능력을 갖고 있다.

이 밖에도 매년 특별한 축전인 Puasrakan^(慶巫會)을 여는데, 이 의식에는 여성 제사장만 참가할 수 있다.

종류 : 요괴

원전

『원주민 부족 관습 조사 보고서』「큰 뱀을 격퇴하다擊退大蛇」
(피누유마족), 대만총독부 임시 대만 옛 습관 조사회 편찬, 중
앙연구원 민족학연구소 편역

Dengeraw와 Sigasigaw 부부는 매우 화목하게 살며 아들
Aibuwan과 Aunayan, 딸 Rasiras를 낳았다.

Aibuwan과 Aunayan 형제는 나중에 그들의 모친 Dengeraw가
죽은 뒤 부친의 손에서 컸다. 어느 날 세 아이는 아버지에게 어머
니가 알려준 할머니, 즉 Baba Turan에 사는 할머니 Kalikali를 찾
아뵙겠다고 했다. 허락을 얻은 뒤 세 사람은 Baba Turan 땅의 시조
Pa Dungaw 댁으로 갔지만 할머니는 이미 세상을 떠난 뒤였다. 그
들은 크게 실망했으나 여전히 할머니 댁에 머물러 있었다.

어느 날 아침 누이동생 Rasiras는 빨래를 하러 피누유마계의
Barebe로 갔다. 시간이 오래 지났는데도 누이동생은 돌아오지 않
았다. 형제 두 사람은 걱정이 되어 Barebe로 가서 누이동생을 찾았

다. 그러나 누이동생의 모습은 보이지 않고, 큰 바위 위에 Rasiras가 가져간 빨래와 굵기가 3척에 달하는 큰 뱀의 자취만 남아 있었으며 그 중간에 한 줄기 핏자국도 보였다.

형제는 뛰는 심장을 억누르며 핏자국을 따라 Mernaunan산 꼭대기의 연못에 도착했다.

연못 가에는 큰 암석이 있었고, 암석 아래에 가공할 만한 큰 뱀이 똬리를 틀고 있었다. 형제는 집으로 돌아와 일의 전말을 이야기하고 누이동생을 위해 복수하겠다고 요청했다. 그러나 집안사람들이 그들의 말을 쉽게 믿지 않았기에 두 형제는 자신들이 몰래 누이동생을 위해 복수하겠다고 다짐했다.

먼저 자신들에게 아주 큰 뱀을 벨 힘이 있는지 시험하기 위해 Pangayangyawan으로 가서 bait라고 부르는 마른 나무를 불태우며 칼을 달군 뒤 그 칼을 물에 담금질했다. 그리고 곁에 있는 돌멩이를 베었으나 칼날만 무뎌지고 돌멩이는 멀쩡했다.

이어서 그들은 또 Tarubanibani로 가서 Toer 나무껍질을 태워서 칼을 달군 뒤 또 그 칼을 담금질하고 다시 돌멩이를 베었다. 마침내 형은 돌멩이의 절반을 베었고, 아우는 돌멩이 전체를 두 동강 냈다.

이에 형제는 Mernaunan산 꼭대기 연못에 가서 형 Aibuwan이 먼저 나무 한 그루를 베서 몽둥이를 만든 뒤 아우에게 그 몽둥이로 바위 굴을 두드리라고 했다. 큰 뱀이 꿈틀거리면서 머리를 내밀자 Aibuwan이 칼을 휘둘러 뱀을 벴다. 그런데 뜻밖에도 칼만 튕겨 나오고 뱀은 비늘조차도 상처를 입지 않았다.

아우가 그 모습을 보고 형을 대신하여 급하게 큰 뱀을 베자 똬리를 틀고 있던 큰 뱀이 세 동강 났다.

그때 칼끝이 어떤 단단한 물체에 부딪치는 느낌이 났다. 그 물체를 주워서 보니 여동생 Rasiras가 차고 다니던 팔찌였다.

두 형제는 마침내 누이동생을 위한 복수에 성공했다고 기뻐하며 큰 뱀의 머리를 베어서 돌아왔다. 그리고 할아버지에게 큰 뱀의 원한을 물리칠 기도법이 있는지 물었지만 할아버지는 모르겠다고 대답했다. 이에 또 보라오伯勞라는 새에게 물으니, 대답이 너무 빨라서 분명하게 들을 수 없었다.

그리하여 다시 Tekwir라는 새에게 물었다. 그 새가 다음과 같이 가르쳐줬다. "동쪽의 Pulutulutungan산에 가서 유리 염주를 좌우 손목 및 좌우 엄지에 감고 다시 머리에 둘러서 마지막에는 염주의 남은 부분을 이마에 떨어뜨리고 몸을 세 번 깨끗이 닦는다. 그 뒤에 유리구슬을 큰 뱀의 머리 위에 놓고 빈랑을 세로로 쪼갠 후 유리구슬을 끼워 넣어 큰 뱀 머리의 뒤에 놓는다. 다시 그 뒤에 유리구슬 꿰미를 가로로 걸쳐놓는다. 그러고 나서 Kwaching 나무 두 줄기를 꺾어서 두 줄기의 잎을 연결하고 매듭을 이룬 곳에 유리구슬 일곱 개로 꿰어 만든 염주를 묶어 방금 말한 그 염주 뒤에 가로로 걸쳐놓는다. 또 그 오른쪽 교차점에 Kwaching 나무줄기를 세우고, 나무줄기 머리와 교차점을 유리구슬 아홉 개로 꿰어 만든 염주로 묶는다. 왼쪽 끝에도 교차점에 세운 나무줄기 머리와 교차점에 똑같이 유리구슬 다섯 개로 꿰어 만든 염주를 묶는다. 이 좌우 교차점에 앞에서 말한 Kwaching 나무를 가로로 걸쳐 놓는다. 그런 뒤에 그곳에 서서 기도하면 원한을 품은 혼령이 물러갈 것이다."

두 형제는 그 말을 듣고 몹시 기뻐하며 모든 일을 그대로 진행했다. 그리고 집으로 돌아오니 원한 품은 혼령이 해코지를 하지 못해 건강하게 살았다.

파이완족

파이완족의 신령 신앙에는 '생령生靈(Yaruvanan, 살아 있는 사람의 영혼)'에 관한 전설이 전해온다. 어떤 사람이 누군가를 극도로 사랑하거나 미워하면 그 영혼이 자신의 몸을 이탈하여 상대방의 몸에 붙고 상대방도 상처를 입거나 질병에 감염되거나, 심지어 그가 눈을 부릅뜨고 노려보는 꿈을 꿀 수도 있다.

생령에게 해코지를 당하면 부락 내의 무당을 초청하여 사악한 기운을 제거하고 기도를 올려야 한다. 그러나 무당 본인의 생령에게 해코지를 당하면 제거하기가 쉽지 않기 때문에 오로지 자신이 직접 무당 본인에게 사과하면서 저주를 풀어달라고 간청해야 한다. 모란로사牡丹路社에 생령에게 해코지를 당한 이야기가 전해온다.

생령에 관한 이야기를 제외하고도 파이완족에게는 사령死靈에 관한 전설도 있다. 만약 어떤 사람을 사랑하거나 미워하다가 죽으면 그 영혼 역시 상대방에게 붙어서 재난을 야기한다. 이 밖에 살인자도 사령에 얽힐 수 있다. 이런 상황이 발생하면 무당을 초빙하여 재앙과 질병을 없애달라고 해야 한다.

그러나 만약 무당을 죽였다면 조상의 영혼에게 도움을 청할 방법이 없을 뿐 아니라 벗어날 방법도 없으므로 결국 무당의 사령에게 살해당할 수밖에 없다.

파이완족에게는 Garal이 악령이다. 이 악령은 사람의 모습으로 나타나는데, 이 악령을 보기만 해도 병이 나므로 무당을 초청하여 저주를 풀어야 한다.

218. 모란로사牡丹路社의 생령

종류 : 귀매

원전

『원주민 부족 관습 조사 보고서』「모란로사의 생령牡丹路社的生靈」(파이완족), 대만총독부 임시 대만 옛 습관 조사회 편찬, 중앙연구원 민족학연구소 편역

옛날에 Paliljau번蕃 모란로사에 한 쌍의 청년 남녀가 있었다.

여성이 남성을 사랑하여 남성에게 사랑을 고백하자 남성도 혼인을 허락했다.

그러나 나중에 남성은 약속을 어기고 다른 여성과 정을 통하며 이전 여성의 사랑은 무시했다.

이에 이전 여성은 원한을 품고 단식하며 문을 닫고 나오지 않은 채 남자를 원망했다.

며칠 후 그 남자가 미쳐서 스스로 목을 매달아 죽었다.

근처에 사는 사람들의 전언으로는 틀림없이 이전 여성의 생령에게 해코지를 당한 것이라고 한다.

(야스하라安原의 조사)

219. 내문사內文社의 사령死靈

종류 : 귀매

원전

　『원주민 부족 관습 조사 보고서』「내문사의 사령內文社的死靈」
(파이완족), 대만총독부 임시 대만 옛 습관 조사회 편찬, 중앙
연구원 민족학연구소 편역

　필자가 이 글을 쓰기 대략 30년 전에 내문사內文社 마을 주민
Madrau Qaluvu의 할아버지 모씨가 대동에 갔다가 피살되었다.

　그 뒤 12~13년이 지나서 Madrau는 꿈에서 돌아가신 할아버지
를 만났다. 할아버지가 말했다. "나와 함께 가자." 말을 마치고는
Madrau를 데리고 자신이 살해된 곳으로 갔다.

　Madrau가 그곳에 도착했다고 느끼는 순간 잠에서 깨어났다.
Madrau는 마음이 어지러워져서 지금까지도 완치되지 못했다.

　이는 할아버지의 혼령이 Madrau의 영혼의 일부를 유인해 갔기
때문이다.

　(1914년[다이쇼 3] 야스하라의 조사)

220. 유령 전설

종류 : 귀매

원전

『원주민 부족 관습 조사 보고서』「Drekai번 Vedai사와 Ravar 번 상Paiwan사의 유령 전설Drekai番Vedai社與Ravar番上Paiwan社的幽靈傳說」(파이완족), 대만총독부 임시 대만 옛 습관 조사회 편찬, 중앙연구원 민족학연구소 편역

① Drekai번 Vedai사의 전설: 사람은 죽은 뒤 처음에 Galale(幽靈)가 되어 산속이나 마을 안 등 마음에 드는 곳에 머문다. 그러나 마을 사람들은 꿈속에서만 그를 볼 수 있다. 나쁜 Galale는 때때로 산 사람의 뒤를 따라다니다가 그를 죽이기도 한다.

② Ravar번 상上Paiwan사의 전설: 먼저 유령의 눈에 띄면 사망할 수도 있다. 이와 반대로 먼저 유령을 보면 "너 뭐야?"라고 소리치고 침을 뱉어서 유령이 사라지게 할 수 있으므로 무사할 수 있다.

221. 망가사望嘉社의 유령

원전

『원주민 부족 관습 조사 보고서』「Vungalid사의 유령 전설 Vungalid社的幽靈傳說」(파이완족), 대만총독부 임시 대만 옛 습관 조사회 편찬, 중앙연구원 민족학연구소 편역

옛날에 북北 Paiwan번番 Vungalid사社에 Ljuan Tjakuljuk라는 묘령의 여자가 있었다. 그녀는 같은 마을 청년 아무개를 사랑하다가 마침내 그에게 사랑을 고백했다.

그러나 이 청년은 이미 다른 여자와 약혼한 상태였기에 사랑을 거절했다.

Ljuan은 실연 때문에 못에 뛰어들어 죽었다.

다음 날부터 Ljuan의 혼령이 못 근처에서 옷을 잘 차려입고 나타났다.

사람들은 그곳을 지나가다가 "나 여기 있어, 나 여기 있어. 히히 히히히"라는 웃음소리를 들었다.

마을 사람들은 겁이 나서 감히 그곳으로 다니지 못했다. 이에 마

을 추장이 사람들과 상의하여 못가에서 기도를 올리고 제사를 지
냈다. 그 뒤로는 유령이 다시 나타나지 않았다.

(야스하라가 Vungalid사를 조사할 때 Palivulj의 증언에 근거함)

222. 혼불

종류 : 귀매

『원주민 부족 관습 조사 보고서』「혼불^{魄火}」(파이완족), 대만 총독부 임시 대만 옛 습관 조사회 편찬, 중앙연구원 민족학연구소 편역

혼불^{魄火}은 원주민 언어로 'sapui na cemas'라고 하는데 혼령의 불^{靈火}이라는 뜻이다.

어떤 원주민 마을에서는 혼불을 혼령이 몸을 드러내는 현상이라 여기고, 어떤 원주민 마을에서는 혼령이 밤에 다닐 때 드는 횃불이라고 인식하는 등 그 형상을 설명하는 말이 사람마다 다르다. 여기에서는 주요 원주민 마을을 조사한 상황을 아래에 서술한다.

① Vuculj번 Kazazaljan사의 전설: 혼불의 모양은 둥글고 색깔은 담홍색이다. 빛은 미약한데 갑자기 출현하여 빠르고 낮게 날아다니다가 어떤 물체에 부딪히면 사라지며, 때로는 도중에 여러 개로 분리되기도 한다. 이 혼령은 kisudju(미혼의 젊은 남자가 여자가 있는 곳에 가서 노는 일)를 하러 가다가 한편으로 떠풀을 불태

권3 일본 통치 시대(1895~1945) 777

우고, 다른 한편으로는 불태우지 못한 떠풀을 두드리는데, 사람이 그것을 보았다 해도 결코 피해를 입지는 않는다.

②Vuculj번 Kaviyangan사의 전설: 혼불은 큰 것이 직경 1척 내외이고, 작은 것은 대략 1~2촌 정도다. 형체는 둥글고 색깔은 푸른색이며, 불의 모습은 장작불과 같다. 비행할 때 때로는 빠르게 때로는 느리게 날고, 또 때로는 낮게 날다가 때로는 높게 난다. 이 혼불은 한 개나 여러 개가 금지 구역에서 금지 구역으로도 날아다닐 수 있는데, 이것은 혼령이 외출할 때 길을 비추는 빛이다. 혼불을 목격한 사람은 병에 걸릴 수 있기에 반드시 돼지 한 마리를 잡고 무당을 불러서 기도를 올려야 한다. 이 마을 제관祝 Valulu ramur는 이렇게 말했다. "지금부터 약 30년 전에 마을 앞에서 가까운 평지로 향하는 금지 구역인 Tulua라고 불리는 삼림 곁의 경작지에 그날 밤 삼림 속에서 혼불이 나타났다. 그 모습은 작고 길었으며 크기는 사람의 위 팔뚝만 했다. 이어서 계속 많은 혼불이 나타났는데, 어떤 것은 높게 날고, 어떤 것은 낮게 날면서 왔다 갔다 했으며 근처 일대가 거의 모두 혼불에 가려졌다. 나 자신은 깜짝 놀라 허둥대며 움막으로 돌아갔는데 다음 날 아침 마을로 돌아와 병으로 누워 일어나지 못했다. 나중에 돼지를 잡고 무당을 초청하여 기도를 올리고 나서야 겨우 죽음에서 벗어날 수 있었다."

223. 조수鳥獸의 망혼

종류 : 귀매

원전

『원주민 부족 관습 조사 보고서』「조수의 망혼鳥獸的亡魂」(파이 완족), 대만총독부 임시 대만 옛 습관 조사회 편찬, 중앙연구 원 민족학연구소 편역

원주민 종족의 관념에 따르면 조수鳥獸도 망혼亡魂이 있다고 한다. 그러나 인간의 혼령처럼 해코지를 하지는 않는다.

다만 표범, 매, 돼지의 혼령만이 때때로 인간의 몸에 붙어서 해악을 끼칠 수 있다. 이 때문에 원주민 마을에서는 표범이나 매를 잡을 때 반드시 기도한다.

이 밖에도 돼지를 잡아 먹을 딸 때 반드시 Valunguvulungu라는 제사를 올리는데 가장은 곁에 있으면 안 된다. 그렇지 않으면 돼지의 혼령이 집안사람에게 들러붙어서 간질병과 같은 질환을 발생하게 한다.

멧돼지나 개는 죽은 뒤에 때때로 유령으로 변하여 나타나기도 한다. 이 점에 관하여 Kaviyangan사의 노인이 다음과 같이 말했다.

"때때로 밤에 멧돼지나 개의 혼령이 집 안으로 들어와 음식을 먹고 가기도 한다. 집안사람들이 개가 온 것을 알고 결과를 점검해보면 음식물도 여전히 그대로고 문도 열린 흔적이 없을 수도 있다."
때로는 이런 혼령들이 부족 마을 근처의 길에 나타나기도 한다. 그 모양이 의복과 같으므로, 그것을 보고 다른 사람이 잃어버린 것이라 여기며 다가가서 주우려 하면 갑자기 모습을 감추기도 한다.

(고바야시小林의 조사)

224. 거인 쿠니우孤奴

원전

『원주민 부족 관습 조사 보고서』「거인 '쿠니우' 이야기巨人'孤奴[Kuniu]'的故事」(파이완족), 대만총독부 임시 대만 옛 습관 조사회 편찬, 중앙연구원 민족학연구소 편역

Vuculj번 Tjaravacalj사에 다음 이야기가 전해온다.

옛날에 '쿠니우孤奴(Kiniu)'라는 거한이 평지에서 부족 마을로 와서 입을 크게 벌리고 사람을 삼키려 했다.

Paridrayan대사大社 추장 집의 talilj가 거한을 쏘아 죽였다.

전설에 따르면 마을 사람들이 즐겁게 돼지를 잡고 좁쌀을 가져가서 그에게 감사를 표했다고 한다.

종류 : 요괴

원전

『원주민 부족 관습 조사 보고서』「사람을 잡아먹는 기괴한 새 마자카자카우食人的'瑪莎嘎拉咕(Mazakazakau)'怪鳥的故事」(파이완족), 대만총독부 임시 대만 옛 습관 조사회 편찬, 중앙연구원 민족학연구소 편역

(1) Kuvulj번 내문사內文社의 전설

일찍이 마자카자카우Mazakazakau라고 불리는 거대한 새가 내문사 강역 안에 살았다.

이 새는 지극히 커서 두 날개를 펼치면 크기가 1장 5~6척에 달했다.

당시 Paliljau번의 가지래사加芝來社는 이 마을의 적이었는데 마자카자카우 새가 항상 그 마을로 가서 주민을 잡아서 돌아왔고 때로는 Paqalu번의 Vuluin사로 가서 사람을 잡아 돌아왔다.

그 새는 잡아온 사람을 모두 찢어서 큰 나뭇가지에 걸어두었다. 이 때문에 그 새의 서식지 근처는 항상 인혈로 덮여 붉고 축축했다

고 한다.

또 말하기를 일찍이 본 마을 주민이 흰옷을 입고 Tjaljasuaq(가지래사 강역 안)에 살았는데 마자카자카우가 그 주민을 잡아간 뒤 다른 곳으로 날아갔다가 갑자기 그 사람이 이 마을 주민임을 깨닫고 다시 원래 땅으로 돌아와서 그 사람을 석방했지만 그 사람은 며칠 뒤에 결국 죽었다고 한다.

(2) Paliljau번 Sabdiq군^群의 전설

옛날에 마자카자카우라는 새가 Seljelau(지금의 모란로 주재소 아래의 부락. 아직도 유적이 남아 있지만 숲으로 변했다)의 큰 돌 사이에 서식했다.

무당은 그것이 새임을 알았지만, 다른 사람들은 그 형체를 볼 수 없어서 그냥 그 새를 '영^靈'이라고 칭했다.

한번은 Seljelau의 젊은 남성들이 사냥 나가고 없을 때, 마을에 남아 있던 원주민 Seqalu들이 습격을 받아 늙은이, 어린이, 여성들이 피살되어 매우 슬픔에 젖었는데, 마자카자카우가 그 주민들을 잡아서 남김없이 먹었다고 한다.

226. 파이완족의 악령 가랄蓋羅

종류 : 요괴

원전

『대만 답사 일기』 1900년(메이지 33) 8월 15일, 일본 이노 카노리, 양난쥔 역주

오늘은 이 사社에서 분파해나간 부락으로 가서 상황을 참관했다. 이 부락*은 동방의 산 언덕 위에 있고 대추장 집에서 1정町 넘게 떨어져 있다. 작은 시내가 있고 시내 속에는 기암괴석이 무더기를 이룬 데다 가시덤불이 우거져서 매우 음습하다. 전하는 말에 따르면 악마 가랄蓋羅(Garal)이 모여 사는 곳이라고 한다.

부족 사람들은 이렇게 말했다. "만약 어떤 사람이 이곳에서 악마를 보았다면 즉시 죽게 된다. 악마는 야음을 틈타 이곳으로부터 부락으로 날아가 창문 틈을 통해 집안으로 진입한다."

---

* 〔원주〕 이 부락: 파이완족 부락이다.

『대만 답사 일기』 1900년(메이지 33) 8월 16일, 일본 이노 가노리, 양난췬 역주

Pavoavoa부족 Tsyorikau사*에 전해오는 조상의 혼령과 악마에 관한 전설:

이 사社 동남쪽의 Tsagarao산(남곤륜산南崑崙山) 속에 조상의 혼령이 거주한다.

조상의 혼령은 이민족이 자신의 거주지에 접근하는 것을 싫어하기 때문에 이 종족의 사람이 이민족을 인도하여 산속으로 들어갈 때는 반드시 떠풀로 짐을 가리고 도망자의 모습으로 가장해야 참화를 피할 수 있다.

산 위에 거주하는 조상의 혼령은 이민족을 적으로 간주하여 늘 이민족에게 발포한다. 발포할 때는 섬광이 번쩍일 뿐 아니라 우르릉 천둥소리도 난다. 번개와 천둥이 이렇게 해서 발생한다.

악마는 항상 울창한 산림 속에 거주하며 흰옷을 입는다. 날이 맑을 때는 해가 저문 뒤에야 나타나지만, 비가 오는 날에는 낮에도 나타난다. 만약 사람이 그와 마주치면 반드시 죽임을 당한다.

---

* 〔원주〕Pavoavoa부족 Tsyorikau사: 파이완족이다.

악마는
야음을
틈타
부락으로
날아와
창문 틈을
통해
집안으로
진입한다.

가랄

227. 난쟁이 요괴 구톨咕塔

『대만 답사 일기』 1900년(메이지 33) 8월 26일, 일본 이노
카노리, 역주: 양난쥔

산저모구사山豬毛口社* 전설, 난쟁이 야만인

옛날, 남방의 깊은 산속에 몸집이 작아서 키가 우리의 허리에도
미치지 못하는 야만인이 살았다. 그들의 눈은 얼굴에 있는 것이 아
니라 두 무릎 위에 붙어 있다.

난쟁이 야만인은 항상 산에서 나와 우리 Tsalisien족澤利先族을 향
해 도전해왔다. 난쟁이 야만인은 낮에는 눈이 보이지 않지만, 밤이
되면 분명하게 보이기 때문에 우리 Tsalisien족은 낮에 그들과 싸워
야 이길 수 있고, 밤에는 매우 힘든 전투를 처러야 한다. 난쟁이 야
만인의 부족 이름은 구톨咕塔(Gutol)이다.

---

* [원주] 산저모구사山豬毛口社: 대만 남부 산속에 사는 파이완족이다.

228. 우렁이 각시 田螺美人

종류 : 신령

원전

『생번 전설집』「우렁이 각시田螺美人」, 일본 사야마 유키치, 오니시 요시히사 기록, 천완춘 번역

옛날에 다섯 형제가 살았다. 양친이 일찍 세상을 떠나서 의지할 데가 없자, 형제들은 서로 돕고, 기운을 북돋우고, 화목하게 함께 농사를 지었다.

어느 날 이전과 마찬가지로 다섯 형제는 일찍 밭에 갔다. 그런데 막내아들이 문득 우렁이 하나를 발견해서 집으로 갖고 와 방안에 두었다.

다음 날도 하루 종일 일을 하고 황혼 무렵이 되자 막내아들이 밥을 하려고 한발 앞서 집으로 돌아왔다. 그런데 아궁이 곁에 가보았더니 저녁밥이 이미 잘 준비되어 있었다.

그는 이상하게 생각하고 이 일을 형들에게 이야기했다. 모두들 이상하게 생각하고 다음 날 도대체 어찌 된 일인지 살펴보기로 했다.

다음 날 한 사람이 몸을 숨기자 오래지 않아 한 미녀가 나타나서 공을 들여 밥을 짓기 시작했다. 밥을 다 지은 뒤에는 또 어디론가 사라졌다. 그는 이 일을 보고 나서 자신의 형제들에게 모든 과정을 이야기했다.

형제들은 더욱 이상하게 생각했다. 이때 어떤 노인이 집으로 와서 말하기를 그 여자가 아마도 '밀리밀리알노密利密利嘎奴'일 거라고 했다.

다음 날 미녀는 형제들이 모두 집 안에 숨어 있는 줄도 모르고 어제처럼 밥을 지으러 나왔다.

형제들은 일제히 소리를 지르며 사방에서 미녀를 둘러쌌다.

"당신 뭐 하는 사람이오? 왜 날마다 우리에게 밥을 지어주는 거요?"

미녀는 그들의 물음에 눈물을 흘리며 말했다. "무슨 이유인지도 모르게 저는 부모님에게 미움과 학대를 당해서 우렁이 껍데기 속에 갇혀 있었는데 뜻밖에도 이 집안사람들에게 구조되었어요. 저는 기뻐서 최소한 날마다 여러분을 위해 밥을 해드려야겠다고 생각한 거예요."

그 어여쁘고 가련한 모습을 보고 형제들은 몹시 가엾은 생각이 들어 마침내 큰형이 그녀와 혼인하여 부부가 되었다.

(파이완족, 사고사고사사斯庫斯庫斯社*)

---

* [원주] 사고사고사사斯庫斯庫斯社: 고사불사高士佛社다.

종류 : 요괴

원전

『생번 전설집』「사리쿠 이야기沙利庫[サリク]的故事」, 일본 사야마 유키치, 오니시 요시히사 기록, 천완춘 번역

어떤 집에 부모님이 외출하면서 두 아이만 집에 남겨놓았다.

그날 저녁 사리쿠沙利庫라는 사람이 문을 밀어 열고 억지로 들어와 친절하게 아이들 곁에 앉아서 재미있는 이야기를 해주며 놀았다. 이에 두 아이는 의심을 풀고 침대로 올라가 잠이 들었다.

한밤중에 형이 우연히 잠에서 깨어났다가 아작아작 하는 소리를 듣고 물었다. "사리쿠! 뭘 먹어요?"

사리쿠가 당황하여 말했다. "강두豇豆를 먹고 있단다."

대답하는 목소리가 좀 이상해서 형이 몰래 아우를 더듬어보았더니 몸뚱이는 없고 머리만 남아 있었다.

형은 깜짝 놀랐으나 얼른 몸을 일으켜, 펄펄 끓는 돼지기름 그릇을 들고 밖으로 도망쳐서 나무 위로 올라갔다.

사리쿠는 일이 탄로난 것을 알고 화를 내며 뒤따라 올라가려 했

으나 형이 나무 위에서 뜨거운 기름을 쏟아부어 사리쿠를 죽였다.

형은 적을 맞아서도 기지를 발휘하여 아우를 위해 복수했을 뿐 아니라 자신도 죽을 운명에서 벗어날 수 있었다.

(파이완족, 잡사파강사卡斯坡康社*)

『생번 전설집』「터부루부룬 이야기特布魯布論的故事」, 일본 사야마 유키치, 오니시 요시히사 기록, 천완춘 번역

양친이 외출한 뒤 두 형제가 남아서 집을 보고 있었다.

바로 뒤에 터부루부룬이라는 사람이 와서 하룻밤 재워달라고 했다. 형은 어쩔 수가 없어서 그에게 아우와 함께 자라고 했다.

그런데 한밤중에 아작아작 무엇인가 씹는 소리가 들렸다. 형은 눈을 뜨고 물었다. "뭘 먹어요?"

터부루부룬이 대답했다. "메밀이란다."

형은 손을 뻗어서 "제게도 좀 줘요"라고 했다. 그런데 건네받고 보니 아우의 한쪽 손이었다.

형은 깜짝 놀라 즉시 집 밖으로 도망쳐서 숨었다.

다음 날 저녁 형이 혼자서 적막감을 느끼고 있을 때 그 괴물이 다시 왔다. 이에 형은 끓는 물을 그에게 부어서 죽였다.

(파이완족, 사고사고사사)

---

* [원주] 잡사파강사卡斯坡康社: 솔망사率芒社다.

주요 참고 자료와 편자·저자 간략 소개(가나다순)

[0]

- 『369소보三六九小報』: 1930년(쇼와 5) 9월 9일에 창간했다. 일본 통치 시대의 간행물로 매월 날짜 끝이 3일, 6일 9일이면 발간했다. 한문을 통용어로 썼다. 당시 널리 보급된 통속 문화 간행물로 매우 중요한 대중 신문 역할을 했다.

[가]

- 가배원柯培元의 『카바란지략噶瑪蘭志略』: 가배원은 도광 15년(1835) 복건성 구닝颙寧 지현에서 카바란통판으로 옮겼다. 대만 주재 기간에 『카바란지략』을 편찬했다.
- 『가의 관내 채방책嘉義管內采訪冊』: 광서 13년(1887) 대만에 성省을 설치한 뒤 광서 18년(1892)부터 대만 전역을 대상으로 통지通志(종합 지방지) 편찬 작업을 시작했다. 이를 위해 먼저 각 현청縣廳에 자료 수집 책임을 맡기고 마지막 결과물은 다시 채방책采訪冊(방담책) 형식으로 대북의 총국에 보내게 했다. 전란을 겪었기 때문에 많은 지역의 채방책이 이미 사라졌다.
- 강일승江日昇의 『대만외기臺灣外記』: 강일승은 복건성福建省 천주泉州 사람으로 청나라 역사학자다. 명나라 말기와 청나라 초기의 정성공鄭成功 이야기를 제제로 삼아 『대만외기』를 썼다.
- 계기광季麒光의 『대만잡기臺灣雜記』: 계기광은 중국 강남 무석현無錫縣 사람으로 청나라 관리다. 강희 23년(1684) 대만부 제라현諸羅縣 지현에 임명되었다. 그는 이 책에 대만에서 듣고 본 일을 기록했다.
- 고공건高拱乾의 『대만부지臺灣府志』: 강희 30년(1691)에 대하도臺厦道에 부임하여 대만 전역을 관리하면서 이 책 편찬을 책임졌다.
- 공시龔柴의 『대만여지휘초臺灣輿地彙鈔』: 공시는 청나라 절강성 영파寧波 사람으로 「대만소지臺灣小志」를 써서 대만의 지리와 인문 현황을 간략히 소개했다.

- 기운畸雲의 「원한을 품은 혼령이 복수하다冤魂顯報」: 『369소보』에 실렸다. 기운의 본명은 조종기趙鍾麒(1860~1936)로 자는 인사麟士 또는 인생麟生이고, 호는 운석雲石 또는 기운畸雲이며, 대남 사람이다. 성격이 시를 읊기 좋아하여 일찍이 1897년 연아당連雅堂 등과 함께 낭음시사浪吟詩社를 결성했다. 또 『369소보』에 「임투저林投姐」 이야기를 기록했다.

[나]

- 『남둔 향토 조사南屯鄕土調査』: 남둔공학교南屯公學校에서 1932년(쇼와昭和 7)에 편찬했다. 근래에는 맹상한孟祥瀚이 새롭게 주석을 달고 허세융許世融이 번역하여 대중시정부臺中市政府 문화국文化局에서 2015년에 출판했다.

- 『남영불교회 회보南瀛佛敎會會報』: 남영불교회는 1921년에 창립되었다. 대만총독부가 불교를 선양하기 위해 창립한 조직이다. 이 회는 정기적으로 강연회를 거행하는 일 외에도 월간 『남영불교회 회보』를 간행했다.

- 남정원藍鼎元의 『평대기략平臺紀略』: 남정원(1680~1733)은 자가 옥림玉霖이고 또 다른 자는 임암任菴으로 복건성 사람이다. 청나라 강희 말년에 4촌 형 남오총병南澳總兵 남정진藍廷珍을 따라 대만에 와서 주일귀朱一貴의 난을 평정했다.

- 노덕가盧德嘉의 『봉산현 채방책鳳山縣采訪冊』: 노덕가(1855~1899)는 청나라 말기 봉산현 현학縣學의 늠생으로 광서 20년(1894년) 『봉산현 채방책』을 편찬 완료했다.

- 노약등盧若騰의 「장사편長蛇篇」: 노약등(1600~1664)은 금문 사람이다. 영력永曆 18년(1664)에 심전기沈佺期(1608~1682) 등 문인들과 동쪽으로 건너와서 팽호도에 거주했다. 대만의 풍토를 읊은 시를 많이 남겼다.

- 니시카와 미쓰루西川滿(1908~1999)와 이케다 도시오池田敏雄(1923~1974)의 『화려도 민화집華麗島民話集』: 니시카와 미쓰루의 히코야마보출판사日孝山房出版社에서 발행하고, 1942년(쇼와 17)에 출판했으며, 다테이시 데쓰오미立石鐵臣(1905~1980)가 삽화와 장정을 담당했다. 대만 민담 24편이 포함되어 있다. 니시카와 미쓰루는 대만 거주 시기에 이케다 도시오와 2인 합동으로 이 책을 기획했는데, 당시 대만 전체 소학생을 대상으로 한 공모 글에서 민담에 관한 것을 골라 뽑았다. 1999년에 치량

일어공작실致良日語工作室에서 번역하여 치량출판사致良出版社에서 출간했다.

[다]

- 당찬곤唐贊袞의 『대양견문록臺陽見聞錄』: 당찬곤은 광서 17년(1891)에 대팽도臺澎道에 부임하여 안찰사按察使를 겸임했다. 그는 이 책에 대만의 풍토를 기록했다.

- 『대만 관습 기사臺灣慣習記事』: 고토 신페이後藤新平(1857~1929)는 1898년 대만총독부 민정장관으로 부임함과 아울러 '대만 관습 연구회臺灣慣習研究會'를 만들었다. 대만총독 고다마 겐타로兒玉源太郎(1852~1906)가 회장을 맡았고, 고토 신페이가 부회장을 맡았다. 이 조직에는 이노 가노리伊能嘉矩(1867~1925) 등 저명한 학자가 포함되어 있었으며, 1901년 처음으로『대만 관습 기사』 월간을 출간했다. 정간할 때까지 모두 80기를 발행했다. 1945년 제2차 세계대전 이후 대만성 문헌위원회에서 중국어로 번역했다.

- 『대만 남부 비문 집성』「중건의민사비기重建義民祠碑記」, 가경 11년(1806): 이 석비는 본래 대남시 중구 충의로忠義路의 의민사義民祠에 있었다. 의민사에서 제사를 올리는 의로운 사람들에 관한 사적을 새겨놓았다. 1945년 이후 시립역사관으로 이건했다.

- 『대만 일일신보臺灣日日新報』: 1898년부터 간행했다. 일본 통치 시대 대만에서 발행한 최대 규모의 신문이다. 당시 수많은 대만인과 일본인에 관한 중요 뉴스 자료의 근원이다.

- 대만총독부 문교국 사회과의『대만에서의 중국 연극 및 대만 연극 창법臺灣における支那演劇及臺灣演劇調』(1927): 이 책 속의「대북의 기이한 사건臺北奇案」을 유서금柳書琴이 중국어로 번역했다.

- 대만총독부 민정부民政府 경찰본서警察本署/번무본서蕃務本署 편저, 『평포번 조사서平埔蕃調查書』: 웡자인翁佳音과 천이홍陳怡宏이 이 책을 번역하여 전위출판사에서 2013년에 출판했다. 이 책은 현존 중앙연구원 민족학연구소의『메이지 43년 숙번熟蕃 호구 및 연혁 조사철明治四十三年熟蕃戶口及沿革調查綴』초본을 저본으로 삼아 번역한 것이다. 이 자료들의 최초 시작은 1909년이다. '원주민을 다스리는 계획理蕃計畫'이 이

해에 시작되어 각 지방청廳에서 평포족에 대한 호구 조사와 연혁 조사를 진행했다.

- 대만총독부 임시 대만 옛 습관 조사회臺灣總督府臨時臺灣舊慣調查會 원저, 『원주민 부족 조사 보고서蕃族調查報告書』: 이 책은 중앙연구원 민족학연구소가 편역했다. 이 책은 본래 1915년 대만총독부 '임시 대만 옛 습관 조사회臨時臺灣舊慣調查會'에서 출판했으며, 모두 5권 8책이다. 고지마 요시미치小島由道, 히라이 마타하치平井又八, 고노 기로쿠河野喜六, 사야마 유키치佐山融吉 등이 조사를 진행하여 대만 원주민 부족과 생활 습관을 기록했다.

- 다이산치戴三奇의 『금쾌운하기신가金快運河記新歌』: 1935년 한진옥서부漢珍玉書部에서 발행했다.

- 도계선屠繼善의 『항춘현지恒春縣志』: 청나라 항춘현의 지방지로 광서 20년(1894)에 완성되었다. 주편자는 항춘현 지현 진문위陳文緯이고, 총편찬자는 절강성 사람 도계선이다.

- 도드John Dodd(1838~1907)의 『서양인의 침략을 피해 차를 우리다: 청불전쟁 대만 외기泡茶走西仔反 : 淸法戰爭臺灣外記』: 스코틀랜드 사람이다. 이춘생李春生과 힘을 합쳐 대만 차茶를 널리 보급했기에 '대만 오룡차의 아버지臺灣烏龍茶之父'로 칭송된다. 이 책에서 그는 일기 형식으로 1884년 프랑스가 대만을 포위한 6개월 기간을 묘사했다. 당시 북대만에 거주한 외국인의 경력과 느낌이 잘 드러나 있다. 이 책은 2007년 진정삼陳政三이 역주하여 대만서방에서 출판했다.

[라]

- 롤프 피터 빌레Rolf-Peter Wille(魏樂富)의 『포르모사의 허구와 진실福爾摩沙的虛構與眞實』: 예뤼나葉綠娜와 예리잉葉麗穎이 중국어로 번역하여 2011년 옥산출판사玉山出版社에서 출판했다. 대만에 관한 서양인의 여행 기사를 간략하게 소개했다.

- 르 장드르Charles W. Le Gendre(李仙得)의 『르 장드르의 대만 기행李仙得臺灣紀行』: 르 장드르(1830~1899)는 프랑스계 미국인으로 일찍이 주아모이駐廈門 미국 영사를 지냈다. 로버호 사건The Rover Incident 이후 대만으로 와서 파이완족排灣族 영수 탁기독卓杞篤과 교섭하여 남갑지맹南岬之盟을 맺었다. 『르 장드르의 대만 기행Foreign Adventurers and the Aborigines of Southern Taiwan, 1867~1874』은 존 슈펠트John Shufelt(費德廉)와 더글러스 픽스 Douglas L. Fix(蘇約翰)가 주편하고 뤄샤오더羅效德가 번역하여 국립대만역사박물관國立臺灣歷史博物館에서 출판했다.

■ 리셴장李獻璋이 편찬한 『대만 민간문학집臺灣民間文學集』: 이헌장(1914~1999)이 1936년에 편찬한 대만 민간문학 총집으로 대만문예협회臺灣文藝協會에서 발행했다.

[마]

■ 매케이George Leslie Mackay(馬偕)의 『포르모사 기사: 매케이의 대만 회고록福爾摩沙紀事: 馬偕臺灣回憶錄』: 매케이(1844~1901)는 대만에서 선교, 의료, 교육에 종사하면서 교회와 병원을 개설했다. 대만 사람들은 그를 '흑수 마해黑鬚馬偕'로 존칭했다. 그는 1895년에 이 회고록을 출판했으며, 나중에 린완성林晚生이 중국어로 번역했다.

■ 매케이의 『매케이 일기The diary of George Leslie Mackay(馬偕日記)』: 매케이가 1871년에서 1901년까지 쓴 일기를 수록했다. 중국어 번역자는 왕룽창王榮昌, 왕징링王鏡玲, 허화구이何畫瑰, 린창화林昌華, 천즈룽陳志榮, 류야란劉亞蘭이다.

■ 『민속 대만民俗臺灣』: 1941년에서 1945년까지 발간한 대만 민속자료 전문 모음집이다. 기 간행물에 포함된 작자로는 대만 작가와 일본 민속학 학자가 포함되어 있다. 『민속 대만』은 린촨푸林川夫가 재편집하여 번역했다.

[바]

■ 『바타비아 일기巴達維亞城日記』: 이 책은 현재 인도네시아 국립 공문서관Arsip Negara, Djakata에 소장되어 있다. 전체 명칭은 『바타비아에 보존된 바타비아 및 네덜란드 소속 동인도 각지에서 발생한 사건 관련 일기, 1624년~1807년巴達維亞城所保存有關巴達維亞城及荷屬東印度各地所發生的事件日記, 一六二四年至一八〇七年』이다. 이 책은 17세기 대만 역사 연구에 필요한 주요 자료다. 바타비아 무역 상황 및 대만과의 교류 · 연계 상황을 기록했다.

[사]

- 사야마 유키치佐山融吉(?~?)와 오니시 요시히사大西吉壽(1893~?)가 편찬한『생번 전설집生蕃傳說集』: 1923년(다이쇼 12)에 출판했다. 이 책에는 대만 원주민의 각종 이야기, 예를 들면 창세신화, 구전, 괴담 등의 전설이 많이 포함되어 있다.

- 사쿠라 마고조佐倉孫三의『대풍잡기臺風雜記』: 작자 사쿠라 마고조(1861~1941)는 호 가 다쓰산達山으로 후쿠시마현福島縣 니혼마쓰二本松 출신이며 1861년에 태어났다. 당시 35세였던 사쿠라는 1895년(메이지 28) 5월에 대만으로 와서 보과保課의 고 등경무괘장保課高等警務掛長, 봉산현 타구打狗의 경시警視를 지냈다. 대만에서 경무警 務 업무를 담당할 때 대북의 대도정大稻埕, 의란宜蘭, 팽호澎湖, 고웅高雄 등지까지 발 길이 미쳤다. 이때의 편력을 한문 기록인『대풍잡기』로 남겼다. 이는 일본 통치 시 기 대만 풍속에 관한 첫 번째 기록이다. 여러 해 뒤에 어떤 학자가 새롭게『도설 대 풍잡기圖說臺風雜記』를 출판했으며, 린메이룽林美容이 이를 다시 편집하고 번역하여 2007년 12월 대만서방臺灣書房에서 출판했다.

- 사토 하루오佐藤春夫의『식민지 여행殖民地之旅』: 사토 하루오(1892~1964)가 1932 년부터 1936년까지 기록한 작품을 수록했다. 중국어 판본은 추뤄산邱若山이 번역하 여 2002년에 초근출판사草根出版社에서 출판했다.

- 서종간徐宗幹의『사미신재 문편斯未信齋文編』: 서종간(1796~1866)은 자가 수인樹人이 고 호는 백정伯楨이며, 자칭 사미신재주인斯未信齋主人이라고도 했다. 강소성 사람으 로 청나라 가경 25년(1820)에 진사가 되었고, 도광 27년(1847) 4월 복건성에서 대 만도로 부임했다.

- 석화우釋華佑의『석화우유기釋華佑遊記』: 명나라 말기인 17세기에 승려 화우의 저작 이다. 대만의 내부를 여행한 첫 번째 서적으로 지금은 겨우 짧은 잔편殘編이 남아 있을 뿐이다. 전해오는 말에 의하면 승려 화우는 소극蕭克과 함께 합자난蛤仔難(宜蘭) 에서 산으로 들어가 중앙산맥을 꿇고 마지막에 제라諸羅(창화彰化와 가의嘉義 일대) 에 도착한 것으로 알려져 있다.

- 설지량薛志良의『속수 대만현지續修臺灣縣志』: 건륭 5년 무렵 완성된『중수 대만현지 重修臺灣縣志』를 계승하여 편찬했다. 가경 12년(1807)에 완성되었다. 대만현 지현 설

지량이 주편했고, 가의현 학정교유學政敎諭 사금란謝金鑾과 대만 현학교유 정겸재鄭謙才가 총괄 편찬 업무를 맡았다.

- 손원형孫元衡의『적감집赤嵌集』: 손원형(1661~?)은 중국 청나라 관리로 안휘성安徽省 동성桐城 사람이다. 강희康熙 44년(1705) 대만부해방포도동지로 임명되어 녹이문鹿耳門 바다 입구를 조사하고 소금 정책을 책임졌으며 도적을 잡고 바다 방위 업무를 강화하는 등 행정을 담당했다. 또한 대만현臺灣縣, 봉산현鳳山縣, 제라현諸羅縣을 감독하며 치안 업무도 책임졌다. 그는 강희 46년(1707) 대만부 대만현 지현으로 전임되었다. 이보다 앞서 강희 42년(1703)에『적감집』을 완성했다.

- 송렴宋濂(1310~1381)의『원사元史』: 이 책은 명나라 송렴이 칙명으로 편찬한 역사서로 홍무洪武 2년(1369)에 편찬을 시작했다.

- 스윈호Robert Swinhoe(史溫侯, 1836~1877)의『포르모사 기행 부록福爾摩莎記行附錄』: 스페인의 백마 환영 기록은 1866년의『영국황가지리학회보英國皇家地理學會報』제10기 제3호 122~128쪽에서 발췌했다.

- 스즈키 세이치로鈴木淸一郎의『대만의 옛 관습: 관혼상제와 연중행사臺灣舊慣: 冠婚葬祭と年中行事』: 대만의 결혼, 장례, 경사, 제례 등등의 풍속을 기록하여 1935년에 출판했다.

- 시견오施肩吾(780~861)의『전당시全唐詩』「도이행島夷行」: 제494권에 나온다.

- 심무음沈茂蔭의『묘율현지苗栗縣志』: 심무음은 광서光緖 18년(1892) 대만 묘율 지역으로 부임하여 묘율현 지현知縣을 담당했다.『묘율현지』의 편찬자이기도 한다.

- 십팔녕형十八甯馨: 본명은 미상이다.『대만 일일신보臺灣日日新報』의「조신경照身鏡: 몸을 비추는 거울이라는 뜻」과「실업휘재實業彙載」라는 코너에 연재물을 게재했다.

[아]

- 알브레히트 헤르포르트Albrecht Herport(賀伯特, 1641~1730)의『동인도(자바, 대만, 전인도 및 실론) 여행 견문, 대만 여행기東印度[爪哇, 臺灣, 前印度及錫蘭]旅遊見聞, 臺灣旅行記』: 이 책은 1669년에 출판되었다. 허포트가 동인도회사에 근무할 때의 여행 회고록이다. 대만 관련 부분 중국어 번역은 대만은행 경제연구실에서 편집한『대만 경제사』3

집, 대만연구총간 제34종에 수록되었다. 헤르포트는 스위스 사람으로 아마추어 화가이기도 하다. 그는 1659년 네덜란드를 출발하여 오랜 시간을 거친 뒤 헤르포트의 원정군에 참가하여 대만으로 왔다. 그는 질란디아 공방전의 목격자이기도 하다. 질란디아가 탈취당한 뒤 헤르포트는 패잔병과 함께 배를 타고 바타비아^{Batavia}로 갔다.

■ 야호선실주^{野狐禪室主}: 본명은 홍곤익^{洪坤益}(1892~1947)으로 대남 사람이다. 자는 철도^{鐵濤}, 호는 야호선실주다. 일본 통치 시대의 저명한 시인이며, 『369소보』에 많은 괴담을 게재했다.

■ 엘리 리퐁^{Élie Ripon}(艾利 利邦)의 『리퐁 상위 동인도 항해 모험기^{Capitaine Ripon, Voyages et avontures aux Grandes Indes}』: 작자 리퐁은 스위스 로잔^{Lausanne} 출신으로 1618년에서 1626년까지 네덜란드 동인도회사^{VOC}에 재직했다. 아시아 지역에서 사병 및 장교를 지냈다. 아울러 대만으로 와서 대남 지역의 시라야족 상황을 기록했다. 중국어 번역본은 라이후이원^{賴慧芸}이 번역하고 블루스^{Leonard Blusse}가 교주^{校註}하여 원류^{遠流}에서 출판했다.

■ 연횡^{連橫}(1878~1936): 대남^{臺南} 사람으로 일본 통치 시기의 시인 겸 역사학자다. 저작으로 『대만통사^{臺灣通史}』『대만어전^{臺灣語典}』『대만시승^{臺灣詩乘}』『검화실시집^{劍花室詩集}』『아당문집^{雅堂文集}』이 있다.

■ 예찬원^{倪贊元}의 『운림현 채방책^{雲林縣采訪冊}』: 예찬원은 복건성 정화^{政和} 사람이다. 공생^{貢生}이 되어 광서 20년(1894) 대만부 운림현으로 와서 유학훈도^{儒學訓導}를 맡았다.

■ 예춘룽^{葉春榮}이 편역한 『포르모사에 관한 초보적 탐색^{初探福爾摩沙}』: 데이비드 라이트^{David Wright}의 「포르모사 필기^{福爾摩沙筆記}」와 「한족의 종교^{漢人的宗教}」 등을 번역한 글을 수록했다. 라이트는 스코틀랜드 사람으로 1652년에서 1660년대까지 대만에 거주하면서 시라야족 및 한족의 생활에 관해서 많은 기록을 남겼다. 이 밖에도 칸디디우스의 몇 가지 글도 수록했다. 칸디디우스는 1627년 5월 4일 대만으로 와서 네덜란드 대만 주재 초대 목사를 지냈다.

■ 오자광^{吳子光}의 『대만 기사^{臺灣紀事}』: 오자광(1817~1883)은 호가 운각^{芸閣}이고 별도

로 운학雲壑이라고 서명하기도 했으며, 만년의 호는 철매노인鐵梅老人이다. 객가족客家族으로 도광道光 17년(1837)에 처음으로 대만에 왔고, 도광 22년(1842)에 세 번째로 대만에 와서 담수청淡水廳의 묘율보苗栗堡 동라만銅羅灣 장수림장樟樹林莊 쌍봉산雙峰山(지금의 묘율현 동라향銅羅鄉)에 거주하면서 쌍봉초당雙峰草堂을 세우고 학문을 가르쳤다. 일찍이 『담수청지淡水廳志』편찬에 참여했다.

■ 왕란지王蘭沚의 『무계란어無稽讕語』: 왕란지(1745~?)는 본명이 왕로王露이고, 호는 난고주인蘭皋主人으로 절강성浙江省 항주杭州 사람이다. 건륭 50년(1785) 대만현 지현에 임명되어 임상문林爽文의 반란 평정에 참여했다.

■ 왕례王禮의 『대만현지臺灣縣志』: 왕례(?~1721)는 자가 입산立山이고, 호는 우산虞山으로 중국 청나라 관리다. 강희康熙 58년(1719) 대만부해방포도동지臺灣府海防捕盗同知에 임명되어 대만현臺灣縣 지현知縣을 겸임했다.

■ 왕영증王瑛曾의 『중수 봉산현지重修鳳山縣志』: 왕영증은 이 책을 건륭乾隆 29년(1764)에 완성했다.

■ 요형姚瑩의 『동명외집東溟外集』: 요형(1785~1853)은 자가 석보石甫이고 호는 명숙明叔으로 안휘성安徽省 동성桐城 사람이다. 가경嘉慶 24년(1819) 대만 지현 겸 해방동지海防同知로 임명되었다. 도광 원년(1821) 카바란통판噶瑪蘭通判으로 전임한 뒤 재해를 당한 백성을 구휼하여 민간의 칭송을 들었다.

■ 우서우리吳守禮(1909~2005): 자는 종의從宜로 대만 언어학자다. 『대만잡영합각臺灣雜詠合刻』을 교정하고 주석을 달았다.

■ 욱영하郁永河(1645~?): 1696년 금문도金門島를 거쳐 대만에 와서 대만의 유황을 탐색하고 9개월 동안 대만에서 겪은 경험을 기록하여 『비해기유裨海紀遊』를 완성했다. 이 책은 첫 번째로 대만 북부의 인문지리를 기록한 전문 서적이다.

■ 위컴 메이어Wickham Mayer(威克翰 梅爾)의 『남부 대만 원주 민족 소기南臺灣原住民族小記』: 본서에 실은 번역문은 『1880년대 남부 대만의 원주민: 남갑 등대지기 조지 테일러 저작 문집一八八○年代南臺灣的原住民: 南岬燈塔駐守員喬治·泰勒撰述文集』에서 뽑았다. 셰스중謝世忠과 류루이차오劉瑞超가 번역하고 두더차오杜德橋가 편집하여 순익順益의 대만원주민박물관臺灣原住民博物館에서 2010년 출판했다.

- 유가모劉家謀의 「해음시海音詩」: 유가모(1814~1853)는 복건성 후관侯官 사람이다. 향시에 거인擧人으로 급제하여 도광 29년(1849)에 대만부 유학훈도儒學訓導로 부임한 뒤 교육 행정 업무에 종사했는데, 당시에는 대만도臺灣道 대만부 소속이었다. 그는 자작시 「해음시」에서 칠언절구로 대만의 풍토와 민정民情을 기록했다. 이들 시는 제목도 없고 주석도 없이 시 내용으로 구체적인 사실을 증명하고 있다.
- 유량벽劉良璧의 『중수 복건 대만부지重修福建臺灣府志』: 유량벽이 건륭 7년(1742)에 『중수 복건 대만부지』를 편찬했다.
- 이노 가노리伊能嘉矩(1867~1925)의 『대만 답사 일기臺灣踏査日記』: 양난쥔楊南郡이 역주하여 원류遠流에서 1996년에 출판했다.
- 이원춘李元春의 『대만지략臺灣志略』: 이원춘(1769~1854)은 자가 시재時齋로 섬서陝西 사람이다. 도광 연간에 대만에 와서 『대만지략』을 편찬했다.
- 임서林紓(1852~1924): 복건성福建省 사람 임서는 세 번 바다 건너 대만으로 왔다. 첫 번째는 동치同治 6년(1867)에 와서 대만 북쪽 담수에 거주했다. 그는 부친을 도와 상업 활동을 하면서 『외려쇄기畏廬瑣記』를 저작했는데 이 책에 그가 당시에 대만에서 보고 들은 내용을 기록했다.
- 임점매林占梅(1821~1868): 자는 설촌雪邨이고 호는 학산鶴山으로 청나라 때 대만 담수청 죽참竹塹(지금의 신죽시新竹市)의 저명인사다.
- 임호林豪(1831~1918): 자는 가탁嘉卓, 호는 차포次逋로 금문金門 사람이다. 일찍이 임점매의 초청을 받아 잠원潛園으로 와서 서석西席(가정교사)을 맡았고, 『담수청지淡水廳志』와 『팽호청지澎湖廳志』를 편찬했으며, 계속해서 그의 부친 임혼황林焜橫이 저작한 『금문지金文志』를 수정했다.
- 임혼황林焜橫(1793~1855)이 편찬하고 그의 아들 임호가 수정한 『금문지金門志』는 광서 8년(1882)에 판각하여 책을 완성했다.

[자]

- 장보章甫의 『반숭집 간편半崧集簡編』: 장보(1760~1816)는 청나라 문인이다.
- 장사철蔣師轍(1847~1904)과 설소원薛紹元의 『대만통지臺灣通志』: 전해오는 말에 의

하면 편찬자가 장사철과 설소원이라 하고 대략 청나라 광서 21년(1895)에 책이 완성되었다고 한다.

■ 장사철의 『유대일기遊臺日記』: 장사철(1847~1904)은 강소성 사람이다. 대만순무臺灣巡撫 소우렴邵友濂이 그의 명성을 듣고 그를 대만으로 초청했다. 장사철은 광서 18년(1892) 4월 16일 대만에 도착했다.

■ 정붕운鄭鵬雲(1862~1915): 자는 육신毓臣이고 원적原籍은 복건성 영춘永春이다. 동치 4년(1865) 부친이 담수청 유학훈도 서리로 부임함에 따라 복건성 영춘에서 대만으로 와서 신죽의 죽참竹塹 북문에 거주했다.

■ 정소의丁紹儀의 『동영지략東瀛識略』: 정소의(1815~1884)는 자字가 행령杏翰으로 강소江蘇 무석無錫 사람이다. 청나라 도광道光 27년(1847)에 대만에 왔다.

■ 조여괄趙汝适의 『제번지諸蕃志』『유구국流求國』: 조여괄(1170~1231)은 중국 송나라 효종孝宗 건도乾道 6년(1170)에 태어났다. 복건성 관리를 지낼 때 해외 상인의 구술에 근거하여 『제번지』를 편찬했다.

■ 조지 테일러George Taylor(喬治 泰勒): 「포르모사의 원주민Aborigines of Formosa」은 『중국 평론 혹은 원동 기사와 자문中國評論或遠東記事與詢問』 제14기(1886)에서 발췌했다. 조지 테일러는 실제로 대만의 원주민을 관찰했는데, 그 범위는 서남부를 넘어서지 못했다. 특별한 것은 항춘반도恒春半島 일대의 원주민 문화를 집중적으로 조사했다는 점이다. 그의 또 다른 글 「대만 원주민의 민속 전설臺灣原住民的民俗傳說」은 『민간고사기간民間故事期刊』 제5기(1887)에서 발췌했다. 이 글에서 그는 항춘반도 원주민에게 전해오는 신화, 전설 이야기를 서술했다. 본서의 번역문은 모두 『1880년대 남부 대만의 원주민: 남갑 등대지기 조지 테일러 저작 문집一八八○年代南臺灣的原住民族: 南岬燈塔駐守員喬治·泰勒撰述文集』에서 발췌했다. 이 문집은 셰스중謝世忠과 류루이차오劉瑞超가 번역했고, 두더차오杜德橋가 편집했으며 순익의 대만원주민박물관臺灣原住民博物館에서 2010년에 출판했다.

■ 주경영朱景英의 『해동찰기海東札記』: 건륭 34년(1769), 주경영은 대만부해방臺灣府海防 겸 남로리번동지南路理番同知에 임명되었다. 건륭 37년(1772) 『해동찰기』를 썼다.

■ 주사개朱仕玠의 『소유구 만지小琉球漫誌』: 주사개(1712~?)는 1764년 8월에 대만으

로 와서 봉산현 교유教諭에 임명되었다. 모친이 세상을 떠나자 사직하고 고향으로
돌아가서 자신의 대만 경력을 책으로 완성했다.

■ 주새周璽의 『창화현지彰化縣志』: 주새는 도광 6년(1826) 3월에 창화현 지현으로 부
임했고, 사직한 뒤인 도광 10년(1830)에 『창화현지』를 편찬하기 시작했다.

■ 주종선周鍾瑄 주편, 『제라현지諸羅縣志』: 주편자는 제라현 지현 주종선(1671~1763)
이지만 실제 편찬자는 장포현漳浦縣 감생監生 진몽림陳夢林, 봉산현학鳳山縣學 늠생廩
生 이흠문李欽文과 제라현 세공생歲貢生 임중계林中桂다. 이 책은 옹정雍正 2년(1724)
에 간행했다.

■ 진간陳侃(1507~?)의 『사유구록使琉球錄』: 명나라 가정嘉靖(1522~1566) 연간에 책
이 완성되었다.

■ 진국영陳國瑛의 『대만 채방책臺灣采訪册』: 이 책에 실린 방담 기록은 도광 9년(1829)
에서 도광 10년(1830)까지다.

■ 진문달陳文達의 『봉산현지鳳山縣志』: 진문달은 자가 재자在茲로 청나라 대만부 대만
현 사람이다. 강희 46년(1707)에 대만부학臺灣府學의 학공學貢이 되어 『대만부지』
교정 분담 업무를 담당했고 『봉산현지』 편찬에도 참여했다.

■ 진배계陳培桂의 『담수청지淡水廳志』: 진배계는 광동성廣東省 사람으로 동치同治 8년
(1869)에 담수청동지淡水廳同知로 임명되었고, 재임 중에 『담수청지』를 편집하여 출
판했다.

■ 진숙균陳淑均의 『카바란청지噶瑪蘭廳志』: 진숙균(?~1840?)은 자가 우송友松이고 복
건성 사람이다. 도광 10년(1830) 여름 초빙을 받아 대만에 와서 카바란의 서원 산
장山長을 맡았으며, 또 『통지通志』와 『대지臺志』 편찬 책임도 맡았다.

■ 진조룡陳朝龍의 『신죽현 채방책新竹縣采訪册』: 진조룡이 광서 20년(1894)에 책을 완
성했다.

■ 『질란디아 일지De Dagregisters van het Kasteel Zeelandia』: 기록 기간은 1629년에서 1662년
까지다. 네덜란드가 대만을 통치하던 시기의 기본 사료로 네덜란드 사람들이 대만
에서 전개한 통치, 무역 등 관련 활동을 온전하게 기록했다. 이 일지는 17세기 고古
네덜란드어로 기록되었고, 서신, 일기, 보고서, 결의서가 포함되어 있다. 400년 동

안 시종일관 네덜란드 헤이그 공문서관의 비밀 서고에 신중하게 보관되어 있었다. 대만의 일본 통치 시기에 대북제국대학臺北帝國大學 학자들이 멀리 네덜란드까지 가서 열람하고 2만 장의 원시 자료를 촬영하여 대만제국대학 도서관에 소장하게 했다. 그 후 차오융허曹永和(1920~2014)가 대만대학 도서관에 부임하여 부지런히 네덜란드어를 배운 뒤 네덜란드 통치 시기 대만 사료를 연구하기 시작했다. 1977년 네덜란드 국립중앙공문서관과 레이던대학Universiteit Leiden이 편집 계획을 마련하고, 네덜란드 사학자 블루스J. L. Blusse, 차오융허, 장수성江樹生, 나카무라 다카시中村孝志, 이와오 세이치岩生成一 등 학자들이 힘을 보태 모두 20여 년의 각고의 노력으로 마침내 1999년 4책 거질『질란디아 일지』를 편집 완성했다.

[차]

■ 책호翟灝의『대양필기臺陽筆記』: 책호는 자가 입산笠山으로 청나라 관리다. 본적은 중국 산동山東이며 건륭乾隆 58년(1793) 대만으로 와서 대만부 담수청 신장현新莊縣 현승縣丞을 지냈다. 대북에서 13년 동안 지방관으로 있었다.

■『천주부지泉州府志』: 남송南宋 때인 1208년에서 1224년 사이에 집필을 시작했다. 천주 현지 관리가 편찬을 담당한 관찬官撰 기록이다. 이 책에는 천주와 민해閩海 일대의 역사 연혁과 정치, 군사, 백성의 상황이 기록되어 있다.

■「청궁 월접 사료淸宮月摺史料 · 대만 담수현의 사악한 비적이 해악을 끼친다는 풍문이 있어서 엄중하게 잡아들여 혼란의 맹아를 막기 위해 청하는 일爲風聞臺灣淡水縣邪匪危害請飭嚴拿以遏亂萌事」: 광서 9년(1883) 8월 3일에 4품 강남도어사江南道御史 사겸형謝謙亨의 상주문으로 대만의 풍속을 단속하도록 조정에 요청하는 글이다.

[카]

■ 가타오카 이와오片岡巖의『대만 풍속지臺灣風俗誌』: 가타오카 이와오는 일본 통치 시대인 1921년(다이쇼 10) 2월에『대만 풍속지』를 출판했다. 대남지방법원臺南地方法院 검찰관檢察官의 통역관으로 재직하면서『대만 풍속지』를 써서 대만일일신보사臺灣日日新報社에서 간행했다. 그는 이 책에 대만 주민의 생활 예절, 가정생활, 구전, 풍

문, 괴담, 속담, 민요, 종교를 수록했다. 대만 문화 연구 분야에 필요불가결한 중요
서적이다. 1987년 중문도서공사^{衆文圖書公司}에서 천진톈^{陳金田}이 번역하여 재출판
했다.

■ 캠벨^{William Campbell(甘爲霖)}의 『포르모사 소묘^{素描福爾摩沙}』: 윌리엄 캠벨^{William}
^{Campbell(1793~1864)}은 영국 스코틀랜드 글래스고^{Glasgow}에서 태어났다. 장로교 선교사
로 1871년 12월 20일 타카우^{Takau(打狗)}에 도착하여 대만 선교 생활을 시작했다. 그
기간이 장장 45년에 이른다. 캠벨의 발자취는 대만 전역에 퍼져 있고, 1891년 10월
에는 대남에서 대만 사상 첫 번째 맹인학교인 '훈고당^{訓瞽堂}'을 개교했는데, 이는 대
만 맹인 교육의 선구적 업적이다. 아울러 대만의 풍토와 민속을 기록했을 뿐만 아
니라 200년 전 네덜란드 문헌을 영어로 번역하기도 했다. 그의 기록『포르모사 소
묘』는 1915년에 출판되었다. 그는 1917년에야 대만을 떠났다.『포르모사 소묘: 윌
리엄 캠벨의 대만 필기^{甘爲霖臺灣筆記}』는 윌리엄 캠벨이 썼고, 린훙쉬안^{林弘宣}, 쉬야치
^{許雅琦}, 천페이신^{陳珮馨}이 번역했다. 번역본은 전위출판사^{前衛出版社}에서 2009년 10월
에 출판했다.

■ 캠벨이 편역^{編譯}한『네덜란드 점거하의 포르모사^{Formosa Under The Dutch}』: 이 책은 스
코틀랜드 장로교 선교사 윌리엄 캠벨이 대만에 도착한 뒤 네덜란드의 여러 가지 사
료를 근거로 영어로 번역한 판본이다. 이를 리슝후이^{李雄揮}가 중국어로 재번역했
다. 이 책은 모두 세 부분으로 구성되어 있다. 첫째 부분은 프랑수아 발렌틴^{Francois}
^{Valentyn}이 1762년 출판한『신구 동인도지^{Oud en Nieuw Oost-Indien}』의 내용을 발췌했다.
프랑수아 발렌틴은 이 책에 네덜란드 목사 칸디디우스^{George Candidius}가 작성한 대만
관찰 보고를 많이 인용했다. 둘째 부분은 그로테^{J. A. Grothe}의『초기 네덜란드 해외
선교 공문^{早期荷蘭海外傳教檔案}』에서 발췌했다. 여기에는 17세기에 네덜란드인이 대만
에서 쓴 편지와 교회 및 네덜란드 정부가 포르모사섬 선교를 위해 내린 결의서가
포함되어 있다. 셋째 부분은 1675년 출판된『망각된 포르모사^{被遺忘的福爾摩沙}』에서
발췌했다. 이 책은 네덜란드의 대만 주재 마지막 총독 코예트^{Frederick Coyett}의 저작
이다.

■ 코예트^{C.E.S. Frederick Coyett(揆一, 1615~1687)}의『망각된 포르모사^{被遺忘的福爾摩沙}』: 1675

년 암스테르담에서 출판했다. 작자는 코예트C.E.S.이다. 영어 번역자는 윌리엄 캠벨이고, 중국어 번역자는 린예원林野文이다. 코예트는 네덜란드 동인도회사가 파견한 대만 주재 제12대 장관이다. 1656년에 부임했을 때 국성야 정성공이 대만을 점령했기 때문에 그와 강화를 해야 했다. 1662년 네덜란드인 1000명을 이끌고 조용히 대만에서 철수했다. 코예트는 네덜란드인과 국성야가 벌인 전쟁의 전말을 기록하기 위해 이 책을 썼다. 중국어 번역본은 일찍이 대만은행 경제연구실에서 편집한 『대만 경제사臺灣經濟史』 3집, 대만연구총간 제34종에 수록되었다. 이 밖에도 전위출판사前衛出版社에서 출판한 『오류로 버려진 대만: 네덜란드와 정성공 대강臺江 결전 시말기被遺誤的臺灣(荷鄭臺江決戰始末記)』도 있다. 이 책도 윌리엄 캠벨과 린예원이 번역했다.

■ 피세코Piseco(畢協寇)의 『삼림과 계류森林與溪流』: 중국어 번역본 『바람 속의 이파리: 포르모사 견문록風中之葉(福爾摩沙見聞錄)』에서 발췌했다. 이 책을 편찬한 이는 네덜란드 사람 램버트 반 데르 알스보르트Lambert van der Aalsvoort(1955~)다. 린진위안林金源이 중국어로 번역했다.

■ 피커링William Alexander Pickering(必麒麟, 1840~1907)의 『포르모사 모험PIONEERING IN FORMOSA, Recollections of Adventures among Mandarins, Wreckers & Headhunting Savages』: 저자는 피커링이다. 역자는 천이쥔陳逸君으로 전위출판사前衛出版社에서 1999년 1월 출판했다.

■ 필리푸스 다니엘 메이 반 메이옌스틴Philippus Daniel Meij van Meijensteen(非力普 梅)의 『매씨일기: 네덜란드 토지측량사가 본 정성공梅氏日記: 荷蘭土地測量師看鄭成功』: 원문은 네덜란드 헤이그 공문서관에 소장되어 있다. 17세기 네덜란드 지리측량사 필리푸수 메이가 1661년 4월에서 1662년 2월까지 대만에서 겪은 견문을 기록했다. 이 기간 동안 그는 국성야 정성공의 포로가 되었기에 정성공을 가까이에서 관찰할 수 있었다. 이에 그는 정씨 군대의 활동을 곁에서 관찰하여 기록했다. 이는 당시 네덜란드와 정성공 간의 전쟁에 관한 제1차 진귀한 보고서다. 2003년 장수성江樹生이 네덜란드어 원문에 근거하여 중국어로 번역했으며, 영문한성출판사英文漢聲出版社에서 출판했다.

[하]

- 하지방夏之芳의 『대만기순시臺灣紀巡詩』: 하지방은 자가 여원荔園이고 호는 균장均莊으로 강소성江蘇省 사람이다. 옹정雍正 6년(1729) 순대어사巡臺御史 겸 학정學政으로 임명되었다. 저작으로 『해천옥척海天玉尺』『대만기순시』가 있다.

- 호전胡傳의 『대만일기와 품계臺灣日記與稟啓』: 호전(1841~1985)은 본명이 수산守珊이고, 자는 철화鐵花이며, 안휘 사람으로 호적胡適의 부친이다. 호전은 광서 17년 (1891)에 대만으로 와서 '전대영무처총순全臺營務處總巡' 직을 담당했다. 당시에 가족들도 대만으로 건너왔는데 아들 호적과 호적의 모친도 대만으로 왔다.

- 황득시黃得時(1909~?)의 「국성야가 북정할 때의 전설國姓爺北征中的傳說」: 이 글은 이헌장李獻璋의 『대만 민간문학집臺灣民間文學集』(1936)에서 뽑았다.

- 황숙경黃叔璥의 『대해사사록臺海使槎錄』: 황숙경(1682~1758)은 자가 옥포玉圃이고 호는 독재篤齋이다. 초대 순대어사巡臺御史로 임명되어 강희 61년(1722)에 대만으로 왔다. 그는 항상 대만 각지를 순행하며 민속과 풍토를 관찰하고 나서 『대해사사록』을 썼다.

- 황찬균黃贊鈞(1874~1952): 자는 석형石衡이고 호는 입삼거사立三居士로 대북시 대룡동大龍峒 사람이다.

- 히가시카타 다카요시東方孝義의 『대만 습속臺灣習俗』: 1942년 대북에서 초판이 발행되었다.

백귀작업실百鬼工作室 구성원

① Yi‑Ting Tsai

② 關琇 Shiu Lancy

③ 劉佳昊: 대중 태평太平 사람으로 천주교도이며 영국 카디프대학Cardiff University 정치학 박사다. 어려서부터 가족을 따라 각지로 이사 다니며 귀신, 요괴, 신선, 불교 등과 관련된 민담을 즐겨 들었다. 현재 동서양 민주정치철학의 기초를 연구하는 여가에 대만 사회의 지방 풍속과 사당 문화 등 비이성적 사상에도 짙은 흥미를 갖고 있다. 장차 대만의 정신문화와 민주 발전의 상호 관련성을 주제로 책을 한 권 써볼 희망을 품고 있다.

④ Shi Chen Lai

⑤ Cheng

⑥ 彩嫦 Itzel Hsu

⑦ Lionel Liu

⑧ 紀昭君 Amanda Chi: 장편 추리소설 『얼굴 없는 도시無臉之城』와 창작 지침서 『소설의 신은 바로 너小說之神就是你』의 저자다. 현재 페이스북 페이지 '설서說書 Speaking of Books'의 한 코너 「소설을 익히고 소설을 찬양하다娛小說, 褒小說」의 작가로 활동 중이다. 일찍이 봉황수문학상鳳凰樹文學獎(고전시곡문古典詩曲文과 현대소설 분야), 핸드폰문학상手機文學獎을 수상했다. 틈틈이 『명도문明道文藝』 『대만문학평론臺灣文學評論』 『중국현대문학中國現代文學』 등의 간행물에 소설과 문학에 관한 전문 논설을 발표한다. 현재 대중臺中 모처에 혈거한 채 희미한 불빛 아래에서 원고를 써서 살아가고 있다. 진실로 인간 세상에 오염되지 않은 '문예소녀일매文藝少女一枚'다.

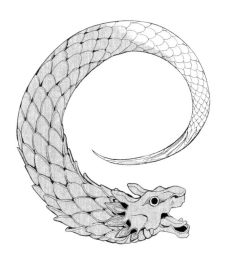

    나는 1993년 처음 대만에 갔다. 당시 경북 구미 방송대학교 중국어과 배낭 여행단을 인솔하고 대만 북부와 중부 일대를 돌아봤다. 책에서만 읽었던 다양한 유물을 고궁박물관에서 직접 보는 일정도 매우 인상 깊었지만, 그보다 더 놀랐던 것은 화련^{花蓮}에서 트루쿠협곡^{Truku太魯閣夾谷}을 거쳐 대만 중앙의 고산준령을 넘어가는 동서횡관공로^{東西橫貫公路} 여정이었다. 트루쿠협곡은 대만에 대한 나의 상식을 뛰어넘는 험준한 깊이와 높이를 보여주었다. 하늘을 찌르는 수직 절벽과 그 발치를 흐르는 옥빛 계곡물 그리고 절벽 허리를 깎아서 만든 암벽 도로에 나는 놀라움을 금치 못했다. 이어서 버스를 타고 급경사 산허리로 이어지는 아슬아슬한 동서 횡단 도로를 넘어가는 동안 나는 자칫하면 버스가 추락할 것 같은 공포심에 마음을 졸여야 했다.

    해발 3000미터에 가까운 고산 지대의 휴게소에 버스가 잠시 정차하자 각종 토산물을 들고 고산족이 몰려들었다. 깊고 깊은 계곡을 거쳐 도달한

높고 높은 산 위에서 끈질긴 생명을 이어가는 그들을 보며 대만이라는 땅이 내가 그때까지 피상적으로 인식한 한족들의 생활 터전만이 아님을 실감할 수 있었다. 마치 사진 속에서나 보았던 알프스의 푸르스름한 산빛 같은 그곳 준령의 이색적인 풍경도 지금까지 뇌리에 깊이 각인되어 있다. 다시 준령을 넘어 급경사의 도로를 타고 내려가는 동안 속도를 억제하며 안전을 지키느라 끊임없이 밟아대는 버스 기사의 브레이크 작동으로 타이어에서는 매캐한 냄새와 뿌연 연기가 피어올랐다. 동서횡관공로의 끝은 드넓은 대중분지臺中盆地였다. 대만 동부와 중앙부의 험준한 산악 지대와 사뭇 다른 대만 서부의 평야 지대는 대만 지형의 또 다른 풍경을 보여주었다.

대중에서 대북臺北으로 가는 여정은 기차를 이용했다. 우리가 탄 기차의 이름은 '거광호莒光號'였다. 나는 이 이름을 보는 순간 중국 역사서에서 읽은 전국시대 제齊나라와 연燕나라 간 전쟁이 생각났다. 당시 제나라는 민왕湣王의 무도함으로 인해 연燕, 진秦, 한韓, 위魏, 초楚 다섯 나라 연합군의 공격을 받은 뒤 일패도지하여 전국 70여 성을 잃는다. 이 과정에서 제 민왕은 초나라 군사에게 살해되고 거성莒城과 즉묵성卽墨城에 남은 군사들만 목숨을 걸고 제나라 수호에 나선다. 마침내 전단田單을 중심으로 뭉친 제나라 군사는 거성에서 제 양왕襄王을 옹립하고 기사회생하여 제나라 전역을 수복한다.

여기에서 유명한 고사성어 '물망재거勿忘在莒'가 나왔다. 즉 '거성莒城에서 있었던 일을 잊지 말자'는 것이다. 따라서 '거광호莒光號'라는 기차 이름에는 중국 현대사에서 공산당에게 패배하여 대만으로 건너온 장제스蔣介石의 국민당 정부가 거성에서 기사회생한 제나라처럼 다시 중국 대륙을 수

복하려는 다짐이 담겨 있는 셈이다.

거광호에 담겨 있는 의미를 읽어내는 순간 나의 뇌리에는 고산 휴게소에서 만난 대만 원주민들이 떠올랐다. 국민당 정부의 대륙 수복 의지가 대만 원주민들에게 무슨 의미가 있는 것일까? 대만 원주민의 입장에서는 오히려 국민당 정부가 자신들의 고유한 터전과 삶을 짓밟은 이방인이 아닌가?

그렇다면 국민당 정부보다 수백 년 앞서 중국에서 대만으로 건너온 이른바 본성인本省人의 입장은 어떨까? 그들도 국민당 정부 중심의 이른바 외성인外省人과는 또 다른 입장을 갖고 있지 않을까? 거광호를 타고 대북으로 가는 열차에서 떠오른 이 같은 단상은 해답을 찾지 못하고 계속 나의 학문 한 편 밑바닥에 잠복해 있었다.

그러다가 2018년 프로페셔널 독자를 표방하는 대만의 유명 작가 탕누어唐諾의 『역사, 눈앞의 현실眼前』을 번역하면서 대만인臺灣人의 자의식을 깊이 체감하게 되었다. 그것은 대만인 탕누어가 '13경十三經'의 하나인 『좌전左傳』을 읽으면서 대만인으로서의 '눈앞眼前' 현실을 『좌전』의 눈앞 현실에 비춰본 독서 역정이었다.

특히 그중에서 탕누어는 『춘추春秋』의 편찬자 노魯나라 공자의 고뇌, 『춘추』를 보충하고 해석한 『좌전』 작자의 고뇌, 공자가 『춘추』에서 가장 많이 거론한 정鄭나라 자산子産의 현실적 고뇌에 공감하면서 그것이 현재 대만 지식인들의 고뇌와 겹친다는 사실을 암시했다. 그것은 춘추시대 노나라와 정나라가 모두 제齊, 진晉, 초楚 등 강국에 둘러싸여 항상 나라의 생존이 위협받는 형편이었고, 현재의 대만도 중국, 미국, 일본 등의 강국 사이에서 생존을 이어가야 하는 현실에 바탕한 인식이었다. 이는 대만인이 자신들의 현실을 객관적으로 판단하면서 이를 기초로 자신들의 정체성과 생존 전략을 모색하려는 시도로 느껴졌다.

탕누어의 『역사, 눈앞의 현실』이 이처럼 나에게 대만 본성인의 자의식과 정체성에 대한 모색과 고뇌를 인식하게 해주었다면 이 책 『요괴 나라 대만』 시리즈는 대만의 신화와 전설에 잠재된 기층문화의 특징과 생동감을 느끼게 해주었다. 이는 대만 문화에 대한 정체성 탐색일 뿐만 아니라 독자성 선언이라고 할 만했다. 이와 관련하여 이 책을 번역하는 동안 나의 뇌리에는 우리나라 고려 왕조 몽골 간섭기에 보각국사普覺國師 일연一然이 편찬한 『삼국유사三國遺事』가 계속 떠올랐다. 정치, 경제, 문화, 의식 등 모든 부문에서 몽골의 영향이 장기적으로 스며들던 시대에 일연은 우리 민간에 면면히 전해오던 단군신화를 처음으로 기록하고, 당시까지 우리나라 곳곳에 전해오던 다양한 전설을 풍부하게 수집하여 우리 상상력과 무의식의 뿌리를 보여주었다. 이런 점에서 허징야오何敬堯의 『요괴 나라 대만』은 일연의 『삼국유사』와 공통의 문제의식을 갖고 있는 듯했다. 따라서 이 책을 통해 나는 대만인들의 이 같은 모색에 깃든 기층 의식을 실감할 수 있었다.

이러한 의식을 기반으로 이 책의 저자 허징야오는 대만 자체의 요괴학을 세우기 위해 방대한 역사 자료를 검색하여 『요괴 나라 대만』 시리즈를 출간했다고 밝혔다. 그에 따르면 『요괴 나라 대만』 시리즈는 '대만 요괴 백과사전'의 검색 기능을 갖는 데이터베이스라고 하면서 이를 바탕으로 문학, 영화, 만화, 애니메이션 등의 장르에서 대만 특색의 요괴 콘텐츠가 다양하게 생산되기를 바란다고 했다.

궁극적으로 그는 『요괴 나라 대만』 시리즈가 독일 구스타프 슈바

브Gustav Schwab의 『고전 시대의 가장 아름다운 이야기Die Schönsten Sagen des Klassischen Altertums』나 일본의 야나기타 구니오柳田國男의 『도노 모노가타리遠野物語』와 고이즈미 야쿠모小泉八雲의 『괴담怪談』과 같은 요괴학의 자료보고가 되기를 희망하고 있는 셈이다.

또 한 가지 흥미로운 점은 이 『요괴 나라 대만』 시리즈에 포함된 다양한 요괴 전설이 대만섬의 고립된 이야기가 아니라 동북아와 동남아를 비롯한 전 세계 설화와 유사한 패턴을 포함하고 있다는 사실이다. 예컨대 대만 전설에도 자주 등장하는 홍수 신화나 인어 이야기는 세계 곳곳에서 비슷한 유형이 발견되고 있으며, 좀 더 범위를 좁히면 대만의 '호고파虎姑婆 이야기'는 우리나라의 '해님 달님 설화'와 유사할 뿐만 아니라, '우렁이田螺 각시 이야기'는 '우렁이 각시 설화'와 거의 동일한 패턴을 보여주고 있다. 따라서 『요괴 나라 대만』 시리즈는 우리나라 신화 전설이나 세계의 신화 전설의 보편적 의미를 연구하는 학자들에게도 유용한 아카이브로 기능할 것으로 믿는다.

이 책의 저자 허징야오 선생에게 깊이 감사한다. 나는 책을 번역하는 과정에서 허 선생과 페이스북 친구가 되었다. 번역 상의 난제에 봉착할 때마다 페이스북 메신저를 통해 직접 허 선생에게 질문했고, 그때마다 허 선생은 내게 친절한 해답을 제시해주었다. 대만 요괴학을 세우려는 그의 노력이 대만 문화의 독자적 기반과 콘텐츠를 더욱 풍요롭게 살찌울 것으로 기대한다. 이 책의 번역을 의뢰해준 글항아리의 강성민 대표에게도 감사의 마음을 전한다. 그동안 글항아리에서 『동주열국지』『정관정요』 등과 같은 나의 중요한 번역서를 출간했고, 앞으로도 『정사 삼국지 배송지주裴松之注』『손자병법 십일가주十一家注』 등과 같은 의미 있는 번역서를 출간할

예정이다. 아울러 이 책의 교열, 교정, 디자인, 장정 등 모든 출간 과정에서 애써주신 분들께도 고마운 마음을 드린다.

2025년 1월
청청재에서
옮긴이 김영문

요괴 나라 대만 1 요귀신유권

초판인쇄 2025년 1월 17일
초판발행 2025년 2월 7일

지은이 허징야오
그린이 장지야
옮긴이 김영문
펴낸이 강성민
편집장 이은혜
기획 노만수
편집 강성민 정여진
마케팅 정민호 박치우 한민아 이민경 박진희 황승현
브랜딩 함유지 함근아 박민재 김희숙 이송이 박다솔 조다현 배진성 이서진 김하연
제작 강신은 김동욱 이순호

펴낸곳 (주)글항아리 | **출판등록** 2009년 1월 19일 제406-2009-000002호

주소 경기도 파주시 심학산로 10 3층
전자우편 bookpot@hanmail.net
전화번호 031-955-2689(마케팅) 031-941-5161(편집부)

ISBN 979-11-6909-351-4 03910

www.geulhangari.com

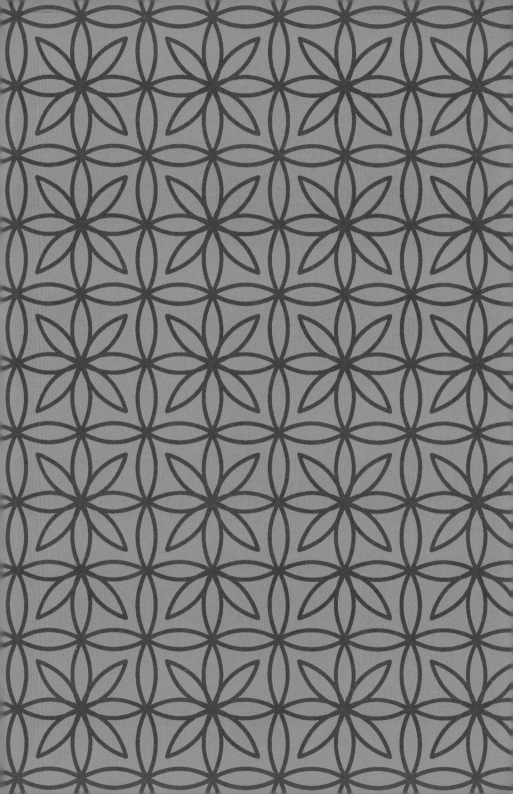